비욘드 시네마

영화로 배우는 전략경영

신재훈 지음

Beyond Cinema

박영사

머리말

30년 넘게 기업 현장에서 다양한 전략을 수립하고 실행한 경험을 바탕으로, 성과 창출 전략의 원리와 방법을 정리한 『비욘드 스트래티지(Beyond Strategy)』를 세상에 내놓은 것이 2023년 가을이었다. 그로부터 어느덧 2년이 지났다. 그 사이 독자들이 보내 준 과분한 사랑과 따뜻한 격려는, 책을 쓰며 겪었던 힘든 시간을 잊게 할 만큼 큰 위안이 되었다. 2024년에는 교육부와 대한민국학술원이 선정한 우수학술도서 가운데 사회과학 분야에서 이름을 올리는 영광을 얻기도 했다. 전략이라는 다소 딱딱한 주제에 진심을 담은 책이 예상보다 많은 관심을 받았다는 사실에 여전히 감사한 마음이다.

그러나 아쉬움도 있었다. 독자들은 책의 내용과 깊이에 공감하면서도 "이론 부분이 다소 어려웠다"라는 의견을 주었다. 그 말이 오래도록 마음에 남았다. 나 역시 처음 전략을 공부할 때, 머리로는 이해했지만 마음으로는 쉽게 와 닿지 않던 시간을 기억하고 있다. 하지만 전략은 결국 사람이 세우고 실행하는 일이기에, 합리성에 기댄 이론만으로는 그 복잡하고 미묘한 사람의 마음을 온전히 담아내기 어려웠다.

전략을 더 쉽게, 더 현실적으로 전달할 방법을 고민하던 끝에 떠오른 것이 바로 '영화'다. 한 편의 영화 속에는 인간의 판단, 욕망, 후회, 그리고 선택이 모두 담겨 있다. 이런 요소들은 책으로는 전하기 어려운 현실의 생생함을 잘 보여준다. 『비욘드 시네마(Beyond Cinema)』는 그런 생각에서 시작되었다. 이번에는 전략을 설명하기보다 이야기로 보여주고 싶었다. 스크린 속 인물들이 맞닥뜨린 선택의 순간을 통해, 전략이란 결국 삶의 방식이자 인간의 본능적 사고방식임을 함께 느껴보고 싶었다.

『비욘드 시네마』는 모두 4부로 나뉜다. 먼저 1부 '전략의 이해'에서는 전략이란 무엇이며 왜 필요한지, 그리고 전략의 유형에는 어떤 것들이 있는지를 다룬다. 경쟁, 자원, 시장, 혁신 같은 핵심 개념을 영화 속 장면과 연결해 전략의 기초를 다진다. 2부 '전략이 실패하는 이유'에서는 시간과 비용을 들여 애써 수립한 전략이 왜 현실에서 어긋나는지를 살핀다. 명확하지 않은 목표, 수익 구조의 부재, 전략과 실행의 불일치, 인간의 인지 오류와 숨은 의도 등 전략이 실패하는 대표적 원인들을 영화 속 장면으로 풀어낸다. 이어 3부에서는 '전략이 성공하기 위한 조건'을 설명한다. 이를 통해 전략 실패의 원인을 극복하고 성과를 창출하려면, 명확한 목표와 비즈니스 모델, 전략과 기술의 정렬, 상황을 읽는 통찰력과 주인의식이 필요함을 알게 될 것이다. 마지막 4부 '지속 가능한 성과를 위한 전략의 설계'에서는 한 번의 성공이 아니라, 환경이 변해도 지속적으로 성과를 이어 가기 위해 필요한 전략의 구조를 설명한다. 각 부는 독립적으로 읽을 수도 있지만, 순서대로 따라가면 전략의 원리와 실행, 그리고 지속의 흐름이 한눈에 잡힐 것이다.

각 부는 5개의 장으로 나뉘며, 각 장은 다시 6개의 단락으로 구성되어 있다. 각 장의 도입부에서는 실제 기업의 사례와 함께 그 장에서 다룰 핵심 문제를 제시한다. 두 번째 단락에서는 그 문제를 해결하는 데 실마리가 되어줄 영화에 대한 이야기를 통해 전략적 상황을 구체적으로 보여준다. 세 번째 단락에서는 영화와 기업 사례를 분석하기 위한 전략 개념의 핵심 원리를 설명하고, 네 번째 단락에서는 실제 기업의 사례를 통해 전략이 현실에서 어떻게 작동하는지를 다룬다. 다섯 번째 단락에서는 영화와 기업 사례를 구조적으로 비교하며 전략의 본질을 해석하고, 마지막 여섯 번째 단락에서는 그 내용이 오늘의 현실과 어떻게 이어지는지를 정리한다. 이러한 구조를 통해 독자는 복잡한 전략 이론을 영화를 통해 보다 쉽게 이해하고 그 이론이 어떻게 영화와 현실의 장면으로 확장되는지를 단계적으로 체감할 수 있을 것이다.

각 장 끝에는 깊이 있는 전략 이론을 알고자 하는 독자를 위해 '심화학습' 코너를 넣었다. 이 코너는 독자 각자가 자신의 깊이에 맞춰 전략을 공부할 수 있도록 만든 작은 장치다. 전략을 전공하거나 연구하는 독자라면, 심화학습을 통해 주요 전략 이론의 배경과 학문적 맥락을 더 깊이 이해할 수 있을 것이다. 반대로 영화로 전략을 느끼고 싶은 일반 독자라면, 심화학습의 복잡한 이론은 건너뛰고 본문에서 다룬 영화와 기업 사례만으로도 전략의 본질을 쉽게 체감할 수 있을 것이다. 영화 속 이야기는 전략의 감각을 깨워주고, 기업 사례는 그 감각이 현실에서 작동하는 모습을 보여준다. 이 두 세계가 만날 때 전략이론과 현실은 자연스럽게 이어진다.

『비욘드 시네마』는 다른 전략서들과는 출발점이 다르다. 이 책은 전략을 설명하기보다 체험하게 한다. 숫자와 모델로 정리된 전략이 아니라, 사람의 행동과 감정 속에서 드러나는 전략을 다룬다. 학문적 개념과 현실의 경험, 그리고 인간의 감정이 만나는 지점에서 전략을 다시 바라본다. 전략은 조직의 기술이면서, 그 기술을 움직이는 인간의 감정이다. 이 책은 그 두 세계를 하나의 이야기 안에 담고 있다. 또한 각 장마다 다양한 산업의 실제 기업 사례를 함께 담아, 영화 속 전략이 현실의 경영 현장에서 어떻게 구현되는지를 보여준다. 따라서 독자들은 이 책을 통해 머리로 이해하는 전략을 넘어, 몸으로 느끼는 전략의 감각을 배우게 될 것이다.

나는 영화가 전략을 배우는 데 매우 훌륭한 교과서라고 믿는다. 두 시간 남짓한 이야기 속에는 수많은 전략 이론이 녹아 있다. 의사결정의 순간, 실패의 원인, 인간의 관계 속에 숨어 있는 선택의 법칙 같은 것들은 복잡한 모델보다 훨씬 생생하게 다가온다. 그래서 영화를 보고 전략을 공부한다는 것은, 이론을 외우는 것이 아니라 전략의 감각을 익히는 일이다. 그런 의미에서 영화는 전략을 이해시키는 도구가 아니라, 전략을 느끼게 하는 언어다.

책의 제목 『비욘드 시네마』에는 두 가지 의도가 담겨 있다. 하나는 영화를 통해 전략의 본질을 새롭게 보고자 한 마음이다. 영화 속 인물의 대사와 행동, 장면의 흐름 속에는 교과서보다 더 깊은 전략의 진실이 숨어 있다. 다른 하나는 영화를 보는 경험을 넘어 그 안에서 얻은 통찰을 현실의 문제로 연결해 보려는 의지다. 결국 전략은 스크린 속 이야기가 아니라, 지금 이 순간 자신의 판단과 선택으로 세상을 움직이려는 사람들의 이야기이기 때문이다.

이 책은 전략을 전공하는 학생과 연구자, 전략 관련 업무를 수행하는 기업의 리더와 실무자, 그리고 전략을 삶의 언어로 배우고 싶은 모든 사람을 위한 책이다. 『비욘드 스트래티지』를 이미 읽은 독자라면, 이 책을 통해 전략의 개념이 현실의 장면으로 확장되는 과정을 경험하게 될 것이다. 두 책은 서로 닮은 듯 다르다. 『비욘드 스트래티지』가 전략의 구조를 세웠다면, 『비욘드 시네마』는 그 구조 속에서 움직이는 인간의 이야기를 담았다. 전략은 학문적 구조와 인간의 감정이 만나는 경계에서 살아 숨 쉰다. 따라서 『비욘드 스트래티지』와 『비욘드 시네마』를 함께 읽는다면 훨씬 큰 시너지를 얻을 수 있을 것이다.

나는 이 책이 독자들에게 전략을 공부하는 또 다른 즐거움을 전해주길 바란다. 영화 속 이야기를 따라가다 보면, 어느새 전략이 삶의 언어로 다가올 것이다. 이 책을 읽는 독자들이 영화 속 인물처럼 자신의 상황을 새롭게 바라보고, 그 안에서 또 하나의 전략을 발견하길 바란다. 전략은 지식이 아니라 통찰이며, 통찰은 결국 자신의 경험에서 얻은 깨달음이다. 부디 이 책이 그러한 깨달음을 향한 여정에서, 독자 여러분이 전략을 새롭게 느끼고 삶 속에서 활용할 수 있는 길잡이가 되기를 바란다.

2025년 겨울에
저자 신재훈

목차

1부 전략의 이해

2부 전략이 실패하는 이유

3부 전략이 성공하기 위한 조건

4부 지속적 성과를 위한 전략 설계

1부

전략의 이해

살다 보면 마음먹은 대로 되는 일이 드물다. 계획을 세워도 뜻하지 않은 변수가 생기고, 잘 풀리던 일이 어느 날 갑자기 막히기도 한다. 개인이나, 조직이나 마찬가지다. 시간은 늘 모자라고, 해야 할 일은 점점 쌓여만 간다. 이럴 때 필요한 것이 전략이다. 전략은 복잡한 현실 속에서 생각과 행동의 기준을 정하고, 목표 달성을 위해 가장 현실적인 길을 찾는 일이기 때문이다.

전략은 또한 미래를 향한 길을 내는 일이다. 아직 오지 않은 시간을 상상하고, 그 안에서 설 수 있는 자리를 찾는 일이다. 동시에 지금의 상황을 냉정히 바라보며, 주어진 자원을 어떤 순서로 써야 할지를 가늠하는 일이기도 하다. 멀리 보되, 발을 디딘 땅의 조건을 잊지 않는 태도가 필요하다. 그래서 전략은 누구에게나 필요한 사고의 구조다.

이 책의 1부는 그런 전략에 대한 기본적 이해를 다룬다. 우선, 전략이 무엇이고, 왜 필요한지에 대한 논의를 통해, 개인과 조직이 생존을 위해 끊임없이 맞닥뜨리는 선택과 포기의 문제가 전략의 본질임을 이야기할 것이다. 이어 다양한 전략 유형을 살펴보고자 한다. 외부 환경을 분석해 이기는 구조를 만들고, 내부 자원을 경쟁력의 원천으로 삼으며, 경쟁 없는 시장을 찾고, 낡은 질서를 무너뜨리는 전략 등을 통해 불확실한 현실 속에서 어떻게 방향을 찾을 수 있는지를 보일 것이다.

이러한 이야기는 영화 속 인물들을 통해 구체적으로 드러난다. 한정된 조건 속에서도 길을 찾는 사람들, 불리한 싸움의 구조를 바꾸는 사람들, 남이 보지 못한 틈에서 새로운 가능성과 혁신을 만들어 내는 사람들의 이야기를 따라가다 보면 복잡해 보이던 전략이 실제로는 매일 부딪히는 현실 속에서 만들어지는 과정임을 자연스럽게 느낄 수 있을 것이다.

전략을 이해한다는 것은 결국 세상을 바라보는 시선을 배우는 일이다. 예측할 수 없는 변화 속에서도 방향을 잃지 않고, 가진 자원으로 다시 새로운 길을 만들어 가는 힘. 그것이 전략의 본질이다. 1부는 이 힘이 어디서 생기고, 어떻게 우리의 삶 속에서 실제로 움직이는지를 보여준다.

미래를 그리되 현실을 잃지 않는 마음, 그 마음이 전략의 출발점이다.

1장

전략이란 무엇인가? 《머니볼》

아마존의 AWS 전환

2000년대 초까지만 해도 아마존은 온라인 서점에서 출발해 전자상거래 플랫폼으로 빠르게 성장한 기업에 불과했다. 책, 음반, 전자제품을 온라인으로 주문하고 집에서 받아 보는 것이 소비자에게 신선한 경험을 주었지만, 그것을 떠받친 아마존의 사업모델은 여전히 소매업 중심에 머물러 있었다. 그 무렵 닷컴 버블 붕괴의 여파로 수많은 인터넷 기업이 사라졌고, 아마존 역시 이익을 내지 못하는 기업이라는 비판을 받았다. 2001년 한 해 동안 아마존의 순손실은 5억 6천만 달러에 달했고, 주가는 6달러대까지 떨어졌다. 월스트리트의 분석가들은 "전자상거래의 미래가 불확실하다"는 평가를 내놓았고, 이에 따라 기업의 생존 자체가 의문시되었다.

하지만 이 시기에 아마존은 전혀 다른 사업을 준비하고 있었다. 온라인 상거래 운영을 위해 자체적으로 구축한 IT 인프라를 외부에 서비스로 제공하는 것이었다. 이는 당시로서는 낯선 개념이었다. 기업의 내부 서버와 데이터베이스가 경쟁우위의 비밀 병기처럼 여겨지던 시기였기에, 이를 외부에 공유한다는 생각은 파격적인 발상이었다. 그러나 아마존은 내부 시스템을 플랫폼화해, 다른 기업이 아마존의 서버와 스토리지를 빌려 쓸 수 있도록 하겠다고 결정했다. 그렇게 '아마존 웹 서비스(AWS)'가 탄생했다. 2006년에 첫 상품인 S3(Simple Storage Service)와 EC2(Elastic Compute Cloud)가 공개되었을 때, 많은 이들은 그저 실험적 시도일 것이라 여겼다. 소매업체가 클라우드 서비스를 한다는 것이 전통적 산업 구분 기준으로 보면 어울리지 않는 선택이었기 때문이다.

그러나 이 낯선 선택은 시간이 흐르며 아마존의 성장을 견인하는 핵심 축이 되었다. 2010년대 들어 스타트업뿐만 아니라 대기업마저 AWS를 도입했고, 클라우드는 IT 인프라의 새로운 표준으로 자리 잡았다. 2023년 AWS 매출은 900억 달러를 넘어섰고, 이익은 아마존 전체 영업이익의 절반 이상을 차지했다. 전자상거래에서 얻는 박리다매의 마진으로는 상상하기 어려운 수익 구조였다. 오늘날 아마존은 단순한 소매기업이 아니라, 세계 최대의 클라우드 서비스 제공자로 평가받는다. 이처럼 한때 '책 파는 회사'로 불리던 아마존이 전혀 다른 차원의 기업으로 변모할 수 있었던 배경에는 AWS라는 전략적 선택이 있었다.

같은 시기에 수많은 전자상거래 기업이 도태되었는데, 아마존은 어떻게 새로운 길을 열 수 있었을까? 무엇이 기존 사업의 연장선에서 벗어나, 클라우드라는 새로운 영역으로 눈을 돌리게 했을까? 단순히 기술력 때문인가, 아니면 충분한 자본 때문인가? 당시 아마존이 직면했던 상황은 기술과 자본을 갖춘 다른 기업과 크게 다르지 않았기 때문에 기술이나 자본의 차이만으로 아마존의 성공을 다 설명하기는 어렵다. 그보다는 수많은 가능성 중 하나를 선택한 안목과 그 선택을 성과로 이어가려는 의지가 차이를 만든 원인으로 보는 것이 합리적일 것이다.

아마존의 AWS 전환은 단순한 사업 다각화가 아니라, 생존과 성장을 가르는 경계에서 내린 선택이었다. 이 선택이야말로 전략의 본질을 보여준다. 그렇다면 과연 전략이란 무엇인가? 전략은 단순한 계획이나 숫자의 나열을 넘어 성패를 가르는 힘이 될 수 있는가? 전략은 어떤 조건에서 성과로 이어지는가? 영화 《머니볼》을 통해 이러한 질문에 대한 답을 찾아보자.

머니볼(Moneyball, 2011)

영화 《머니볼》(Moneyball, 2011, 감독 베넷 밀러, 주연 브래드 피트, 조나 힐)은 2002년 미국 메이저리그 시즌을 실제 배경으로 삼아, 가난한 구단이 어떻게 야구계의 기존 질서를 흔들었는지를 보여준다.

영화는 오클랜드 애슬레틱스가 시즌을 앞두고 주전 선수들을 잃어버리는 장면으로 시작한다. 강타자 제이슨 지암비와 투수 조니 데이먼이 처우가 좋은 대형 구단으로 떠나자, 팀은 중심을 잃는다. 단장인 빌리 빈(브래드 피트 분)은 보스턴 레드삭스와의 협상에서 자존심을 억누르며 선수 영입을 시도하지만, 구단의 얇은 지갑으로는 경쟁이 불가능함을 느낀다. 그 때문에 협상장을 나오는 그의 표정에는 무력감이 드리워져 있었다. 구단 사무실에 돌아오자 스카우터들이 둘러앉아 새로운 선수 후보를 논의한다. "그 선수는 여자친구가 못생겼어, 자신감이 없다는 증거야" 같은 대화가 오가는 장면은 전통적 스카우트 문화의 낡은 기준을 적나라하게 보여준다.

변화의 계기는 클리블랜드 인디언스 구단과의 접촉에서 생긴다. 트레이드 협상에 나선 빌리 앞에 상대 구단 사무실 구석에 앉아 있던 젊은 직원인 피터 브랜드(조나 힐 분)가 나타난 것이다. 그는 메이저리그 경험도, 선수 이력도 없지만, 대학에서 경제학을 공부하며 야구를 수치와 확률로 해석하는 방식을 익혔다. 빌리는 피터와의 짧은 대화에서 기존 통념과는 전혀 다른 생각을 접한다. 선수의 외모나 스윙폼이 아니라, 얼마나 자주 출루하는지를 나타내는 출루율이 팀의 승리를 만든다는 피터의 설명은 빌리에게 전환점을 열어준다.

빌리는 피터를 과감히 스카우트해 구단 사무실로 불러들인다. 이후 스카우트 회의의 중심이 완전히 바뀐다. 기존 스카우터들이 "이 선수는 타격폼이 예쁘다", "홈런 파워가 있다"고 말할 때, 빌리와 피터는 "그의 출루율은 리그 평균보다 높다", "이 선수는 볼넷을 잘 고른다"는 수치를 근거로 제시한다. 스캇 해터버그 같은 사례는 상징적이다. 포수로 뛰다 무릎 부상으로 방출된 스캇은 어떤 구단도 주목하지 않던 선수였다. 하지만 피터는 그의 출루율이 뛰어나다는 점을 발견했고, 빌리는 그를 1루수로 기용한다. 이러한 빌리의 처신에 구단 내부에서는 거센 반발이 일어난다. 수십 년간 선수들을 지켜온 베테랑 스카우터들은 "야구는 수치로만 볼 수 없다"며 책상을 두드린다.

엎친 데 덮친 격으로 빌리의 기대와 달리, 시즌 초반에 애슬레틱스는 연패를 거듭한다. 팬들은 야유를 퍼붓고, 언론은 '야구의 전통을 무너뜨리는 단장의 실험'이라고 비난한다. 벤치에서는 코치가 빌리의 지시를 무시하고 전통적 라인업을 고집하기도 한다. 작심한 빌리는 감독실을 찾아가 "내가 지시한 대로 선수를 기용하라"며 목소리를 높인다. 그러나 현실은 냉혹했다. 출루율 데이터에 의한 선수 기용은 익숙하지 않았고, 선수들도 혼란스러워했다.

빌리에게 출루율에 대해 설명하는 피터

그러던 중, 값싼 계약으로 데려온 선수들이 기대 이상의 성과를 내기 시작하면서 분위기가 바뀌기 시작한다. 이후 연승 행진을 이어가던 애슬레틱스는 2002년 8월 22일, 마침내 메이저리그 신기록인 20연승을 달성한다. 사실 오클랜드 애슬레틱스의 20연승을 향한 경기는 초반부터 압도적이었다. 전광판에 점수가 올라가고, 구장은 환호로 가득 찼다. 애슬레틱스가 11대 0까지 앞서면서 신기록 달성이 눈앞에 다가온 듯 보였다. 하지만 기세는 오래가지 않았다. 불펜이 흔들리며 연속 실점을 내주더니, 결국 11대 11 동점이 되고 만다. 환호로 들끓던 야구장은 불안과 긴장으로 뒤바뀌고, 모두의 시선은 마지막 타석으로 향했다. 그 순간 대타로 등장한 선수가 스콧 해터버그였다. 포수에서 1루수로 전향했지만 늘 불안하다는 평가를 받던, 빌리 빈이 값싸게 영입한 바로 그 선수였다. 관중은 숨을 죽이고 그의 방망이를 지켜보았다. 스콧이 휘두른 첫 스윙에 공은 담장을 넘어가며 경기장 전체를 뒤흔드는 홈런이 되었다. 그러자 폭발적 함성이 운동장을 뒤덮었다.

이 연승 기록은 빌리가 선택한 전략이 더 이상 이론에 불과하지 않았음을 증명했다. 오클랜드 애슬레틱스는 연봉 총액이 가장 낮은 선수를 가진 구단이었지만, 리그 상위권 성적을 기록했다. 그 성과는 기존 통념과 다른 길을 선택했을 때 어떤 결과가 가능한지를 보여주었다. 영화의 마지막 장면에서 빌리가 보스턴 레드삭스로부터 거액의 단장 제안을 받고도 거절하는 모습은, 그가 단순히 돈이나 명예보다 자신이 믿는 선택의 힘을 증명하고자 했음을 보여준다.

영화 《머니볼》은 낡은 기준을 버리고 새로운 선택을 한 사람들의 이야기다. 빌리가 전통적 관행을 거부하고 출루율을 선택하는 모습은 야구라는 무대 위에서, 선택이야 말로 전략의 본질임을 생생하게 보여준다.

전략의 개념과 유형

《머니볼》에서 빌리가 던진 질문은 "무엇을 기준으로 선수를 뽑을 것인가?"이지만 그 질문에 대한 답은 야구를 넘어 전략의 본질로 이어진다. 전략이란 결국 수많은 가능성 중에서 무엇을 선택하고, 그 선택을 어떻게 성과로 연결할지를 묻는 것이다. 그래서 전략은 보고서의 수치나 회의실의 구호가 아니라, 조직의 미래를 좌우하는 선택의 언어이다.

경영학에서는 시대마다 다른 전략이론이 등장했다. 1960~80년대에는 산업 구조가 전략의 중심이었다. 경쟁전략으로 유명한 마이클 포터는 산업을 지배하는 힘을 다섯 가지로 구분하고, 기업은 이 다섯 가지 힘(신규 진입자의 위협, 대체재의 가능성, 공급자의 교섭력, 구매자의 교섭력, 기존 경쟁자의 경쟁강도)에 대한 분석을 통해 산업 구조와 그 안에서 자신이 점유한 상대적 위치를 파악해야 한다고 주장했다. 이에 따르면 전략은 환경을 분석하고 가장 유리한 구조를 찾아내는 도구였다.

1990년대에 들어서자 전략의 시선은 기업 외부 환경에서 기업 내부 환경으로 향했다. 같은 시장, 같은 규제 안에서도 어떤 기업은 성장하고 다른 기업은 몰락했기 때문이다. 결국 동일 산업 내에 있는 기업의 성과 차이를 설명하기 위해 내부 자원과 역량에 주목하는 자원기반전략(Resource-Based View, RBV)이 등장했다. 이는 공장에서의 생산 방식, 연구개발을 뒷받침하는 기술력, 브랜드와 조직문화 같은 내부 요소가 경쟁우위를 만든다는 관점이었다. 자원기반전략의 관점에서 보면 전략은 외부의 힘에 적응하는 일이 아니라, 내부의 고유한 무기를 어떻게 발견하고 키워낼 것인가의 문제였다.

2000년대에 들어 새로운 흐름이 등장했다. 끝없는 경쟁 속에서 단순히 싸움의 기술만으로는 돌파구가 없었다. 그래서 기존의 규칙 자체를 바꾸려는 시도로 블루오션(Blue Ocean) 전략이 제시되었다. 이는 경쟁에서 이기려 하기보다 아예 경쟁이 치열한 시장을 벗어나 새로운 공간을 창출하겠다는 발상이었다. 블루오션과 비슷한 시기에 기존 질서를 무너뜨리는 파괴적 혁신 전략도 부상했다. 값싸고 단순한 제품에서 출발해 기존 강자를 몰아내는 현상을 분석한 파괴적 혁신 전략은 전략이 단지 효율의 개선이 아니라 기존 질서의 전복일 수 있음을 보여주었다.

지금까지 살펴본 전략 이론들은 서로 다른 것처럼 보이지만, 선택—집중—성과로 이어지는 경로를 공유한다는 점에서는 하나의 구조를 가지고 있다. 어떤 기준으로 선택할지, 그 선택을 어디에 집중할지, 그리고 그것을 어떻게 성과로 연결할지가 전략의 핵심이라는 말이다. 산업 구조를 읽고 우위를 점하든, 내부 자원을 키우든, 새로운 시장을 열든, 기존 질서를 흔들든, 전략은 결국 아래의 질문에 답해야 한다.

"무엇을 선택할 것인가, 그 선택으로 어떻게 성과를 만들 것인가?"

빌리가 출루율을 기준으로 삼은 순간, 새로운 전략이 생겨났다. 빌리의 선택은 선수 영입 명단을 바꾸었고, 코치의 선수 기용 방식을 흔들었으며, 결국 경기 결과와 구단의 성적표를 바꿔 놓았다. 전략은 이렇게 구체적 선택이 조직의 활동 전반을 바꾸고, 그 활동이 다시 성과로 이어지는 과정에서 드러난다. 그렇기에 단순한 목표 선언이나 희망 사항은 전략이 될 수 없다. 선택과 집중, 그리고 그것을 실행으로 잇는 체계가 뒷받침될 때, 비로소 전략이라 부를 수 있다.

지금까지 살펴본 바와 같이 전략은 하나의 이론이나 도구로 고정되지 않고 시대와 산업, 기업의 상황에 따라 다양한 모습을 갖는다. 하지만, 선택을 성과로 만드는 구조라는 본질은 공통적이다. 이제 현실에서 실제 기업이 어떤 선택을 통해 성과를 만들었는지, 또 그 선택이 어떻게 조직을 움직였는지를 구체적 사례를 통해 살펴보자.

'선택 - 실행 - 성과'의 구조

첫 번째 기업은 인텔이다. 1980년대 초까지 인텔은 메모리 반도체 업체였다. 하지만 일본 기업이 가격과 품질에서 공세를 펼치자 수익성이 급격히 떨어졌고, 미래는 어두워졌다. 앤디 그로브와 경영진은 "만약 우리가 물러나고 새 CEO가 온다면 무엇을 할까"라는 질문을 던졌다. 그들이 찾은 답은 메모리를 접고 CPU에 집중하는 것이었다. 이후 1985년 인텔은 사업의 축을 과감히 옮겼다. x86 아키텍처를 중심으로 로드맵을 다시 짰고, 설계와 제조, 마케팅을 하나의 흐름으로 묶었다. 1991년에는 '인텔 인사이드(Intel Inside)'라는 불후의 공동마케팅으로, PC 안에 부품으로 들어가 눈에 보이지 않던 제품을 소비자 앞에 드러나게 했고, 1993년 팬티엄 출시와 함께 PC 표준을 사실상 장악했다. 이로 인해

1990년대 말 인텔의 마이크로프로세서 시장 점유율은 80%에 달했다. 승부를 가른 것은 더 잘 만드는 기술이 아니라, '무엇을 버릴 것인가'라는 선택이었다. 버릴 것과 선택할 것이 분명해지자 조직의 언어와 행동이 달라졌고, 그 변화가 한 세대의 성과로 이어진 것이다.

두 번째 사례는 스타벅스다. 1971년 시애틀의 작은 원두 상점으로 출발한 스타벅스는, 1987년 하워드 슐츠가 경영을 맡으며 완전히 다른 길을 택했다. 하워드는 커피 한 잔을 파는 대신, 사람들이 머무는 제3의 공간을 만들겠다는 생각을 했다. 이를 반영하듯 매장의 조명, 음악, 바리스타의 응대와 컵에 적힌 이름에 이르기까지, 모든 요소들이 한 방향으로 모여 '머무는 가치'를 만들었다. 공급망도 산지 직거래, 로스팅 표준화, 지속가능성 기준으로 정비되었다. 상장 당시 165개 매장에 불과했던 스타벅스는 2010년 1만 6천 개, 2023년 3만 6천 개 매장으로 확장되었다. 커피 맛의 미묘한 차이보다, 공간, 시간, 관계로 엮인 경험이 고객을 불러들이고 성장을 만들었다. 스타벅스의 전략은 '무엇을 더 팔 것인가'가 아니라 '무엇을 경험하게 할 것인가'라는 선택에서 나온 것이다.

세 번째 사례는 토요타다. 1980년대 중반, 토요타는 합리적 자동차의 상징이었다. 그러나 프리미엄 시장은 메르세데스—벤츠와 BMW가 차지하고 있었다. 1983년 토요타는 F1 프로젝트를 시작했고, 1989년 미국에서 렉서스를 출시했다. 조용한 엔진과 세밀한 품질, 경쟁사 대비 공격적인 가격에 더해, 픽업(pick-up)과 대차, 서비스 응대를 '완벽을 향한 집념'이라는 언어로 묶으며 고객 경험을 차량 가치의 일부로 설계했다. 그러자 시장은 빠르게 반응했다. 1991년에는 미국 수입 럭셔리 자동차 부문에서 상위권에 올랐고, 2000년대에 들어서는 11년 연속 럭셔리 부문 판매 1위를 차지했다. 합리적 토요타에서 프리미엄 렉서스로의 변신은, 단순한 성능 개선이 아니라 '어떤 무대에서 싸울 것인가'를 다시 선택한 결과였다.

마지막으로 살펴볼 사례는 파타고니아다. 파타고니아의 선택은 흔히 볼 수 있는 '친환경 마케팅'과는 결이 달랐다. 이들은 환경을 하나의 브랜드 이미지로 내세우는 데 그치지 않고, 경영의 핵심 원칙으로 끌어올렸다. 생산과 유통, 판매의 규칙을 바꾸어 환경 보전이 전제되지 않으면 성립할 수 없는 구조를 만들었고, 재무 역시 이 원칙을 벗어나지 않았다. 예를 들어 2016년 블랙 프라이데이 매출 전액을 기부한 결정은 단발성 이벤트가 아니라, 이익을 곧장 환경 기여로 환원하겠다는 재무 규칙의 선언이었다. 더 나아가 2022년에는 아예 지분 전체를 신탁과 비영리 단체에 넘겨, 기업이 거두는 성과가 곧바로 기후 위기 대응에 쓰이도록 제도화했다. 이러한 파타고니아의 전략은 운영과 재무, 그리고 정체성까지 모두를 같은 축 위에서 맞물리도록 만든 선택이었다. 보여주기식 광고 문구나 캠페인으로 환경을 강조하는 것이 아니라, 기업 활동과 돈의 흐름이 모두 환경을 향하도록 정렬시킴으로써 파타고니아는 '환경을 위한 기업'이라는 말이 공허한 수사가 아니라 자신들의 전략 방향임을 분명히 드러낸 것이다.

앞에서 살펴본 네 가지 사례는 서로 다른 길을 걸었음에도 같은 구조를 품고 있다. 인텔은 과감한 버림으로, 스타벅스는 경험의 설계로, 토요타는 무대 전환으로, 파타고니아는 정체성으로 전략을 드러냈다. 네 기업의 공통점은 분명하다. 먼저 목표를 세우고, 조직의 활동을 그 목표에 맞추어 정렬했으며, 시간이 흐르자 그 선택이 성과로 나타났다. 주목할 점은 네 기업 모두 당시에는 결과를 보장받지 못했다는 것이다. 그러나 각자의 맥락에서 '이 길이 우리에게 맞다'는 기준을 세웠고, 자원과 활동을 그 기준에 맞췄다. 전략의 본질은 이론이나 개념이 아니라, 현실의 결단이라는 사실이 여기에 담겨 있다.

전략은 왜 필요한가?

《머니볼》을 다시 살펴보면, 빌리가 내린 선택은 단순한 취향이나 직감이 아니라 전략의 정의 그 자체였음을 알 수 있다. 만약 그가 기존 스카우트의 기준에 머물렀다면, 오클랜드 애슬레틱스는 스타 선수들을 잃은 뒤 하위권으로 추락했을 것이다. 그러나 그는 출루율이라는 새로운 기준을 잡았고, 그 기준에 맞춰 선수 구성을 바꾸었다. 낯선 방법이었기에 조롱과 반발이 뒤따랐지만, 끝내 20연승이라는 대기록을 만들어냈다. 전략은 이렇게 '없었다면 실패가 분명했던 순간'을 뒤집는 힘이다.

인텔의 전환도 마찬가지다. 1980년대 초반, 메모리 사업에 집착했다면, 일본 반도체 기업에 완전히 밀려났을 것이다. 하지만 인텔은 메모리를 과감히 접고 CPU에 집중했다. 이 결정은 기업 정체성 자체를 다시 세우는 일이었다. 그 결과 'Intel Inside'는 PC의 성능을 보장하는 표준 언어가 되었고, 1990년대 정보화 시대의 승부는 인텔의 손에서 시작되었다. 이처럼 전략은 생존과 몰락의 갈림길에서 내리는 선택이며, 그 선택은 기업의 존재 이유마저 새롭게 정의한다.

스타벅스도 동일하다. 원두를 파는 상점으로 남아 있었다면 지역적 한계를 넘지 못했을 것이다. 하지만 하워드 슐츠는 스타벅스를 커피 파는 매장이 아니라 사람들이 머무는 '제3의 공간'으로 정의했다. 이 때문에 조명과 음악, 바리스타의 태도까지 전략적 설계의 일부가 되었고, 매장 하나하나가 새로운 생활 양식의 무대가 되었으며 스타벅스는 전 세계로 확장할 수 있었다. 전략은 이렇게 확장을 가능하게 하는 언어이며, 단순한 제품을 문화적 경험으로 끌어올리는 힘이다.

토요타 역시 합리적 자동차라는 이미지에 머물렀더라면 럭셔리 시장의 문은 열리지 않았을 것이다. 그러나, 토요타는 '어떤 무대에서 싸울 것인가'라는 본질적 질문을 던졌다. 그리고 그 질문에 대한 답으로 1989

년 렉서스 브랜드를 내놓으며 품질과 서비스, 가격을 함께 묶어 새로운 기준을 만들었다. 그 덕분에 렉서스는 2000년대 미국 내 럭셔리 자동차 시장에서 판매 1위를 차지하며 프리미엄 시장의 판도를 다시 짤 수 있었다. 이는 전략이 단지 개선이 아니라, 전혀 다른 기회를 열어젖히는 문이 된다는 것을 보여주는 사례다.

파타고니아의 경우도 단순 아웃도어 브랜드로 머물렀다면 경쟁자 속에서 존재감이 희미했을 것이다. 그러나 창업자 이본 쉬나드(Yvon Chouinard)는 회사를 '환경을 위한 기업'으로 선언했다. 제품의 수선과 재판매, 지분을 비영리 신탁에 넘기는 과감한 결정은 브랜드 정체성을 전략으로 만든 사건이었다. 소비자는 옷이 아니라 가치와 철학을 샀고, 그 결과 파타고니아는 충성도 높은 지지 기반을 얻을 수 있었다. 파타고니아의 전략은 기업이 왜 존재하는지에 대한 대답이자, 그 대답을 행동으로 증명하는 과정이었다.

이제껏 살펴본 《머니볼》과 현실 기업 사례는 모두 같은 메시지를 전한다. 전략은 단순한 계획이나 구호가 아니다. 전략은 생존을 위해 반드시 필요하며, 성과를 위해 무엇을 선택하고 무엇을 포기할지를 분명히 하는 일이다. 하지만 선택은 언제나 포기를 동반한다. 인텔은 메모리를 버렸고, 스타벅스는 단순한 원두 판매를 내려놓았다. 토요타는 합리적 토요타의 틀을 넘어섰고, 파타고니아는 일반적 성장을 포기하며 환경을 앞세웠다. 만약 자원이 무한하다면 전략은 필요하지 않을 것이다. 그러나 현실의 자원은 언제나 한정되어 있다. 그래서 전략은 무수한 가능성 중에서 무엇을 택하고, 동시에 무엇을 버릴지를 정리하는 '계획된 선택'이다. 바로 그 점에서 전략은 개념이 아니라 생존과 성과의 조건으로서, 기업은 물론 개인에게도 반드시 필요하다.

전략의 본질

전략은 끊임없이 이어지는 선택의 연속이며, 삶과 조직이 매 순간 맞닥뜨리는 조건이다. 앞서 살펴본 영화와 기업 사례는 서로 다른 시대와 무대에서 벌어진 장면이지만, 하나의 진실을 말해준다. 자원이 한정된 존재는 반드시 전략을 세워야 한다는 점, 그리고 그 전략은 선택과 포기를 통해서만 현실이 된다는 점이다.

전략을 말할 때 놓치기 쉬운 부분은, 그것이 본질적으로 인간의 조건과 맞닿아 있다는 사실이다. 인간에게 자원은 무한하지 않다. 기업에게도 마찬가지다. 자금, 인재, 기술, 시장 기회는 언제나 제한되어 있다. 무한하다면 굳이 무엇을 선택할 필요가 없을 것이다. 하지만 유한하기 때문에, 무엇을 버리고 무엇을 붙들지를 결정해야 한다. 전략은 바로 그 경계에서 태어난다.

《머니볼》의 마지막 장면은 이를 잘 보여준다. 보스턴 레드삭스가 거액을 제시하며 제안한 단장 자리를 거절하고, 빌리는 여전히 자금난과 한계가 명확한 오클랜드에 남는다. 많은 이가 이해하지 못한 선택이었다. 하지만 그는 돈이 아니라 자신이 세운 기준, 자신이 믿는 야구를 붙들었다. 20연승의 대기록과 새로운 경쟁방식을 실험한 경험은 그에게 단순한 성적표 이상의 의미였다. 전략은 반드시 화려한 성공으로 귀결되지 않는다. 때로는 지켜야 할 가치와 철학에 충실한 결정, 자신이 감당할 수 있는 길을 선택하는 행위로 나타난다. 그렇기에 빌리의 선택이 보여준 것은 성과와 실패를 넘어선, 존재의 이유에 대한 대답이었다.

그런 측면에서 전략이란 단순히 기업 경영의 도구가 아니다. 그것은 삶의 언어다. 누구나 하루 24시간이라는 자원의 제약 속에서 살아간다. 개인도 기업처럼 자원을 어디에 쓸지, 어떤 기회를 포기할지, 무엇을 지킬지를 정해야 한다. 전략은 그렇게 개인의 삶과 기업의 의사결정이 만나는 자리에서 빛을 발한다. 따라서 전략을 이해하는 일은 곧 자기 삶을 어떻게 살아갈 것인가라는 질문과 이어진다.

"나는 지금 무엇을 붙들고, 무엇을 버리고 있는가?"

이 물음은 책상 위 보고서에서만 필요한 것이 아니다. 경영자에게는 사업 포트폴리오와 시장 진출을 결정하는 순간에, 개인에게는 진로와 관계, 하루하루의 선택에 스며 있다. 전략은 추상적 이론이 아니라, 한정된 자원을 다루는 모든 존재가 피할 수 없는 질문이다. 만약 이 질문에 답하지 못하면, 개인과 기업 모두 방향을 잃고 흔들리게 된다.

전략의 본질은 무엇인가? 그것은 '계획된 선택이며, 포기를 동반하는 결단'이다. 선택에는 늘 대가가 따르고, 그 대가를 감수하는 의지가 있을 때, 비로소 전략에 힘이 생긴다. 그래서 전략은 우연한 성취에 붙는 장식이 아니라, 생존과 성과를 가르는 기준이다. 이 장을 마치며 스스로에게 물어보자.

지금 내가 할 선택은 무엇인가?
무엇을 기준으로 그 선택에 따른 포기를 감수할 것인가?
그 선택을 어떻게 성과로 만들 것인가?

심화학습 – 전략을 바라보는 다양한 시선

본문에서 다룬 영화와 실제 기업 사례는 전략이 무엇이며 왜 필요한지를 생생하게 보여준다. 하지만 전략은 단순히 경영자의 직관이나 경험칙으로만 설명되지 않는다. 지난 반세기 동안 수많은 학자들이 전략을 정의하고, 그 구조와 조건, 한계를 체계적으로 탐구해 왔다. 이 흐름을 살펴보면 전략은 선택이며 반드시 필요하다는 점이 한층 더 선명해진다.

① 전략 개념의 기원

경영학에서 전략이라는 말이 본격적으로 사용되기 시작한 것은 1960~70년대다. 케네스 앤드류(Kenneth Andrews)는 1971년 『기업전략의 개념(The Concept of Corporate Strategy)』에서 전략을 기업의 목표와 정책을 연결하는 다리로 설명했다.[1] 기업이 무엇을 추구하고, 그 목표를 어떤 방식으로 달성할지를 이어주는 것이 전략이라는 정의다. 당시 전략은 경영자가 미리 계획을 세우고 실행하는 체계적 과정으로 이해되었다. 한편, 이고르 안소프(Igor Ansoff)는 『기업전략(Corporate Strategy)』(1965)에서 제품과 시장의 조합을 확장, 다각화 전략으로 분류하며 전략적 계획의 틀을 제시했다.[2] 이 초기 논의들은 전략을 '합리적 계획'으로 보는 관점에 뿌리를 두고 있었다. 그러나 현실에서 모든 기업이 계획대로 움직이지 않는다는 사실은 곧 새로운 관점을 낳았다.

② 경쟁전략 – 산업구조를 읽는 시선

1980년대 들어 마이클 포터(Michael E. Porter)는 전략 연구의 지형을 바꾸었다. 그는 『경쟁전략(Competitive Strategy)』(1980)과 『경쟁우위(Competitive Advantage)』(1985)에서 산업구조 분석을 전략의 출발점으로 제시했다.[3] 기업의 성과는 개별 노력보다 산업의 구조적 힘에 달려 있다는 것이다. 포터는 산업의 구조적 힘을 다섯 가지(5 Forces)로 정리했다. 신규 진입자의 위협, 대체재의 위협, 공급자 교섭력, 구매자 교섭력, 기존 경쟁자의 강도가 그것이다. 경쟁에서 이기려는 기업은 산업 내 다섯 가지 힘의 작동 방식을 분석해 그 산업에 진입할지 말지, 진입한다면 어떤 경쟁우위를 차지할지를 결정해야 한다. 포터는 기업이 경쟁우위를 확보하는 기본 전략을 세 가지로 압축하고 이를 본원적 전략(Generic Strategies)이라 불렀다. 원가우위(Cost Leadership), 차별화(Differentiation), 집중(Focus)이 그것이다. 다섯 가지 힘에 기반한 산업구조 분석과 본원적 전략의 틀은 오늘날까지도 교과서와 실무현장에서 가장 널리 사용되는 경쟁전략의 기초 언어다.

③ 자원기반전략 – 내부로 향한 눈

1990년대 들어서는 다른 질문이 제기되었다. 같은 산업에 속하고, 비슷한 조건을 가진 기업인데 왜 어떤 기업은 성과를 내고, 다른 기업은 몰락하는가? 이를 설명하기 위해 등장한 것이 자원기반전략(Resource-Based View, RBV)이다. 제이 바니(Jay Barney)는 1991년 논문에서 기업이 보유한 자원이 경쟁우위의 원천이라고 주장했다.[4] 그는 자원이 전략적으로 의미를 가지려면 네 가지 조건을 충족해야 한다고 했다. 가치(Value), 희소성(Rarity), 모방 불가능성(Inimitability), 조직적 활용(Organization)이 그것이다. 이 네 가지를 묶어 VRIO 프레임워크라 부른다. 이 관점은 단순한 공장 설비나 자본금만이 아니라, 브랜드, 기술, 특허, 조직문화, 학습 능력까지 전략적 자원에 포함한다. 예를 들어 애플의 디자인 철학, 삼성전자의 제조 경험, 토요타의 생산방식 같은 것들이 모두 모방하기 어려운 자원으로서 장기적 경쟁우위를 만들어냈다. 이처럼 자원기반전략은 전략의 초점을 외부 환경에서 내부 역량으로 옮겨 놓았다.

④ 블루오션 전략 – 경쟁을 넘어서는 발상

2000년대에 들어 경쟁 자체를 무력화시키려는 시도가 제기되었다. 김위찬(W. Chan Kim)과 르네 마보안(René Mauborgne)은 『블루오션 전략(Blue Ocean Strategy)』(2005)에서 경쟁이 치열한 시장을 '레드오션'이라 부르고, 경쟁자를 무력화하는 새로운 시장을 '블루오션'이라 불렀다.[5] 이들은 블루오션을 창출하는 원동력으로 가치 혁신(Value Innovation)을 제시했다. 고객에게 더 높은 가치를 제공하면서 동시에 원가를 낮추는 모순적 목표를 동시에 달성해야 한다는 것이다. 이를 실현하기 위한 도구로 4대 행동 프레임워크(제거, 축소, 강화, 창출)와 전략 캔버스를 제시했다. 서커스를 예술 공연으로 바꾼 태양의 서커스, 음악 시장을 합법적 디지털 생태계로 전환한 애플 아이튠즈, 가족용 게임기를 만든 닌텐도 Wii 같은 사례가 대표적이다. 블루오션 전략은 전략을 단순히 싸움의 기술이 아니라, 싸움의 장 자체를 바꾸는 설계로 이해하게 해주었다.

⑤ 파괴적 혁신 – 낡은 질서를 무너뜨리는 힘

클레이튼 크리스텐슨(Clayton Christensen)은 『혁신기업의 딜레마(The Innovator's Dilemma)』(1997)에서 파괴적 혁신(Disruptive Innovation)이라는 개념을 정리했다.[6] 이 개념을 통해 그는 기존 강자가 무시한 틈새시장에서 단순하고 저렴한 제품으로 시작한 기업이, 성능 개선을 거쳐 결국 주류 시장을 장악하는 과정을 설명했다. 대표적 사례가 넷플릭스다. 넷플릭스는 DVD 우편 대여에서 출발했지만, 스트리밍과 오리지널 콘텐츠 제작을 통해 기존 시장의 강자였던 블록버스터를 몰락시켰다. 애플의 아이폰 역시 초기에는 불완전했지만, 앱스토어를 기반으로 주류 스마트폰 시장을 장악했다. 이처럼 파괴적 혁신은 전략을 단순히 성과 개선이 아니라, 기존 질서의 전복으로 이해하게 했다.

⑥ 민츠버그의 전략사파리 – 전략을 보는 열 가지 학파

헨리 민츠버그(Henry Mintzberg)는 『전략사파리(Strategy Safari)』(1998)에서 전략 연구를 열 가지 학파로 분류했다.[7] 그는 전략 이론을 하나의 거대한 사파리에 비유하며, 학자들이 각기 다른 동물을 관찰하듯 전략의 일면만을 강조한다고 설명했다.

A. 설계학파(Design School): 내부 강점과 외부 기회의 적합을 중시.
B. 계획학파(Planning School): 전략을 공식화된 계획 프로세스로 봄.
C. 위치학파(Positioning School): 산업 내 위치와 경쟁 구도 중심.
D. 기업가학파(Entrepreneurial School): 창업자나 리더의 비전과 직관적 선택 강조.
E. 인지학파(Cognitive School): 의사결정자의 인지 능력과 한계에 초점.
F. 학습학파(Learning School): 학습을 통한 환경 적응 중시.
G. 권력학파(Power School): 조직 내부와 외부의 권력 관계 중시.
H. 문화학파(Cultural School): 조직 문화와 공유된 가치 중시.
I. 환경학파(Environmental School): 외부 환경의 압력이 전략을 좌우.
J. 구성학파(Configuration School): 상황별로 여러 요소가 결합해 전략 형성.

민츠버그는 이들 학파가 각기 유용하지만, 단일 학파로는 전략 전체를 설명할 수 없다고 보았다. 따라서 전략을 이해하려면 다양한 관점을 동시에 적용해야 한다고 주장했다. 이는 전략이 하나의 정답이 아니라 맥락 속에서 조합되는 개념임을 일깨운다.

⑦ 이론 간 관계와 한계

각 이론은 전략의 한 측면을 강조한다. 경쟁전략은 외부 환경을, 자원기반전략은 내부 역량을, 블루오션 전략은 새로운 시장 설계를, 파괴적 혁신은 질서의 전복을 보여준다. 그러나 어느 하나만으로는 충분하지 않다. 경쟁전략은 내부 자원의 독창성을 설명하기 어렵고, 자원기반전략은 환경 변화에 둔감해질 위험이 있다. 블루오션 전략은 실행 구조가 약할 경우 쉽게 레드오션으로 변하고, 파괴적 혁신은 모든 변화를 설명하는 만능 이론이 될 수 없다. 민츠버그의 분류가 보여주듯, 전략은 다양한 관점을 함께 봐야 비로소 전체 그림이 드러난다.

지금껏 살펴본 모든 전략 이론을 꿰뚫는 공통점은 하나다. 전략은 결국 선택의 언어라는 점이다. 자원이 유한하기 때문에 선택이 필요하고, 그 선택이야말로 번영과 몰락을 가른다. 따라서 전략은 단순한 계획이 아니라, 한정된 자원 속에서 미래를 향해 길을 내는 의도적 행위다. 본문에서 《머니볼》과 아마존, 인텔, 스타벅스, 토요타, 파타고니아의 사례가 보여준 것 역시 이 메시지다. 전략은 생존의 조건이며, 번영을 위한 필수 도구이다.

2장

이길 수 있는 구조 《포드 V 페라리》

블록버스터의 몰락

2000년대 초반, 블록버스터(Blockbuster)는 미국에서 영화를 보는 방식의 대명사였다. 미국 전역에 9,000개가 넘는 매장이 있었고, 2004년 한 해 매출만 60억 달러를 웃돌았다. 토요일 저녁이면 가족 단위 손님들이 매장 안을 가득 메웠고, 십대 청소년들은 학교 수업을 마치고 친구들과 함께 신작 코너를 기웃거렸다. 매장 입구에는 파란색 간판이 환하게 빛났고, 계산대 옆에는 팝콘과 음료가 쌓여 있었다. 사람들은 커다란 비디오 케이스를 들고 계산대 앞에 줄을 섰고, 그 케이스를 집으로 가져가는 순간을 주말의 작은 의식처럼 여겼다. 반납 기일을 넘기면 연체료가 붙었지만, 그것조차 이 산업의 당연한 규칙으로 받아들였다. 블록버스터의 멤버십 카드는 지갑 속 필수품이었고, 수많은 가정에서 파란 봉투는 가족의 여가를 상징했다.[1]

그러나 불과 몇 년이 지나지 않아 이러한 풍경은 자취를 감췄다. 주말마다 매장에 몰려들던 사람들의 행렬은 어느 날 흔적도 없이 사라졌고, 파란 간판은 폐점 안내문에 가려졌다. 여전히 몇몇 매장이 남아있기는

했지만, 사람들의 발걸음은 이미 다른 곳을 향하고 있었다. 긴 줄에 서서 DVD를 고르는 대신, 집에서 몇 번의 클릭으로 영화를 고르는 일이 익숙해졌다. 반납 기일을 신경 쓰며 시계를 보던 습관은 사라지고, 연체료 걱정 없는 정액제 요금으로 영화를 즐기는 사람이 늘어갔다.

블록버스터 내부에서도 변화의 조짐이 있었지만 대응은 더디기만 했다. 매출의 상당 부분을 차지하던 연체료를 포기할 수 없다는 계산을 회의마다 되풀이했고, 시장의 흐름과 달리 대규모 매장 확대 계획을 계속 추진했다. 한때는 넷플릭스를 인수해 새로운 서비스를 결합할 기회도 있었지만, 그 가능성은 실행되지 못한 채 흘러가 버렸다. 그 사이 소비자의 행동은 빠르게 달라졌다. 인터넷을 통해 손쉽게 영화를 접한 소비자들은 그 편리함에 빠져 들었고 그렇게 한 번 생긴 작은 차이는 곧 산업의 커다란 균열로 번져 결국 판 전체를 뒤흔들었다. 2010년, 블록버스터는 끝내 파산보호를 신청했다. 불과 몇 년 전에는 누구도 상상하지 못한 일이었다. 자본도 있었고, 충성 고객도 있었으며, 오랜 기간 쌓아온 브랜드 신뢰도 있었는데, 그 모든 힘이 한순간에 무너져 내렸다. 매장은 문을 닫았고 파란색 간판은 낡은 건물 벽에 희미한 흔적으로만 남았다.

도대체 무엇이 이런 변화를 불러온 것일까? 충분한 자원을 갖고도 손쓸 틈 없이 무너진 이유는 무엇이었을까? 강자는 어떻게 약자로 바뀌었으며, 수십 년간 굳건하던 질서는 왜 이렇게 빠르게 무너져버렸을까? 이 질문은 블록버스터만의 이야기가 아니다. 오늘날에도 강자라고 불리던 기업들이 예상치 못한 흐름 속에서 흔들리고 있다. 그렇다면 싸움의 기술과 자원만으로는 설명되지 않는 무언가 다른 힘이 있는 것은 아닌가?

이 장은 바로 이 물음에서 출발한다. 이어서 다룰 영화 《포드 V 페라리》(Ford v Ferrari, 2019, 감독 제임스 맨골드, 주연 멧 데이먼, 크리스찬 베일)는 절대 강자에 맞서기 위해 다른 길을 택했던 한 팀의 선택을 보여준다. 블록버스터가 놓친 조건을, 포드는 어떻게 붙잡았는지 그 이야기를 따라가 보자.

포드 V 페라리(Ford v Ferrari, 2019)

1966년 여름, 프랑스 사르트주 르망 서킷에 전 세계의 시선이 모였다. 24시간 동안 이어지는 내구 경주는 자동차 제조사들의 자존심이 걸린 무대였다. 경기가 시작되기 전, 포드 진영은 긴장 속에서도 질서정연하게 움직였다. 피트 안에서는 캐롤 셸비(맷 데이먼 분)가 무전기를 손에 쥔 채 마지막까지 팀원들과 세부 점검을 하고 있었다. 켄 마일스(크리스천 베일 분)는 직접 차체를 손으로 쓰다듬으며 작은 균열이라도 있는지 꼼꼼히 살폈다. 이어 안전벨트를 조정하고 시트를 맞추며 하루 종일 몸을 맡길 공간을 다잡았다. 연료 주입량, 타이어 교체 시점, 드라이버 교대 계획이 빼곡히 적힌 종이가 피트월(pit wall, 경주 운영석)에 붙어 있었고, 팀원들은 점검항목을 하나씩 지워가며 준비를 마무리했다.

출발 신호가 떨어지자, 직선 구간에서 페라리가 화살처럼 치고 나갔다. 번쩍이는 붉은 차체가 관중의 시선을 사로잡았고, 함성은 서킷을 뒤흔들었다. 그러나 포드 GT40은 처음부터 무리한 추월을 시도하지 않았다. 마일스는 무전으로 "타이어 그립 정상, 브레이크 반응 양호"라고 보고하며 차분히 속도를 유지했다. 관중석에서는 페라리의 질주가 압도적으로 보였지만, 포드의 피트는 여전히 침착했다. 셸비는 스톱워치를 들고 랩타임을 기록할 뿐, 별다른 지시는 내리지 않았다.

시간이 흐르자 하늘이 흐려지고, 빗방울이 트랙을 적시기 시작했다. 노면이 젖자 몇몇 차량이 코너 진입에서 속도를 줄이지 못해 미끄러졌고, 한 페라리는 중심을 잃고 트랙을 벗어났다. 관중석에서 안타까움의 탄성이 터져 나오던 순간, 마일스는 제동 지점을 평소보다 앞당기며 안정적으로 차를 세웠다. 핸들을 잡은 그의 손은 흔들림이 없었고, GT40은 빗물 튀는 노면을 따라 정확히 코스를 통과했다. 젖은 트랙과 날카롭게 회전하는 차량이 만들어낸 대비는 경기의 긴장을 한층 높였다.

밤이 되자 경기는 본격적인 내구전으로 접어들었다. 피트 스톱 구역은 긴장으로 가득했지만, 포드 팀은 마치 잘 훈련된 군대처럼 움직였다. 차량이 들어오자마자 연료를 주입하고, 타이어를 빠르게 교체했으며, 다른 팀원은 손전등으로 차량 하부를 점검했다. 교체가 끝난 차는 지체 없이 다시 트랙으로 나갔다. 그러나 반대편 페라리 피트는 사정이 달랐다. 브레이크 문제로 정비가 길어졌으며, 정비원들이 공구를 들고 분주히 뛰어다녔다. 포드의 신속한 교체와 페라리의 지연은 경기의 격차를 점점 더 벌려 놓았다.

경기장을 바라보는 캐롤 셸비와 켄 마일스

새벽녘, 일부 차량이 기계 결함으로 경기에서 이탈했다. 페라리의 또 다른 차량도 기어박스 문제로 속도가 떨어졌다. 그러나 마일스는 흔들림 없이 일정한 리듬을 유지하며 주행을 이어갔다. 무전 보고는 짧고 명확했다. "속도 유지, 브레이크 정상." 피트에는 남은 시간과 연료 소모량, 경쟁 차량의 위치가 실시간으로 표시되고 있었다. 셸비는 무전으로 단 한마디만 전했다. "계획대로 가자." 그의 태도는 경주의 흐름처럼 흔들림이 없었다.

날이 밝아오자 관중석의 분위기도 달라졌다. 경기 초반 페라리의 압도적 속도에 열광하던 사람들조차, 꾸준히 선두권을 지키는 포드의 모습에 박수를 보냈다. 관중의 함성에는 단순한 흥분을 넘어, 예기치 못한 경기 전개에 대한 놀라움이 섞여 있었다. 결승선을 향해 가는 마지막 구간에서 마일스는 차분히 페달을 밟았다. 엔진을 불필요하게 과열시키지 않았고, 코너를 부드럽게 돌며 트랙을 빠져나갔다. 피트월에서는 계산기를 두드리는 손과 무전기의 짧은 신호음이 교차했지만, 누구도 목소리를 높이지 않았다. 모든 것이 이미 수십 번 진행한 예행연습처럼 자연스럽게 흘러갔다.

이 순간 포드 팀은 단순히 더 빠른 차를 몰고 있는 것이 아니었다. 그들은 끝까지 완주할 수 있는 리듬을 만들었고, 모든 움직임을 그 리듬에 맞췄다. 페라리가 경기 초반, 화려한 속도로 관중을 사로잡았다면, 포드는 전체 경기를 지배할 수 있는 다른 길을 택했다. 피트와 드라이버, 정비원 모두가 같은 흐름 속에서 호흡을 맞췄고, 그 리듬은 쉽게 흔들리지 않았다. 르망의 긴 하루가 저물 무렵, 포드 GT40은 흔들림 없는 주행으로 결승선을 향하고 있었다. 강자와 도전자의 싸움은 더 이상 단순한 속도의 경쟁이 아니었다. 그것은 누가 어떤 방식으로 경기를 운영하느냐의 문제가 되었고 포드 팀은 불리했던 싸움을 끝내 새로운 리듬으로 바꾸고 있었다.

경쟁전략: 구조를 읽고 길을 정하다

기업의 성패는 단순한 한두 가지 이유로 나뉘지 않는다. 시장은 여러 힘이 동시에 맞물려 움직이는 무대다. 마이클 포터는 이를 다섯 가지 힘(5 Forces)으로 정리했다. 신규 진입자의 위협, 대체재의 위협, 공급자의 교섭력, 구매자의 교섭력, 기존 경쟁자의 강도가 그것이다. 이 다섯 힘이 얽혀 산업의 구조를 만들고, 기업의 선택을 제한하기도 하고 새로운 기회를 열기도 한다. 전략을 고민한다는 것은 결국 이 힘들이 어디서, 어떻게 작동하는지를 읽는 일이다.

영화 《포드 V 페라리》의 르망 경주는 이 구조를 이해할 수 있는 좋은 사례다. 경기 초반 직선 구간에서 페라리가 뿜어낸 속도는 기존 강자의 지위를 압축적으로 보여준다. 그것은 '속도가 곧 승부'라는 오래된 통념과 전통 강자의 명성이 만든 장벽이었다. 그러나 빗물이 고인 코너에서 마일스가 브레이크를 일찍 밟고 부드럽게 빠져나가는 순간, 관중의 눈빛이 달라졌다. 승부의 기준이 속도에서 완주와 안정성으로 바뀌는 순간이었다. 처음에 페라리에 쏠렸던 환호는 시간이 흐르면서 포드의 꾸준한 주행으로 옮겨갔다. 이는 소비자의 기대 변화를 상징한다.

피트 스톱에서는 공급자의 힘이 선명히 드러났다. 페라리 진영은 브레이크 문제로 진땀을 흘렸지만, 포드는 준비된 부품과 표준화된 절차 덕분에 불과 몇 초 만에 다시 트랙으로 나설 수 있었다. 이는 협력망의 안정성과 운영 체계가 단순한 비용이 아니라 경쟁력의 뿌리임을 보여준다. 르망은 본래 진입 장벽이 높은 무대였다. 막대한 비용과 기술, 숙련된 인력이 없으면 출발선에 설 수도 없었다. 이 무대에서 후발주자인 포드는, 페라리 입장에서 보면 새로운 진입자의 위협이었다. 포드가 자동차 산업 전체에서는 거인이었지만, 르망이라는 좁은 무대에서는 낯선 도전자였던 것이다. 마지막으로 대체재의 가능성은 경기 규칙 안에서 평가 기준이 바뀌는 순간에 나타났다. 가치가 속도에서 내구성으로 대체되자, 경쟁의 정의 자체가 흔들렸다.

마이클 포터는 산업의 구조를 분석한 뒤 기업이 취할 수 있는 본원적 경쟁전략을 원가우위(Cost Leadership), 차별화(Differentiation), 집중(Focus) 세 가지로 정리했다. 원가우위는 같은 성능을 더 낮은 비용으로 만들어 가격 경쟁력을 확보하는 전략이다. 차별화는 남이 쉽게 모방할 수 없는 독창적 가치를 내세우는 길이다. 집중은 전체가 아니라 특정 세그먼트에 자원을 모아 지배적 위치를 확보하는 방식이다. 중요한 점은 어떤 전략이든 일단 선택하면, 조직의 모든 활동을 그 선택에 맞춰야 한다는 사실이다.

포드 팀은 차별화와 집중을 결합했다. 그들은 페라리와 같은 방식의 속도 경쟁을 벌이는 대신 르망이라는 단일 무대에 모든 역량을 집중했다. 24시간 내구전을 새로운 기준으로 삼고, 그에 따라 차량의 공기역학, 브레이크 냉각, 연료 효율을 개선하고, 피트 스톱과 드라이버 교체를 하나의 시스템으로 묶었다. 그리하여 승산 없는 싸움을 구조적으로 뒤집었다. 그러자 페라리의 압도적 무기였던 순간 속도는 더 이상 절대적 우위가 아니었다.

이 선택은 비용 구조에도 변화를 가져왔다. 사고와 고장을 줄여 불필요한 정비 시간을 최소화하면서 운영 비용을 낮춘 것이다. 흔히 차별화와 원가우위는 서로 충돌한다고 알려져 있다. 그러나 포드는 한 무대에 집중하고, 차별화된 활동을 그 선택에 맞춰 정렬한 결과, 원가 절감 효과까지 거둘 수 있었다. 이것은 '중간에 낀 상태(Stuck in the Middle)'와는 다르다. 후자의 경우는 방향이 모호해 이도 저도 아닌 상태를 말하지만, 포드는 분명한 선택 속에서 부수적 효과로 비용 절감까지 거둔 것이다. 이는 마치 산을 오르다 중턱에서 멈춘 이가 길을 잃는 것과, 정상까지 집중해 오른 이가 예상치 못한 풍경까지 덤으로 볼 수 있는 차이에 비유할 수 있다.

경쟁전략에는 위험도 따른다. 첫째는 방향을 정확히 잡지 못해 중간에 낀 상태에 빠지는 것이다. 이 경우 비용에서도, 가치에서도 밀려날 수 있다. 둘째는 모방의 위험이다. 오늘의 차별화가 내일은 누구나 흉내 낼 수 있는 방식이 될 수 있다. 한때 혁신처럼 보였던 요소가 금세 업계의 표준으로 굳어지는 사례는 무수히 많다. 따라서 전략은 한 번의 고정된 선택이 아니라, 구조를 읽고 다음 우위를 준비하는 끊임없는 과정이다.

결국 경쟁전략이란 산업의 힘을 읽고, 자신에게 유리한 무대를 정하며, 그 무대에서 어떤 기준으로 싸울지를 분명히 하는 일이다. 그리고 선택한 기준에 맞춰 기업의 활동 전부를 조율할 때, 전략은 힘을 갖는다. 영화 《포드 V 페라리》 속 포드 팀은 바로 그 과정을 몸소 보여주었다. 구조를 읽지 못하면 강자도 무너지고, 길을 정하지 않으면 작은 기회조차 잡을 수 없다.

산업 구조 분석에 따른 전략 성공 사례

경쟁전략은 영화 속 서사로만 그치는 이야기가 아니다. 실제 기업들도 산업 구조를 면밀히 분석하고, 그에 맞는 전략을 선택해 성과를 만들어왔다. 구조를 모르면 강자도 무너졌지만, 구조를 제대로 분석한 기업은 새로운 질서를 열었다. 몇 가지 사례를 살펴보자.

첫 번째 사례는 항공업에서 원가우위 전략으로 성공한 사우스웨스트 항공이다. 항공 산업은 본래 고정비가 막대하다. 연료비와 인건비, 공항 슬롯(slot) 확보, 정비 시설 등 진입 장벽이 높고, 기존 대형 항공사들의 경쟁 강도 또한 치열하다. 소비자는 가격에 민감해 구매자의 교섭력이 강하고, 공급자인 보잉과 에어버스, 연료 업체들의 힘도 무시할 수 없다.

여기에 중, 단거리에서는 버스나 자동차, 장거리에서는 이미 구축된 대형 항공사의 네트워크가 대체재로 존재한다. 신규 진입자는 도저히 버티기 어려운 구조다. 이런 조건에서 사우스웨스트가 취할 수 있는 전략은 명확했다. 기존 강자들과 똑같은 방식으로 싸워서는 승산이 없기 때문이다.

사우스웨스트는 구조를 거꾸로 해석했다. 항공업계의 정석으로 불리던 허브 앤 스포크(hub-and-spoke)모델[2] 대신 단거리 직항(point-to-point) 네트워크를 구축했다. 덕분에 공항 슬롯을 최소화하면서도 운항 효율을 극대화할 수 있었다. 또한 단일 기종(보잉 737) 운항을 고집해 정비와 훈련 비용을 크게 줄였다. 이 선택은 산업 내 다섯 가지 힘 중에서 공급자의 교섭력을 약화시키는 효과를 발휘했다. 다양한 기종을 운영하면 제조사에 더 크게 의존할 수밖에 없지만, 단일 기종은 부품 수급과 정비 인력 관리에서 유리하기 때문이다. 그 결과 사우스웨스트는 동종업계 평균보다 훨씬 낮은 단위 비용(Cost per Available Seat Kilometer, CASK)을 달성할 수 있었다. 이는 소비자에게는 더 낮은 요금으로, 회사에는 안정적인 흑자로 이어졌다. 1971년 첫 운항 이후 2000년대까지 30년 넘게 연속 흑자를 기록했다는 사실은, 원가우위 전략이 단순한 비용 절감이 아니라 산업 구조 분석에서 비롯된 선택이었음을 잘 보여준다.

두 번째 사례는 넷플릭스다. 방송과 케이블이 지배하던 시절, 콘텐츠 제작사는 강력한 공급자였고, 시청자는 편성표와 채널에 묶여 있어 이동 비용이 높았다. 기존 경쟁자들 간의 싸움은 치열했고, 신규 진입자가 뚫고 들어가기에는 진입 장벽이 높았다. 그러나 구조의 균열은 이미 드러나고 있었다. 인터넷 스트리밍 기술이 발전하며 대체재의 가능성이 생겨났고, 소비자들은 편의성과 선택권을 점점 더 중시하기 시작했다. 넷플릭스는 이 변화를 놓치지 않았다. DVD 우편 대여라는 틈새에서 출발해 2007년 스트리밍 서비스를 도입하면서 경쟁의 무대를 완전히 옮겨 버렸다. 방송사와 같은 시간표 싸움이 아니라, 소비자가 원하는 시간과 기기에서 원하는 콘텐츠를 즐길 수 있는 경험을 제시한 것이다. 이는 구매자의 교섭력을 넷플릭스 쪽으로 끌어오는 결정이었다. 더 나아가 2013년에는 오리지널 콘텐츠 '하우스 오브 카드'를 제작하며 공급자의 힘에도 변화를 주었다. 판권을 가진 제작사에 의존하는 대신 자체 제작 역량을 확보해 협상력을 높인 것이다. 독점 콘텐츠와 개인화된 추천 알고리즘을 결합한 이 전략은 단순히 더 많은 콘텐츠를 확보하는 대신 차별화를 통해 새로운 가치를 창출하려는 것이었다. 2024년 가입자 2억 6천만 명이라는 수치는, 산업 구조의 변화를 읽고 차별화 전략을 끝까지 밀어붙인 결과였다.

세 번째 사례는 중국의 전기차 기업 BYD다. 1990년대 후반만 해도 전기차 산업은 시장 규모가 작고 수익성도 낮았다. 게다가 기존 완성차 업체들은 충성도 높은 소비자층, 광범위한 유통망, 내연기관 기술력을 바탕으로 높은 진입 장벽을 쌓고 있었다. 특히 공급자인 배터리 업체들의 힘은 절대적이었다. 신규 진입자가 감당하기에는 지나치게 불리한 구조였다. BYD는 이러한 산업 구조에서 승산이 있는 틈새시장을 찾아 집중했다. 승용차 대신 전기버스와 상용차를 선택해 정부 보조금과 공공기관 수요를 발판으로 입지를 넓혔다. 이 시장은 대체재의 위협이 적고, 구매자와 공급자의 힘이 분산된 영역이었다. 이후 배터리 내재화에 투자하며 공급자의 힘을 줄였다. 나아가 배터리와 차량을 동시에 설계하는 수직 통합 구조를 만들면서 원가우위와 차별화를 동시에 달성했다. 그 결과 2022년 전기차 판매량 186만 대, 2023년에는 300만 대를 넘어선 실적을 달성했다. 이는 집중 전략이 어떻게 주류 시장 확장의 발판이 되는지를 잘 보여준다.

앞서 살펴본 세 기업은 서로 다른 산업에 속했지만 공통된 흐름을 보여준다. 먼저 산업 구조를 분석하고, 자신이 경쟁우위를 가질 수 있는 위치를 명확히 정했다는 점이다. 사우스웨스트는 항공업의 고정비 구조 속에서 원가우위를 만들었고, 넷플릭스는 방송과 케이블이 지배하던 구조를 벗어나기 위해 차별화를 추진했다. BYD는 거대한 자동차 산업의 장벽을 피해 틈새시장에 집중하며 새로운 길을 열었다. 이처럼 산업의 구조와 전략은 따로 움직이지 않는다. 산업 구조를 파악한 기업은 전략을 제대로 설계할 수 있고, 그 설계가 실적과 지속 가능성으로 이어짐을 알 수 있다.

전략이 없을 때의 혼란, 전략이 있을 때의 질서

블록버스터는 자본도 충분했고, 충성 고객도 있었으며, 수천 개의 매장을 거느린 기업이었다. 그런데 왜 그렇게 허무하게 사라졌을까? 이유는 단순하다. 산업 구조를 분석하고 그에 합당한 전략을 세우지 않았기 때문이다. 겉으로는 막강한 무기를 들고 있었지만, 정작 싸움이 벌어지는 무대의 성격을 놓쳐 버렸다. 경쟁은 언제나 존재한다. 그러나 그 경쟁이 어떤 구조 속에서 벌어지는지를 보지 못하면 제아무리 강한 기업도 방향을 잃는다. 블록버스터는 전략 부재가 만든 혼란을 가장 극적으로 보여주는 사례다.

《포드 V 페라리》의 경주에서 페라리는 전통 강자의 위상을 과시했다. 속도가 곧 승부인 평가 기준 아래에서는 도저히 따라잡을 수 없는 존재였다. 하지만 포드는 달랐다. 르망이라는 경기의 구조를 처음부터 다시 분석했다. 24시간 동안 이어지는 내구전에서 진짜 승부는 순간 속도가 아니라 리듬과 안정성에 있다는 사실을 포착한 것이다. 이에 따라 포드는 차별화와 집중 전략을 결합했다. 차별화는 경기의 규칙 자체를 바꾸는 시도였고, 집중은 르망이라는 무대 하나에 모든 역량을 쏟아붓는 방식이었다. 만약 이러한 분석과 그에 따른 전략 없이 페라리와 같은 무기,

같은 방식으로만 맞섰더라면 초반에 잠시 주목을 받았을지 몰라도 끝내 기계 결함이나 운영 혼란으로 무너졌을 것이다. 그러나 전략이 있었기에 혼란 대신 질서를 만들었고, 승산 없어 보이던 싸움을 승리로 이끌 수 있었다.

현실 기업에서도 같은 교훈이 반복된다. 사우스웨스트 항공은 항공 산업의 구조적 특성을 정면으로 바라보았다. 연료비와 인건비, 공항 슬롯과 정비 시설 같은 고정비는 높았고, 보잉이나 에어버스 같은 제조사와 연료 공급자의 교섭력도 막강했다. 소비자는 가격에 민감했고, 기존 대형 항공사들끼리의 경쟁도 치열했다. 이런 구조 속에서 대형사와 똑같은 길을 걸었다면 생존하기 어려웠을 것이다. 사우스웨스트는 단일 기종 운항과 단거리 직항 네트워크로 비용을 줄이고, 빠른 회항으로 효율을 높이며 원가우위 전략을 선택했다. 덕분에 업계 평균보다 낮은 단위 비용을 유지했고, 30년 넘게 연속 흑자를 이어갈 수 있었다. 전략을 통해 무질서한 비용 압력의 구조를 질서 있는 운영 체계로 바꾸어 낸 셈이다.

넷플릭스 역시 산업 구조를 읽고 새로운 선택을 했다. 방송사와 케이블이 지배하던 시절, 콘텐츠 공급자의 힘은 절대적이었고, 시청자는 편성표에 묶여 있었다. 전략 없이 기존 구도에 들어갔더라면 단순한 DVD 대여업체로 머물다 사라졌을 수 있다. 그러나 기술 변화와 소비자의 기대 변화를 포착한 넷플릭스는 2007년 스트리밍 서비스를 도입하며 경쟁의 무대를 옮겼고, 2013년에는 '하우스 오브 카드'를 제작해 공급자의 힘을 약화시켰다. 단순한 콘텐츠 확보를 넘어, 독점 콘텐츠와 개인화 추천 시스템으로 새로운 가치를 제시하는 차별화를 시도했다. 그 결과 넷플릭스는 2억 6천만 명이 넘는 가입자를 확보한 글로벌 플랫폼이 되었다. 철저한 산업 구조 분석과 그에 걸맞는 전략이 없었다면 불가능했을 성과다.

BYD의 길도 비슷하다. 전기차 시장은 기존 완성차 업체들의 장벽이 높았다. 내연기관 기술과 브랜드 충성도, 유통망까지 모든 것이 진입 장벽으로 작용했다. 공급자인 배터리 업체들의 힘도 컸다. 이런 환경에서 무턱대고 승용차 시장에 뛰어들었더라면 곧 사라졌을지도 모를 일이다. 그러나 BYD는 집중 전략으로 다른 길을 걸었다. 승용차 대신 전기버스와 상용차라는 틈새를 공략해 정부 지원과 공공 수요를 발판으로 삼았다. 이어 배터리 내재화와 수직 통합으로 공급자의 힘을 약화시키며 경쟁력을 키워갔다. 틈새시장에서 쌓은 신뢰와 경험은 곧 주류 시장 확장의 자산이 되었다. 2023년 전기차 판매량 300만 대의 성과는, 전략이 만들어낸 질서의 결과였다.

영화와 기업 사례를 함께 놓고 보면 공통점이 분명해진다. 산업 구조를 분석하고 그에 맞는 전략을 선택했을 때, 혼란은 질서로 바뀌었다. 포드는 내구성과 운영 리듬이라는 새로운 기준을 세웠고, 사우스웨스트는 비용 구조를 혁신했다. 넷플릭스는 콘텐츠와 기술의 결합으로 판을 새로 짰으며, BYD는 틈새시장을 발판으로 장벽을 넘어섰다. 반대로 블록버스터처럼 산업의 흐름을 놓치고 전략을 세우지 못한 기업은 강자임에도 무너졌다. 소비자의 이동, 공급자의 힘, 대체재의 가능성, 경쟁자의 강도, 신규 진입자의 위협이라는 힘을 읽지 못하면 어떤 자원과 무기를 가지고 있더라도 생존을 보장받기 어렵다. 결국 포터가 말한 경쟁전략의 본질은 단순하다. 경쟁에서 이기기 위한 전략은 산업 구조를 읽고, 그에 맞는 길을 선택하는 일이다.

경쟁 없는 전략은 없다

경쟁은 피할 수 없다. 불편하다고 외면하거나 거부해도 사라지지 않는다. 기업은 시장에서 서로의 영역을 침범하며 맞부딪히고, 조직 안에서는 부서와 개인이 자원을 두고 다툰다. 심지어 일상의 선택조차 경쟁의 무대에서 벌어진다. 핵심은 경쟁을 피하는 것이 아니라 어떤 구조 속에서 싸울지를 스스로 정하는 일이다. 블록버스터는 자본과 고객을 확보하고도 구조를 읽지 못해 무너졌다. 반대로 포드, 사우스웨스트, 넷플릭스, BYD는 자신에게 맞는 무대를 택해 전략을 세웠기에 혼란을 질서로 바꿀 수 있었다.

이 교훈은 기업만의 이야기가 아니다. 학생은 입시라는 무대에서 자신에게 유리한 과목과 전형을 선택해야 하고, 구직자는 채용 시장의 규칙과 기업이 중시하는 가치를 읽어야 한다. 조직의 구성원 역시 프로젝트와 승진의 기회 앞에서 감당할 수 있는 구조를 골라야 한다. 목표가 불분명하면 아무리 움직여도 길을 잃는다. 같은 회의실에서 같은 자료를 두고도 부서마다 다른 결론을 내리는 이유가 여기에 있다. '무엇을 위해'라는 합의가 없으면 전략은 흩어지고 실행은 갈등으로 변한다.

전략은 화려한 구호가 아니다. 혼란을 버틸 수 있게 하는 최소한의 질서다. 전략이 없는 조직은 각자 제멋대로 움직이며 갈등을 키우지만, 전략이 있는 조직은 활동들이 서로를 강화하며 하나의 흐름을 만든다. 포드는 24시간 경주에서 완주할 리듬을 만들었고, 사우스웨스트는 단거리 직항과 단일 기종으로 비용 구조를 혁신했다. 넷플릭스는 스트리밍과 오리지널 제작으로 시청 경험을 새롭게 설계했고, BYD는 전기버스와 상용차에 집중해 장벽을 넘어섰다. 모두가 산업 구조를 읽고 그에 맞는 전략을 통해 질서를 세운 사례다. 전략은 혼란의 무대 위에서 규칙을 새로 쓰는 행위이며, 그 규칙이 있어야 사람과 조직이 불확실성 속에서도 버틸 수 있다.

여기서 우리는 단순하지만 분명한 깨달음을 얻는다. 전략은 남을 꺾는 무기이기 이전에 스스로 무너지는 것을 막는 방패라는 사실이다. 무대의 규칙을 모른 채 뛰어드는 순간, 강자든 약자든 제 발로 쓰러진다.

포드가 단순한 속도 경쟁에 매달렸다면 초반에 주목을 받았을지 몰라도 끝내 페라리를 넘어서지 못했을 것이다. 그러나 그들은 경기의 규칙을 바꾸어 싸움의 조건을 다시 짰다. 전략은 바로 이 순간을 가능하게 하는 언어다. 어디에서 싸울지, 어떤 기준을 세울지를 정하는 순간 이미 성공과 실패의 절반은 갈린다.

경쟁 없는 전략은 없다. 그러나 전략 없는 경쟁은 혼란으로 끝난다. 전략은 경쟁의 무대에서 살아남기 위해 반드시 필요한 질서다. 문제는 그 무대를 피할 수 있느냐가 아니라, 어디에서 어떤 규칙을 가지고 싸울지를 정하는 일이다. 그 선택이 삶과 조직의 성패를 가른다.

심화학습 - 경쟁전략의 이론적 틀과 한계

경쟁을 설명하는 대표적 이론은 마이클 포터가 1980년에 제시한 5가지 경쟁요인 모델(5 Forces Model)이다[3]. 이 모델은 기업의 성과를 좌우하는 힘을 다섯 가지로 구분한다. 첫째, 기존 경쟁자의 경쟁강도는 산업 내 기업들이 얼마나 치열하게 다투는지를 보는 것으로 수익성과 밀접하게 연관된다. 둘째, 신규 진입자의 위협은 기존 시장에 새로운 기업이 진입할 가능성을 다루는 것으로 진입 장벽이 높으면 기존 기업이 유리하지만, 장벽이 낮으면 새로운 도전자가 시장의 판을 흔들 수 있다. 셋째, 대체재의 위협은 완전히 다른 방식이 기존 제품이나 서비스를 대체할 수 있는 가능성을 말한다. 넷째, 공급자의 교섭력은 원재료, 기술, 인력 등 공급자가 협상에서 가지는 힘을 뜻하며, 강할수록 불리하다. 다섯째, 구매자의 교섭력은 소비자의 힘을 가리키는 것으로 구매자가 가격이나 품질에 강한 영향력을 행사하면 기업은 협상에서 밀리게 된다. 이 다섯 가지 힘이 얽히며 산업 구조가 만들어지고, 그 구조가 기업의 전략을 제약하기도 하고, 기회를 열어 주기도 한다.

포터는 이 틀을 바탕으로 기업이 선택할 수 있는 기본 방향을 세 가지 본원적 경쟁전략으로 정리했다[4]. 원가우위(Cost Leadership)는 같은 품질을 더 낮은 비용으로 제공해 가격 경쟁력을 확보하는 전략이다. 이는 대규모 생산과 효율적 운영을 통해 비용을 절감하는 방식이다. 차별화(Differentiation)는 모방하기 어려운 독창적 가치를 내세워 경쟁자와 다른 길을 가는 전략이다. 브랜드, 기술, 서비스 경험 같은 요소가 여기에 포함된다. 집중(Focus)은 특정 시장이나 틈새 세그먼트에 역량을 모아 지배력을 확보하는 전략이다. 중요한 점은 어느 전략을 선택하든지 성과를 내려면 조직 전체가 같은 방향으로 움직여야 한다는 사실이다. 그렇지 않으면 '중간에 낀 상태(Stuck in the Middle)'에 빠져 어느 쪽에서도 강점을 확보하지 못한 채 경쟁력이 약화된다.

포터의 경쟁전략 모델은 경영전략 연구에 큰 진전을 가져왔지만 한계도 지적된다. 첫째, 정적인 분석 틀이라는 점이다. 산업 구조를 한 시점의 고정된 그림으로 보기 때문에, 기술이나 규제의 변화 같은 동태적 요인을 충분히 반영하지 못한다. 둘째, 모방의 문제다. 차별화에 성공하더라도 경쟁자가 빠르게 따라오면 전략적 우위는 쉽게 약화된다. 셋째, 글로벌화와 디지털 전환이 가속화된 오늘날에는 산업의 경계 자체가 희미해지면서 '산업 구조'라는 전제부터 다시 점검해야 한다는 지적도 있다. 예컨대 온라인 플랫폼은 산업 구분을 넘나들며 새로운 경쟁 구도를 만들고 있다.

이러한 한계를 보완하기 위해 새로운 논의들이 등장했다. 우선 플랫폼 경쟁(platform competition)은 한 기업이 직접 상품을 생산하는 대신, 다수의 생산자와 소비자를 연결하는 장을 설계하는 방식이다. 애플의 앱스토어, 구글의 플레이스토어, 아마존의 마켓플레이스가 대표적이다. 전통적인 5가지 경쟁요인 모델에서는 공급자와 구매자를 대칭관계로 보지만, 플랫폼에서는 두 집단이 고객인 동시에 파트너가 된다. 이러한 구조에서는 비용보다 네트워크 효과(network effect), 즉 참여자가 많아질수록 가치가 커지는 힘이 경쟁을 좌우한다. 이는 포터의 모델로 설명하기 어려운 영역이다. 또한 디지털 전환(digital transformation)은 제품과 서비스의 경계를 흐리게 만들고, 데이터를 기반으로 새로운 경쟁력을 만들어낸다. 예컨대 넷플릭스는 단순한 콘텐츠 공급자가 아니라, 알고리즘과 데이터로 시청 경험을 재편하는 기업이다. 이러한 현상은 '산업'이라는 전통적 단위 대신 '생태계(ecosystem)'라는 관점에서 분석할 필요성을 제기한다.

헨리 민츠버그와 동료들이 1998년에 펴낸 『전략사파리』는 이런 맥락에서 포터의 경쟁전략을 위치학파(Positioning School)로 분류했다[5]. 위치학파는 전략을 '산업 내에서 유리한 자리를 찾는 일'로 정의하며, 산업 구조와 위치를 중시하기 때문에 분석과 처방이 명료하다는 장점이 있다. 그러나 자원기반학파(Resource-Based School)는 기업 내부의 고유한 자원과 역량을 더 중요하게 보고, 학습학파(Learning School)는 전략은 계획이 아니라 시행착오와 학습의 산물임을 강조하며, 문화학파(Cultural School)는 조직의 가치와 문화가 전략의 실제 작동을 좌우한다고 본다. 현대의 플랫폼 경쟁과 네트워크 효과 연구는 위치학파의 맥락을 확장하거나 보완하는 새로운 흐름으로 읽을 수 있다.

그럼에도 경쟁전략의 메시지는 분명하다. 전략은 경쟁 구조 속에서 반드시 필요하다. 경쟁의 구조를 읽지 못한 강자는 쉽게 무너지고, 구조를 읽고 전략을 선택한 도전자는 기회를 만든다. 5가지 경쟁요인과 3가지 본원적 전략은 이 단순한 진리를 체계적으로 설명해주는 틀이다. 플랫폼 경쟁, 네트워크 효과, 디지털 전환 같은 현대적 논의는 새로운 무대를 설명하는 언어이지만, 그 뿌리는 여전히 '경쟁을 어떻게 읽고 어떤 전략을 수립할 것인가'라는 질문에 닿아 있다. 전략은 시대와 맥락에 따라 변화하지만, 출발점은 언제나 같다. 경쟁 없는 전략은 없고 전략 없는 경쟁은 혼란일 뿐이다. 문제는 어디에서 어떤 구조로 질서를 세울지를 정하는 일이다.

3장

자원이 전략이 되는 순간 《히든 피겨스》

노키아의 몰락

2000년대 초까지만 해도 노키아는 휴대전화의 대명사였다. 세계 어디서나 사람들이 노키아 기기를 사용하는 모습을 쉽게 볼 수 있었고, 글로벌 점유율은 40%를 웃돌았다. 튼튼한 배터리, 단단한 외형, 단순하고 안정적인 운영체제는 대중에게 신뢰를 주었다. "노키아로 못질을 할 수 있다"거나 "핵폭발에도 살아남을 유일한 물건은 노키아와 바퀴벌레"라는 농담이 오갈 만큼 '노키아는 절대 고장나지 않는다(Nokia never breaks)'는 인상을 주었다. 이처럼 세계에서 가장 강력한 기업 가운데 하나였지만, 불과 몇 년 뒤 시장의 풍경은 완전히 달라졌다. 터치스크린과 애플리케이션 중심의 스마트폰이 확산되면서 노키아는 중심에서 밀려났고, 2013년에는 점유율이 5% 아래로 떨어졌다. 단기간에 선두에서 주변부로 내려앉은 것이다. 더 놀라운 점은 이 몰락이 노키아가 막대한 기술 자산과 막강한 브랜드, 안정적인 자본을 갖고 있었음에도 일어났다는 사실이다. 곳곳에 공장을 두고, 수천만 명의 충성 고객을 거느렸지만, 시장의 균형은 순식간에 무너졌다.

같은 시기 삼성전자는 다른 길을 걸었다. 1983년 이병철 회장이 "미래는 반도체에 달려 있다"고 선언했을 때만 해도, 한국은 선진국 기술을 뒤따라가는 수준에 머물러 있었다. 그러나 이후 수십 년간 막대한 설비 투자와 인재 양성이 이어졌고, 1992년 세계 최초로 64M D램을 양산하면서 일본 기업을 앞질렀다. 이 성과는 일회성이 아니었다. 메모리 시장의 가격 변동과 공급 과잉, 불황이 반복될 때마다 삼성전자는 공정 기술을 더 정교하게 다듬고, 생산 효율을 높였다. 2000년대 들어 반도체 산업이 흔들릴 때에도 투자를 멈추지 않았고, 시장이 회복기에 접어들면 그 결실을 독식하다시피 했다. 그 결과 2022년 기준, 삼성전자의 글로벌 D램 점유율은 43%에 달했다.

애플의 사례는 또 다른 극적 전환을 보여준다. 1990년대 후반, 애플은 파산 직전까지 몰려 있었다. PC 시장은 마이크로소프트와 인텔의 '윈텔(Wintel)동맹'이 장악했고, 애플의 점유율은 5%에도 미치지 못했다. 그러나 1997년 스티브 잡스가 복귀하면서 판이 달라졌다. 2001년에 등장한 아이팟은 음악 소비 방식을 바꾸었고, 2007년 아이폰은 휴대전화의 개념 자체를 새로 만들었다. 첫해 판매량은 140만 대에 불과했지만, 2010년에는 연간 4천만 대를 넘겼고, 이후 아이폰은 애플 전체 매출의 절반 이상을 차지하는 핵심 제품으로 자리 잡았다. 2018년에는 시가총액 1조 달러를 돌파하며 세계 최초의 기록을 세웠다. 몇 년 전만 해도 몰락 위기에 놓였던 기업이 단숨에 세계에서 가장 가치 있는 혁신 기업으로 도약한 것이다.

세 기업의 궤적은 같은 시장, 비슷한 조건에서 출발했음에도 왜 서로 다른 결말을 맞이했는지를 묻게 한다. 노키아는 풍부한 자원을 가지고도 몰락한 반면, 삼성전자는 장기간 정상의 자리를 지켰으며, 애플은 위기에서 반전을 만들어냈다. 기술, 자본, 브랜드처럼 눈에 보이는 요소만으로는 이 차이를 설명하기 어렵다. 그렇다면 같은 조건 속에서 어떤 기업은 무너지고, 어떤 기업은 도약하는 이유는 무엇일까? 그 답을 영화 《히든 피겨스》에서 찾아보자.

히든 피겨스(Hidden Figures, 2016)

영화 《히든 피겨스》(Hidden Figures, 2016, 감독 테오도르 멜피, 주연 타라지 P. 헨슨, 옥타비아 스펜서, 자넬 모네)는 미국 항공우주국(NASA)에서 일하던 세 명의 흑인 여성 과학자들의 이야기를 그린 작품이다. 세 사람은 모두 뛰어난 능력을 지녔지만, 인종과 성차별로 인해 조직의 주변부에 묶여 있었다. 영화의 배경이 된 1960년대에 미국과 소련은 냉전의 압력 속에서 우주를 무대로 치열하게 경쟁하고 있었고, 나사(NASA) 내부에서는 로켓과 예산 못지않게 정밀한 계산과 설계가 필요했다. 그러나 그 무대 뒤편에는 여전히 제대로 쓰이지 못한 자원이 남아 있었다. 영화는 이들의 여정을 따라가며, 개인의 역량이 조직의 자원으로 전환되는 과정을 세밀하게 보여준다.

가장 중심에 선 인물은 수학자 캐서린 존슨(타라지 P. 헨슨 분)이다. 그녀는 궤도 계산의 천재였지만, 백인 남성으로 가득한 회의실에서는 늘 이방인이었다. 영화 속 한 장면은 그녀가 칠판 앞으로 나아가 분필을 드는 순간의 분위기를 사실적으로 보여준다. 복잡한 기호와 수식을 빠른 속도로 써 내려가는 동안 방 안은 숨 죽은 듯 조용했지만, 회의가 끝나면 보고서에 그녀의 이름은 남아있지 않았다. 더 고통스러운 장면은 일상에 있었다. 흑인 전용 화장실이 연구동에 없어서 캐서린은 단순한 생리현상 해결을 위해 하루에 몇 차례씩 빗속을 뚫고 수백 미터를 달려야 했다. 젖은 구두로 복도를 내달리는 그녀의 모습은 제도의 벽이 개인의 시간을 어떻게 허비하고 있는지를 적나라하게 드러낸다. 결국 참다 못한 그녀는 상사 알 해리슨(케빈 코스트너 분) 앞에서 울분을 터뜨린다. 그 순간 해리슨은 망치를 들어 "흑인전용 화장실(Colored Restroom)"이라는 표지판을 부숴 버린다. 그렇게 제도의 장벽이 무너지는 순간, 개인의 능력이 비로소 조직의 성과와 연결될 길이 열린다.

캐서린이 NASA의 백인 남성 과학자들도 못 풀던 수식을 해결 중이다.

두 번째 주인공은 프로그래머 도로시 본(옥타비아 스펜서 분)이다. 그녀는 IBM 전자계산기가 도입되자, 기존 계산 부서의 일자리가 머지않아 사라질 것임을 직감한다. 많은 동료들이 불안에 휩싸였지만, 도로시는 다른 길을 선택했다. 어느 날 도서관에 들러 컴퓨터 프로그래밍 언어인 포트란(Fortran) 교재를 집어 든다. 그러나 그 교재는 흑인 구역에는 없는 책이었고, 사서는 규정을 이유로 대출을 거부한다. 그녀는 결국 책을 몰래 품에 안고 돌아와 부엌 식탁에 펼쳐 놓고 밤 늦게까지 공부한다. 이후 그녀는 혼자 익힌 내용을 동료들과 나누며 팀 전체의 역량을 끌어올린다. 영화는 그녀가 컴퓨터실에서 IBM 기계를 직접 가동하는 장면을 길게 보여준다. 낯선 기계의 회전음이 울려 퍼지는 순간, 도로시는 더 이상 변두리 인력이 아니라 새로운 시대의 핵심 인물로 자리잡는다.

세 번째 인물은 엔지니어를 꿈꾸던 메리 잭슨이다. 뛰어난 기술 감각을 인정받았지만, 엔지니어가 되려면 백인 전용 학교의 수업을 들어야 했는데 이를 법적 장벽이 가로막고 있었다. 법정에서 메리 잭슨(자넬 모네 분)은 판사에게 현재 자신이 처한 상황을 설명한다. 직업적 기회를 얻으려면 해당 과정을 반드시 수강해야 하고, 허가 없이는 불가능하다는 것을 담담하지만 단호하고 조리 있게 주장한다. 긴 침묵 끝에 판사는 그녀의 요청을 받아들이고, 메리는 마침내 나사 최초의 흑인 여성 엔지니어가 된다. 화려한 연설이나 거창한 구호는 없었지만, 그 순간 개인의 도전이 제도의 벽을 넘어서는 길이 열렸다.

영화는 캐서린이 칠판을 가득 메우며 수식을 써 내려가는 장면, 도로시가 IBM 컴퓨터를 가동해 동료들과 함께 서 있는 장면, 메리가 법정에서 차분히 발언을 이어가는 장면을 교차해 보여준다. 세 여성의 선택과 행동은 흩어진 사건이 아니라 하나의 흐름처럼 이어진다. 미국과 소련의 우주 경쟁이라는 외부 압력 속에서, 나사가 돌파구를 찾을 수 있었던 힘은 거대한 로켓이나 막대한 예산만이 아니었다. 내부에 숨어 있던 자원이 모습을 드러내고 올바로 쓰였을 때, 비로소 그 힘은 성과로 나타날 수 있었다.

자원이 경쟁우위가 되는 조건

자원기반전략(Resource-Based View, RBV)은 동일 산업 안에서도 기업 간 성과가 왜 다른지를 설명하기 위해 등장했다. 산업 구조가 같아도 기업별 성과가 달라지는 이유를 외부에서만 찾을 수 없다는 문제의식에서 출발한 것이다. 펜로즈(Penrose)는 이미 1959년에 기업을 "자원의 묶음"으로 규정하며, 경험과 학습이 축적될수록 자원의 활용 방식이 달라지고 성장의 폭이 넓어진다고 설명했다. 이어 베르너펠트(Wernerfelt)는 1980년대에 시장이 아니라 자원을 분석의 기본 단위로 삼아야 한다고 주장했다. 이러한 선행연구를 종합한 바니(Barney)는 1991년 논문에서 자원이 경쟁우위로 기능하기 위한 네 가지 조건을 정리했는데, 오늘날 VRIO라는 이름으로 알려진 가치(Value), 희소성(Rarity), 모방 불가성(Inimitability), 조직(Organization)이 그것이다.

VRIO는 단순한 체크리스트가 아니라, 맞물려 돌아가는 톱니바퀴와 같다. 먼저, 가치는 보유한 자원이 실제로 성과를 창출할 힘이 있는지를 따진다. 고객의 선택을 유도하고, 비용과 시간을 줄여주며, 위험을 낮추는 효과가 없다면 아무리 큰 자원이라도 전략적 의미가 없기 때문이다. 희소성은 남들이 쉽게 갖지 못하는 드묾을 뜻한다. 기술, 인력, 데이터, 브랜드 등 어떤 형태라도, 소수만이 안정적으로 확보하고 있는 자원이어야 비로소 차별화가 가능하다. 모방 불가성은 경쟁자가 똑같이 흉내 낼 수 없는 성질을 말한다. 이는 대개 세 갈래에서 비롯된다. 오랜 축적이 만들어낸 경로 의존성(path dependency), 사람과 관계와 문화가 얽히며 생기는 사회적 복잡성(social complexity), 원인과 결과를 외부에서 명확히 알기 어려운 인과적 모호성(causal ambiguity)이 그것이다. 마지막으로 조직은 자원을 실제 성과로 연결하는 제도적 장치다. 권한과 역할, 보상과 학습의 루틴이 맞물려야 자원이 일회성 재능이 아니라 반복 가능한 성과로 이어질 수 있다.

이제 이 틀을 영화 《히든 피겨스》에 적용해 보자. 세 인물의 이야기는 VRIO의 요건을 상징적으로 드러낸다. 먼저 캐서린 존슨의 계산 능력은 단순한 수학적 재능이 아니었다. 복잡한 궤도 문제를 풀고 우주비행사 존 글렌의 임무 안정성을 보장한 그녀의 계산 능력은 프로젝트의 성패를 좌우한 핵심 가치였다. 같은 수준의 계산을 해낼 인재가 당시 사회에 드물었다는 점에서 희소성도 분명했다. 특히 흑인 여성이라는 사회적 제약 속에서 발휘된 그녀의 능력은 더욱 대체 불가능한 자원이었다.

도로시 본의 선택은 모방 불가성을 보여준다. IBM 전자계산기가 도입되고 기존 계산 부서가 사라질 위기에 놓였을 때, 그녀는 프로그래밍 언어인 포트란(Fortran)을 독학하고, 자신이 배운 내용을 동료들과 공유했다. 개인 학습이 집단 역량으로 확산되자, 새로운 기계는 단순한 장비가 아니라 나사(NASA)의 전략적 자원으로 기능했다. 이런 변화는 문서나 교육만으로는 쉽게 따라할 수 없다. 한 사람이 밤늦게 책을 펼쳐 배운 것을 팀 전체가 공유하고, 실험과 시행착오로 체득한 경험이 쌓였기에 가능한 일이다. 바로 이런 경로 의존성과 사회적 복잡성이 겹쳐져 모방 불가성이 형성된 것이다.

메리 잭슨의 법정 장면은 조직 요건의 의미를 보여준다. 엔지니어가 되려면 백인 전용 학교의 과정을 수강해야 했고, 이를 위해서는 법적 장벽을 넘어야 했다. 판사의 허가가 떨어진 순간 그녀의 역량은 개인의 잠재력을 넘어 조직의 공식 자원으로 편입되었다. 제도가 마련되지 않았다면 그녀의 능력은 개인의 성취에 머물렀을 것이다. 그러나 제도가 바뀌자 역량은 조직 내 공식 직무와 경력 경로에 자리 잡으며 반복 가능한 성과로 이어지는 통로가 되었다.

이처럼 세 인물의 이야기는 VRIO의 요소와 정확히 겹친다. 캐서린의 계산 능력은 가치와 희소성을, 도로시의 학습 문화는 모방 불가성을, 메리의 제도 돌파는 조직적 활용을 대표한다. 그러나 이 요소들이 따로 있을 때는 불완전하다. 가치를 지닌 자원도 흔하면 차별화가 약해지고, 희소한 자원도 쉽게 모방되면 오래가지 못한다. 모방이 어려운 자원도 조직이 받쳐주지 않으면 개인의 반짝임으로 끝난다. 반대로 VRIO의 네 요건이 함께 충족될 때 자원은 전략적 무기가 되고 조직은 지속적 경쟁우위를 확보할 수 있다. 《히든 피겨스》는 이 과정을 생생하게 보여준다. 계산 능력이 조직의 공식 절차에 편입되고, 학습 문화가 팀의 습관으로 자리 잡으며, 제도적 장치가 열리자 개인의 재능이 조직 전체의 성과로 전환되었다. 영화는 단순히 감동적인 이야기를 넘어, 같은 조건에서도 결과가 달라지는 이유가 내부 자원의 성격과 운용 방식에 있으며, 자원이 언제 전략으로 기능하는지를 설득력 있게 보여준다.

현실 기업의 사례로 본 자원기반전략

자원기반전략(Resource-Based View, RBV)이 실제 기업의 성과를 어떻게 설명할 수 있는지를 각기 다른 산업의 사례를 통해 살펴보자. 영화 《히든 피겨스》에서 개인의 역량이 조직의 성과로 전환되는 순간을 보았다면, 현실의 무대에서는 기업이 가진 자원이 VRIO의 조건을 얼마나 충족하느냐에 따라 성패가 나뉘는 것을 볼 수 있을 것이다.

첫 번째로 주목할 기업은 패스트 패션을 대표하는 자라(ZARA)다. 자라는 패션 산업에서 흔히 볼 수 있는 경쟁요소인 디자인과 브랜드 이미지 대신, 공급망과 의사결정의 속도를 전략 자원으로 삼았다. 기존 업계에서는 신상품이 매장에 진열되기까지 몇 달이 걸렸지만, 자라는 2~3주 만에 새로운 옷을 선보였다. 최신 유행을 곧바로 상품으로 바꾸는 이 속도는 고객에게 명백한 가치를 제공하였다. 동시에 글로벌 규모에서 이를 안정적으로 운영할 수 있는 경쟁기업이 드물었기에 희소성도 있었다. 더 중요한 것은 이 속도가 단순한 모방으로는 따라잡기 어렵다는 점이다. 본사와 협력업체, 매장을 연결하는 데이터 흐름과 오랜 관계의 축적, 그리고 반복된 운영 경험이 있어야 가능한 결과이기 때문이다. 여기에 디자인팀과 매장이 주 단위로 의사결정을 공유하는 조직 체계까지 맞물리면서, 자라는 속도를 자원에서 성과로 전환하는 데 성공했다.

두 번째 사례는 프랑스 명품 브랜드 에르메스(Hermès)다. 에르메스는 눈에 보이는 제품보다 장인정신과 전통이라는 무형 자원을 기반으로 경쟁우위를 구축했다. 버킨백이나 켈리백은 몇 년의 대기를 감수해야만 구할 수 있을 정도로 공급량이 제한되어 있다. 바로 이 제한이 자원의 희소성을 유지하는 장치로 작동한다. 에르메스 제품은 고객에게 단순한 가방을 넘어 독창적이고 희귀한 경험으로 제공되기에 가치가 높다. 더욱이 장인 교육과 승계 체계, 가족 기업의 역사, 브랜드에 대한 충성도는 사회적 복잡성과 경로 의존성을 만들어, 다른 기업의 모방이 거의 불가능하다. 무엇보다 숙련 장인을 양성하는 교육 제도와 공급망 통제 같은 조직적 장치가 이 자원을 안정적으로 유지하고 있다. 에르메스가 경쟁기업 대비 거둬 온 초과이익은 바로 VRIO의 네 조건이 맞물려 작동한 결과다.

세 번째 기업은 대만의 반도체 파운드리 기업 TSMC다. 2022년 기준 세계 파운드리 시장의 59%를 차지한 이 회사는 첨단 공정 기술을 전략 자원으로 활용하고 있다. 글로벌 IT 기업이 제품 경쟁력 유지를 위해 반드시 확보해야 하는 최첨단 반도체는 명확한 가치를 지닌다. 게다가 이를 대규모로 안정적으로 제공할 수 있는 기업은 전 세계에서 손에 꼽을 만큼 희소하다. 수십 년간 축적된 공정 노하우와 장비 공급업체와의 긴밀한 협력 관계는 경로 의존성과 사회적 복잡성을 만들어냈고, 이는 모방 불가성의 근거가 되었다. 여기에 매출의 10% 이상을 꾸준히 연구개발에 투자하고, 고객 맞춤형 생산 체계를 유지하는 조직적 기반까지 더해지면서, TSMC는 반도체 산업의 중심에 설 수 있었다.

마지막 사례는 덴마크의 레고(LEGO)다. 레고는 2000년대 초반 경영 위기로 파산 직전까지 몰렸지만, 자원의 정의를 새롭게 하고 조직을 재편하면서 부활했다. 레고가 주목한 자원은 창의성과 커뮤니티였다. 레고는 블록이라는 물리적 제품만으로는 설명할 수 없는 가치를 가지고 있었고, 아이와 어른 모두에게 학습과 놀이의 도구로 기능했다. 독특한 결합 구조와 특허는 희소성을 지켜주었고, 수십 년간 쌓인 팬 커뮤니티와 충성도 높은 사용자 집단은 모방 불가성을 형성했다. 사용자가 자발적으로 창작물을 공유하고 아이디어를 제품화하는 과정은 사회적 복잡성과 인과적 모호성의 전형이라 할 수 있다. 위기 이후 레고는 공급망을 단순화하고 브랜드를 영화와 게임, 그리고 테마파크로 확장하는 조직적 장치를 마련해, 창의성과 커뮤니티를 다시 전략적 자원으로 전환하는 데 성공했다.

이 네 기업은 서로 다른 산업에 속해 있지만, VRIO의 요건을 충족하는 자원을 보유하고 이를 조직적으로 활용했다는 측면에서 공통점이 있다. 앞서 살펴본 바와 같이 자라는 속도를, 에르메스는 전통과 장인정신을, TSMC는 첨단 기술을, 레고는 창의성과 커뮤니티를 전략 자원으로 삼았다. 각각의 자원은 존재만으로는 충분하지 않았으나, 가치, 희소성, 모방 불가성, 조직이라는 조건이 맞물리자 전략적 의미를 획득했다. 영화 《히든 피겨스》가 보여준 개인 역량의 발현과 마찬가지로, 이들 기업 역시 자원을 전략으로 바꾸는 설계를 통해 성과를 만들어냈다.

성패를 갈라놓은 조건

같은 산업, 같은 시장에서도 기업의 궤적은 극명하게 갈린다. 어떤 기업은 빠르게 몰락하고, 또 다른 기업은 오랫동안 번영을 누린다. 이러한 차이를 만드는 힘은 보유한 자원의 양이 아니라, 자원을 전략으로 전환할 수 있는 조건을 갖추었는지에 있다. 가치가 성과와 연결되고, 희소성을 유지하며, 모방 불가성을 확보하고, 조직이 이를 일상 속에서 반복 가능한 체계로 고정하면 자원은 남들이 따라올 수 없는 경쟁우위가 된다. 반면에 네 가지 조건 가운데 하나라도 온전하지 못하면 자원은 이름뿐인 자산에 불과해 외부의 충격에 쉽게 무너진다.

앞서 살펴본 《히든 피겨스》는 이 원리를 압축적으로 보여준다. 캐서린 존슨의 계산 능력은 임무의 안정성과 일정 단축이라는 구체적 성과와 직접 연결되며 자원의 가치를 입증했다. 같은 수준의 정확도를 흔들림 없이 만들 수 있는 인재가 극소수였기에 희소성 또한 있었다. 도로시 본은 새로운 언어를 익히고 동료들과 공유하며 학습을 문화로 정착시켰는데, 이는 문서로 재현할 수 없는 축적을 만들어 모방 불가성을 형성했다. 메리 잭슨이 법정에서 교육 기회를 얻자 개인의 잠재력은 조직의 직무와 제도 속으로 편입되었다. 세 여성의 이야기는 재능이 자원으로, 자원이 전략으로 전환되는 과정이 VRIO 네 조건의 맞물림과 깊이 연결되어 있음을 보여준다.

현실의 기업에서도 같은 구조가 확인된다. 자라는 공급망과 의사결정을 주간 단위로 연결해 속도를 자원에서 성과로 바꾸었다. 매장의 반응이 곧바로 다음 주 상품으로 이어지는 구조가 만들어지자, 속도는 단순한 구호가 아니라 매출과 재고 위험을 동시에 관리하는 수단이 되었다. 에르메스는 장인의 기술과 전통을 교육, 승계, 공급량 통제라는 제도적 장치에 고정시켰다. 장인의 솜씨는 개인의 손끝에 머무르지 않고 조직의 관리 체계와 결합해 희소성과 모방 불가성을 유지하며 초과이익으로 이어졌다. TSMC는 첨단 공정을 수십 년간의 학습과 협력 관계 속에서 구축했다. 다른 기업이 같은 장비를 들여와도 동일한 성과를 낼 수 없는 이유는, TSMC의 공정 역량이 경로 의존성과 사회적 복잡성 속에서 축적된 자원이기 때문이다. 꾸준한 연구개발 투자와 고객 맞춤 생산 체계라는 조직적 기반이 이를 뒷받침했다. 레고는 위기 이후 창의성과 커뮤니티라는 무형 자원을 다시 정의했다. 사용자 커뮤니티의 창작물을 제품으로 만들고, 다시 놀이와 학습으로 연결하는 순환 구조를 조직적으로 설계하자, '레고'라는 브랜드는 단순한 장난감이 아니라 창의적 학습의 플랫폼으로 자리 잡았다.

반면에 조건을 채우지 못한 자원은 오히려 부담이 되었다. 노키아는 기술과 브랜드, 자본을 갖추고도 스마트폰 환경에서 그것들을 새로운 가치로 연결하지 못했다. 희소성은 빠르게 사라졌고, 경쟁자는 손쉽게 모방했으며, 조직은 자원을 새로운 전략으로 엮어내지 못했다. 한때 막강했던 자원은 방향을 잃자 오히려 짐이 되었고, 결국 기업 몰락으로 이어졌다. 같은 파도를 만났어도 내부 설계를 통해 자원을 다시 정의하고 흐름을 만든 기업은 기회를 잡았고, 그렇지 못한 기업은 침몰했다.

따라서 이 장의 서두에서 던졌던 질문 ― 왜 어떤 곳은 무너지고, 어떤 곳은 성장했는가? ― 에 대한 대답은 분명하다. 성패를 가른 힘은 자원의 양이 아니라 VRIO조건의 충족 여부다. 가치가 성과와 연결되고, 희소성이 유지되며, 모방 불가성이 축적되고, 조직이 이를 제도와 운영 체계 속에 고정했을 때 자원은 경쟁우위가 되었다. 앞서 살펴본 영화와 기업 사례는 성과의 분수령이 외부 환경이 아닌 내부 자원의 전략적 활용 여부에 있고, 바로 그 차이가 무너짐과 도약을 갈라놓은 원인이었음을 알려준다.

자원을 전략으로 전환하기 위한 질문

자원기반전략(Resource-Based View, RBV)은 기업의 성과 차이를 설명하기 위해 출발했지만, 그 원리는 기업을 넘어 사회와 개인에게도 그대로 적용될 수 있다. 기업의 성과를 갈라놓은 네 가지 조건, 즉 가치, 희소성, 모방 불가성, 조직은 국가 제도에도, 개인의 경력과 삶에도 투영된다. 어떤 국가는 자원을 풍부하게 보유하고도 성장하지 못하는 반면, 다른 국가는 제한된 자원으로 세계적 경쟁력을 확보한다. 어떤 개인은 여러 학력과 자격을 쌓아도 성과를 내지 못하고, 다른 개인은 단출한 이력으로도 독보적인 경쟁력을 발휘한다. 이러한 차이를 만드는 원인은 동일하다. 자원이 성과와 연결되는가, 드물고 귀한가, 남들이 쉽게 모방할 수 없는가, 제도와 조직 속에서 반복 가능한 체계로 고정되어 있는가가 관건인 것이다.

오늘날 경영 환경은 갈수록 복잡하고 불확실하다. 기술 혁신, 인공지능, 기후 위기, 인구 구조 변화 같은 거대한 흐름이 동시에 밀려오고 있다. 어제까지 강점이었던 자원이 힘을 잃고, 새로운 자원이 전략적 의미를 갖기 시작한다. 데이터, 알고리즘, 친환경 기술, 다양성과 포용 같은 무형의 요소들이 새로운 자원으로 부상하고 있지만, 아직 성과와의 연결고리는 불분명하다. 바로 이 지점에서 RBV의 네 가지 질문이 더 유용해진다. 이 자원이 시장 기회를 포착하고 위협을 줄일 수 있는가? 이 자원은 누구나 쉽게 확보할 수 없는 희소성을 지니고 있는가? 단순한 모방으로는 따라잡을 수 없는 축적과 관계를 담고 있는가? 마지막으로, 제도와 조직이 이를 반복 가능한 성과로 고정할 수 있는가? 이 네 질문은 새로운 자원을 전략으로 전환하기 위한 필수 검증 절차다.

개인에게도 이 질문은 낯설지 않다. 학력이나 경력이 길다고 해서 성과가 보장되지 않는 시대다. 중요한 것은 그것이 실제로 가치와 연결되는가 여부다. 누구나 쉽게 대체할 수 있는 역량은 금세 흔해지고, 모방이 쉬운 기술은 곧 따라잡힌다. 반대로 오랜 학습과 경험에서 길러진 능력, 특정 맥락과 관계 속에서만 형성되는 역량은 쉽게 대체되지 않는다. 여기에 제도와 조직적 장치가 더해져야 지속 가능하다. 개인의 역량도 가치, 희소성, 모방 불가성, 조직이라는 조건이 충족될 때 전략적 자원이 된다. 기업 경영 이론이 동시에 자기 점검의 질문지가 되는 이유이다.

국가와 사회도 예외가 아니다. 천연자원이 풍부해도 발전하지 못하는 나라가 흔하다. 자원을 성과와 연결하지 않았거나, 제도로 고정시키지 못했기 때문이다. 반대로 빈약한 자원을 가진 나라가 첨단 기술과 인재 양성을 통해 세계 시장에서 경쟁력을 확보한 사례도 많다. 가치 있는 자원을 정의하고 보호하며, 희소성을 유지하고, 축적과 관계를 통해 모방 불가성을 만들고, 제도를 통해 이를 반복 가능한 체계로 고정했기에 가능한 성과다. 이처럼 RBV는 기업을 넘어 국가와 사회의 흥망을 가르는 틀로도 쓸 수 있다.

앞으로의 경영자는 단순히 자원 보유에 그치지 말고, 어떤 자원이 VRIO조건을 충족하며 전략으로 전환될 수 있는지를 끊임없이 물어야 한다. 기술과 자본, 브랜드와 인재 같이 눈에 보이는 자원뿐 아니라, 조직 문화, 데이터, 사회적 신뢰, 학습 능력 같은 무형 자원까지 성과와 연결할 수 있는 구조를 만들어야 한다. 그렇지 않으면 눈앞의 자원은 금세 구식이 되고, 성과의 기반은 경쟁자에게 흡수된다. 그런 의미에서 자원기반전략에서 말하는 네 가지 조건은 단순한 분석 틀을 넘어, 자원의 미래 가치를 가늠하는 나침반이다.

심화학습 – 자원기반전략의 이해

자원기반전략(Resource-Based View, RBV)은 '동일 산업에서 비슷한 조건을 가진 기업 간에 왜 성과 차이가 생기는가?'라는 질문에서 출발했다. 시작은 경제학자 에디스 펜로즈(Edith Penrose)였다. 그는 1959년 『기업 성장의 이론』에서 기업을 생산요소의 단순한 묶음이 아니라, 시간 속에서 자원을 활용하고 결합하는 학습과 경험에 따라 성장하는 유기체로 설명했다.[1] 같은 설비와 인력을 가지고도 어느 조직은 더 넓게, 더 빠르게 성장하는 까닭을 자원의 활용과 결합방식에서 찾은 것이다. 이러한 관점은 1984년 비르게르 베르너펠트(Birger Wernerfelt)가 발표한 논문에서 "시장을 보기보다 자원을 보라"는 주장으로 이어졌다. 그는 분석의 단위를 시장이 아니라 자원으로 바꾸자고 제안했는데 이는 경쟁전략의 중심을 산업구조에서 기업 내부 자원으로 돌린 결정적 전환이었다.[2]

자원기반전략이론의 정립에 가장 크게 기여한 인물은 제이 바니(Jay Barney)다. 그는 1991년에 발표한 논문에서 기업 자원의 전략적 의미를 정리하며, VRIN이라는 틀을 제시했다.[3] 자원이 지속적 경쟁우위를 가지려면 가치(Value), 희소성(Rarity), 모방 불가성(Inimitability), 대체 불가성(Non-substitutability)을 충족해야 한다는 것이다. 이후 1995년에 발표한 글에서 그는 조직(Organization)의 중요성을 강조하며, 아무리 귀한 자원도 조직이 이를 제대로 활용하지 못하면 성과로 이어지지 않는다고 지적했다.[4] 이때부터 VRIN은 VRIO로 바뀌었고, 자원이 경쟁우위로 전환되려면 조직적 장치가 함께 뒷받침되어야 한다는 기준이 더해졌다. 1997년에는 저서 『Gaining and Sustaining Competitive Advantage』를 통해 VRIO를 체계화하여 교재와 실무 분석 도구로 자리 잡게 했다.[5] 오늘날까지 VRIO가 기업 내부 자원을 바라보는 대표적 전략 프레임워크로 활용되는 이유다.

RBV의 핵심은 이질성(heterogeneity)과 불완전한 이동성(immobility)이다. 기업 간 자원이 평균적으로 다르고, 가치 있는 자원은 시장에서 쉽게 사고팔 수 없다. 이 때문에 성과의 차이가 발생한다. 다트머스 경영대학원의 마거릿 피터래프(Margaret A. Peteraf)는 이러한 논의를 발전시켜 경쟁우위의 네 가지 조건을 정리했다. 자원 이질성, 경쟁의 사후적 제한(후발 모방기업 진입의 제약), 자원의 불완전 이동성, 사전적 제한(모두가 알기 전에 값비싼 경쟁을 벌이지 않음)이 그것이다.[6] 결국 성패를 가르는 힘은, '무엇을 갖고 있는가?' 못지않게 '그것을 어떻게 축적하고 결합하며 보호하는가'에 있음을 알 수 있다.

여기서 등장하는 개념이 격리장치(isolating mechanisms)다. 리프먼(Steven Lippman)과 루멜트(Richard P. Rumelt)는 동일한 산출을 만들어내는 원인과 경로가 명확하지 않을수록(인과적 모호성) 경쟁자가 모방하기 어렵다고 설명했다.[7] 한편, 디에릭스(Ingemar Dierickx)와 쿨(Karel Cool)은 시간압축의 비경제성(time-compression diseconomies)을 강조했다.[8] 오랜 기간 쌓인 무형자산은 단기간의 집중 투자로 얻을 수 없다는 뜻이다. 이 두 가지는 현장에서 자주 목격된다. 같은 설비를 도입해도 수율이 다르거나, 같은 매뉴얼을 적용해도 품질이 흔들리는 이유가 여기에 있다. 문서로 보이지 않는 경로의존성, 관계, 학습의 층이 성패를 가르기 때문이다.

RBV는 이후 두 갈래로 확장되었다. 첫째는 핵심역량(Core Competence) 관점이다. 프라할라드(C. K. Prahalad)와 하멜(Gary Hamel)은 여러 사업의 공통 기반이 되는 기초 기술, 조직학습, 문제해결 능력을 핵심역량이라 부르고, 이를 제품과 시장을 가로지르는 플랫폼의 뿌리로 보았다.[9] 둘째는 동태적 역량(Dynamic Capabilities) 관점이다. 티스(David J. Teece)와 피사노(Gary Pisano), 그리고 슈엔(Amy Shuen)은 급변하는 환경에서 기업은 감지(sensing)—획득(seizing)—재구성(reconfiguring)을 통해 자원을 끊임없이 갱신해야 한다고 강조했다.[10] RBV가 '무엇을 갖고 있는가'에 방점을 찍었다면, 동태적 역량은 자원을 '어떻게 바꾸고 묶을 것인가'에 초점을 둔 것이다.

이 과정에서 무형자산과 지식의 비중이 커졌다. 예를 들어 브랜드, 특허, 데이터, 조직문화, 관계자본 등은 시장에서 가격을 매기기 어렵고 거래도 쉽지 않다. 그렇기에 모방이 어렵고, 일단 축적되면 장기간 작동한다. 이와 관련하여 콜리스(David J. Collis)와 몽고메리(Cynthia A. Montgomery)는 자원이 전략적 의미를 갖는지를 가늠하는 질문을 다음과 같이 제시했다.[11] 산업의 핵심 성공요인과 연결되는가? 희소한가? 모방이 어려운가? 조직적으로 활용할 수 있는가? 이는 실무에서 자원감사(resource audit)를 수행할 때 유용한 체크리스트다.

RBV에 대한 비판은 크게 두 가지다. 첫째는 가치라는 기준은 성과가 나온 뒤에야 확인할 수 있다는 점이다. 성과가 좋으면 나중에 "그 자원이 가치 있었다"고 말할 수 있지만, 이는 순환 논리에 불과하다. 이를 보완하는 방법은 가치를 사전에 정의하는 것이다. 예를 들어 한 자동차 회사가 "연비 개선은 고객 선호와 직결된다"는 가정을 세우고 연구개발 자원을 배분한다면, 성과가 나온 뒤에 가치가 드러나는 것이 아니므로 처음부터 논리적 근거를 마련할 수 있다. 둘째는 내부에만 집중하다 보면 외부 변화에 둔감해질 수 있다는 점이다. 아무리 좋은 자원이라도 시장이나 제도가 바뀌면 의미가 달라진다. 이를 보완하려면 내부 분석(Inside-Out)과 외부 분석(Outside-In)을 동시에 고려해야 한다. 예컨대 스마트폰 기업이 자사 운영체제(OS)를 강점으로 삼으려면, 앱 생태계의 확산, 규제 변화, 고객의 사용 습관 같은 외부 환경도 함께 살펴야 한다. 그래야만 '무엇으로 이길 것인가(Inside-Out)'라는 내부 논리와 '어디서 싸울 것인가(Outside-In)'라는 외부 논리가 맞물릴 수 있다.

4장

경쟁 없는 시장 《파운더》

사람들의 주말을 바꾼 IKEA의 선택

토요일 아침, 교외 고속도로를 달리다 보면 거대한 파란색 간판이 걸린 IKEA 매장으로 향하는 차들의 행렬을 쉽게 볼 수 있다. 주차장 입구 전광판은 이미 '빈자리 없음'을 알리고, 안내 직원이 차를 다른 구역으로 유도한다. 차에서 내린 사람들은 커다란 노란색 가방을 들고 매장 안으로 들어선다. 입구에 들어서자마자 펼쳐지는 풍경은 여느 가구점과는 사뭇 다르다. 집처럼 꾸며진 쇼룸을 거니는 손님들은 마치 모델하우스를 구경하듯 부엌, 거실, 아이 방, 작은 원룸을 직접 체험한다. 아이들을 매장 내 놀이방에 맡기고, 부모는 여유롭게 카트를 밀며 전시 공간을 둘러본다. 한쪽에서는 스웨덴 미트볼 향이 퍼지고, 계산대 옆에서는 아이스크림과 핫도그를 사려는 사람들이 줄 서 있다. 이곳에서 가구 구매는 단순한 거래가 아니라 하루를 보내는 방식, 주말의 일상이다.

불과 몇 년 전만 해도 가구 구매는 비싸고 번거로운 일이었다. 백화점 가구 매장은 조명이 번쩍거리고, 상담원이 따라다니며 설명을 쏟아냈다. 마음에 드는 제품을 고르면 배송일은 몇 주 뒤가 되기 쉬웠고, 설치 기사가 방문할 때까지 기다려야 했다. 마음에 드는 가구는 비싸고, 저렴한 제품은 디자인이 별로였다. 그렇기에 “예쁘면 비싸고, 싸면 투박하다”는 말이 가구 시장의 상식처럼 자리 잡고 있었다. IKEA는 이러한 이분법적 상식을 깨뜨렸다. 넓은 매장에서 모든 제품을 직접 체험할 수 있었고, 창고에서 포장된 평면 상자를 기다리지 않고 바로 실어담을 수 있었다. 설치기사가 따로 없기에, 집으로 가져온 제품을 직접 조립해야 했지만, 조립과정마저 불편이 아니라 내가 내 가구를 만드는 즐거운 경험이 되었다. 그렇게 만든 책상과 서랍장은 단순한 물건을 넘어 ‘내가 만든 가구’라는 애착을 소비자에게 심어주었다.

IKEA는 제품을 평면 포장으로 설계해 물류와 보관, 운송 비용을 줄였다. 매장은 전시와 판매, 창고 기능을 한곳에 묶어 전체 공급망의 허브가 되도록 설계했다. 모듈형, 표준화 디자인은 좁은 집에도 잘 맞았고, 대량생산으로 가격도 낮췄다. 고객이 직접 고르고, 옮기고, 조립하는 방식은 비용 절감 효과에 더해 고객 경험을 창출했다. 사람들은 싸다는 느낌보다 합리적 가격에 세련된 디자인을 얻고, 동시에 스스로 공간을 완성한다는 만족감을 경험할 수 있었다. 매장 안의 레스토랑과 카페, 어린이 보호 시설은 쇼핑을 여가로 바꾸기에 충분했다. 이제 가구 구매는 더 이상 귀찮은 일이 아니라, 가족 나들이를 겸한 새로운 라이프스타일이 되었다.

IKEA는 가구가 비싸고 번거롭다는 이유로 외면하던 비소비자를 끌어들였다. 첫 독립을 준비하는 대학생, 임대 아파트에 거주하는 신혼부부, 작은 집에 살지만 공간을 꾸미고 싶어 하는 사람들에게 IKEA는 실질적 해법을 주었다. 값싸고 조립 가능한 가구 덕분에 생활이 바뀐 이들은 IKEA의 성장을 떠받치는 새로운 수요층이 되었다. 같은 가구 산업 안에서 다른 업체들이 여전히 할인 행사와 광고 경쟁에 매달리는 동안, IKEA는 사람들의 주말을 통째로 가져갔다. 소비자에게 가구는 더 이상

특별한 날에 큰맘 먹고 사는 물건이 아니라, 주말에 들러 한두 개씩 바꿔 가는 생활의 일부가 된 것이다.

같은 가구 시장에서 IKEA는 어떻게 사람들의 주말을 점령할 수 있었을까? 비용과 경험을 동시에 바꾼 이 변화는 어디에서 비롯된 것일까? 패스트푸드의 대명사 맥도날드를 세계적 브랜드로 키우며 창업자로 불린 레이 크록(Ray Kroc, 1902-1984)의 여정을 다룬 영화 《파운더》(The Founder, 2016, 감독 존 리 핸콕, 주연 마이클 키튼)를 통해 이 질문에 대한 답을 찾아보자.

파운더(The Founder, 2016)

1950년대 미국 중서부, 나이가 들어서도 레이 크록은 여전히 밀크셰이크 기계를 팔고 있었다. 자동차에 기계를 싣고 피오리아, 미니애폴리스, 세인트루이스 같은 도시를 돌며 햄버거 가게 문을 두드렸지만 돌아오는 대답은 모두 비슷했다. "우린 이미 코카콜라 기계도 있고, 손님도 그리 많지 않아요."

값싼 햄버거와 쉐이크를 파는 가게는 흔했지만, 손님은 많지 않았고 영업은 늘 힘겨웠다. 그는 차 안에서 녹음테이프를 틀어놓고 스스로를 다그쳤다. "끈기가 성공의 열쇠다." 그러나 현실은 달라지지 않았다.

그러던 어느 날, 밀크셰이크 기계 8대를 한 번에 주문하겠다는 전화가 걸려왔다. 믿기지 않는 주문에, 현장을 직접 확인하러 길을 나선 크록은 고생 끝에 캘리포니아 샌버나디노의 작은 매장에 도착했다. 간판에는 '맥도날드 햄버거 스탠드'라고 적혀 있었다. 규모는 작았지만 풍경은 여느 매장과 달랐다. 주차장은 차들로 가득했고, 손님들이 긴 줄을 섰지만 대기 줄은 빠르게 움직였다. 아이가 동전을 내자마자 봉투에 담긴 햄버거와 감자튀김, 음료가 몇 초 만에 손에 건네졌다. 다른 드라이브인처럼 차 안에서 오래 기다리는 일이 없었다. 주문과 동시에 음식이 전달되는 광경은 당시로서는 매우 낯설고 충격적인 풍경이었다.

맥도날드 매장 앞에 늘어선 고객 행렬

궁금증을 참지 못한 크록은 매장 안을 직접 살펴보았다. 주방에서는 직원들이 각자 맡은 자리를 지키며 빠른 동작으로 음식을 만들고 있었다. 토스터에서 구워진 빵 위에 패티, 치즈, 양상추를 차례로 올리면 포장 담당자가 곧바로 포일에 싸고, 감자튀김은 바구니째 기름에서 건져 소금을 뿌린 뒤 봉투로 옮겼다. 메뉴는 단출했다. 햄버거, 감자튀김, 음료—이 세 가지뿐이었다. 그러나 바로 이 단순화 덕분에 맛과 품질이 일정했고, 손님은 기다림 없이 음식을 받아 들고 매장을 나설 수 있었다.

영화는 맥도날드 형제가 이 방식을 어떻게 만들어냈는지를 보여준다. 그들은 테니스 코트만 한 바닥에 분필로 선을 긋고, 직원을 배치한 뒤, 주문과 조리, 서빙의 동선을 계속 실험했다. 동작이 맞지 않으면 다시 지우고 그리기를 반복했다. 직원들은 마치 경기 연습을 하듯 자리를 바꿔가며 동선을 점검했다. 수십 번의 반복 끝에 완성된 것이 바로 '스피디 시스템(speedy system)'이었다. 크록은 눈앞에 펼쳐지는 과정을 보며 깊은 인상을 받는다.

당시 다른 패스트푸드점은 메뉴와 광고를 늘리며 손님을 끌었지만, 속도와 품질이 매장마다 달랐다. 그러나 맥도날드는 전혀 달랐다. 단순한 메뉴와 표준화된 조리를 통해 놀라운 속도를 내면서도 품질이 일정했다. 크록은 매장에서 동시에 돌아가는 밀크셰이크 기계를 바라보며 자신이 팔던 기계가 이곳에서는 전혀 다른 의미를 지니고 있음을 깨닫는다.

이 경험은 크록의 인생을 크게 바꿨다. 그는 맥도날드 형제에게 전국으로 매장을 확장할 것을 제안하지만, 형제들은 머뭇거린다. 과거에도 프랜차이즈를 시도했지만 매장마다 품질을 유지하지 못해 실패한 경험이 있었기 때문이다. 하지만 크록은 포기하지 않고 맥도날드가 몸과 마음을 살찌우고 일주일 내내 문을 여는 미국의 새로운 교회가 될 수 있다며 설득을 거듭한다. 이름과 상징, 그리고 시스템이 결합되면 전혀 다른 미래를 만들 수 있다는 것이 그의 확신이었다.

마침내 가맹 사업이 시작되었다. 계약서에는 동일한 운영 방식을 따를 것을 명시했고, 규율을 잘 지킬 것으로 보이는 퇴역 군인이나 종교인을 우선 선발했다. 크록은 매장을 늘려가면서도 시스템의 일관성을 지키는 데 심혈을 기울였다. 스피디 시스템과 '맥도날드'라는 이름을 브랜드로 묶어내며, 다른 햄버거 가게와는 다른 길을 걷기 시작했다.

크록에게 햄버거는 더 이상 단순한 음식이 아니었다. 어디서나 똑같은 맛과 경험을 제공하는 하나의 상징이었다. 지역마다 달랐던 작은 가게들과 달리, 맥도날드 간판은 동일한 품질과 속도를 보장했다. 그 시절 수많은 햄버거 가게가 값싼 메뉴와 광고에 몰두했지만, 대부분 지역적 한계를 벗어나지 못했다. 그러나 크록은 전혀 다른 길을 택했다. 긴 줄은 기다림 대신 '빠른 경험'의 상징이 되었고, 단출한 메뉴는 일관성을 보증했다. 미국의 중산층 가족들은 드라이브인 극장 대신 주말이면 맥도날드 매장에 들러 같은 맛과 같은 경험을 나누었다. 고속도로를 달리며 새로운 부지를 살피는 크록은 더이상 밀크셰이크 판매사원이 아니라, 경쟁이 치열한 햄버거 시장에서 전혀 새로운 시장을 만들어 낸 사람이 되어 있었다.

새로운 시장을 창출하는 가치 혁신

블루오션 전략(Blue Ocean Strategy)은 김위찬과 르네 마보안이 2005년에 출간한 『블루오션 전략』에서 체계화한 개념이다.[1] 이들은 기존 산업의 경쟁 질서를 '레드오션(Red Ocean)'으로, 새로운 수요 창출과 가치 혁신을 통해 경쟁을 무력화하는 길을 '블루오션(Blue Ocean)'으로 구분했다. 그러나 단순한 경쟁 회피가 블루오션 전략의 본질은 아니다. 핵심은 차별화와 원가 절감을 동시에 달성하는 가치 혁신(Value Innovation)에 있다.

전통적 전략이 포터의 본원적 경쟁전략처럼 원가우위와 차별화 가운데 하나를 택하도록 요구하는 데 비해[2], 블루오션 전략은 두 축을 동시에 끌어올릴 수 있다고 주장한다. 이는 소비자 효용을 극적으로 높이는 동시에 비용 구조를 혁신하여 산업의 경계를 다시 그리는 방식이다. 이를 가능하게 하는 도구가 '전략 캔버스(Strategy Canvas)'와 '4가지 행동 프레임워크(4 Actions Framework)'다.

전략 캔버스는 특정 산업에서 기업이 경쟁하는 요인을 가로축에, 각 요인별 기업의 제공 수준을 세로축에 표시한 그래프다. 대부분의 산업에서는 주요 기업들의 곡선이 비슷한 위치에 겹쳐 있다. 이는 기업들이 "같은 요인에서 조금 더 잘하기 경쟁"에 매달려 있다는 뜻이다. 이와 반대로 블루오션 전략은 곡선의 패턴을 바꾸어 '새로운 가치 곡선(value curve)'을 그리는 데 집중한다. 즉, 경쟁의 축 자체를 달리하는 것이다.

이를 구체화한 것이 ERRC(Eliminate, Reduce, Raise, Create)로 알려진 4가지 행동 프레임워크다. 업계에서 당연시되던 요소 중 제거(Eliminate)해야 할 것은 무엇인가? 과도하게 높여 비용만 키운 요소를 축소(Reduce)할 수는 없는가? 고객에게 중요하지만 업계가 낮게 제공해 온 요소를 강화(Raise)시킬 것은 무엇인가? 지금까지 없었던 새로운 가치를 창출(Create)할 수 있는가? 이 네 가지 질문은 추상적 구호가 아니라 실질적 설계도다. 예컨대 IKEA는 쇼룸 상담과 배송, 설치 서비스를 제거하고, 제품 선택의 복잡성을 축소했으며, 디자인과 합리적 가격을 동시에 강화하고, '자가 조립'이라는 새로운 경험을 창출함으로써 블루오션 전략을 구현했다.

블루오션 전략은 또한 비고객(Noncustomers)이라는 개념을 통해 성장의 원천을 설명한다. 전통적 경쟁 전략이 기존 고객의 지갑을 더 확보하는 데 집중했다면, 블루오션 전략은 시장 밖에 있던 집단을 새로운 고객으로 끌어들이는 데 주목한다. 김위찬과 마보안은 비고객을 3단계로 구분했다. 1단계는 금전적, 절차적 이유로 당장은 시장에 참여하지 않았지만 작은 계기만 있으면 곧 들어올 집단이다. 2단계는 현재는 대체재를 사용하고 있지만 충분한 계기가 있으면 쉽게 전환할 집단이고 3단계는 해당 산업을 아예 고려하지 않았던 집단이다. 블루오션 전략의 효과는 이들을 실제 고객으로 전환하는 순간 극대화된다.

가치 혁신의 실행 절차는 '효용 → 가격 → 비용 → 채택'으로 이어지는 '블루오션 전략의 순서(Sequence of Blue Ocean Strategy)'를 따른다. 먼저 구매자 효용(Buyer Utility)을 확보한 후, 목표 가격(Target Price)을 설정하고, 그 가격에 맞는 비용 구조(Cost Structure)를 설계하며, 마지막으로 채택을 가로막는 장애요인을 극복한다. 기존 전략이 비용이나 경쟁자 분석에서 출발하는 데 비해, 블루오션 전략은 고객 효용에서 출발한다는 점이 특징이다.

블루오션 전략에 대한 비판은 다음과 같다. 첫째, 지속 가능성의 문제다. 새로운 가치 곡선을 만들어도 경쟁자들이 빠르게 모방하면 곧 레드오션이 될 수 있다. 둘째, 진입장벽 약화의 우려다. 블루오션은 초기 진입자에게 기회를 주지만, 동시에 후발주자도 동일한 논리로 쉽게 들어올 수 있다. 셋째, 성과 측정의 어려움이다. '경쟁이 없는 시장'의 정의 자체가 모호해 전략 실행의 성과를 객관적으로 평가하기가 어렵다. 이러한 비판에도 불구하고 블루오션 전략은 2000년대 이후 기업 전략 연구와 실무에서 폭넓게 인용되며, 시장 경계 재구성에 관한 논의를 촉발했다는 점에서 의의를 가진다.

정리하면, 블루오션 전략은 경쟁을 피하는 것이 아니라 가치 혁신을 통해 경쟁 자체를 무의미하게 만드는 것이다. 전략 캔버스와 4가지 행동 프레임워크, 비고객 전환, 실행 절차 등은 이를 실무에서 구현하기 위한 구체적 도구이다. 앞서 살펴본 IKEA나 영화 《파운더》 속 레이 크록의 맥도날드 확장은 모두 이러한 틀로 해석할 수 있는 장면이다.

블루오션을 개척한 기업들

블루오션 전략은 이론적 개념에 머물지 않고 실제 여러 기업의 성과로 이어졌다. 특정 산업에서 경쟁 구도가 장기간 고착되면, 대부분의 기업은 기존의 경쟁요소를 조금 더 강화하거나 비용을 절감하는 방식으로 대응한다. 그러나 일부 기업은 업계의 통념을 깨고, 고객이 진정으로 원하는 가치를 아예 다시 정의함으로써 새로운 수요를 창출했다. 태양의 서커스, 닌텐도 Wii, 옐로우 테일 와인은 그 대표적 사례다.

태양의 서커스(Cirque du Soleil)는 1984년 캐나다 퀘벡에서 길거리 공연 예술가들이 모여 창립한 단체다. 당시 전통 서커스 산업은 동물 학대 논란, 안전 규제 강화, TV와 영화 및 게임 등 새로운 오락 수단의 확산으로 급격히 쇠퇴하고 있었다. 기존 업체들은 가격 인하와 마케팅 강화로 대응했지만, 구조적 침체를 막기에는 역부족이었다. 이런 상황에서 태양의 서커스는 전혀 다른 길을 택했다. 우선 논란이 되었던 동물쇼를 과감히 제거했다. 동물은 서커스의 핵심 볼거리였지만, 비용과 관리 부담이 컸고, 윤리적 비판도 거세지고 있었기 때문이다. 또한 단순 곡예와 저가 오락 요소를 축소했다. 대신 무용, 연극, 음악, 무대미술을 결합해 예술성과 스토리텔링을 강화했으며 여기에 관객이 경험한 적 없는 장르적 융합, 즉 '서커스와 공연예술의 결합'을 창출했다. 그 결과 태양의 서커스는 어린이 중심의 가족 관객을 넘어 문화적 세련됨과 차별성을 찾던 성인 관객층을 새롭게 끌어들였다. 이는 창립 이후 40년 가까이 90개국 이상에서 1억 8천만 명 이상의 관객을 모으며 단순 오락 산업으로 여겨지던 서커스를 프리미엄 문화 콘텐츠로 전환시킨 대표적 블루오션 사례다.

닌텐도 Wii는 2006년 출시 당시, 소니 플레이스테이션 3와 마이크로소프트 Xbox 360이 그래픽 성능과 하드웨어 파워 경쟁에 몰두하는 사이, 게임의 본질적 즐거움에 집중했다. 고사양 칩과 고해상도 그래픽을 축소하는 대신, 누구나 직관적으로 즐길 수 있는 모션 컨트롤 방식을 창출했다. 사용자는 리모컨을 휘둘러 테니스 라켓을 치고, 볼링공을 던지며, 가족 및 친구와 함께 거실에서 게임을 즐길 수 있었다. 이는 기존에 10대와 20대 남성으로 한정되던 주요 고객층을 넘어 여성, 노인, 비게이머(non-gamer) 같은 비고객집단을 새로운 고객층으로 편입시키는 기폭제가 되었다. 그 결과 출시 첫해에 590만 대가 판매되었고, 2013년 단종 시점까지 누적 판매량이 약 1억 대에 달했다. 이는 동기간 경쟁 기종보다 월등히 높은 수치다. Wii는 단순한 하드웨어가 아니라, 게임 경험의 정의 자체를 바꾼 사례다.

호주의 와이너리인 옐로우 테일(Yellow Tail)은 2001년 미국 시장에 진출하면서 전통 와인 산업의 관행을 따르지 않았다. 미국 와인 시장은 프랑스와 이탈리아산 프리미엄 와인과 저가 대량 생산 와인으로 양극화되어 있었다. 복잡한 품종, 라벨, 지역 구분과 같은 전문 지식은 일반 와인 소비자들에게 진입장벽이 되었다. 이러한 상황에서 옐로우 테일은 포도 품종이나 지역에 대한 복잡한 구분을 제거하고, 누구나 이해할 수 있는 단순한 브랜드 메시지를 내세워 진입장벽을 제거했다. 또한 와인 전문가의 평가와 격식, 고급 레스토랑 중심의 문화도 과감히 무시했다. 대신 친근한 이미지와 저렴한 가격을 전면에 내세우고, 캥거루 라벨로 소비자에게 친숙함을 전달했다. 동시에 '맥주처럼 쉽게 마실 수 있는 와인'이라는 새로운 경험을 창출했다. 그 결과 출시 2년 만에 미국 수입 와인 판매 1위를 차지했고, 2003년에는 연간 470만 상자를 판매하며 미국 와인 시장의 대세로 떠올랐다.

세 사례는 산업은 다르지만 공통된 구조를 가진다. 첫째, 기존 산업의 핵심 경쟁 요소를 일부러 줄이거나 없앴다. 둘째, 소비자가 원했지만 업계가 제공하지 않던 가치를 새롭게 강조했다. 셋째, 그 결과 전혀 예상치 못한 고객층—성인 문화 소비층, 가족과 비게이머, 와인 비소비자—을 시장 안으로 끌어들였다. 이는 블루오션 전략이 말하는 가치 혁신과 비고객의 전환이 실제 어떻게 성과로 이어지는지를 잘 보여주는 장면들이다.

새로운 시장을 여는 방법

앞에서 살펴본 IKEA, 영화 《파운더》 속 맥도날드, 그리고 태양의 서커서와 닌텐도 Wii 및 옐로우 테일 와인의 사례는 산업과 맥락은 다르지만 기존 경쟁 질서에서 벗어나 새로운 수요를 창출했다는 점에서 공통점을 지닌다. 이들을 블루오션 전략의 분석 도구—가치 혁신, 전략 캔버스, 4가지 행동 프레임워크(제거-축소-강화-창출)—에 비추어보면, 서로 다른 산업임에도 유사한 구조적 패턴이 선명하게 드러난다.

먼저 IKEA를 보자. 전통적 가구 유통이 상담—배송—설치를 당연한 절차로 여긴 것과 달리 IKEA는 이 요소들을 과감히 제거했다. 고객이 직접 제품을 선택하고 조립하게 설계한 것이다. 동시에 제품 선택의 복잡성은 축소하면서도, 디자인과 가격 경쟁력은 강화했다. 마지막으로 자가 조립 경험을 창출해 가구 구매를 미뤄왔던 1인가구, 임차인, 젊은 세대를 새로운 고객층으로 끌어들였다. 전략 캔버스로 보면, 기존 가구업체들이 높게 유지하던 상담과 배송 서비스 곡선은 낮추고, 디자인과 경험 축은 새롭게 끌어올린 것이다.

맥도날드 역시 비슷한 구조다. 당시 패스트푸드점은 메뉴와 광고 확장에 치중했지만 조리 속도와 일관성은 불안정했다. 맥도날드 형제와 레이 크록은 메뉴를 단순화하여 관리 요소를 축소하고, 조리 동선을 설계해 속도와 품질의 일관성을 강화했다. 이를 통해 '스피디 시스템'이라는 새로운 운영 방식을 창출한 것이다. 기존 패스트푸드의 핵심이던 웨이트리스 서비스는 제거했다. 전략 캔버스로 분석하면, 맛과 가격에 몰두했던 경쟁 곡선을 조리 속도와 일관성이라는 새로운 축으로 옮겨 놓은 셈이다.

태양의 서커스는 공연 예술과 서커스를 결합해 관객층의 범주를 새로 정의했다. 동물쇼와 저가 오락 요소를 제거하고, 반복적이며 단순한 곡예를 축소하는 대신, 무대 예술성과 스토리텔링은 강화하고 전혀 새로운 장르 융합을 창출했다. 이를 전략 캔버스에 그리면, 전통 서커스와 비교할 때 '동물쇼와 저가 티켓' 요소는 낮고, '예술성과 스토리' 요소는 높이 솟은 곡선으로 나타난다. 그 결과 어린이와 가족 중심의 전통 관객을 넘어, 프리미엄 공연을 찾는 성인층을 고객으로 끌어들였다. 이는 비고객을 고객으로 전환한 대표적 사례다.

닌텐도 Wii는 게임 산업의 패러다임을 바꾸었다. 하드웨어 성능 경쟁을 축소, 제거하고, 모션 컨트롤이라는 새로운 경험을 창출했다. 버튼 대신 리모컨을 휘두르며 테니스를 치고 볼링을 즐길 수 있게 한 것이다. 직관적 인터페이스를 통해 가족과 여성, 노인 등 비게이머 집단을 새로운 고객으로 끌어들였다. 전략 캔버스로 보면, 경쟁자들이 집중하던 그래픽과 사운드 축은 낮고, '참여 경험'이라는 새로운 축이 높이 솟은 독특한 곡선이 그려진다.

옐로우 테일 와인은 와인 소비의 장벽을 허물었다. 품종, 산지, 라벨 등 복잡한 구분은 제거하고 전문가 평가와 격식 문화는 축소했다. 대신 친근한 브랜드 이미지와 저렴한 가격을 강화하고 '맥주처럼 쉽게 마실 수 있는 와인'이라는 새로운 경험을 창출했다. 전략 캔버스로 보면, 전통 와인 업계가 높게 유지하던 '격식, 품질 차별화' 곡선을 낮추고, '친근함과 가격 접근성' 곡선을 높여 완전히 다른 가치 곡선을 만들었다.

이상의 사례를 종합하면 세 가지 공통 구조가 보인다. 첫째, 업계에서 당연시하던 요소를 제거하거나 축소해 비용 구조를 낮추었다. 둘째, 고객이 원했지만 업계가 외면하던 요소를 강화했다. 셋째, 전혀 없던 경험을 창출해 새로운 수요를 열었다. 이 과정을 통해 IKEA는 가구 비소비자를, 맥도날드는 패스트푸드를 꺼리던 고객을, 태양의 서커스는 문화 공연을 찾던 성인들을, 닌텐도 Wii는 비게이머를, 옐로우 테일은 와인을 멀리하던 대중을 새로운 고객으로 시장에 끌어들였다.

물론 산업별로 차이도 있다. IKEA와 옐로우 테일은 가격과 단순화를 통해 접근성을 강조했고, 태양의 서커스는 예술성과 스토리텔링으로 프리미엄 경험을 내세웠다. 닌텐도 Wii는 가족 놀이와 신체 활동을 통해 참여 경험을, 맥도날드는 조리 속도와 일관성을 통해 대중적 신뢰를 새로운 축으로 만들었다. 그러나 모두 동일한 가치 혁신의 논리로 설명할 수 있다. 결국 이들 사례는 블루오션 전략이 특정 산업이나 특정 시기에 국한되지 않음을 보여준다. 산업의 기존 관행을 깨고, 전략 캔버스 위의 곡선을 다른 방향으로 옮기며, 제거, 축소, 강화, 창출의 네 가지 질문에 답하는 순간, 전혀 다른 고객이 생긴다. 여기서 확인할 수 있는 것은 블루오션 전략이 추상적 개념이 아니라, 사례로 반복 검증된 구조적 도구라는 사실이다.

전략은 상상력이다

앞서 살펴본 사례들은 공통적으로 자원은 부족했지만 경쟁은 치열했다. 그럼에도 IKEA, 맥도날드, 태양의 서커스, 닌텐도 Wii, 옐로우 테일 와인은 새로운 길을 열었다. 이들이 택한 길은 자원을 조금 더 효율적으로 쓰는 정도가 아니라, 시장의 틀 자체를 바꾸는 것이었다. 기존 무대 위에서 누가 더 빨리 달리느냐가 아니라, 무대의 모양을 바꿔 달리기의 의미를 새로 정의한 것이다.

이런 접근은 전략을 바라보는 눈을 바꿔 놓는다. 대부분의 전략 논의는 자원 규모, 산업 구조, 기술 변화 같이 주어진 조건 안에서 어떻게 상대적 우위를 확보할지를 묻는다. 하지만 블루오션 전략은 그 조건의 틀을 다시 그린다. 무엇을 없애고 줄이며, 무엇을 새로 만들고 높일지를 묻는 순간 경쟁의 규칙은 더 이상 같은 의미를 갖지 않는다. 이는 단순히 기업이 더 많은 이익을 내는 방법이 아니라, 시장이 어떤 가치를 중심으로 움직일지를 새롭게 모색하는 일이다.

이 변화는 전략이 단순히 경쟁에서 이기는 기술이 아니라, 삶의 방식을 새롭게 규정하는 언어임을 보여준다. IKEA는 가구 구매를 주말의 여가로 바꾸었고, 맥도날드는 기다림의 시간을 '즉시 경험'이라는 약속으로 전환했다. 태양의 서커스는 낡은 서커스를 예술 공연으로 끌어올렸고, 닌텐도 Wii는 거실을 가족의 놀이 무대로 만들었다. 옐로우 테일은 와인을 전문가의 전유물이 아니라 누구나 쉽게 즐길 수 있는 음료로 바꾸었다. 각 사례는 산업의 문제를 넘어, 사람들의 일상과 문화를 다시 정의하는 행위였다.

이 지점에서 전략은 계산보다 상상력에 가까워진다. 기존 요소를 조금씩 조정하는 것이 아니라, '이 산업은 무엇을 위한 것인가'라는 질문에 새롭게 답하는 과정이 되는 것이다. 그래서 전략은 보고서가 아니라 사회와 문화의 맥락을 바꾸는 힘이다. 소비자가 새로운 경험을 받아들이는 순간, 산업의 성격과 경계가 달라진다. 이 때문에 블루오션은 전략을 '이기는 기술'이 아니라 '새로운 무대를 짓는 상상력'으로 만든다. 그러나 이렇게 열린 무대도 시간이 지나면 다시 경쟁의 장으로 변한다. 경쟁자가 몰려들고, 모방이 빨라지면서 곧 익숙한 구도가 반복된다. 블루오션은 영원히 안전한 공간을 약속하지 않는다. 첫 선택이 길을 열었더라도, 그 무대는 곧 또 다른 질서로 굳어지기 때문이다.

따라서 질문은 계속된다. 새로 짠 무대가 다시 붉게 물들면 어떻게 해야 하는가? 시장의 경계를 새로 그리는 것만으로는 부족할 때, 기존 질서를 근본에서 흔드는 더 강한 힘이 필요하다. 이것이 바로 다음 장에서 다룰 파괴적 혁신(disruptive innovation)의 문제다.

심화학습 – 블루오션 전략의 이론적 체계와 논쟁

김위찬(W. Chan Kim)과 르네 마보안(Renée Mauborgne)은 2005년 하버드 비즈니스 스쿨에서 출간한 저서에서 블루오션 전략을 체계화했다.[3] 이들은 전통적인 경쟁 중심의 산업 분석, 즉 포터의 경쟁전략이 강조한 산업 구조와 진입장벽 모형을 '레드오션'으로 규정하고, 경쟁 그 자체를 무력화하는 방식의 전략을 '블루오션'으로 구분하였다.

블루오션 전략의 핵심은 가치 혁신이다. 이는 차별화와 원가 절감의 동시 달성을 목표로 한다. 기존 전략 이론이 원가우위와 차별화를 양자택일적 선택으로 제시했던 것과 달리, 블루오션 전략은 두 축을 동시에 끌어올릴 수 있는 새로운 논리를 제안한다. 한마디로 가치 혁신은 고객에게 압도적으로 높은 효용을 제공하면서, 기업 내부의 불필요한 비용을 제거하여 수익성을 높이는 방식이다.

블루오션 전략의 분석 도구로는 전략 캔버스가 있다. 전략 캔버스는 특정 산업에서 기업들이 경쟁하는 요인을 가로축에 두고, 각 요인별 제공 수준을 세로축에 표시해 곡선을 그리는 방식이다. 대부분의 산업에서는 기업들의 곡선이 유사한 위치에 겹쳐 있으며, 이는 많은 경쟁이 동일한 요소에서만 벌어지고 있음을 보여준다. 이에 비해 블루오션 전략은 기존 곡선을 벗어나 새로운 곡선을 그리는 것을 목표로 한다.

전략 캔버스에서 새로운 곡선을 그리도록 만드는 구체적 질문이 4가지 행동 프레임워크다. 구체적 내용은 다음과 같다.

① Eliminate(제거): 업계에서 당연시되지만 실질적 가치가 없는 요소는 무엇인가?

② Reduce(축소): 과도하게 높아져 비용을 증가시키는 요소는 무엇인가?

③ Raise(강화): 업계가 낮게 제공하고 있으나 고객이 중요시하는 요소는 무엇인가?

④ Create(창출): 기존에 없던 새로운 가치 요소는 무엇인가?

이 네 가지 질문은 기업이 새로운 가치 곡선을 설계하도록 돕는 실천 도구이다.

김위찬과 마보안은 또 다른 핵심 개념으로 비고객을 언급한다. 전통 전략이 기존 고객의 점유율 확대에 집중한 반면, 블루오션 전략은 시장 밖에 있던 집단을 새로운 고객으로 전환하는 데 주목한다. 이들은 비고객을 3계층으로 나누었다.

- 1단계: 작은 계기만 있으면 곧 시장에 들어올 집단.
- 2단계: 대체재를 쓰고 있지만 충분한 이유가 생기면 전환할 집단.
- 3단계: 애초에 산업 자체를 고려하지 않았던 집단.

비고객 개념은 태양의 서커스나 옐로우 테일 와인의 사례에서 볼 수 있듯이 시장 창출의 범위를 넓히는 열쇠다.

블루오션 전략은 실행 단계에서도 몇 가지 원리를 강조한다. 공정한 과정(Fair Process)은 변화 과정에서 이해관계자가 의사결정에 참여하고, 이유를 이해하며, 기대치를 공유하는 체계를 말한다. 또한 임계점 리더십(Tipping Point Leadership)은 제한된 자원으로 전략적 변화를 빠르게 확산시키는 리더십 방식을 말한다. 이 두 원리는 조직 내부의 저항을 줄이고, 가치 혁신을 실제 실행으로 연결하도록 돕는 역할을 한다.

블루오션 전략은 포터의 경쟁전략 이후 가장 큰 반향을 불러온 전략 이론으로 평가된다. 그 이유는 첫째, 기존 산업 구조를 주어진 조건으로만 보지 않고 경계 자체를 재구성할 수 있다는 관점을 제시했고, 둘째,

비용과 차별화의 동시 달성을 이론화하여 전략 선택의 지평을 넓혔으며, 셋째, 실제 기업 사례를 통해 이론을 입증해 실무 적용성을 높였기 때문이다. 그러나 비판도 적지 않다. 우선 블루오션이 창출되더라도 경쟁자의 빠른 모방으로 금세 다시 레드오션으로 변할 수 있다는 지속 가능성의 문제가 있다. 다음으로는 블루오션과 레드오션의 경계를 객관적으로 정의하기 어렵기 때문에 성과 측정이 모호하다는 비판을 받는다. 세 번째로는 블루오션 전략이 다수의 성공 사례를 모아 귀납적으로 이론을 정립했기 때문에, 실패 사례나 적용 불가능한 맥락을 설명하는 데 취약하다는 지적이다. 마지막으로 포터의 산업 구조 분석과 같은 전통 전략 이론과의 접합 관계가 명확하지 않다는 지적도 있다.

이러한 비판을 받아들여 최근 연구에서는 블루오션 전략을 플랫폼 경쟁, 네트워크 효과, 생태계 전략과 연결하려는 시도가 있다. 애플의 앱스토어나 아마존의 마켓플레이스처럼 산업 경계 자체를 허무는 플랫폼 비즈니스는 블루오션적 요소를 지니지만, 참여자 간 네트워크 효과가 핵심이라는 점에서 새로운 분석 틀이 필요하다. 이 점에서 티스(Teece)가 제시한 동적 역량(Dynamic Capabilities) 이론은 급변하는 환경에서 블루오션 전략의 일회성 한계를 보완할 수 있는 관점으로 주목받는다.[4]

블루오션 전략은 완결된 해답이 아니라 시장 경계를 다시 그리는 생각의 틀이다. 앞서 살펴본 IKEA, 맥도날드, 태양의 서커스, 닌텐도 Wii, 옐로우 테일 사례는 블루오션이 단순한 구호가 아니라 실행 가능한 도구임을 보여준다. 그러나 시간이 지나면 다시 경쟁이 심화되는 현실을 감안할 때, 다음 장에서 다룰 파괴적 혁신의 관점이 필요하다. 블루오션이 새로운 무대를 여는 사고라면, 파괴적 혁신은 그 무대를 무너뜨리고 새로운 질서를 만드는 사고이기 때문이다.

5장

낡은 질서를 무너뜨리는 힘 《소셜 네트워크》

미니밀(Mini-Mill)의 혁신

1960년대 미국 철강 산업은 대형 용광로와 거대한 설비를 가진 통합 제철소가 지배했다. 당시 미국은 전 세계 조강 생산량의 40% 이상을 차지했고[1], 피츠버그나 클리블랜드 같은 도시에는 수만 명의 노동자를 거느린 제철소가 강을 따라 줄지어 늘어서 있었다. 공장 하나의 부지는 수백만 제곱미터에 달했고, 용광로 하나가 하늘을 가릴 만큼 거대했다. 이들은 고급강을 대량 생산하며 시장을 독점했고, 수십 년간 축적된 기술과 자본, 고객과의 오랜 관계가 높은 진입 장벽을 만들어 누구도 이들의 경쟁 우위를 쉽게 흔들 수 없을 것처럼 보였다.

그런데 산업의 변두리에서 뜻밖의 도전자가 나타났다. 미니밀이라 불린 작은 전기로 공장이었다. 1960년대 후반 미니밀의 생산량은 미국 전체 조강 생산의 10%에도 미치지 못했고[2], 고철을 녹인 값싼 철근(rebar)만 만들었다. 품질이 낮고 시장 규모가 작아서, 대형 제철소들은 수익성이 떨어진다며 이 시장을 외면했다. 하지만 버려진 그 영역이 미니밀에게는 기회였다.

미니밀의 강점은 낮은 비용 구조였다. 거대한 설비를 돌리느라 막대한 고정비를 떠안은 통합 제철소와 달리, 작은 전기로는 운영이 유연했고 인건비와 관리비도 낮았다. 1970년대 초 미니밀의 철근 생산 단가는 통합 제철소보다 톤당 약 20% 낮았고 이 격차는 시간이 지날수록 확대되었다.[3] 처음에는 아무도 주목하지 않았지만 미니밀은 지속적으로 공정을 개선하고 품질을 높였다. 그와 더불어 제품군을 철근에서 형강(shape steel)과 봉강(bar steel)으로, 나중에는 더 정밀한 판재로 확장했다.[4] 1975년 미니밀의 미국 철근 시장 점유율은 50%를 넘었고, 1980년대에는 형강과 봉강에서도 우위를 확보하기 시작했다. 통합 제철소가 "돈이 안 된다"며 발을 뺀 자리를 하나씩 차지하면서 미니밀은 점차 산업의 중심부를 잠식해 나갔다.

결국 미국 곳곳에서 대형 제철소들이 문을 닫거나 경쟁력을 잃었다. 1970년대 이후 20년간 미국 내 주요 통합 제철소의 절반 이상이 폐쇄되었고, 피츠버그 같은 철강 도시는 급격한 인구 감소를 겪었다.[5] 거대한 설비와 오랜 전통을 자랑하며 한 때 철강 산업의 상징이던 기업들이, 눈길조차 주지 않던 작은 공장에 밀려 산업 지도가 완전히 바뀌었다.

기술도 자본도 풍부했던 대형 제철소들이 도대체 어떻게 산업의 변두리에 머물던 작은 기업에게 무너졌을까? 미니밀이 철근에서 형강, 봉강, 판재로 제품군을 확대하며 자신들의 시장을 잠식해 가는 동안 통합 제철소들은 왜 제대로 대응하지 못했을까? 통합 제철소가 미니밀이 차지한 시장을 버릴 때, 어떤 계산과 기준이 그 결정을 정당화했을까? 오늘날 다른 산업에서도 반복되는 이런 장면을 어떻게 설명해야 할까?

소셜 네트워크(The Social Network, 2010)

영화 《소셜 네트워크》(The Social Network, 2010, 감독 데이비드 핀처, 주연 제시 아이젠버그)는 세계 최대 소셜 네트워크의 탄생기를 통해 기존 질서가 무너지고 새로운 규칙이 자리 잡는 순간을 흥미롭게 보여준다. 이야기는 하버드 기숙사 근처 술집에서 시작된다. 마크 주커버그(제시 아이젠버그 분)는 여자친구 에리카와 말다툼 끝에 홀로 돌아와 분노와 열등감을 블로그에 쏟아낸다. 이어 하버드 서버에 접속해 학생들의 사진을 모아 두 장씩 나란히 띄운 뒤, 누가 더 매력적인지 고르게 만든 '페이스매시(Facemash)'를 만든다. 단순한 장난으로 시작된 이 프로그램은 삽시간에 학생들 사이로 퍼져 나갔다. 복도마다 폭소와 탄식이 터져 나오고, 학교 서버는 폭주한 트래픽으로 마비된다. 이 사건은 사교클럽과 혈통, 명망으로 지탱되던 하버드의 폐쇄적 질서에 처음으로 생긴 균열이었다.

며칠 뒤, 마크는 학교의 징계위원회에 불려간다. 교수진은 하버드의 명예와 규정을 내세워 그를 몰아붙였다. 학교 서버에 무단 침입했고, 여학생들을 비교 대상으로 삼아 모욕을 줬다는 것이 이유였다. 그러나 이미 다른 곳에 마음이 가 있던 마크는 회의실의 긴장된 분위기에 아랑곳하지 않고 장황한 변명 대신 짧은 대답으로 일관한다. 경고 처분이 내려지는 순간에도 그는 '하버드 학생이라면 모두 연결될 수 있어야 한다'는 발상을 머릿속에서 구체적인 설계도로 그리고 있었던 것이다.

이 무렵, 윙클보스 형제(Winklevoss twins, 아미 해머 1인 2역)가 등장한다. 로잉 팀(rowing team)[6]의 스타이자 명문 클럽의 일원으로, 하버드 엘리트 문화를 상징하던 그들은 마크에게 '하버드 커넥션(Harvard Connection)'[7] 프로젝트를 제안한다. 회원제로 운영되는 배타적 네트워크 구상에, 마크는 겉으로 동의하는 척한다. 그러나 기숙사 방으로 돌아와서는 곧 자신만의 코드를 짜기 시작한다. 그렇게 '더 페이스북(The Facebook)'[8]이 태어난다. 학교 이메일만 있으면 누구나 가입할 수 있다는 단순한 규칙은, 초대장을 받은 소수만 드나들 수 있던 하버드의 전통 클럽 문화와 정면으로 대비되었다.

아이디어의 탄생과 실행의 시작 – 마크와 에두아르도

2004년 초 '더 페이스북'이 공개되자 학생들의 반응은 폭발적이었다. 복도에서는 친구들이 계정을 만들었는지 서로 묻고, 파티장에서도 노트북을 열어 친구 요청과 게시물을 확인했다. 서비스는 하버드를 넘어 예일, 스탠퍼드, 컬럼비아로 확산되며, 아이비리그 전체를 하나의 프로필과 친구 관계로 묶어냈다. 오랫동안 유지되던 오프라인의 위계와 명망은 화면 속 새로운 규칙 앞에서 힘을 잃었다. 그러나 성장의 속도는 갈등을 불러왔다. 공동 창업자 에두아르도 사베린(Eduardo Saverin, 앤드류 가필드 분)은 초기 자금을 투자한 동업자였지만, 회사 재편 과정에서 자신의 지분이 거의 사라진 사실을 뒤늦게 알게 된다. 그는 분노를 억누르지 못하고 사무실에 들어와 책상을 내리치며 마크에게 "변호사나 잘 선임해, 이 멍청아(You better lawyer up, a**h***)"라고 소리친다.

외부의 압박도 거세진다. 윙클보스 형제는 변호사와 함께 소송을 제기하고, 영화는 로잉 경기와 증언 녹취 장면을 교대로 보여준다. 강 위를 가르는 노의 박자와 회의실에서 넘기는 서류의 리듬이 겹치며, 전통적 권위가 법과 제도의 갑옷을 입고 반격하는 듯한 분위기를 연출한다. 법정에서, 증언석에 앉은 마크는 이들에게 거의 시선을 주지 않은 채 말한다. "만약 너희가 페이스북의 발명가였다면, 이미 페이스북을 만들었겠지(If you guys were the inventors of Facebook, you'd have invented Facebook)." 이 말은 윙클보스 형제가 페이스북이 자신들의 아이디어라고 주장하는 것을 반박하며 아이디어가 아닌 실행이야말로 새로운 질서를 세우는 힘이라고 단언한 것이다. 실제로 페이스북은 이미 수십만 명의 학생들이 매일 접속하는 네트워크가 되어 있었다. 법정에서는 과거의 권리를 따지고 있었지만, 현실에서는 이용자들의 선택이 이미 새로운 질서를 만들고 있었다.

이때 숀 파커의 등장은 서비스의 지평을 세계로 넓히는 계기가 된다. 화려한 클럽 장면에서 그는 마크에게 짧지만 인상적인 조언을 건넨다. "'더(The)'는 빼. 그냥 페이스북(Facebook). 더 깔끔하잖아(Drop the 'The.' Just Facebook. It's cleaner)." 이름에서 관사가 사라지자 서비스는 더 이상 하버드라는 울타리에 묶이지 않는다. 누구나 쉽게 부르고 기억할 수 있는 이름, 곧 세계로 뻗어갈 얼굴을 갖게 된 것이다. 영화의 마지막 장면에서 마크는 법정 공방과 내부 갈등 끝에 홀로 컴퓨터 앞에 앉아 있다. 그는 에리카의 프로필을 띄운 채 '친구 요청(friend request)'을 보내고, 새로 고침 버튼을 반복해서 누른다. 개인적 상처와 집착에서 비롯된 클릭이 이제는 수억 명을 잇는 네트워크로 확장되었음을 보여주는 상징적 결말이다.

파괴적 혁신 이론의 본질과 오해

클레이튼 크리스텐슨은 『혁신 기업의 딜레마(The Innovator's Dilemma)』에서 흥미로운 역설을 발견했다.[9] 시장의 선두 기업들은 보통 기존 고객이 요구하는 더 높은 성능을 맞추기 위해 제품을 점점 더 개선하는 데 힘을 쏟는다. 그런데 그 사이에, 처음에는 성능이 부족하지만 값이 싸고 간편하며 새로운 방식으로 쓰일 수 있는 제품이 등장해 시장의 하층이나 아직 소비가 없는 영역(non-consumption)에 자리를 잡는다. 기존 기업은 "이건 품질이 낮아 쓸모없다"고 무시하지만, 이 대안은 시간이 지나면서 기술과 운영, 비용 구조를 개선해 점점 나아지고, 결국 기존 제품이 제공하는 '너무 과한 성능'을 파고든다. 크리스텐슨은 이런 흐름을 기존 고객을 위한 개선(존속적 혁신, sustaining innovation)과 구별해 파괴적 혁신(disruptive innovation)이라고 불렀다. 이는 낮은 성능—저가—새로운 시장이라는 조합에서 출발해 결국 주류 시장의 규칙을 뒤흔드는 변화를 표현한 개념이다.

파괴적 혁신은 새로운 기술 그 자체보다, 기존 기업과 다른 가치 네트워크(value network)와 이익 공식(profit formula)에서 비롯된다. 시장의 하층부 고객은 최고 성능보다 '쓸 만한 수준의 성능을 낮은 가격과 쉽게 쓸 수 있는 방식'으로 제공받기를 원한다. 기존 강자는 이런 시장이 너무 작고 수익성이 낮다고 생각해 무시한다. 그런데 도전자는 단순한 설계, 새로운 유통 방식, 다른 방식의 수익 모델을 조합해 '낮은 가격—충분한 성능—빠른 개선 속도'를 만들어낸다. 시간이 지나 제품의 성능이 점점 올라가면서, 예전에는 수준이 낮다고 여겨지던 그 해법이 어느 순간 '대부분의 고객에게 충분히 좋은 선택'이 된다.[10]

크리스텐슨은 파괴적 혁신이 나타나는 길을 두 가지로 구분했다. 첫째는 로엔드(low-end) 파괴다. 이는 기존 제품이 지닌 지나치게 높은 성능을 필요로 하지 않는 고객에게 성능을 조금 낮춘 대신, 더 저렴하고 쓰기 편한 제품을 제공하여 기존 시장의 하층부 고객을 흡수하는 방식이다. 둘째는 신시장(new-market) 파괴다. 이는 기존 제품을 쓸 능력이 없거나, 애초에 쓰지 않던 사람들이 원하는 일(job-to-be-done)을 해결해 주면서, 아예 새로운 시장을 여는 경우를 말한다. 예컨대, 비싼 가격과 접근성 때문에 전문점 커피를 이용하지 못했던 사람들을 저렴한 가격과 일정 수준 이상의 품질 및 전국 유통망을 무기로 끌어들이며 새로운 수요를 만들어 낸 편의점 커피가 이에 해당된다. 두 경로 모두 시작은 미약하다. 수요도 작고, 제품도 단순해 보이며, 기존 강자 입장에서는 대수롭지 않게 여겨진다. 하지만 시간이 흐르면서 성능이 점점 올라가고, 생산 비용이 줄어들며, 경험이 축적된다. 그러다 보면 어느 순간 이 작은 대안이 기존 시장의 중심을 차지하는 힘으로 성장한다.

여기서 유의할 점은 파괴적 혁신은 기술의 새로움이 아니라 가치 네트워크와 이익 공식의 변화에서 비롯된다는 것이다. 기술이 복잡해도 기존 틀 안에서 흡수, 개선될 수 있다면 이는 존속적 혁신이다. 반대로 단순한 기술이라도 새로운 고객, 채널, 가격 체계를 묶어 기존 수익 공식을 무력화한다면 충분히 파괴적 혁신이라 할 수 있다. 이 구분을 잘못하면 '성공한 신제품은 모두 파괴적'이라는 사후 설명(ex post rationalization)에 그칠 위험이 커진다.[11] 따라서 분석할 때는 (1) 목표 고객의 전환(비소비/저가 세그먼트 → 주류), (2) 활동과 비용 구조의 차이, (3) 이익 공식의 변화(어디서 돈을 벌고 무엇에 비용을 쓰는가), (4) 성능과 경험 곡선의 교차 시점을 함께 살펴야 한다.

많은 기업이 파괴적 혁신을 놓치는 이유는 무능력해서가 아니라 합리성의 덫 때문이다. 현재의 핵심 고객과 수익성 지표에 충실할수록, 규모가 작은 시장이나 이익이 적고 기술이 불확실한 분야는 자연스럽게 외면하게 된다. 조직의 평가 기준이 기존 사업에 묶여 있으면 새로운 아이디어는 내부 자원 배분 과정에서 밀려날 수밖에 없다. 그래서 제시되는 대응책이 분리된 조직을 두거나, 다른 KPI를 쓰는 것(예: 사용자 수, 이용 활성도, 단위 경제성), 재무 구조를 다르게 설계하는 것(예: 낮은 고정비, 짧은 개발 주기)이다. 중요한 점은 단순히 연구개발 비용을 늘리는 것이 아니라, 고객, 유통 경로, 원가 구조, 가격 체계까지 새롭게 설계해야 한다는 것이다.[12]

이 이론에 대해 비판도 여럿 있다. 첫째는 개념 경계의 모호성이다. 로엔드와 신시장이 실제 현장에서는 뒤섞여 나타나며, 무엇이 파괴적이었는지는 사후적으로만 알 수 있다.[13] 둘째는 측정의 어려움이다. '충분히 좋은 성능'의 기준이나, 성능—가격 곡선이 교차하는 시점을 계량적으로 특정하기 어렵다. 셋째는 플랫폼 시대의 확장이다. 플랫폼은 이용자가 많아질수록 가치가 커지는 네트워크 효과를 갖는다. 판매자와 구매자, 운전자와 승객 같은 양면시장(two-sided market)에서 참여자가 늘면 상호작용이 활발해지고, 그러한 상호작용은 서비스의 품질을 보완, 강화한다. 이 경우 파괴의 단위는 제품에서 생태계로 바뀌며, 진입 경로도 '저가—저성능' 대신 '무료—개방—개발자 생태계'로 나타난다.[14] 그럼에도 불구하고 실무에서는 몇 가지 진단 질문을 통해 파괴적 혁신의 오남용을 피할 수 있다. 새로운 해법이 누구의 과잉 성능을 덜어내는지, 그 대가로 어떤 비용과 절차, 학습을 줄이는지, 누가 돈을 내고 누가 보조금을 부담하는지, 그 구조가 기존 활동 체계(예: 채널, 서비스, 설치 기반)의 연결을 약화시키는지를 묻는 방식이다.

파괴적 혁신이 일어날 때는 보통 몇 가지 요소가 함께 작동한다. 우선 핵심 기술이나 모듈이 단순해지고(예: 표준화, 클라우드, 오픈소스), 획득 비용이 크게 낮아지며(예: 디지털 배포, 셀프 가입), 사용 경험이 훨씬 편해진다(예: 배우기 쉽고, 설치와 유지 관리 부담이 없음). 또 돈 버는 구조가 바뀌고(예: 고정비를 줄이고 구독이나 재방문 기반으로 수익을 내는 방식), 확장하는 힘이 붙는다(예: 네트워크 효과, 개발자/제휴 생태계). 각 요소는 따로 보면 작은 변화처럼 보이지만, 함께 결합되면 기존 산업이 당연하게 여겨온 규칙을 뒤흔들고, 결국 고객의 선택을 바꾸어 버린다.[15]

파괴적 혁신과 비슷해 보이지만 구분해야 할 개념이 있다. 먼저 급진적 혁신(radical innovation)은 기술이 얼마나 새롭고 큰 변화를 가져오는가에 초점을 둔다. 기술이 아무리 대단해도, 기존 사업 구조에 흡수될 수 있다면 파괴적이라고 부르기는 어렵다. 반대로 기술이 단순해도, 새로운 고객을 만들고 기존 기업의 수익 구조를 흔든다면 충분히 파괴적일 수 있다. 플랫폼 혁신은 여러 집단이 서로 연결되고 상호작용하면서 가치가 생긴다는 점을 강조한다. 반면 파괴적 혁신은 그 상호작용이 기존 수익 구조와 조직 규칙을 무너뜨리는 데 어떤 영향을 미치는지에 초점을 둔다. 저가 전략은 같은 고객을 대상으로 한 비용 경쟁이고, 로엔드 파괴는 기존 제품의 과잉 성능을 덜어내고 다른 이익 공식을 적용해 새로운 고객을 확보한다는 점에서 다르다. 마지막으로 규모의 경제만으로는 파괴 현상을 설명하기 어렵다. 규모는 결과일 뿐이고, 출발점은 언제나 다른 고객, 다른 활동 방식, 다른 수익 구조다.[16]

파괴적 혁신인지를 점검하려면 다음과 같은 질문을 해볼 수 있다. 새 해법이 누구의 미충족 필요(unmet needs)를 해결하는가? 그 필요가 기존 산업의 규칙의 밖에 있었는가? 그 해법의 성능—가격—경험의 변화경로가 기존 제품과 어느 지점에서 교차하는가? 교차하기 전에도 특정 과업에서는 새로운 해법이 더 낫거나, 특정 상황에서는 압도적으로 편리한가? 조직 내부에서 그 해법이 현재의 KPI, 예산, 권한 구조와 충돌하는가? 이 질문들에 '그렇다'는 대답이 반복된다면, 그 해법은 파괴적 혁신의 조건을 갖추고 있을 가능성이 크다.[17]

영화 《소셜 네트워크》는 파괴적 혁신의 과정을 생생하게 보여준다. 페이스북은 처음부터 거대한 시장을 겨냥하지 않았다. 하버드라는 작은 교내 네트워크에서 출발해, 기존 온라인 서비스(예: Friendster, MySpace)가 포착하지 못한 비소비 영역을 파고들었다. 기능은 단순했지만 실명 기반의 신뢰성과 간단한 화면, 즉시 연결의 경험은 사용자에게 '충분히 좋은 가치'를 제공했다. 기존 강자들은 이 작은 실험을 대수롭지 않게 여겼다. 수익성과 주류 고객을 우선시하는 합리적 판단 속에서, 제한된 캠퍼스 네트워크는 성장성이 없다고 본 것이다. 그러나 서버 비용 하락, 표준화된 웹 환경, 간단한 가입 절차 같은 작은 요소들이 맞물리며 확산 속도가 빨라졌다. 무엇보다 네트워크 효과가 작동하면서 새로운 가치 체계가 형성되고, 기존 기업의 비즈니스 모델은 힘을 잃었다. 법적 논쟁의 초점은 아이디어가 누구의 것인가였지만, 현실에서 힘을 발휘한 것은 아이디어 자체가 아니었다. 실행을 가능하게 한 구조와, 확산을 견인한 메커니즘이 결국 시장을 바꾸었다. 파괴적 혁신 이론은 바로 이 과정을 설명한다. 작은 선택이 새로운 시장을 열고, 기존 강자가 합리적으로 움직였음에도 패배하는 이유를 드러내는 것이다.

파괴적 혁신의 사례

스포티파이(Spotify)는 2008년 스톡홀름에서 출발했다. 당시 음악 산업의 기본 단위는 여전히 '음반 판매—다운로드—곡당 결제'였다. 불법 다운로드가 시장을 잠식했고, 합법적 디지털 소비라 해도 아이튠즈(iTunes)식 소유 중심 모델이 표준이었다. 스포티파이가 제시한 해법은 '스트리밍—정액제—즉시 접속'이라는 전혀 다른 조합이었다. 초기에는 음질(스트리밍 비트레이트)과 콘텐츠 커버리지에서 다운로드보다 '낮은 성능'을 감수해야 했지만, 사용자는 월 몇 달러에 무제한 청취가 가능한 '저가' 편익과 검색 후 대기 없이 바로 음악을 들을 수 있는 경험을 얻었다. 특히 프리미엄으로 전환하기 전, 광고 기반 무료 단계를 둔 구조는 불법 다운로드나 라디오에 의존하던 소비자를 합법 시장으로 끌어들이는 효과가 있었다.

스포티파이는 신시장 파괴의 전형적인 사례다. 음악을 사고 싶어도 가격 때문에 합법적인 시장에 들어가지 못했던 사람들, 혹은 소유보다는 편하게 듣고 새로운 음악을 발견하는 경험을 더 중요하게 여기는 사람들을 정액제 서비스로 끌어들였다. 거기에 더해, 사용자의 청취 기록과 비슷한 이용자들의 패턴, 그리고 곡 자체의 특성을 분석하는 알고리즘을 결합해 개인화 추천을 제공했다. 덕분에 음질이 완벽하지 않아도, '새로운 음악을 찾는 재미'가 품질의 부족을 충분히 보완해 주었다. 처음에 권리자 보상 문제와 음반사의 반발이 있었지만, 시간이 지나면서 프리미엄 가입자가 늘고, 이용자당 평균 매출(Average Revenue Per User, ARPU)이 안정되며, 음원 카탈로그도 넓어지자 이런 우려는 점점 줄어들었다. 2010년대 중반 이후부터는 세계 음악 산업의 매출도 스트리밍을 중심으로 다시 성장세를 보였다. 구조적으로 보면, 스포티파이는 소유하지 않고 듣는 방식과 다소 낮은 음질이라는 약점을, 저렴한 정액제와 새로운 사용 맥락(언제든 접속할 수 있고, 개인화된 추천으로 새로운 음악을 발견할 수 있는 경험)으로 묶어 기존 질서인 '음반 소유'나 '곡당 구매' 방식을 대체한 것이다.

우버(Uber)는 2009년 샌프란시스코에서 '스마트폰—GPS—결제'를 하나로 묶어 도시 이동 방식을 뒤집었다. 당시 택시 산업은 면허와 규제에 묶여 있었다. 호출은 느리고, 결제는 현금 위주였으며, 지역 및 시간대의 수급 불일치는 고질적 문제였다. 우버의 원클릭 배차, 실시간 위치 공유, 자동 결제는 이 병목을 해소했다. 다만 차량과 기사 표준, 보험과 안전, 규제 적합성에서 '낮은 성능' 논란이 뒤따랐다. 초기 가격이 전통 택시보다 항상 싸지는 않았지만, 대기 시간 단축과 현금 비대면 결제, 경로 투명성 같은 총체적 편익으로 인해 고객이 느끼는 '지각된 가격(perceives price)'은 낮았다. 특히 수요 급증 시의 할증(surge pricing), 이용자와 기사의 양면 평판 시스템, 신속한 기사 온보딩(onboarding)[18]은 공급을 유연하게 늘리는 장치로 작동했다.

우버는 신시장 파괴와 로엔드 파괴가 결합된 사례다. 택시 이용을 꺼리던 대중을 앱 기반 호출을 통해 새로운 고객으로 끌어들였고(신시장), 서비스 품질이나 접근성이 낮았던 지역과 시간대에서 기존 수요를 흡수했다(로엔드). 면허 중심 공급 통제가 낳은 구조적 비효율(공급 부족, 대기, 현금결제 불편)을, '소프트웨어 — 데이터 — 결제'라는 활동 체계로 대체했다. 규제 충돌은 컸지만, 공급 탄력성을 통해 사용자가 체감하는 이동 비용과 시간을 낮추자 시장의 표준이 이동했다. 성장 과정에서 우버는 안전, 보험, 규정 준수, 검증 절차를 보강하며 초기의 '낮은 성능' 문제를 점차 해결했고, 이동→배달→물류로 확장하며 생태계를 구축했다.

에어비앤비(Airbnb)는 2008년 개인 공간과 여행자를 연결하며 숙박의 기본 단위를 새롭게 정의했다. 당시 숙박 산업의 질서는 체인 호텔, 표준화, 면허와 세금으로 요약됐다. 에어비앤비의 초창기 숙소는 시설 표준, 안전, 청결, 응대에서 호텔에 비해 '낮은 성능'을 보였다. 그러나 사진과 후기, 평점으로 신뢰를 대체하고, 호스트 보증과 보험으로 리스크를 줄였으며, 앱에서 '예약 — 결제 — 메시징 — 체크인 안내'까지 일원화했다. 가격이 같은 지역의 호텔보다 눈에 띄게 낮거나, 동일한 가격에 더 넓은 공간과 현지 경험을 제공해 '저가' 또는 '가성비 우위'를 만들었다. 초기 핵심 고객은 가격에 민감하거나 로컬 경험을 선호하는 여행자, 장기 체류나 비성수기 이동 수요를 가진 집단으로, 호텔이 충분히 포착하지 못했던 층이었다.

에어비앤비는 신시장 파괴의 전형에 가깝다. 호텔을 이용하지 않았거나 비용 때문에 선택지가 제한되었던 여행자를 개인 공간 네트워크로 흡수했기 때문이다. 이후 슈퍼호스트 제도, 게스트 검증, 세금 징수 협력 등으로 제도권과의 간극을 좁혔고, 장기 체류, 원격 근무형 숙소, 경험(액티비티)까지 확장하며 '낮은 성능' 궤적을 끌어올렸다. 무엇보다 후기 기반 평판, 양면 매칭, 글로벌 검색이라는 활동 체계는 호텔이 의존하던 표준화, 고정 인프라, 브랜드 보증과 다른 질서를 이루며, 도시별 공급을 유연하게 조정할 수 있는 탄력성을 만들어 냈다.

세 사례를 같은 틀에 놓고 보면 기존 질서의 파괴 메커니즘이 보다 선명해진다.

- 낮은 성능: 스포티파이는 소유 부재와 음질 타협, 우버는 표준·안전·규제 적합성의 미완, 에어비앤비는 서비스 표준 부재로 출발했다.
- 저가/가성비: 스포티파이는 정액제, 우버는 대기·탑승 절차 비용 절감으로 실효 가격을 낮췄고, 에어비앤비는 넓은 공간 대비 낮은 가격과 현지 경험으로 대응했다.
- 새로운 시장: 스포티파이는 불법 다운로드와 라디오 의존을 합법 구독으로 전환했고, 우버는 비택시 사용자, 비혼잡시간, 외곽 수요를 흡수했으며, 에어비앤비는 호텔이 놓친 수요, 장기 체류, 로컬 경험 지향을 포착했다.
- 상향 이동(Up Market Move): 세 회사는 초기의 낮은 성능을 데이터, 평판, 보험, 운영 프로세스로 보완하며 주류 시장의 기준을 스스로 끌어올렸다. 스포티파이는 개인화와 큐레이션, 우버는 안전과 보험, 그리고 운전자 검증, 에어비앤비는 슈퍼호스트와 품질 보증으로 출발시의 약점을 체계적으로 해소했다.

세 기업이 바꾼 것은 제품 성능 경쟁이 아니라 돈 버는 방식과 일하는 체계였다. 소유, 면허, 표준화라는 낡은 질서를 뒤집고, 접근, 매칭, 평판이라는 새로운 기준을 제시했다. 그들이 만든 혁신은 한 가지 기능의 개선이 아니라, '가격—경험—운영—신뢰'를 결합한 패키지였다. 기존 성능 곡선의 연장선에 있는 '더 좋은 제품'이 아니라, 기존 성능 곡선보다 아래에 있는 수요를 포착하고, 거기에 데이터와 네트워크를 결합해 기존 성능 곡선을 뛰어넘은 것이다.

또 하나 중요한 대목은 산업 경계의 재정의다. 스포티파이는 음악을 소유의 시장에서 접근의 시장으로, 우버는 교통을 면허 중심의 용량 관리에서 수요와 공급의 실시간 동기화로, 에어비앤비는 숙박을 브랜드 표준화에서 사용자 후기 기반 신뢰로 바꾸었다. 이러한 전환이 가능했던 이유는 세 회사 모두 '소프트웨어—데이터—플랫폼 인프라'를 핵심 자원으로 삼았기 때문이다. 물리적 자산(hard asset)을 쌓아 올리는 대신, 네트워크 효과와 경험 데이터를 축적해 새로운 진입 장벽을 세운 것이다.

정리하면, 세 기업은 각기 다른 산업에서 '낮은 성능—저가—새로운 시장' 조합으로 틈을 열고, 일하는 체계의 재구성을 통해 주류를 대체했다. 스포티파이는 신시장 파괴(합법 구독 창출), 우버는 신시장과 로엔드 혼합(비택시, 비혼잡 수요 + 불만층 전환), 에어비앤비는 신시장 파괴(개인 공간의 숙박화)를 통해 성장의 길을 열었다.

실행과 확산이 낡은 질서를 무너뜨린다

앞서 살펴본 《소셜 네트워크》의 페이스북과 현실의 세 기업은 같은 공식을 다른 무대에서 반복했다. 출발은 초라했다. 페이스북은 기능이 단순했고, 스포티파이의 스트리밍은 음질과 카탈로그면에서 다운로드보다 부족했으며, 우버와 에어비앤비는 안전, 표준, 제도 적합성에서 전통 서비스에 미치지 못했다. 그러나 이들은 가격과 편의, 즉시성으로 문턱을 낮추며 새로운 사용자를 끌어들였다. 학교 이메일만 있으면 가입되는 계정, 월 정액과 광고 기반 무료, 원클릭 호출과 자동 결제, 사진, 후기, 보증에 기반한 간편 예약으로 기존 질서가 외면해 온 층을 흡수하면서, 작은 변두리가 곧 다수의 표준이 되었다. 핵심은 아이디어의 선명함이 아니라, '낮은 성능—저가—새 시장'의 조합을 실행과 확산으로 연결한 것이었다.

페이스북은 초대장을 받아야 들어가는 대신, 학교 이메일만 있으면 가입할 수 있게 했다. 또 학교 간에 금세 퍼질 수 있도록 구조를 짰다. 이런 방식이 서버 확장과 네트워크 효과와 맞물리면서 폭발적인 성장을 이끌었다. 스포티파이는 음원을 '소유'하지 않아도 된다는 약점을, 정액제 구독과 개인화 추천으로 보완했다. 덕분에 음악을 즉시 들을 수 있고, 새로운 곡을 발견하는 재미가 생겼다. 그 과정에서 불법 다운로드나 라디오를 이용하던 사람들을 합법 시장으로 끌어들였다. 우버와 에어비앤비는 낯선 사람과 거래하는 불안을 줄이기 위해 평판 시스템과 운영 장치를 도입했다. 평가와 후기, 보증이 신뢰를 만들었고, 동적 가격과 기사 온보딩, 슈퍼호스트, 사진, 보험 같은 장치들이 공급을 빠르게 늘릴 수 있게 했다. 가격이 항상 더 싸진 않아도, 기다림, 탑승, 결제, 검색 과정이 매끄러워지면서 이용자 입장에서는 체감 비용이 줄었고 수요는 더 커졌다. 이렇게 네 가지 사례 모두에서 '접근(Access)—반복(Repeat)—신뢰(Trust)—확산(Diffusion)—이익공식(Profit Formula)'이라는 다섯 톱니가 맞물리며, 낮은 성능에서 출발한 서비스가 결국 주류의 기준으로 자리 잡게 되었다.

파괴적 혁신의 틀에서 보면 페이스북, 스포티파이, 에어비앤비는 신시장 파괴이고, 우버는 신시장 요소와 기존 시장의 하층부를 흡수하는 로엔드 파괴가 섞여 있다. 차이는 실행 방식에 있었다. 페이스북은 개방 규칙, 스포티파이는 개인화와 구독, 우버와 에어비앤비는 평판과 운영 장치로 신뢰를 세웠다. 같은 틀을 각 산업의 마찰 지점에 맞게 달리 적용했기에 확산의 속도와 경로가 달라졌다.

이제 처음 질문으로 돌아가 보자. 왜 통합 제철소는 변두리의 작은 미니밀에 밀렸을까? 이유는 기술 부족이 아니라 계산법의 차이였다. 대형 용광로는 한번 꺼뜨리면 손실이 눈덩이처럼 불어났기 때문에, 경영진은 가동률, 평균 판매 단가, 톤당 마진 같은 지표를 최우선으로 삼았다. 이 계산법으로 보면 철근은 단가가 낮아 수익성이 나쁘게 보였다. 게다가 '고급강에 설비를 써야 한다'는 내부의 전제, '마진이 낮으면 브랜드가 손상된다'는 우려, '고객은 더 높은 규격을 원한다'는 영업 보고가 겹치면서 철근 시장은 자연스럽게 버려졌다. 판단은 모두 합리적이었지만, 바로 그 합리성이 낡은 질서 안에 기업을 가두는 울타리가 되어버렸다.

당시 대형 제철소의 투자 심사 기준은 EVA나 ROIC 같은 자본 효율 지표였다. 최소 경제 규모, 강력한 노조 규정, 장기 공급 계약까지 모두가 '크게 만들어 크게 판다'는 전제를 뒷받침했다. 이런 구조 속에서 철근은 언제나 '작고 지저분한 예외'로 취급되었다. 반면 미니밀은 달랐다. 작은 전기로와 짧은 셋업 시간, 지역 중심의 유통망, 고철을 녹여 다시 쓰는 단순한 공정 루프 덕분에 단위 경제성이 탄탄했다. 남아 있던 수요가 모일수록 생산 속도와 효율은 더 빨라졌고, 원가는 더욱 낮아졌다. 똑같이 철을 판다고 해도, 어떤 계산서를 쓰느냐에 따라 전략의 방향이 전혀 달라졌다.

'왜 대응하지 않았는가'라는 질문에도 답은 비슷하다. 철근 시장에 다시 들어가려면 공정을 바꾸고, 인력을 재배치하며, 유통 경로까지 새로 짜야 했다. 하지만 이런 전환은 곧바로 가동률 하락, 평균 단가와 마진 악화, 성과급과 예산의 충돌로 이어질 수밖에 없었다. 성과 지표가 고부가가치 제품에 묶여 있는 한, 저가, 저마진, 빠른 회전을 특징으로 하는 새로운 실험은 조직에 손해로 보였다. 그 사이 미니밀은 기술을 개선해 형강, 봉강, 박판재 같은 더 고급 제품으로 영역을 넓혀 갔다. 통합 제철소가 '핵심'이라고 믿은 영역에 몰두할수록, 그 핵심의 경계를 미니밀이 바깥에서 다시 그려 나갔다. 결국 합리성의 덫이 산업 지도를 바꾸어 버린 것이다.

같은 현상은 스포티파이, 우버, 에어비앤비, 페이스북에서도 되풀이되었다. 음반사의 장부는 앨범 판매와 곡당 결제가 기준이었고, 택시와 호텔 산업의 장부는 면허, 객실 표준, 평균 요금이 기준이었다. 사교 네트워크의 장부는 초대, 심사, 서열이 기준이었다. 이런 계산법에서 보면 새롭게 등장한 기업은 언제나 '규격 미달'로 보였다. 그러나 이용자들의 계산은 달랐다. 즉시 접속, 개인화 추천, 평판, 간편성 같은 요소가 재생, 재방문, 구독 전환, 더 낮은 체감 비용, 더 빠른 확산으로 이어졌다. 계산서가 달라지자, 시장의 표준도 함께 바뀌었다.

따라서 오늘 우리 조직에도 같은 질문을 던져야 한다. 첫째, 핵심 고객이라 부르는 집단의 요구가 오직 성능 향상에만 묶여 있는지, 아니면 사용 과정에서의 불편을 줄이는 데 더 가치를 두고 있는지 살펴야 한다. 둘째, 손익표 속 가정들—평균 단가를 우선시하거나, 가동률 최적화, 최소 규모 기준 같은 원칙—이 새로운 시도를 미리 탈락시키는 장치가 되고 있지 않은지 점검해야 한다. 셋째, 새로운 실험이 기존 KPI와 충돌할 때 그것을 보호할 장치가 있는지도 물어야 한다. 작은 단위 경제를 승인할 수 있는 재무 규율, 사용자, 활성도, 재방문 같은 새로운 전환 지표, 짧은 개발과 출시 주기를 운영 규칙으로 삼고 있는지 돌아봐야 한다. 이 세 가지가 빠져 있다면, 합리성은 새로운 가능성을 여는 힘이 아니라 과거 질서를 방어하는 논리로만 작동할 것이다.

질서를 바꾸는 힘은 아이디어 그 자체가 아니라, 다른 계산법을 담은 실행과 확산에서 나온다. 기존 강자는 성능, 단가, 가동률 같은 지표로 세상을 바라보지만, 도전자는 접근, 반복, 신뢰, 확산, 단위 경제라는 다른 장부로 세상을 새롭게 써 내려간다. 시간이 지나면 시장은 결국 그 숫자가 보여주는 방향으로 움직인다. 미니밀이 철근에서 시작해 판재로까지 올라섰던 것처럼, 스포티파이, 우버, 에어비앤비, 페이스북도 낮은 성능에서 출발했지만 사용자들이 체감하는 새로운 계산법에서 우위를 쌓아 주류를 다시 정의했다. 결국 중요한 질문은 이것이다. 우리 조직은 어떤 장부로 내일을 기록하고 있는가? 그리고 그 장부가 혹시 과거의 질서를 고집하게 만드는 덫이 되고 있지는 않은가?

파괴적 혁신의 힘과 기존 강자의 길

이 장에서 본 것처럼 판을 뒤집는 힘은 언제나 작은 데서 출발한다. 페이스북은 하버드 안에서만 통하던 폐쇄적 규칙을, 로그인하면 곧바로 연결되는 열린 공간으로 바꿨다. 스포티파이는 음원을 소유하던 습관을 언제든 들을 수 있는 경험으로 바꿨다. 우버는 오래 기다리고 현금으로 결제해야 했던 불편을 없앴고, 에어비앤비는 표준화된 객실 대신 생활 공간을 내세워 숙박의 의미를 넓혔다. 이들의 공통점은 뚜렷하다. 처음에는 성능이 부족하고 시장도 작았지만, 대신 가격은 낮고 접근은 빨랐다. 이 조합을 끈질기게 실행하고 확산시키자, 변두리로 보였던 방식이 어느새 시장의 표준이 되었다. 파괴적 혁신은 지금까지 살펴본 네 가지 전략 유형 가운데서도 가장 과감한 길이다. 단순히 경쟁 규칙을 따지거나, 자원을 보강하거나, 빈틈을 찾는 데서 멈추지 않고, 아예 게임의 규칙 자체를 바꾸는 방향으로 나아가기 때문이다.

기존 강자라고 해서 무너질 운명을 그대로 받아들일 필요는 없다. 파괴적 혁신 이론은 많은 통찰을 주었지만, 무엇이 진짜 파괴였는지는 시간이 지나서야 알 수 있는 경우가 많았다. 또 모든 성공을 파괴로 설명하려는 과장도 있었다. 그러나 이 논쟁이 던지는 메시지는 분명하다. 강자에게도 길은 남아 있다는 것이다. 외부 변화에 당하는 쪽이 아니라, 스스로 판을 바꾸는 쪽에 서면 된다. 실제로 오래 살아남은 기업들은 대부분 이 길을 택했다. 낯선 시장에 작은 팀을 내보내고, 기존 수익성과는 다른 잣대로 실험하며, 본체와 실험 조직을 분리해 각자의 속도로 움직였다. 안쪽에서 질서를 깨트려 본 경험이 있는 기업만이, 바깥에서 오는 파괴를 흡수해 새로운 기준으로 바꿀 수 있다.

방법은 다음과 같다. 첫째, 본체와 분리된 작은 조직을 만든다. 기존 사업의 달력과 평가표로는 새로운 흐름을 키우기 어렵다. 이 작은 팀은 '돈이 되느냐'보다 '얼마나 빨리 배우느냐'를 중시해야 한다. 둘째, 성과 지표를 바꾼다. 매출과 마진 대신 이용자 수, 사용 빈도, 전환율, 이탈률 같은 생활 지표를 살펴야 한다. 셋째, 이중 구조를 설계한다. 본체는 존속적 혁신으로 품질과 수익을 다듬고, 분리 조직은 작은 시장에서 빠르게 만들고, 고치고, 접는 일을 반복하는 것이다. 후지필름이 화학과 소재 기술을 의료와 화장품으로 옮겼을 때, 어도비가 라이선스 판매에서 구독 모델로 전환했을 때, 그들은 외부 파괴를 기다린 것이 아니라 스스로 낡은 약속을 버리는 선택을 한 것이었다.

또 하나 기억할 점은 파괴적 혁신은 멋진 기술 하나로 끝나지 않는다는 사실이다. 처음의 부족함을 메워 주는 것은 화려한 기능이 아니라 규칙, 운영, 보상의 설계다. 접속을 쉽게 하고(접근), 사용을 반복하게 하고(습관), 신뢰할 근거를 주고(후기, 평판, 보증), 참여자가 이득을 나눌 구조를 만들어야(인센티브, 요금제) 확산된다. 기술은 도구일 뿐이며, 질서를 바꾸는 힘은 설계에서 나온다. 단지 유행하는 기술 이름을 붙였다고 해서 판이 바뀌지 않는 이유가 바로 여기에 있다.

결국 파괴적 혁신이 주는 메시지는 단순하다. 낡은 질서를 넘어설 용기가 새 길을 연다. 그 용기는 신생 기업만의 전유물이 아니다. 기존 강자에게도 선택지는 여전히 있다. 한 손으로는 본체의 효율을 지키되, 다른 손으로는 익숙한 규칙을 깨뜨려야 한다. 작은 시장에서, 작은 팀으로, 다른 기준으로 시작해 보는 것, 변화는 그렇게 싹트는 것이다.

1부에서는 전략의 바탕을 이루는 핵심 개념과 4가지 전략 유형(경쟁전략, 자원기반전략, 블루오션 전략, 파괴적 혁신전략)을 통해 기업이 어떤 원리로 길을 만들고 선택을 확장하는지를 살펴보았다. 이어지는 2부에서는 이렇게 수립한 전략이 현실에서 왜 흔들리고 무너지는지, 왜 전략이 종종 다른 결과를 낳는지 하나씩 들여다보며 전략의 본질을 더 깊이 탐색해 보자.

심화학습 – 파괴적 혁신 이론의 전개와 논쟁

파괴적 혁신은 '왜 기존 강자가 자신이 만든 무대에서 무너지는가'라는 질문에서 출발했다. 클레이튼 크리스텐슨(Clayton M. Christensen)은 『혁신기업의 딜레마(The Innovator's Dilemma)』(1997)에서, 선도 기업들이 주류 고객의 더 높은 성능 요구를 맞추느라 존속적 혁신에 집중하는 동안, 처음에는 성능이 부족하지만 더 싸고 간편한 대안이 시장의 하층이나 아직 소비가 일어나지 않던 영역에 자리를 잡는 과정을 설명했다. 그는 성공과 실패를 가르는 요인이 기술의 새로움이나 화려함이 아니라, 가치 네트워크와 이익 구조의 차이에 있다고 강조했다. 새로운 대안은 '충분히 쓸 만한 성능, 낮은 가격, 새로운 쓰임(job-to-be-done)'의 조합으로 출발한다. 시간이 지나 성능이 개선되고 기존 제품과의 격차가 역전되는 순간, 이 대안은 주류 시장을 뒤흔드는 힘을 얻게 된다.[19]

크리스텐슨은 파괴적 혁신이 나타나는 길을 두 가지로 설명했다. 첫째는 로엔드(low-end) 파괴다. 기존 제품이 지나치게 높은 성능을 제공할 때, 그런 성능을 필요로 하지 않는 고객들이 있다. 이들에게는 성능을 조금 줄이는 대신 가격을 낮추고 사용을 간편하게 만든 제품이 더 매력적이다. 이렇게 해서 기존 시장의 하층부를 흡수하는 방식이 로엔드 파괴다. 둘째는 신시장(new-market) 파괴다. 이는 기존 제품을 쓸 수 없거나 아예 쓰지 않던 사람들이 새로운 고객으로 편입되는 경우다. 두 방식 모두 처음에는 사소해 보이는 수요에서 시작하지만, 실행과 학습을 거듭하면서 결국 주류 시장의 기준을 바꿔 놓는다.[20]

그는 이어서 『성장과 혁신(The Innovator's Solution)』(2003)에서 파괴적 혁신을 실제 경영에 적용할 수 있는 설계 원리를 제시했다.[21] 핵심은 시장에 등장하는 '새로운 일(job)'을 정확히 이해하는 것이다. 고객이 어떤 상황에서, 어떤 목적을 해결하기 위해 제품이나 서비스를 찾는지를 먼저 규정해야 한다. 그런 다음 제품의 설계, 원가 구조, 유통 채널, 가격을 따로따로가 아니라 하나의 세트로 맞추어야 한다고 강조했다. 그래야만 새로운 시장에서 혁신이 뿌리내릴 수 있다는 것이다. 이어 존슨, 크리스텐슨, 카거만은 "Reinventing Your Business Model"(2008)에서 이 생각을 비즈니스 모델 전체의 구조로 확장하며 네 가지 핵심 요소를 제시했다.[22]

- 고객 가치 제안(Customer Value Proposition, CVP): 고객의 어떤 문제를 해결해주고 어떤 가치를 줄 것인가?
- 이익 공식(Profit Formula, PF): 어떻게 수익을 내고 어떤 구조로 이익을 남길 것인가?
- 핵심 자원(Key Resources, KR): 이를 가능하게 하는 인력, 기술, 자산은 무엇인가?
- 핵심 프로세스(Key Processes, KP): 어떤 운영 방식과 절차가 이를 뒷받침하는가?

이는 파괴적 혁신을 단순히 '새로운 제품이나 기술'로 보지 말고, 가치 제안부터 수익 구조, 자원과 운영 체계까지 전체 비즈니스 모델 차원에서 재구성해야 한다는 점을 강조한 것이다.

그러나 파괴적 혁신 이론은 많은 비판도 받았다. 대닐스(Danneels, 2004)는 파괴적 혁신이라는 용어가 모호하고, 사후적으로 성공한 사례에만 붙는 설명이 될 수 있다고 지적했다.[23] 또한 마키데스(Markides, 2006)는 개념의 범위를 지나치게 넓히면 모든 혁신을 파괴로 분류하는 과용 문제가 생긴다고 주장했다.[24] 한편, 텔리스(Tellis, 2006)는 경영자의 비전과 리더십 같은 요인이 이론에서 과소평가된다고 비판했다.[25] 이런 논쟁은 파괴적 혁신을 맹목적으로 적용하기보다, 출발점, 고객, 활동 체계, 이익 공식이 어떻게 달라지는지를 구체적으로 분석해야 한다는 점을 일깨워 준다.

2000년대 이후에는 파괴적 혁신 이론을 보완하는 새로운 논의들이 등장했다. 먼저 에반스(Evans)와 슈말렌지(Schmalensee, 2016)는 '다면시장(multisided market)'이라는 개념을 통해 플랫폼 기업의 경쟁력을 설명했다. 단순히 가격만 중요한 것이 아니라, 누구에게 요금을 받고 누구에게 보조금을 주는지, 한쪽 참여자의 규모가 다른 쪽 참여자의 가치를 어떻게 키우는지(교차 네트워크 효과)가 플랫폼의 성패를 가른다는 것이다.[26] 이어 파커, 반 알스타인, 초우다리(Parker, Van Alstyne, Choudary, 2016)는 『플랫폼 레볼루션(Platform Revolution)』에서 플랫폼의 본질은 참여자들을 연결하는 규칙과 운영 방식(거버넌스)이라고 강조했다. 즉, 어떤 규칙으로 참여를 허용하고, 어떤 방식으로 갈등을 조정하며, 어떻게 가치를 분배하는지가 곧 플랫폼의 힘이라는 것이다.[27]

아드너(Adner, 2012)는 『혁신은 천 개의 가닥으로 이어져 있다(The Wide Lens)』에서 기업을 개별 단위로만 바라봐서는 안 되며, 여러 기업이 얽혀 있는 생태계 전체의 설계가 중요하다고 강조했다.[28] 한 기업의 혁신이 성공하려면 그 기업 혼자만 잘한다고 되는 것이 아니라, 주변 파트너와 보완재, 공급망이 함께 움직여야 한다는 뜻이다. 또 아드너와 스노우(Adner & Snow, 2010)는 기존 기술이 새로운 기술에 대응하는 방식이 단순하지 않다고 지적했다.[29] 모든 구기술이 한순간에 사라지는 것이 아니라, 어떤 경우에는 특정 고객층을 붙잡아 생존하고, 또 다른 경우에는 전략적으로 시장을 축소하며 살아남는다는 것이다. 이런 논의들은 파괴적 혁신을 '저가, 저성능으로 출발해 신시장을 연다'는 단순한 도식만으로 설명할 수 없음을 보여준다. 특히 플랫폼 환경에서는 무료, 개방, 개발자 생태계와 같은 규칙이 핵심 역할을 한다. 이런 규칙이 사용자 참여를 늘리고, 반복 사용을 끌어내며, 신뢰를 쌓는 과정 속에서 파괴적 전환이 일어나는 것이다.

그렇다고 기존 강자가 운명처럼 무너져야 한다는 뜻은 아니다. 고빈다라잔과 트림블(Govindarajan, Trimble, 2010)은 『혁신하려면 실행하라(The Other Side of Innovation)』에서 기존 기업도 파괴적 혁신을 시도할 방법이 있다고 말한다.[30] 핵심은 분리된 조직이다. 본체와는 다른 작은 팀을 두어 낮은 성능과 불확실성을 감수하는 실험을 맡기는 것이다. 이 팀은 매출이나 마진 같은 기존 지표로 평가하지 않는다. 대신 사용자 수, 재방문율처럼 배움과 전환을 보여주는 지표를 사용해야 한다. 운영 방식과 보상 체계도 본체와 분리해 주어야 한다. 이렇게 하면 신생 기업 못지않게 기존 기업도 내부에서 파괴적 혁신을 일으킬 수 있다는 설명이다. 베너(Benner)와 터시먼(Tushman, 2003)도 비슷한 맥락에서 '이중성(ambidexterity)'이라는 개념을 제시했다.[31] 본체는 기존 사업을 다듬고 효율을 높이는 존속적 혁신에 집중하고, 별도 조직은 새로운 시장을 겨냥한 파괴적 혁신을 탐색하도록 병행하는 방식이다. 그들은 두 가지 활동을 한 회사 안에서 동시에 추진해야 오래 살아남을 수 있다는 점을 강조했다.

파괴적 혁신 이론이 실무 현장에 주는 메시지는 명확하다. 첫째, 로엔드 파괴와 단순한 원가 절감은 다르다. 단순히 비용만 줄이는 것이 아니라, 성능을 덜어내는 대신 활동 체계와 이익 공식을 통째로 바꾸어야 한다. 둘째, 급진적 기술 혁신이 곧바로 파괴적 혁신이 되는 것은 아니다. 새로운 고객, 새로운 채널, 새로운 가격 체계를 통해 기존의 수익 구조를 무너뜨릴 때만 비로소 파괴라 부를 수 있다. 셋째, 제품 성능이 아무리 뛰어나도 상호작용과 네트워크 설계에서 뒤처지면 쉽게 대체될 수 있다. 결국 파괴적 혁신은 기술의 새로움만으로 설명되지 않는다. 어떤 경로를 설계하고, 어떤 실험을 반복하는지가 훨씬 중요한 요인이다.

2부

전략이 실패하는 이유

전략의 수립보다 더 어려운 일은 그것을 끝까지 실행해 목표를 달성하는 일이다. 완벽해 보이던 계획도 현장에서는 자주 실패한다. 목표는 세웠지만 구체적인 방향이 보이지 않고, 겉으로는 같은 말을 하지만 해석이 달라 힘이 분산된다. 개인이나 조직 모두 비슷한 일이 반복된다. 왜 그럴까?

전략이 실패하는 이유는 여러 가지다. 목표가 명확하지 않거나 수익을 만들어내는 구조가 약하면 성과를 낼 수 없다. 전략과 기술이 따로 움직이면 계획은 속도를 잃고, 현장은 전략의 의도를 따라가지 못한다. 여기에 사람이 지닌 인지 오류와 감정이 더해지면 상황은 더 복잡해진다. 충분한 정보가 있어도 해석이 틀어지고, 같은 말을 하는 것처럼 보여도 속으로 감춘 마음이 달라서 행동이 일치하지 않는다. 전략의 실패는 이런 틈이 조금씩 쌓이면서 시작된다.

2부는 그 틈이 어디에서 생기고, 왜 전략이 실행 단계에서 무너지는지를 다룬다. 목표가 명확하지 않을 때 조직이 어떤 혼란에 빠지는지, 수익을 만드는 구조가 없을 때 계획이 왜 지속되지 못하는지, 기술과 전략이 엇박자를 낼 때 실행이 어떻게 어긋나는지를 살핀다. 또한 판단의 오류가 쌓이면 어떤 결과가 생기는지, 말과 행동이 어긋날 때 왜 전략이 공허한 구호로 변하는지도 보여준다. 이를 통해 결국 전략의 실패는 계획의 부족이 아니라, 실행을 뒷받침하는 사람과 구조, 기술의 균형이 무너질 때 일어난다는 사실을 알 수 있다.

2부에 등장하는 영화 속 인물들은 전략 실패의 장면들을 구체적으로 보여준다. 처음에는 완벽해 보였던 계획이 현실의 벽 앞에서 조금씩 균열을 드러내고, 목표와 이해가 엇갈릴 때 어떤 결과가 뒤따르는지를 보여준다. 기술이 전략의 속도를 따라잡지 못하고, 신념과 이해관계가 충돌하며, 말과 행동이 따로 움직이는 순간마다 전략은 방향을 잃는다. 그때마다 인물들의 선택과 행동은 전략이 왜 실패하는지를 생생하게 드러낸다.

2부의 목적은 실패를 비판하려는 데 있지 않다. 무너진 전략을 다시 실행하려면 실패의 원인을 제대로 알아야 한다. 목표를 명확히 하고, 수익의 구조를 단단히 세우며, 기술과 조직의 속도를 맞추고, 판단의 함정을 점검하며, 의도와 행동을 일치시킬 때 전략은 다시 힘을 얻는다. 전략의 실패는 끝이 아니라, 다음 전략을 더 단단히 준비하기 위한 출발점이다. 실패의 이유를 정확히 이해하는 순간, 다음을 향한 길이 열린다.

6장

누구도 목표를 말하지 않았다 《돈 룩 업》

K마트와 월마트(Walmart)

1962년, K마트와 월마트는 같은 해에 문을 열었다. 디트로이트 교외에서 출발한 K마트는 대도시와 교외 핵심 상권을 중심으로 빠르게 성장하며 '저가 쇼핑'의 대명사로 자리 잡았다. 불과 15년 만인 1977년에는 매장 수 1,000개를 넘었고, 1980년대에 들어서는 전국 어디서나 간판을 볼 수 있을 만큼 커졌다. 매장 내 현장 할인 행사인 '블루 라이트 스페셜'은 소비자에게 K마트의 상징으로 각인되었다. 당시만 해도 K마트는 매장 수와 브랜드 인지도 모두에서 월마트를 앞서며 대형 유통 체인의 전형으로 여겨졌다. 반면 월마트는 대도시 대신 남부와 중서부 소도시를 중심으로 매장을 열었다. 인지도에서는 K마트에 크게 뒤졌지만, 매장을 지역 단위로 분산 배치하고 자체 물류센터와 긴밀히 연결하는 방식을 택하며 차근차근 기반을 넓혀 갔다.

1990년대 중반까지도 외형으로는 K마트가 여전히 강자였다. 1994년 K마트는 전 세계 2,486개(미국 내 2,323개) 매장을 운영하며 약 340억 달러의 매출을 올렸다. 그러나 수익성은 이미 흔들리고 있었다. 1995

년에 매출은 317억 달러였지만 순손실이 5억 7,100만 달러였고, 1996년에도 매출 314억 달러에 순손실이 2억 2,000만 달러에 달했다. 1997년에 매출 322억 달러에 순이익 2억 4,900만 달러로 반등했지만, 하락세를 뒤집기에는 역부족이었다. K마트의 방식은 '행사 의존형'이었다. 주말마다 대형 할인행사와 광고를 통해 순간적으로 매출을 끌어올리는 구조였지만, 재고 부담과 운영 비용은 줄지 않았다.

같은 시기 월마트는 1995년 회계연도 매출 824억 달러, 순이익 26억 달러를 달성했다. 매장 수는 비슷했지만, 매장당 매출과 이익에서 K마트를 앞서기 시작한 것이다. 월마트는 EDLP(Everyday Low Price, 상시 저가)[1] 전략을 통해 '언제 가도 싸다'는 가격 신뢰를 일관되게 구축했다. 여기에 크로스 도킹(Cross Docking)[2] 물류 방식을 도입해 상품을 물류센터에 오래 쌓아두지 않고 곧바로 점포로 흘려보냈다. 이 방식은 실시간 재고 및 발주 관리로 재고 비용을 줄이고 공급망 속도를 높였다. 가격 경쟁력과 운영 효율을 동시에 달성한 것이다.

K마트는 의류와 브랜드 제품군 확대, 점포 리뉴얼, 서비스 개선 등 여러 시도를 했지만 시장의 흐름을 바꾸지는 못했다. 월마트가 가격, 효율, 신뢰라는 세 축을 동시에 강화하는 동안, K마트는 명확한 방향을 잡지 못한 채 경쟁 우위를 잃어 갔다. 결국 2002년 파산보호 신청, 2018년 재파산을 거쳐 2024년 현재 미국 본토에 소수 점포만 남는 처지가 되었다. 반대로 월마트는 2024년 매출 6,400억 달러를 넘기며 세계 최대 소매업체로 자리 잡았다.

초기에 더 크고 유명한 이름이었던 K마트가 어떻게 월마트에게 추월당했을까? 월마트가 상시 저가 전략과 공급망 혁신으로 앞서 나가는 동안, K마트가 반전을 위한 여러 시도에도 불구하고 시장의 호응을 얻지 못한 까닭은 무엇일까?

돈 룩 업(Don't Look Up, 2021)

영화 《돈 룩 업》(Don't Look Up, 2021, 감독 애덤 매케이, 주연 레오나르도 디카프리오, 제니퍼 로렌스)은 한 대학원생의 발견으로 시작된다. 미시간주립대 천문학 연구실에서 새벽에 망원경으로 천체를 관측하던 케이트 디비아스키(제니퍼 로렌스 분)는 화면에서 낯선 물체를 발견한다. 그녀는 좌표를 기록한 후 지도교수 랜들 민디(레오나르도 디카프리오 분)에게 보고한다. 랜들은 즉시 연구팀을 모아 데이터를 모으고 낯선 물체의 궤도를 계산한다. 칠판 가득 수식을 적고, 컴퓨터 시뮬레이션을 반복해서 나온 결과는 충격적이었다. 지름이 수 킬로미터에 달하는 혜성이 지구와 충돌할 확률이 100%였다. 순간 연구실 안은 정적에 휩싸이고 모두 숨을 죽였다. 이때부터 영화는 하나의 단순한 사실 — 혜성이 6개월 안에 지구를 파괴한다는 명제 — 을 중심으로로 이야기를 전개한다.

연구진은 나사와 국방 관계자의 안내로 백악관에 도착한 후 집무실에서 대통령 오를린(메릴 스트립 분)과 참모진에게 상황을 보고한다. 랜들은 케이트의 보조를 받아 차트를 보여주며 지구와 혜성이 충돌할 시점을 설명한다. 그러나 곧 있을 중간선거와 지지율에 관심이 쏠려 있는 대통령은 이들의 이야기를 진지하게 귀담아듣지 않는다. 이 와중에도 참모들은 이 사실을 지금 발표하는 것이 정치적으로 유리한가로 논쟁을 벌이이고, 대통령은 "상황을 좀 더 지켜보자"며 회의를 끝낸다. 확률 100%의 재앙을 앞에 두고도 '언제 발표할지'라는 정치적 계산이 과학적 목표 — 인류 생존—를 가로막는다.

백악관의 반응에 답답함을 느낀 두 과학자는 언론을 통해 혜성의 지구 충돌을 직접 알리려 한다. TV의 아침 토크쇼에 출연한 그들은 밝은 조명과 경쾌한 음악 속에 이야기를 시작한다. 랜들이 침착하게 혜성 충돌 가능성과 인류에게 남은 시간을 설명하지만 사회자는 농담을 섞어가며 이야기를 가볍게 이어간다. 분위기가 이렇다 보니 인류 멸망에 대한 절박함이 전혀 전달되지 못한다. 참다 못한 케이트가 "우리 모두 죽습니다!(We're all gonna die!)"라고 외치자, 스튜디오 분위기는 차갑게 식는다. 어색해진 상황을 모면하기 위해 진행자는 웃으며 광고를 내보낸다. 방송이 끝나자 케이트는 과학자가 아니라 '히스테릭한 여성'으로 불리며 대중에게 조롱받는다. 인류 멸망을 외치는 그녀의 절규는 밈(meme)으로 전락하고, SNS에서는 놀림감 해시태그가 되어 버린다. 지구와 혜성의 충돌이라는 절박한 사실을 전했지만, 메시지는 희화화되고 인류 생존이라는 목표는 대중의 공감을 얻지 못한다.

토크쇼에 출연한 두 과학자 — 절박한 경고가 희화화되는 순간

이후 랜들은 방송과 잡지에 잇달아 출연하며 온화한 말투와 차분한 태도로 대중의 호감을 산다. 대통령과도 가까워지고, 언론은 그를 '잘생긴 과학자'라는 이미지로 활용한다. 사람들의 관심은 혜성 충돌의 위험보다 그의 외모와 사생활에 쏠리고, 과학적 메시지는 점점 희미해진다. 랜들 자신도 위기를 알리려던 목적보다 대중을 향한 이미지 관리에 더 신경을 쓰게 된다.

시간이 흐르고 여론의 압박이 거세지자 대통령은 결국 혜성 파괴 작전을 승인한다. 전 세계 언론이 혜성 파괴를 위한 미사일 발사 준비 소식을 긴급 뉴스로 보도한다. 미사일 발사가 임박하고 사람들이 안도의 숨을 내쉬는 순간, 거대 IT기업 배시의 창업자 피터 이셔웰(마크 라이런스 분)이 대통령을 찾아와 미사일 발사 계획을 중지시켜야 한다고 주장한다. 그는 미사일로 혜성을 바로 파괴하지 말고 그곳에 있는 희귀 광물을 먼저 채굴한 후 파괴할 것을 요청한다. 이를 통해 막대한 이익과 일자리를 만들 수 있다는 주장에 정치 지도자와 참모들은 흔들리고, 준비된 군사 작전은 중단된다. 자신의 경제적 후원자인 피터의 요청을 무시할 수 없었던 대통령은 결국 그가 이끄는 민간 기업 주도로 채굴 겸 파괴를 진행하는 계획을 승인한다. '인류 생존'이라는 목표가 순식간에 '경제 성장'과 '사업 기회'라는 목표로 바뀐다. 가장 명확해야 할 목표가 사적인 이해관계로 인해 변경된 것이다.

사회적 반응은 갈수록 혼란스러워진다. 혜성이 맨눈으로도 볼 수 있을 만큼 가까워지자 사람들은 둘로 나뉘어 대립한다. "돈 룩 업(Don't Look Up)"을 외치는 사람들은 고개를 들지 않은 채 춤추고 노래하며 마치 혜성 같은 것은 없다는 듯이 행동한다. 반대로 "저스트 룩 업(Just Look Up)"을 외치는 사람들은 하늘을 가리키며 집회를 열고, 유명 가수의 공연과 함께 눈물 섞인 노래를 부른다. 같은 하늘을 두고 인류 사회가 정반대의 목표를 외치며 분열된다.

마지막 순간이 다가올수록 랜들과 케이트의 무력감은 짙어진다. 민간 기업이 준비한 장비는 줄줄이 고장 나고, 드론과 로봇은 제 기능을 하지 못한다. 마침내 혜성이 대기권을 뚫고 하늘을 가르며 붉은 불덩이처럼 떨어지자, 땅이 흔들리고 유리창은 산산조각이 난다. 사람들이 여전히 분열되어 자신이 원하는 구호를 외치는 사이, 혜성 충돌의 섬광이 모든 소음을 집어삼킨다. 그때 랜들과 케이트는 가족 및 지인과 함께 식탁에 둘러앉아 평온한 모습으로 마지막 저녁식사를 하고 있었다. 기도와 웃음이 뒤섞인 대화를 이어 가던 순간, 대지가 흔들리며 모든 것이 사라진다. 한편, 지구 멸망을 뒤로 한 채, 대통령과 피터를 포함한 정치 지도자와 재벌은 자신들만 우주선에 탑승하여 지구를 탈출한다. 그러나 새로운 행성에 도착하자마자 그들은 낯선 외계 생물에게 잡아먹힌다. 영화는 마지막까지 목표를 하나로 모으지 못한 채 각자의 이해득실만 따지다 종말을 맞이한 인간 사회의 혼란과 비극의 여운을 길게 남긴다.

목표와 전략이 맞물릴 때 실행에 힘이 실린다

《돈 룩 업》은 '목표가 분명히 공유되지 않을 때 어떤 운명을 맞이하는가'라는 질문을 남긴다. 이는 경영학에서 오래전부터 제기된 문제였다. 전략은 항상 목표를 전제로 한다. 목표에 따라 전략이 달라지고, 조직의 자원 배분도 달라진다. 목표가 뚜렷하지 않으면 전략은 방향을 잃고, 실행이 어려워진다. 다시 말해 목표와 전략이 일치하지 않으면 조직 운영이 흔들리고 성과가 발생하지 않는다.

이를 가장 먼저 체계적으로 정리한 인물이 알프레드 챈들러(Alfred D. Chandler)다. 그는 1962년, 자신의 저서 『전략과 구조(Strategy and Structure)』에서 "구조는 전략을 따른다(Structure follows Strategy)"라는 명제를 제시했다.[3] 여기서 말하는 전략은 단순한 계획이 아니라 목표 달성을 위한 장기적 방향과 자원 배치의 원칙을 뜻한다. 챈들러는 목표가 있어야 전략을 수립할 수 있고, 전략이 있어야 조직 구조를 만들 수 있음을 강조했다. 만약 목표가 모호하거나 합의되지 않으면, 전략과 조직 구조는 모래 위에 세워진 집과 같다는 것이다다.

목표의 중요성을 강조한 또 다른 학자는 피터 드러커(Peter Drucker)다. 그는 1954년 『경영의 실제(The Practice of Management)』에서 목표관리(Management by Objectives, MBO) 개념을 제시하며, 목표는 조직의 언어와 행동을 하나로 묶는 기준이라고 주장했다.[4] 드러커에게 목표는 단순한 숫자나 지표의 나열이 아니었다. 목표가 명확해야 구성원들이 같은 방향을 바라보며 의사결정을 할 수 있고, 조직 전체가 동일한 판단 기준을 공유할 수 있다. 목표가 없으면 실행 단계에서 조직은 분열된다. 회의가 길어지고 계획서는 쌓이지만, 실제 행동은 제각각으로 흩어진다. 이는 《돈 룩 업》에서 과학자, 정치인, 언론, 기업이 서로 다른 목표를 내세우며 다른 행동을 했던 모습을 연상케 한다.

시간이 지나며 목표와 전략의 관계를 더 입체적으로 다룬 연구가 등장했다. 1992년 로버트 카플란(Robert S. Kaplan)과 데이비드 노턴(David P. Norton)은 「하버드 비즈니스 리뷰」에 발표한 논문에서 균형성과표(Bal–anced Scorecard, BSC)를 제시했다.[5] 이 모델은 재무 지표에만 치우친 목표 설정의 한계를 지적하며, 고객, 내부 프로세스, 학습과 성장의 네 가지 관점을 균형 있게 관리해야 한다고 주장했다. 단기 이익에만 매달릴 경우 장기적 시장 지배력이 약화되고, 고객 경험이나 내부 역량을 소홀히 하면 미래의 경쟁력이 흔들린다. 따라서 목표를 다차원으로 설계하고, 그에 맞춰 전략도 조정해야 한다. 목표가 단일 지표에 묶이면 전략이 왜곡되고 실행은 불균형을 낳는다.

목표와 전략의 적합성을 설명할 때 마이클 포터를 빼놓을 수 없다. 그는 1996년 「전략이란 무엇인가?」라는 논문에서 전략은 단편적 활동의 나열이 아니라, 활동들 사이의 적합성(fit)이라고 강조했다.[6] 포터에 따르면 기업의 모든 활동은 선택한 목표와 일관성을 유지해야 한다. 예를 들어 비용 절감이 목표라면 생산 공정, 공급망, 마케팅까지 모두 비용 최소화를 중심으로 설계해야 하고, 차별화가 목표라면 제품 개발, 고객 서비스, 브랜드 구축까지 모든 활동을 차별적 가치를 높이는 방향으로 진행해야 한다. 목표와 전략의 적합성이 무너지면 활동 간 연계가 끊기고, 실행이 충돌하여 결과적으로 성과 창출에 실패하기 때문이다.

최근 연구는 목표와 전략의 관계를 더 동적으로 이해한다. 환경 변화가 빠른 시대에는 목표와 전략을 한 번 일치시킨다고 문제가 해결되지 않기 때문이다. 이에 따라 조직은 목표와 전략이 일치하는지 끊임없이 점검하고 수정해야 한다. 연구자들은 이를 '동적 정렬(dynamic alignment)' 혹은 '전략적 민첩성(strategic agility)'이라고 부른다. 시대와 환경에 맞게 목표를 재정의하지 못하면, 전략은 금세 시대착오적 지침이 된다. 기술 환경이 바뀌었는데도 과거 목표를 그대로 유지하면 전략은 현실과 어긋나고, 실행은 낭비로 끝난다. 따라서 목표와 전략의 관계는 고정된 합의가 아니라, 변화 속에서 계속 맞춰 나가는 과정이다.

결론적으로 목표가 없거나 모호하면 전략은 길을 잃는다. 또한 목표가 있어도 목표와 전략이 맞물리지 않으면 실행은 실패한다. 성과는 목표의 명확성과 전략의 적합성이 동시에 충족될 때 비로소 달성할 수 있다. 챈들러의 구조론, 드러커의 목표관리, 카플란과 노턴의 균형성과표, 포터의 전략 적합론, 그리고 동적 정렬과 민첩성 논의에 이르기까지, 모든 이론이 다른 언어로 표현하고 있지만 원리와 핵심은 한 가지다. 목표와 전략이 분리되지 않고 하나의 축에서 움직일 때 비로소 실행에 힘이 실린다.

흐릿한 목표, 무너진 실행

2010년대 중반, 제너럴 일렉트릭(GE)은 '앞으로 무엇을 중심축으로 삼을 것인가'라는 질문 앞에서 길을 잃었다. 항공, 헬스케어, 발전 설비 같은 제조 핵심으로 돌아갈지, 금융과 에너지, 신사업을 아우르는 다각화를 유지할지를 두고 명확한 결론을 내지 못했다. 사업 포트폴리오 재편을 선언했다가 곧이어 확장 계획을 발표하고, 비용 축소와 자산 매각을 추진하는 동시에 신성장 투자안을 내놓는 전략적 엇박자가 반복되었다. 만약 제조 회귀를 택했다면 현금창출 중심의 빠른 구조조정과 부채 축소를 일관되게 추진했어야 했다. 반대로 다각화를 추진하기로 했다면 플랫폼형 결합과 장기 투자 지침을 모두가 동일하게 공유했어야 했다. 그러나 어느 쪽 입장도 분명히 정하지 못한 상황이 계속되자, 사업부는 저마다 다른 기준으로 움직였고, 분기마다 전략이 바뀌는 일이 반복되었다. 이러한 모습에 대해 시장은 냉정하게 반응했다. 2018년 6월, GE는 100여 년 만에 다우지수에서 제외됐고 같은 해 가을, 시가총액은 1,000억 달러 아래로 떨어졌다. GE 사례는 목표가 명확하지 못하면 전략이 기준을 잃고, 기준을 잃은 전략은 실행 단계에서 무너진다는 사실을 보여준다.

이베이(eBay)의 한국 사업은 조직 내 목표가 불일치할 경우 어떻게 경쟁력이 소진되는지를 잘 보여준다. 2001년 옥션을 인수하고 2009년 G-마켓까지 편입했을 때만 해도 이베이는 국내 시장점유율 70%대를 기록하는 기염을 토하며 온라인 장터의 상징으로 불렸다. 그러나 스마트폰 보급과 함께 시장의 기준이 바뀌었다. 모바일 사용성, 당일 또는 익일 배송, 통합결제와 멤버십 보상이 고객의 기본 기대가 된 것이다. 바로 이 시점에 본사와 한국 조직, 브랜드별로 목표가 갈렸다. '글로벌 네트워크 확대'라는 장기 기조와 '수익 극대화'라는 단기 목표가 같은 회의실 안에서 충돌했고, 정책이 바뀔 때마다 판매자 수수료, 프로모션, 배송 협력사 전략이 오락가락했다. 그사이 사용자는 더 빠르고 편리한 서비스로 이동했다. 그 결과 2020년 국내 점유율은 10%대 초반으로 떨어졌고, 급기야 2021년에 이베이 코리아 지분 80%가 신세계(이마트)에 약 3.4조 원에 매각됐다. 이베이가 지녔던 초기 경쟁우위가 사라진 원인은 기술 부재나 자금 부족이 아니었다. '무엇을 목표로 할 것인가'에 대해 조직이 합의하지 못했고, 그 결과 상품, 마케팅, 물류에서 전략 선택의 기준에 일관성이 없었기 때문이었다.

2011년, 미국 유통체인 J.C. 페니는 애플스토어 성공 신화를 만든 론 존슨(Ron Johnson)을 새로운 CEO로 영입했다. 애플에서 '체험 중심의 매장'을 기획하고 브랜드를 고급스럽게 끌어올린 주역이었기에, 시장과 이사회는 그가 침체된 J.C. 페니를 구할 것으로 기대했다. 그는 "할인을 없애고 언제나 정직한 가격(Fair and Square Pricing)을 제공하겠다"는 목표를 세웠다. 수십 년간 이어온 세일과 쿠폰 대신, 언제 매장을 찾아도 동일한 합리적 가격으로 상품을 제공하겠다는 구상이었다. 문제는 이 목표가 고객의 실제 행동과 정서, 그리고 조직의 운영 습관과 맞지 않았다는 점이다. 당시 J.C. 페니의 충성 고객층은 할인과 쿠폰을 일종의 '보상심리'로 받아들이고 있었다. 쿠폰을 챙겨 결제할 때 느끼는 만족감, '오늘은 얼마를 아꼈다'는 성취감이 구매 경험의 핵심이었던 것이다. 그런데 존슨이 내세운 '정직한 가격'은 오히려 소비자로부터 그 즐거움을 빼앗아 버렸다. 고객 입장에서는 더 이상 매장을 찾을 이유가 줄어든 셈이었다. 존슨은 연간 500회에 이르던 세일을 12회로 줄이고, 쿠폰 제도를 완전히 폐지했다. 매장을 세련되고 차분한 공간으로 리뉴얼 했고, 애플스토어의 감각을 연상시키는 진열 방식을 도입했다. 이처럼 목표와 전략을 정렬시켰음에도, 목표 자체가 고객과 조직의 현실에서 벗어나 있었기 때문에, 결과는 참담했다. 2012년 한 해 동안 매출은 전년 대비 25% 이상

급감했고, 주가는 반토막 났다. 직원들은 새로운 가격 체계에 적응하지 못한 채 현장에서 갈팡질팡했고, 오랫동안 회사를 지탱해 온 고객층은 대거 이탈했다. 결국 불과 17개월 만에 존슨은 자리에서 물러났다. J.C. 페니 사례는 목표와 전략을 일치시킨다고 해서 반드시 성공이 보장되는 것이 아님을 보여준다. 목표를 잘못 정하면, 그에 충실한 전략은 오히려 조직을 더 빨리 무너뜨린다. 모두가 잘못된 방향으로 달리면 더 빨리 몰락하기 때문이다. 따라서 목표를 잘못 정하는 것은 목표가 없거나 목표에 대해 합의를 못 이루는 것보다 더 위험할 수 있다.

앞서 살펴본 세 기업의 사례는 다른 듯 보이지만 같은 구조로 귀결된다. GE는 목표가 명확하지 않아 전략의 기준이 없었고, 이베이는 목표가 불일치해 조직이 서로 다른 길을 걸었다. J.C. 페니는 목표와 전략은 일치했으나, 목표 자체를 잘못 설정하여 시장과 어긋났다. 이처럼 목표의 부재, 불일치, 오류는 모두 전략이 길을 잃게 만드는 뿌리다. 따라서 성과를 창출하려면 올바른 목표, 명확한 공유, 그 목표에 적합한 전략 선택이 필수다.

목표 없는 전략의 미로

앞에서 보았듯이 전략은 목표와 일치할 때 힘을 얻는다. 목표를 올바로 정의하면 전략에 선택의 기준이 생기고, 그 기준에 따라 활동이 정렬된다. 같은 자원을 쓰더라도 방향이 분명하면 시너지가 생긴다. 그러나 목표가 불분명하거나 여러 갈래로 나뉘면 이야기는 달라진다. 시작부터 전략이 흔들리고, 실행은 제각각이 된다. 회의실에서는 수많은 대안을 이야기하지만, 정작 현장에서는 기준이 없어 각자가 제멋대로 판단하고 움직인다. 프로젝트가 늘어나고 보고서는 쌓이지만, 실행은 제자리를 맴

돌고 성과는 발생하지 않는다.

영화 《돈 룩 업》은 이런 구조를 가장 날카롭게 보여준다. 연구진은 지구를 지켜야 한다는 목표가 분명했다. 그러나 정치 지도자는 재선을 위한 지지율 유지에 급급했고, 참모들은 권력 유지에 도움이 되는지만 따졌다. 거대 기업은 혜성에 포함된 광물 채굴로 새로운 사업 기회를 얻고자 했고, 언론은 시청률을 올릴 수 있는 자극적 장면에 집중했다. 같은 사실을 두고도 이처럼 목표가 나뉘자 전략도 갈라졌다. 처음 승인된 군사작전은 기업의 이해가 개입되며 채굴 계획으로 바뀌었고 언론은 위기를 흥밋거리로 만들었다. 대중은 "하늘을 보라"와 "고개를 들지 말라"는 구호로 나뉘었다. 각자의 목표에 나름의 논리가 있었지만, 그 목표가 한 방향으로 모이지 못했고 오히려 서로의 힘을 빼앗아 실행을 무력화시켰다. 결국 위기 해결 노력이 분산되고, 남은 것은 아무도 채우지 못한 목표의 공백이었다.

현실 기업도 같은 함정에 빠졌다. GE는 제조 중심으로 돌아갈지, 다각화를 유지할지를 두고 끝내 결론을 내지 못했다. 비용 절감과 신사업 확장을 동시에 추진하면서 실행은 매번 되돌림을 반복했고, 투자자들은 방향 없는 전략을 불신했다. 이베이도 옥션과 G마켓을 인수하며 한때 시장점유율 70%를 넘겼지만, 모바일 쇼핑과 신속 배송이 새로운 표준으로 자리잡을 때 '글로벌 네트워크 확대'와 '단기 수익 극대화' 사이에서 갈팡질팡하다가 시장 주도권을 내주었다. J.C. 페니는 '정직한 가격'을 목표로 쿠폰과 세일을 없애고 언제나 동일한 정찰제를 적용하는 전략을 구사했다. 목표와 전략은 일치했지만, 고객의 실제 행동과 맞지 않아 소비자들은 매장을 떠났고, 직원들도 새로운 체계에 적응하지 못해 매출 급감과 주가 하락을 겪었다.

세 기업은 목표의 부재와 불일치, 잘못된 목표로 인해 실패했다. 이제 처음 제기했던 질문으로 돌아가 보자. K마트는 왜 월마트에 추월당했는가? 목표가 불명확했고, 그로 인해 전략이 목표와 정렬되지 못했기 때문이다. 월마트는 '상시 저가(EDLP)'라는 목표를 분명히 세우고, 모든 전략을 그 목표에 맞췄다. 가격 신뢰 확보가 최우선 목표였기에 물류 시스템과 매장 운영, 인사 평가, 재고 관리까지 모든 활동을 그 목표에 맞춰 움직였다. 반대로 K마트는 주말 대형 행사와 상시 저가 사이에서 방향을 정하지 못했다. 의류 강화, 매장 리뉴얼 같은 시도가 있었지만, 어느 하나도 합의된 목표로 묶지 못해, 활동이 서로 충돌했고 그 결과 실행이 성과로 이어지지 못했다.

흩어진 목표, 흩어진 삶

목표 부재의 문제는 비단 기업에 국한된 이야기가 아니다. 목표가 분명하지 않은 조직은 모두 비슷한 문제를 겪는다. 회의가 길어지고 보고서는 두꺼워지지만, 현장은 움직이지 않는다. 한쪽에서는 단기 실적을, 다른 쪽에서는 장기 브랜드 가치를 말한다. 어느 쪽도 공식적으로 부정되지 않은 채 병존하기 때문에 현장은 갈피를 못 잡는다. 오늘의 지시가 내일이면 바뀌는 상황이 계속되면, 기준 없는 실행은 결국 책임 없는 반복으로 이어진다. 공공기관이나 비영리 단체도 예외가 아니다. 명분과 슬로건이 넘쳐도, '무엇을 언제까지 달성할 것인가'라는 목표가 뚜렷하지 않으면 정책과 사업은 길을 잃는다. 겉보기에 조직 전체가 바쁘게 돌아가도 실제 성과는 없고 피로만 쌓인다.

사회 차원에서는 이 문제가 더 심각하다. 《돈 룩 업》에서 보았듯, 혜성이 지구와 충돌한다는 분명한 사실 앞에서도 하나의 목표를 세우지 못한 사회의 혼란은 눈덩이처럼 커진다. 정치권은 지지율, 언론은 시청률, 기업은 이익을 좇았지만 '생존'이라는 단일 목표는 끝내 합의되지 못했다.

현실도 다르지 않다. 팬데믹 시기에 어떤 이는 “생명을 최우선으로 지킨다”를, 다른 이는 “경제 충격을 최소화한다”를 목표로 내세웠다. 목표가 다르니 전략도 달랐고, 엇갈린 메시지 속에서 국민의 불안과 불신은 커졌다. 환경 문제도 마찬가지다. 모두가 기후 위기를 논하지만, ‘성장과 탄소 감축’ 중 무엇을 우선순위에 둘 것인가에 대해 합의를 못하니 정책은 분열되고 실행은 지체된다. 공동 목표를 세우지 못한 사회는 힘을 모으지 못하고, 분열과 무력감을 반복할 수밖에 없다.

개인에게도 목표의 유무는 결정적이다. 목표가 없으면 사람은 쉽게 지친다. 하루하루 분주하지만, 어디로 가는지 모르면 성취는 공허하고 피로만 쌓인다. 조직이 회의마다 다른 목표를 내세우듯, 개인도 순간마다 엇갈린 기준을 세우게 된다. 오늘은 안정적 직장을 쫓다가 내일은 자기계발에 몰두하고, 모레는 가족을 우선시하는 식이다. 모두 가치 있는 일이지만, ‘무엇을 먼저 지키겠다’는 합의가 없으면 에너지가 분산돼 성과를 내기 어렵다. 반대로 목표가 뚜렷한 개인은 작은 선택에서도 일관성을 지킨다. 하루의 우선순위가 명확하고, 실행의 축적이 성과로 나타난다. 그런 사람에게 목표는 삶을 지속시키는 힘인 동시에, 불확실한 시대를 견디게 하는 버팀목이다.

같은 시간을 살아도 어디를 향하는가에 따라 삶의 무게와 의미가 완전히 달라진다. 목표가 분명하면 불확실한 환경 속에서도 의미를 찾을 수 있고, 그 의미에 기대 어려움을 견딜 수 있다. 반면 목표가 분명하지 않으면 불안한 마음에 실행을 제대로 하기 어렵고 혼란에 빠지게 된다. 그런 의미에서 목표는 숫자나 지표를 넘어 존재와 삶의 질서를 규정하는 기준이다.

심화학습 - 목표와 전략 정렬의 이론, 한계, 그리고 보완

조직에서 목표가 선명할수록 전략은 선택의 폭이 아니라 판단의 기준을 얻는다. 그러나 목표를 세웠다고 해서 곧장 실행의 일관성이 생기는 것은 아니다. 목표와 전략의 정렬(alignment)은 선언만으로 이루어지지 않는다. 체계가 뒷받침되어야 한다. 그 체계를 설명한 주요 이론의 내용과 한계를 살펴보고 실무에서 필요한 보완 장치를 알아보자.

첫째, 전략과 조직 설계를 연결한 고전은 챈들러의 '구조는 전략을 따른다'라는 명제다. 그는 전략이 정해지면 자원 배분과 권한, 프로세스가 그 전략을 수행하기 좋게 배열되어야 한다며, 목표→전략→구조의 논리적 순서를 제시했다.[7] 이 관점은 '무엇을 지킬 것인가'를 분명히 할수록 조직 설계가 쉬워진다는 통찰을 준다. 다만 현실에서는 전략이 고정되어 있지 않고, 환경이 변하면서 구조가 전략을 제약하는 경우도 생긴다. 특정 사업부의 성과지표나 보상체계가 굳어지면 목표를 바꿔도 현장의 행동이 달라지지 않는 것이 그 예다. 따라서 챈들러의 명제는 '위에서 아래로(top-down)'의 논리지만, 실제 적용에서는 구조와 전략의 상호 적응을 고려해야 한다.

둘째, 드러커의 목표관리(Management By Objective, MBO)는 목표를 의사결정의 공통 기준으로 만들려는 시도다. "측정할 수 없으면 관리할 수 없다"는 명제에는, 목표를 수직, 수평으로 연쇄(cascading)시키고, 권한과 책임을 목표에 연결하려는 관리철학이 담겨 있다.[8] 다만 MBO가 숫자 중심으로 경직되면, '수치 달성'이 '전략 적합성'을 압도하는 지표 독재가 벌어질 수 있다. MBO가 전략적 의미를 가지려면 같은 10% 성장도 어느 고객, 어떤 카테고리, 어떤 활동 연계로 만들어낸 것인가를 따져야 한다. 이 부분을 보완하기 위해 등장한 것이 균형성과표(Balance Score Card,

BSC)다. BSC는 재무, 고객, 내부 프로세스, 학습과 성장이라는 네 개의 관점에서 목표의 균형을 잡고 전략지도를 통해 활동 간 적합성(fit)을 가시화한다.[9] 그러나 BSC 역시 그려놓고 끝나는 설계도가 되기 쉽다. 지표 간 상충(trade-off)을 조정하고, 실행 중 배우는 내용을 주기적으로 반영하지 않으면 일상적 점검표에 그칠 수 있다.

셋째, 포터는 경쟁전략을 '활동 간 적합성(fit)'으로 설명했다. 단순히 원가우위나 차별화 같은 방향의 제시로는 부족하고, 기업의 개별 활동이 서로를 강화하도록 연결해야 경쟁우위가 지속된다는 것이다.[10] 이 틀은 목표와 전략의 정렬을 실제 현장의 일(work systems)과 구체적으로 연결한다. 예를 들어 '상시 저가'라는 목표를 세웠다면 가격 정책만 바꾸는 것이 아니라 물류, 진열, 발주, 평가까지 같은 원리로 엮어야 한다. 가격을 낮췄는데 진열 방식이나 보상 체계가 다른 방향을 향하고 있다면, 전략은 쉽게 흔들린다. 다만 포터의 적합성 개념은 정태적이라는 비판을 받는다. 활동 간 연결이 견고할수록 외부 환경 변화에 대응하는 유연성이 떨어질 수 있기 때문이다. 이 부분분을 보완한 것이 티스의 동적 역량(dynamic capabilities)이다. 이는 목표가 바뀌거나 바뀌어야 할 상황에서는 자원을 신속히 감지(sensing)하고, 기회를 포착(seizing)하며, 기존 자원과 활동 묶음을 재구성(reconfiguring)하는 능력이 필요하다는 주장이다.[11] 이에 따르면 정렬만으로는 부족하고, 정렬과 유연성을 동시에 추구할 때, 목표—전략 관계가 현실에서 힘을 발휘한다.

넷째, 목표가 작동하는 심리적 메커니즘을 규명한 연구도 중요하다. 로크와 레이섬은 수십 년간 축적된 데이터를 분석해 구체적이고 도전적인 목표일수록 성과가 높아진다는 사실을 입증했다.[12] 하지만 목표가 성과로 이어지려면 난이도와 수용(commitment)이라는 두 가지 조건이 필요하다. 목표가 높을수록 성과가 오르는 경향은 분명하지만, 구성원들의 수용이나 자원이 뒷받침되지 않으면 목표가 부담으로 바뀌어 회피나 형식적 대응으로 흘러가 버린다. 이런 맥락에서 오늘날 많은 기업들이 도입한 것이 OKR(Objectives and Key Results)이다. OKR은 '목표—핵심 결과'라는 짧은 주기(quarter 단위)의 학습 사이클을 통해, 과거 MBO가 안고 있던 경직성을 줄이려는 실천적 틀이다.[13] 그러나 OKR 역시 실행 단계에서 성과와 단절되는 경우가 많다. 대표적 이유는 세 가지다. 첫째, 상위 목표가 모호하거나 미사여구로 채워져 있으면, 하위 핵심 결과(KR)는 제각각으로 방향을 잡는다. 둘째, 기능 간 충돌을 풀 거버넌스 장치가 없으면, 각 부서의 목표는 서로 어긋난 채 병렬로 움직인다. 셋째, 실패에서 배우는 피드백 회로가 약하면, OKR은 학습을 이끌지 못한 채 단순한 보고 체계로 전락한다. 결국 목표 체계의 핵심은 문장을 어떻게 멋지게 쓰느냐가 아니다. 상충을 조정하고, 학습을 반복하며, 구성원의 수용을 끌어내는 운영력이 뒷받침될 때, 목표는 조직을 움직이는 힘이 된다.

다섯째, 목표와 전략의 정렬을 살아 있는 제도로 만들려면 관리시스템이 뒷받침되어야 한다. 로버트 사이먼스는 '통제의 지렛대(levers of control)'라는 틀에서 네 가지 장치를 구분했다. 첫째는 신념 시스템으로, 기업이 믿는 가치와 방향을 구성원과 공유하는 장치다. 둘째는 경계 시스템으로, 조직이 절대 해서는 안 되는 행동을 명확히 규정한다. 셋째는 진단 통제로, 목표 대비 성과를 수치로 모니터링한다. 넷째는 상호작용 통제로, 전략적 불확실성에 대응하기 위해 리더와 구성원이 끊임없이 대화하는 통로다.[14] 많은 조직은 이 네 가지 중 진단 통제만 강하게 작동시킨다. 숫자로 성과를 추적하고 관리하는 데 치우치면서, 결국 지표 중심의 경직된 관리에 빠지는 것이다. 그러나 신념, 경계, 상호작용이 함께 살아 있으면 정렬은 단순한 보고 체계를 넘어 사람의 언어로 작동한다. 무엇을 지켜야 하고, 어디까지는 넘지 말아야 하며, 어떤 불확실성을 함께 논의해야 하는지가 분명하면 전략은 일상 속에서 힘을 얻는다.

여섯째, 정렬은 한 번의 합의로 끝날 일이 아니다. 전략적 양손잡이

(ambidexterity) 연구는 조직이 장기적으로 성과를 내려면 두 가지 목표(새로운 기회를 찾는 탐색과 기존 역량을 활용하는 실행)를 동시에 추구해야 한다고 말한다.[15] 문제는 두 목표의 성격이 전혀 다르다는 점이다. 탐색은 실험과 모험이 필요하고, 활용은 효율과 안정이 중요하다. 이 상반된 흐름이 한 조직 안에서 공존하려면 두 가지 설계가 요구된다. 하나는 구조적 분리로, 탐색과 활용을 아예 다른 부문이나 조직 단위로 나누어 각각 다른 방식으로 운영하는 것이다. 다른 하나는 맥락적 통합으로, 같은 조직 안에 있으면서도 활동별로 다른 규칙을 적용해, 어떤 영역에서는 안정성을, 다른 영역에서는 실험을 허용하는 방식이다. 따라서 중요한 것은 모든 부문이 똑같은 목표를 공유하는 것이 아니다. 전체 목표의 큰 틀 안에서 서로 다른 하위 목표가 역할로 자리 잡고, 각각의 전략이 그 역할에 맞게 정렬되는 것이 핵심이다. 이때 최고경영진은 무엇을 먼저 지키고, 무엇을 나중에 둘 것인지, 선택의 순서와 속도를 설계해 주어야 한다.

정리하면, 목표와 전략의 정렬은 단순한 계획이 아니라 (1) 목표 문장, (2) 전략과 일상 활동의 연결, (3) 지표와 거버넌스 체계, (4) 학습과 재정렬의 주기를 포함하는 사회—기술적 시스템이다. 실패는 대개 세 곳에서 일어난다. 첫째, 목표가 선언적 문장에 머물러 실무의 언어로 번역되지 않을 때다. 예컨대 '고객 중심' 같은 추상적 표현은 현장 행동으로 이어지지 못한다. 둘째, 지표가 전략을 대체할 때다. 성과 수치를 맞추는 것이 전략의 적합성보다 우선시되면, 목표는 방향을 잃고 관리만 남는다. 셋째, 변화의 신호를 감지해 전략을 다시 엮는 동적 역량이 부족할 때다. 환경은 변하는데 활동이 그대로면, 정렬은 금세 낡아 버린다. 이를 보완하는 방법은 다음과 같다. 먼저, 상위 목표를 누구나 이해할 수 있는 한 문장으로 줄이되, 그 문장이 '활동—지표—보상—대화'로 일관되게 내려갈 수 있도록 구조를 설계해야 한다. 또한 분기마다 목표를 짧게 검증하고 수정하는 상호작용 통제가 필수적이다. 목표를 정렬된 체계 속에서 살아 움직이게 만드는 장치가 있을 때, 전략은 실행의 힘을 얻기 때문이다. 이처럼 목표가 분명하지 않으면 전략은 길을 잃고, 전략과 활동이 연결되지 않으면 실행은 서로의 효과를 상쇄하며, 학습으로 다시 묶지 않으면 성과는 지속되지 않는다.

7장

비즈니스 모델, 전략과 성과를 잇는 다리 《엔론》

위워크(WeWork)의 파산

2019년 여름, 뉴욕 금융가와 언론에는 연일 위워크의 이름이 오르내렸다. 2010년에 문을 연 이 스타트업은 불과 9년 만에 기업가치 470억 달러를 기록하며 세계에서 가장 주목받는 유니콘으로 떠올랐다. 새 지점이 열릴 때마다 화려한 오프닝 행사가 열렸고, 행사장 벽에는 '일하는 방식을 바꾼다'는 문구가 걸렸다. 라운지에는 크래프트 맥주가 놓여 있었고, 젊은 창업자와 프리랜서들은 명함을 주고받으며 새로운 네트워크를 만들었다. 창업자 애덤 뉴먼은 언론 인터뷰에서 "우리는 단순한 부동산 회사가 아니라 커뮤니티 기업"이라고 강조했는데, 이 말은 곧 위워크의 정체성을 상징하는 구호가 되었다. 외형은 빠르게 성장하여 2018년 말 기준, 전 세계 29개국 100여 도시에서 약 700개 지점을 운영하며 회원 수는 40만 명을 넘어섰다.

하지만 기업공개를 앞두고 제출한 증권신고서에 적힌 숫자는 이러한 겉모습과 전혀 다른 이야기를 보여주었다. 2018년 매출은 18억 달러였지만, 영업손실이 19억 달러였다. 2019년 상반기에도 이미 적자가 9억 달러에 달했고, 누적 손실은 36억 달러를 넘어섰다. 위워크의 사업 모델은 장기 임차 계약으로 건물을 확보한 다음 이를 단기 임차인에게 재임대하는 방식이었다. 이 모델은 신규 지점을 열수록 장기 계약으로 인한 고정비가 불어나기 때문에, 입주율이 조금만 떨어져도 손실이 폭발적으로 불어나는 구조였다. 실제로 일부 도시는 평균 입주율이 80%에도 미치지 못했고, 이로 인해 특정 지점의 공실이 늘면 수백만 달러의 손실이 곧바로 재무제표에 반영되었다.

투자자들이 문제로 지적한 것은 단순한 손실 규모가 아니었다. IPO 설명서 곳곳에 "우리는 커뮤니티를 창조한다"는 구호가 반복되었지만, 정작 '어떻게 수익을 낼 것인가'에 대한 구체적 설명은 부족했다. 월별 회비와 임대 수입이 매출의 전부였고, 차별화된 수익 모델이 보이지 않았다. 그럼에도 당시 최대 투자자였던 소프트뱅크는 비전 펀드를 통해 수십억 달러를 추가로 투입하며 위워크의 확장을 밀어붙였다. 하지만 투자자금이 들어올수록 지출도 늘었다. 뉴먼은 런던, 베이징, 도쿄 등 세계 대도시에서 공격적으로 지점을 늘렸고, 인테리어와 운영에만 매년 수십억 달러를 썼다.

내부 지배구조에 대한 논란도 커졌다. 뉴먼이 개인 명의 법인을 통해 건물을 매입한 뒤 이를 위워크에 임대해 임차료를 챙겼다는 사실이 드러나자, 시장의 시선은 싸늘해졌다. 또 'We'라는 브랜드를 앞세워 학교(WeGrow), 주거(WeLive), 투자펀드(WeWork Creator Fund) 등으로 사업 영역을 넓혔지만, 이익을 낼 만한 기반은 마련되지 않았다. 확장한 사업 대부분에서 적자가 났고, 본업마저 흔들리기 시작했다.

결국 2019년 9월, IPO는 공식 철회되었다. 불과 몇 주 만에 기업가치는 절반 이하로 떨어졌고, 창업자는 CEO 자리에서 물러났다. 소프트뱅크는 구제금융 성격의 자금을 투입하여 회사를 유지시켰지만, 과거의 평가액은 회복되지 않았다. 2020년 코로나19 팬데믹은 또 다른 타격을 줬다. 재택근무 확산으로 사무실 수요가 급감하면서 입주율이 떨어진 반면, 임차료와 이자 비용은 그대였다. 2021년 스팩(SPAC) 합병을 통한 우회 상장으로 간신히 증시에 복귀했지만, 시장의 시선은 이미 식어 있었다. 2023년 11월, 위워크는 결국 뉴욕 남부 연방법원에 파산보호를 신청했다. 10여 년 동안 '혁신의 아이콘'으로 불렸던 기업은 법정 관리의 대상이 되었고, 수천 명의 직원이 일자리를 잃었다.

엔론: 세상에서 제일 잘난 놈들(Enron: The Smartest Guys in the Room, 2005)

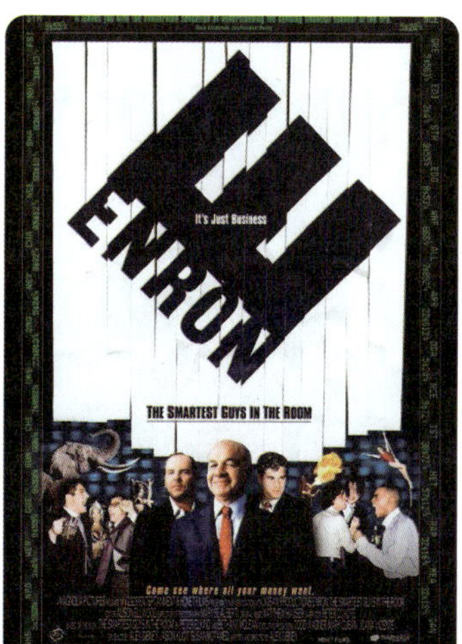

다큐멘터리 영화 《엔론: 세상에서 제일 잘난 놈들》(Enron: The Smartest Guys in the Room, 2005, 감독 알렉스 기브니)은 1990년대 후반과 2000년대 초반 미국 경제를 뒤흔든 회계 스캔들을 집요하게 추적한다. 이 작품은 전기, 가스 회사로 출발한 엔론이 어떻게 '미래형 에너지 기업'으로 포장되었는지, 그리고 그 화려한 외형 뒤에 어떤 구조적 공백이 쌓여 있었는지를 보여준다. 영화는 텍사스 휴스턴에 자리한 본사 빌딩 외벽을 비추며 시작한다. 햇빛을 반사하는 유리 건물은 한 때 언론이 '미국에서 가장 혁신적인 기업'이라는 찬사를 보내며 반복적으로 보여주던 모습이었다. 그러나 카메라가 건물 안으로 들어서자, 곧 화려한 외관과 대비되는 내부의 공기가 드러난다. 회의실에서는 제프리 스킬링(Jeffrey Skilling) CEO가 특유의 자신감 넘치는 말투로 투자자와 임원들을 설득하고 있었다.

그가 제시한 핵심 문장은 "미래의 이익을 오늘 장부에 기록할 수 있다"였다. 이른바 '마크 투 마켓(mark-to-market)' 회계 기법은 엔론이 미래에 벌지도 모를 수익을 현재 실적으로 가져다 쓰는 방식이었다. 영화에서 스킬링은 화이트보드와 프레젠테이션 자료를 오가며 이 방식을 정당화했다. 그는 장기적으로 발생할 수익을 지금 당장 장부에 기록할 수 있다고 강조했고, 임원들은 처음에는 고개를 갸웃하다가 이내 열광적인 반응을 보였다. 투자자 설명회와 언론 인터뷰에는 "엔론은 더 이상 단순한 에너지 기업이 아니다, 우리는 지식 기업(knowledge company)이다"라는 그의 발언이 반복되었다. 화면에 비친 청중석의 애널리스트들은 노트북에 '강력 매수'라는 메모를 적으며 환호했지만, 카메라는 동시에 텅 빈 파이프라인과 실제로는 운영되지 않는 거래 설비를 교차해 보여준다. 말과 장부 속 숫자는 치솟았지만, 실제 현장에서는 아무것도 생산되지 않고 있었던 것이다.

엔론 회계 스캔들 이후 법정에 출두하는 제프리 스킬링 전 CEO

영화는 이어 엔론 직원들의 일상 풍경을 보여준다. 모니터 속 주가 그래프가 연일 최고치를 경신하자 직원들은 서로 축배를 들고 "오늘도 역대 최고가"라며 떠들어댄다. 사무실 복도에도 환희가 넘쳤지만, 인터뷰에 응한 몇몇 전직 직원들의 얼굴에는 불안의 모습이 역력했다. "우리가 실제로 무슨 일을 하고 있는 건지 모르겠다"라는 고백이 화면에 삽입되며, 회사 내부에서 벌어지고 있는 균열의 모습을 관객에게 전한다.

한 장면에서 엔론이 브로드밴드 사업에 새롭게 진출한다고 발표하는 모습이 비춰진다. 스킬링은 대규모 행사장에서 대형 스크린을 가리키며 "엔론이 인터넷 스트리밍의 미래를 연다"고 말한다. 관중석에서는 환호가 터져 나오고, 언론은 "에너지에서 정보로의 대전환"이라며 회사를 칭송한다. 카메라는 곧 서버실을 비춘다. 그러자 작동이 멈춘 시스템과 허둥대는 엔지니어들의 모습이 화면에 잡힌다. 실제 서비스는 준비조차 되어 있지 않았는데도 행사장에서는 허구의 숫자를 발표한 것이었다. 이 허상은 투자자 미팅 장면에서 더욱 극적으로 드러난다. 케네스 레이(Kenneth Lay) 회장과 스킬링이 무대에 올라가면 조명이 켜지고, 객석에서는 "혁신의 아이콘"이라며 환호하는 박수갈채가 이어진다. 그러나 같은 시각 내부에서는 수익을 내지 못한 프로젝트가 하나둘 취소되고 있었다. 영화는 이 대조를 반복적으로 보여주며, 엔론이 만들어낸 '허구의 성과 구조'가 어떻게 현실과 괴리되어 있는지를 시각적으로 설명한다.

직원들의 연금과 저축이 모두 엔론 주식에 묶여 있었던 사실도 영화의 중요한 부분이다. 직원들은 "우리 회사가 미국에서 가장 존경받는 기업으로 선정됐다"는 뉴스에 환호하며 더 많은 자산을 자사 주식에 쏟아붓는다. 그러나 불안은 곧 현실이 된다. 내부 고발자가 카메라 앞에서 "장부의 숫자는 실제 현금흐름과 맞지 않는다"라고 증언하는 순간, 화면은 급격히 어두워진다. 이후 언론 보도가 쏟아지며 투자자들의 신뢰가 흔들리고, 주가는 연일 하락세로 돌아선다. 영화 후반부, 휴스턴 본사 앞에서 분노한 직원들이 "연금을 돌려 달라"라고 외치는 장면은, 전략적 비전이 수익 구조와 연결되지 못했을 때 얼마나 큰 사회적 파장이 생기는지를 상징적으로 보여준다.

영화는 엔론 몰락 이후 법정에서 유죄 판결을 받는 스킬링과 재판정에 서 있는 케네스 레이의 모습으로 끝난다. 한때 "세상에서 가장 잘난 놈들(The Smartest Guys in the Room)"이라 불리던 경영진이 수갑을 찬 채 법정을 오가는 장면은, 화려한 전략적 언어와 현실의 수익 구조 사이에 놓인 간극이 끝내 어떤 파국을 부르는지를 뼈아프게 드러낸다.

전략을 성과로 잇는 다리 – 비즈니스 모델의 의미와 한계

전략 연구에서 오랫동안 중심이 된 질문은 '왜 어떤 기업은 성과를 내고, 다른 기업은 그렇지 못하는가'였다. 1960년대 챈들러는 『전략과 구조』에서 "구조는 전략을 따른다(Structure follows Strategy)"라는 명제를 제시했다.[1] 그는 기업이 세운 전략이 조직 구조를 결정하고, 이 구조가 전략 실행을 가능하게 한다고 보았다. 그러나 이후 연구가 축적되면서, 전략과 구조 사이에 또 다른 매개가 필요하다는 사실이 드러났다. 조직 구조가 아무리 정교해도, 그 안에서 실제로 수익을 만들어내는 장치가 없다면 전략은 성과로 이어지지 못한다. 바로 이 지점을 설명하기 위해 등장한 개념이 비즈니스 모델이다.

비즈니스 모델은 단순한 재무 계산식이나 사업 계획서의 부록이 아니다. 그것은 기업이 어떤 방식으로 가치를 창출하고(value creation), 창출한 가치를 고객에게 전달하며(value delivery), 그 대가로 수익을 획득하는지(value capture)를 설명하는 틀이다.[2] 그런 점에서 전략이 '무엇을 목표로 하고 어디로 갈 것인가'를 규정한다면, 비즈니스 모델은 '그 길 위에서 어떻게 돈을 벌고, 그 과정을 반복 가능한 구조로 만들 것인가'를 규정한다. 전략과 비즈니스 모델을 함께 갖추지 못하면 화려한 비전은 발표장에서만 존재할 뿐, 시장에서 지속적인 성과로 이어지지 못하는 이유다.

연구자들은 비즈니스 모델을 몇 가지 핵심 축으로 정리해 왔다. 크리스텐슨, 존슨, 카거만은 이를 네 가지 요소로 정리했다.[3] 첫째, 고객가치제안(Value Proposition)은 고객이 왜 이 제품이나 서비스를 선택해야 하는지, 어떤 문제를 해결하고 어떤 욕구를 충족하는지를 설명하는 개념이다. 둘째, 이익공식(Profit Formula)은 매출 구조와 비용 구조, 자본 효율성을 통해 어떻게 수익을 만들어낼 것인지에 관한 장치다. 셋째, 핵심자원(Key Resources)은 인적 자원, 기술, 브랜드, 파트너십처럼 가치 제공을 뒷받침하는 기반을 의미한다. 넷째, 핵심프로세스(Key Processes)는 제품 개발, 마케팅, 유통, 고객 관리처럼 반복 가능한 실행 체계를 뜻한다. 이 네 가지가 유기적으로 맞물려야 전략이 실제 성과로 전환된다.

이를 더 세분화한 틀로는 오스터왈더의 비즈니스 모델 캔버스가 있다.[4] 그는 고객 세그먼트, 가치제안, 채널, 고객 관계, 수익 흐름, 핵심 자원, 핵심 활동, 핵심 파트너, 비용 구조 등 아홉 가지 항목으로 모델을 시각화했다. 네 가지 요소가 기업의 작동 원리를 단순화해 설명했다면, 캔버스는 실행 단계에서 필요한 세부 사항을 점검할 수 있도록 설계된 것이다. 실무에서는 전략 수립 단계에서 네 가지 요소로 큰 방향을 잡고, 실행과 검증 단계에서 아홉 가지 항목으로 세밀히 점검하는 식으로 병행해 활용된다.

이론적 정리에서 한 걸음 더 나아간 것이 티스의 논의다. 그는 비즈니스 모델을 정적인 설계도로 보지 않았다. 대신 동태적 역량(dynamic capabilities)이라는 개념을 통해, 기업은 변화하는 환경에 맞추어 끊임없이 비즈니스 모델을 조정해야 한다고 강조했다.[5] 고객가치제안을 새롭게 정의하거나 이익공식을 수정하고, 자원과 프로세스를 바꾸는 일은 환경이 변하면 반복적으로 수행해야 할 일이다. 고정된 모델이 아니라 재구성과 학습의 과정 자체가 경쟁력의 원천이라는 주장이다. 이 관점은 오늘날 플랫폼 기업이나 디지털 전환을 추진하는 기업의 사례에서 특히 중요하다.

그러나 비즈니스 모델 개념에도 한계가 있다. 첫째, 지나치게 서술적이다. 가치를 만들어 수익으로 전환한다는 설명은 직관적으로는 명료하지만, 계량화나 비교 분석에는 제약이 많다. 둘째, 학자마다 정의와 범위가 달라 일관성이 부족하다. 어떤 연구자는 비즈니스 모델을 전략의 하위 개념으로, 다른 연구자는 전략과 별개의 틀로 본다. 셋째, 캔버스와 같은 도식이 실행 단계에서는 유용할 수 있으나, 기업이 직면한 정치적, 문화적, 윤리적 맥락까지 포괄하기에는 제한적이다. 실제 현장에서는 고객의 인식, 규제 환경, 조직 문화가 동시에 작용하기 때문이다.

그럼에도 연구자와 실무자가 이 개념을 중시하는 이유는 분명하다. 전략이 화려한 구호와 선택의 방향을 제시한다면, 비즈니스 모델은 그것을 반복 가능한 방식으로 현실화하기 때문이다. 고객가치제안은 전략의 타당성을 시장에서 검증하는 장치이고, 이익공식은 재무적 지속 가능성을 보장하며, 핵심자원과 핵심프로세스는 실행을 담보해 주는 운영 체계다. 결국 비즈니스 모델은 전략을 성과와 연결하는 다리다. 전략은 목표와 경쟁 방식을 규정하고, 비즈니스 모델은 그것을 돈과 실행의 언어로 바꾸는 과정을 설명한다. 전략 연구가 오랫동안 '어떻게 경쟁할 것인가'에 집중했다면, 비즈니스 모델 연구는 '그 경쟁에서 어떻게 수익을 만들 것인가'에 초점을 맞춘다. 오늘날처럼 기업이 직면한 환경이 빠르게 변할 경우, 비즈니스 모델은 고정된 설계도가 아니라, 전략과 나란히 움직이며 끊임없이 조정되어야 한다. 그러한 조정을 하지 못해 전략과 비즈니스 모델의 정렬이 깨지면, 화려한 비전이 허상으로 끝난다는 사실을 수많은 사례가 증명한다.

현실에서 반복된 수익 모델의 부재

실리콘밸리의 스타트업 테라노스(Theranos)는 2000년대 초, "혈액 한 방울로 수백 가지 검사를 할 수 있다"는 약속으로 미국 사회의 주목을 받았다. 2003년 설립 이후 10년이 채 되지 않아 4억 달러 이상의 투자금을 유치했고, 2014년에는 기업가치가 90억 달러에 달했다. 창업자 엘리자베스 홈즈는 검은색 터틀넥 차림으로 언론의 스포트라이트를 받으며, 미국의 주요 약국 체인과 제휴를 맺고 전국 확장을 추진했다. 그러나 2015년 《월스트리트저널》의 연속 보도가 전환점이 되었다. 자체 장비가 검사를 제대로 수행하지 못했고, 외부 장비에 의존하거나 결과를 임의로 변환해 보고한 정황이 드러난 것이다. 환자 수천 명이 부정확한 결과에 노출되었다는 의혹이 제기되자, 2016년 미 보건당국은 실험실 운영을 중단시켰고, 2018년 회사는 해체됐으며, 2022년 홈즈는 사기 혐의로 징역 11년을 선고받았다. 테라노스의 사례는 화려한 혁신 담론이 환자 안전과 검증 절차를 가릴 때 어떤 위험이 발생하는지 여실히 보여준다. 테라노스는 강렬한 가치제안이 있었지만, 이를 실제 성과로 전환할 기술적 정확성과 규제 준수 체계, 표준화된 운영이 없었다.

2020년 4월, 숏폼 영상 플랫폼 퀴비(Quibi)는 '모바일 전용 10분 콘텐츠'라는 기치 아래 화려하게 출범했다. 할리우드의 거장 제프리 캐츠버그와 IT기업 CEO 출신 메그 휘트먼이 공동으로 설립했고, 17억 달러 이상의 투자금을 모았다. 스티븐 스필버그, 기예르모 델 토로, 리즈 위더스푼 등 유명 감독과 배우들이 참여해 런칭 라인업을 채웠으며, 서비스 개시 석 달 만에 다운로드 수는 500만 건을 넘겼다. 그러나 시간이 지나도 유료 구독 전환율은 10%에 미치지 못했다. 유튜브와 틱톡이 이미 무료로 시청 시간을 장악한 상황에서, 월 이용료를 내고 10분짜리 영상을 볼 이유가 없었다. 광고주와의 매출 분배 계약도 기대만큼 확장되지 못했다. 마케팅 비용만 1억 달러 이상이 투입되었지만, 가입자 정체와 해지율 상승이 맞물리며 2020년 10월 서비스는 종료됐다. 제작비와 시스템, 사무실 비용까지 합친 손실은 18억 달러에 달했고, 제작된 일부 콘텐츠 판권은 타 플랫폼에 헐값으로 매각되었다. 이 사건은 헐리우드에 분명한 교훈을 남겼다. 자본과 스타 파워가 결코 수익 공식을 대체할 수 없으며, 아무리 매력적인 가치제안이 있어도, 이를 가격, 광고, 번들, 규모처럼 지속적 현금흐름으로 연결할 이익공식이 없으면 성과가 지속될 수 없다는 사실이었다.

핀테크 영역에서 2022년 루나·테라(Luna·Terra) 사태가 남긴 충격은 컸다. 2021년 말부터 급성장하던 이 프로젝트는 2022년 4월 시가총액이 400억 달러를 돌파하며 글로벌 가상자산 상위 10위권에 올랐다. 알고리즘을 통해 1달러에 연동되는 스테이블코인을 구현하겠다는 설명은 수십만 명의 투자자를 끌어들였다. 그러나 실체는 신규 자금 유입이 둔화되면 연동이 흔들릴 수밖에 없는 순환구조에 가까웠다. 2022년 5월 신뢰가 무너지자 불과 며칠 만에 루나 가격은 99% 폭락했고, 테라USD 가격이 더 이상 1달러에 맞춰 유지되지 못했다. 개인과 기관 투자자들의 손실이 수십억 달러에 달했으며, 한국 금융시장도 직접적인 충격을 받았다. 이후 창업자는 해외로 도피했다가 2023년 3월 몬테네그로에서 체포되었고, 미국과 한국 사법당국의 기소와 송환 공방이 이어졌다. 사건 이후 한국 국회와 감독당국은 가상자산 발행, 공시, 수탁에 대한 규제 강화를 논의했고, 글로벌 시장에서도 스테이블코인 위험 관리 지침이 잇따라 마련되었다. 단기간에 폭발적으로 불어난 시가총액과 사용자 수가 있더라도, 외부 현금흐름과 위험을 흡수할 장치를 갖춘 이익공식이 없으면, 한 번의 신뢰 균열로 전체가 무너질 수 있음을 보여준 사례였다.

국내 전자상거래 시장에서도 수익 모델의 부재가 여러 번 드러났다. 2010년대 초반 소셜커머스 열풍을 이끌었던 티몬과 위메프는 '하루 한

가지 특가'와 대규모 할인을 앞세워 빠르게 성장했다. 그러나 성장과 동시에 적자가 늘었다. 2014년 티몬은 매출 1,500억 원을 올렸지만 영업손실이 200억 원을 넘었고, 2019년에도 적자를 벗어나지 못했다. 위메프 역시 2019년 영업손실만 1,000억 원 이상이었다. 할인율을 낮추면 고객이 떠났고, 할인을 유지하면 손실이 커지는 악순환이 계속됐다. 같은 시기 쿠팡은 대규모 물류 투자와 '로켓배송'으로 결제 빈도와 객단가를 끌어올리며 점유율을 늘렸다. 2019년 한국 이커머스 시장에서 쿠팡 점유율이 25%를 넘겼을 때, 티몬과 위메프는 한 자릿수 점유율로 밀려나 있었다.

2020년대 들어 두 회사는 자본잠식과 구조조정을 거듭했고, 매각이나 사업 재편설이 끊이지 않았다. 먼저 위메프는 2023년 말 기준으로 완전자본잠식 상태에 빠졌다. 이어 2024년 여름에는 정산 지연 사태가 발생해 입점 소상공인 피해가 우려되면서 정부가 긴급 금융 지원에 나서야 했다. 결국 법원 회생 절차에 들어갔고, 2025년 1월 법원에 제출된 평가 자료에서는 위메프의 계속기업가치가 −2,234억 원, 청산가치는 약 134억 원으로 산정되었다. 티몬 역시 사정은 크게 다르지 않았다. 2020년대 들어 적자가 누적되면서 자본잠식이 심화되었고, 2024년에는 자율구조조정(ARS)을 거쳐 결국 법원 회생 절차에 돌입했다. 티몬과 위메프의 사례는 앱 사용량이나 외형 성장만으로는 기업의 지속 가능성을 설명할 수 없음을 보여준다. 결국 이익을 만드는 공식이 없거나 취약하면 화려해 보이는 외형도 오래 버티지 못한다는 점이 다시 한번 확인된 셈이다.

네 가지 사례는 산업도 다르고, 지역과 규제 환경도 제각각이다. 하지만 흐름은 놀라울 만큼 비슷하다. 테라노스의 '혈액 한 방울 검사', 퀴비의 '모바일 전용 숏폼 영상', 루나·테라의 '스테이블코인', 티몬과 위메프의 '반값 할인' — 이 모두가 한눈에 매력적으로 보이는 가치제안을 내세웠다. 덕분에 외형은 빠르게 성장했지만, 정작 그 가치를 돈으로 바꿔낼 장치, 즉 이익을 만드는 공식은 비어 있었다. 투자와 언론의 관심이 몰려들수록 이 빈칸은 오히려 잘 보이지 않았다. 그러나 신뢰가 흔들리는 순간, 성장 곡선은 순식간에 꺾였다.

약속만 있고 뼈대가 없을 때

위워크가 남긴 질문은 단순하다. 외형은 눈부시게 커졌는데 왜 '어떻게 이익을 낼 것인가'라는 물음은 끝내 뒤로 밀려났을까? 영화 《엔론: 세상에서 제일 잘난 놈들》과 현실 기업을 함께 놓고 보면, 서로 다른 무대에서 같은 허점이 되풀이되었음을 알 수 있다. 약속은 화려했지만, 그 약속을 실제 이익으로 바꾸는 길은 마련되지 않은 것이다.

엔론은 '에너지 거래의 혁신'이라는 구호로 세상의 주목을 받았다. 그러나 실제로는 이익을 남길 방법이 없었다. '마크 투 마켓' 회계라는 방식으로 미래의 이익을 미리 장부에 적어 넣었을 뿐, 고객이 지불한 돈에서 비용을 제하고 이익을 남기는 구조가 없었다. 자원이 성과를 만드는 데 쓰이지 않고 성과를 포장하는 데 쓰였다. 언론과 전문가, 투자자의 환호가 한동안 회사를 떠받쳤지만, 이익이 나지 않는 구조 앞에서는 속수무책일 수밖에 없었다. 영화가 보여준 결론은 이익을 남기는 장치가 없는 전략은 집처럼 보이지만 기초가 없는 벽에 불과하다는 것이다.

현실의 기업도 크게 다르지 않았다. 테라노스는 '혈액 한 방울로 수백 가지 검사'라는 매혹적인 제안으로 기업가치가 치솟았지만 장비는 제대로 작동하지 않았고, 규제를 통과할 체계도 없었다. 퀴비는 17억 달러가 넘는 자금을 모아 할리우드의 유명 제작자와 배우를 불러 모았지만 이미 무료 동영상 플랫폼이 장악한 시장에서 유료 구독으로 이어지는 다리를 놓지 못했고, 광고 수익도 기대에 못 미쳐 화려한 출범이 무색하게 반년 만에 문을 닫았다. 루나·테라는 알고리즘 스테이블코인으로 단기간에 시가총액 400억 달러를 넘어섰지만, 외부에서 실제 현금이 들어오는 구조가 없어 신뢰가 흔들리자 하루아침에 가치가 폭락했고, 전 세계 투자자들이 수십억 달러의 손실을 입었다. 국내 소셜커머스 티몬과 위메프도 특가와 대규모 할인으로 사용자를 빠르게 늘렸지만, 할인을 줄이면 고객이 이탈하고 할인을 유지하면 적자가 커지는 구조 때문에 매출은 늘어도 이익이 없었다.

이 사례들을 같은 틀로 바라보면 공통점이 분명해진다. 비즈니스 모델은 가치제안, 이익공식, 자원, 프로세스 네 가지로 이루어진다. 엔론과 테라노스, 퀴비, 루나·테라, 티몬과 위메프 모두 가치제안이 있었고 자원과 프로세스도 한동안 잘 돌아갔다. 그러나 이익공식이 없었기에 외형은 커졌지만 돈이 남지 않았다. 이익공식이 없으면 자원은 겉치레에 쓰이고, 프로세스는 속도를 높이는 데 쓰일 뿐이다. 이 때문에 성장 곡선이 커 보여도 속은 비어 있기 마련이다.

엔론의 회계 절차는 성과를 내는 장치가 아니라 숫자를 포장하는 도구였다. 테라노스는 검증과 규제를 건너뛰다 환자 안전과 현금흐름을 함께 잃어버렸다. 퀴비는 유명 제작진과 자금이라는 자원이 있었지만, 구독 전환이라는 좁은 문을 열지 못했다. 루나·테라는 신뢰에 의존했지만, 코인이 실제 현금으로 환산되는 구조를 만들지 못했다. 티몬과 위메프는 주문에서 비용을 빼고 이익이 남는 계산 공식을 끝내 찾지 못했다. 겉모습은 달랐지만, 모두 중심에 이익공식이 빠져 있던 것은 똑같았다.

이제 이 장의 서두에서 던진 물음에 답해 보자. 위워크의 외형이 커졌는데도 전략이 흔들린 이유는 이익이 남는 방식을 먼저 고려하지 않았기 때문이다. 비즈니스 모델의 네 축 가운데서도 가장 먼저 세워야 하는 것은 이익공식이다. 가치제안과 핵심 프로세스 및 핵심자원을 아무리 멋지게 설명해도, 한 단위에서 얼마가 남는지를 보여주는 이익공식을 설계하지 못하면 성장은 오래가지 못한다. 이익공식이 자리를 잡아야 자원이 '보여주기'가 아니라 '이익 남기기'에 쓰일 수 있고, 프로세스가 속도가 아니라 반복 가능한 흐름이 된다.

전략은 멋진 약속의 언어다. 그러나 약속을 성과로 바꾸려면 구체적인 설계가 필요하다. 그 설계의 첫 단계는 언제나 '이 단위에서 얼마가 남는가를 분명히 하는 것'이다. 이 원칙이 조직의 중심에 자리 잡아야 가치제안이 힘을 얻고, 자원과 프로세스도 제자리를 찾는다. 영화와 현실이 함께 보여준 것도 바로 이 순서다. 아무리 화려한 약속도 이익공식이 빠지면 결국 '허공속에 묻힐 그 약속'이 되어 버리고 만다.

공허한 약속이 남긴 대가

엔론의 몰락으로 직원들은 일자리를 잃었고, 퇴직연금도 사라졌으며 회계와 지배구조에 대한 불신은 에너지 시장 전체로 번졌다. 테라노스 사건은 환자들이 잘못된 검사 결과에 노출되는 더 큰 위험을 낳았고, 의료계는 승인과 검증 절차를 다시 살펴야 했다. 루나·테라 사태 역시 개인과 기관에 막대한 손실을 끼쳤다. 디지털 자산 시장 전반의 신뢰가 무너졌고, 각국에서 소비자 보호와 공시 기준 강화 논의가 이어졌다. 퀴비의 조기 종료와 소셜커머스 업체들의 잇따른 부진은 콘텐츠 투자와 유통 생태계에도 흔적을 남겼다. 제작, 유통, 마케팅 계약이 다시 검토되었고, '싸게 많이 팔면 된다'는 단순한 공식을 더는 믿기 어렵게 만들었다. 겉으로 '혁신'이라 불렸던 프로젝트들이 수익 구조 없이 커졌을 때, 결국 그 비용은 사회 전체가 나눠서 떠안아야 했다.

누구나 멋진 비전과 목표를 내세울 수 있다. 하지만 그 일이 반복되면 실제로 무엇이 쌓이는지, 그 결과가 다음 선택의 폭을 넓혀주는지, 오늘들인 시간과 자원이 내일을 더 편하게 만드는지 알기란 쉽지 않다. 그래서 전략을 세울 때는 늘 물어야 한다. "이 선택이 반복되면 무엇이 남는가?" 여기서 말하는 '이익'은 비단 돈에만 국한되지 않는다. 시간, 역량, 신뢰, 다시 도전할 수 있는 기회처럼, 반복될수록 다음을 더 수월하게 만드는 모든 것이 바로 이익이다. 반대로 화려한 발표와 눈길을 끄는 지표가 한 번의 행사로 끝나고, 다음에 같은 일을 할 때 똑같은 비용을 또 치르게 한다면 그것은 성과가 아니라 소모다.

그래서 개인과 팀은 작은 단위부터 수지표를 만들어야 한다. 한 주 동안 쓴 시간과 예산이 어떤 식으로 되돌아오는지, 다음 주의 품질과 속도를 얼마나 향상시켜주는지 확인해야 한다. 제품과 서비스를 만든다면 한 건의 결제, 한 번의 이용, 한 통의 문의 같은 가장 작은 단위에서 어떻게 이익을 남길지 생각해야 한다. 컨설팅, 교육, 콘텐츠 같은 무형의 일이라면, 한번 만든 지식과 결과물이 이후 과업의 준비 시간을 얼마나 줄여주는지, 반복할수록 학습 곡선이 어떻게 낮아지는지 기록해야 한다. '실험—측정—교정'의 사이클을 줄이고, 그 중심에 '무엇이 남는가'라는 질문을 두어야 한다. 말로만 혁신을 확장하기보다, 먼저 이익을 남기는 방식을 만들고 확장해야 한다.

전략은 멋진 약속으로 시작하지만, 성과는 구조에서 나온다. 외형이 커져도 안에서 남는 것이 없으면 결국 무너진다. 화려한 포트폴리오와 새 목표가 이어져도, 매번 처음부터 다시 시작해야 하는 구조라면 어느 순간 힘이 빠진다. 그래서 전략을 수립할 때는 약속과 결과 사이의 간격을 잘 살피고 그 간격이 줄어드는 방향으로 제도와 절차를 다듬고, 말과 행동을 맞춰야 한다. 이 과정에서 불편함과 저항을 피할 수 없지만, 남는 구조가 만들어지면 다음 단계로 도약하는 것이 한결 쉬워진다.

심화학습 – 비즈니스 모델 이론의 전개와 확장

'비즈니스 모델'이라는 용어는 오래전부터 쓰였지만, 학계에서 본격적으로 주목을 받은 시기는 1990년대 인터넷 기업이 등장한 이후였다. 기존의 전략 논의가 '경쟁에서 어떻게 이길 것인가'에 집중했다면, 인터넷 기업들은 '돈을 어떻게 벌 것인가'라는 문제에 직면했다. 눈에 띄는 사용자 수와 트래픽은 있었지만, 이를 실제 수익으로 연결할 언어와 틀이 필요했고, 그 결과 비즈니스 모델 연구가 빠르게 확산되었다.

2000년대 들어 학자들은 다양한 이론을 제시했다. 알렉산더 오스터왈더는 2004년 그의 박사 논문과 이후 저서에서 아홉 개 블록으로 이루어진 '비즈니스 모델 캔버스'를 제안했다.[6] 고객 세그먼트, 가치제안, 채널, 고객 관계, 수익 흐름, 핵심 자원, 핵심 활동, 핵심 파트너, 비용 구조라는 항목을 통해 기업이 어떻게 가치를 만들고 고객에게 전달하며 이익을 회수하는지를 한눈에 볼 수 있게 했다. 클레이튼 크리스텐슨, 마크 존슨, 헤닝 카거만은 2008년 논문에서 고객가치제안, 이익공식, 자원, 프로세스라는 네 가지 요소를 제시했다.[7] 한편, 데이비드 티스는 2010년 연구에서 '가치 창출 — 전달 — 포착'이라는 틀을 내세워 비즈니스 모델을 전략과 혁신을 연결하는 개념으로 설명했다.[8]

학계에서 특히 중요한 논쟁은 '비즈니스 모델과 전략의 관계'였다. 마이클 포터는 "비즈니스 모델이라는 표현은 모호하며 전략의 대체 개념으로는 부적절하다"고 비판했다.[9] 그의 견해에서 전략은 산업 구조와 포지셔닝을 중심으로 작동한다. 반대로 티스와 오스터왈더는 전략이 경쟁의 방향을 정한다면 비즈니스 모델은 그 방향을 실제 돈을 버는 구조로 바꿔 주는 역할을 한다고 설명했다. 쉽게 말해 전략은 '어떻게 경쟁할 것인가'에 대한 논의고, 비즈니스 모델은 '어떻게 수익을 낼 것인가'에 대한 논의라는 식의 구분이다. 이 논쟁은 지금도 이어지고 있으며, 특히 플랫폼 기업과 디지털 전환 시대에는 두 개념이 더욱 복잡하게 얽히고 있다.

최근 연구 흐름을 보면 네 가지 확장이 눈에 띈다.

① 플랫폼 비즈니스 모델: 애플 앱스토어, 구글 플레이스토어, 아마존 마켓플레이스처럼 생산자와 소비자를 연결하며 네트워크 효과를 만들어내는 구조다. 여기서는 단일 기업 내부가 아니라, 생태계 전체를 설계하는 시각이 필요하다.

② 구독과 프리미엄(freemium) 모델[10]: 소프트웨어뿐 아니라 제조업, 콘텐츠, 심지어 자동차와 패션까지 구독 기반 비즈니스 모델로 전환되고 있다.

③ ESG·지속가능성: 단순히 재무적 성과가 아니라 사회적·환경적 가치까지 동시에 창출하는 구조를 설계하려는 시도가 늘고 있다.

④ 동태적 관점: 환경 변화에 따라 끊임없이 비즈니스 모델을 바꾸고 새로 설계하는 비즈니스 모델 혁신(BMI, Business Model Innovation) 논의가 강화되고 있다.

이상의 논의를 통해 알 수 있듯이 비즈니스 모델은 하나의 고정된 틀이 아니다. 어떤 학자는 전략의 하위 개념으로 보고, 다른 학자는 전략과 동등한 분석 틀로 본다. 그러나 플랫폼, ESG, 디지털 전환 같은 맥락에서는 오히려 전략보다 더 현실적인 언어로 경쟁우위를 설명하는 경우도 많다. 결국 핵심은, 전략과 비즈니스 모델을 분리해서 볼 수 없다는 점이다. 전략이 방향을 제시한다면, 비즈니스 모델은 그 방향을 실제 성과로 잇는 다리다.

8장

전략과 기술의 정렬(Alignment) 《아메리칸 팩토리》

타겟(Target)의 실패

2013년, 미국 유통 대기업 타겟(Target)은 캐나다 시장에 화려하게 진출했다. 첫 매장은 토론토 외곽의 대형 쇼핑몰에서 문을 열었고, 불과 몇 달 만에 전국에 133개의 매장으로 확장했다. 오픈 당일 입구에는 붉은 로고가 새겨진 풍선이 가득했고, 현지 언론은 "미국식 라이프스타일의 도착"이라며 대대적으로 보도했다. 소비자들도 기대에 부풀어 매장을 찾았다. 미국에서 이미 성공한 포맷과 브랜드 파워가 그대로 옮겨온 듯 보였기에, 많은 사람들은 캐나다의 유통 판도가 바뀔 것이라 예상했다.

그러나 매장 문을 열자마자 이상한 장면이 이어졌다. 바로 뒤 창고에는 상품이 산더미처럼 쌓여 있는데도 매장 내 진열대는 텅 비어 있었다. 계산대에 줄을 선 고객들은 원하는 제품을 찾지 못해 발길을 돌렸고, 직원들은 재고 관리 시스템을 들여다보며 고개를 갸웃거렸다. 본사가 새로 구축한 ERP 시스템은 이론상 최적의 공급망을 구현하도록 설계되었지만, 현장에서는 제대로 작동하지 않았다. 발주가 제때 이뤄지지 않았고, 입고 데이터와 매장 진열 현황이 맞지 않았다. 매장 관리자들이 수작업으로 보완하려 했지만, 본사 보고 체계와 매뉴얼이 디지털 시스템에 묶여 있어서 수정조차 할 수 없었다. "재고가 있어도 선반에 진열을 못한다"는 직원들의 하소연이 본사에 제대로 전달되지 않았고, 고객 불만은 눈덩이처럼 불어났다.

본사는 "신규 시장 안착에 시간이 걸린다"고 설명하며 초기 혼란을 축소하려 했다. 그러나 문제는 단순한 유통 속도의 지연이 아니었다. 인터페이스, 권한, 속도가 엇박자를 내는 상태에서 전략과 기술이 따로 움직이고 있었던 것이다. ERP 화면에 표시된 수치가 매장 선반의 실상을 반영하지 못했고, 결정권을 가진 현장 관리자는 데이터와 무관하게 눈앞의 진열 상황에 따라 임시방편으로 대응했다. 본사와 매장을 오가는 데이터의 속도가 현장의 상황을 제때 반영하지 못했다. 본사는 여전히 확장 계획에 맞춰 움직였지만, 매장에서는 날마다 고객 불만과 진열 문제로 혼란이 계속됐다. 전략은 성장을 추구했지만, 기술은 그 흐름을 받쳐주지 못했다.

결국 타겟은 불과 2년 만에 캐나다에서 철수했다. 2015년 4월 마지막 매장이 문을 닫으면서 1만7천 명이 넘는 직원들이 일자리를 잃었다. 회사는 그 분기에만 54억 달러의 세전 손실을 기록했다. 현지 언론은 이를 두고 "북미 유통 역사에서 가장 빠른 실패 사례 중 하나"라고 혹평했다. 화려하게 시작했던 진출은 순식간에 철수로 바뀌었고, 브랜드 이미지에도 깊은 상처가 남았다.

북미에서의 영향력을 확대하겠다는 타겟의 목표와 전략은 명확했다. 그에 맞춰 최신 ERP와 공급망 시스템에 막대한 투자도 이뤄졌다. 하지만 정작 시스템은 현장 상황을 제대로 반영하지 못했다. 현장에서 필요한 결정권도 주어지지 않았고, 본사와 매장 사이에 데이터가 오가고 실행으로 전환되는 속도도 현장의 문제 해결 속도를 따라가지 못했다. 그러다 보니 본사가 내세운 전략은 구호에 그쳤고, 기술은 현장과 동떨어진 채 고립되었다. 결국 화려한 진출 뒤에 남은 것은 비어 있는 매장 선반과 실망한 고객뿐이었다. 타겟 캐나다의 실패는 전략과 기술이 어떻게 맞물려야 하는지, 또 그 연결이 어긋날 때 실행이 얼마나 쉽게 무너지는지를 보여주는 생생한 사례다.

아메리칸 팩토리(American Factory, 2019)

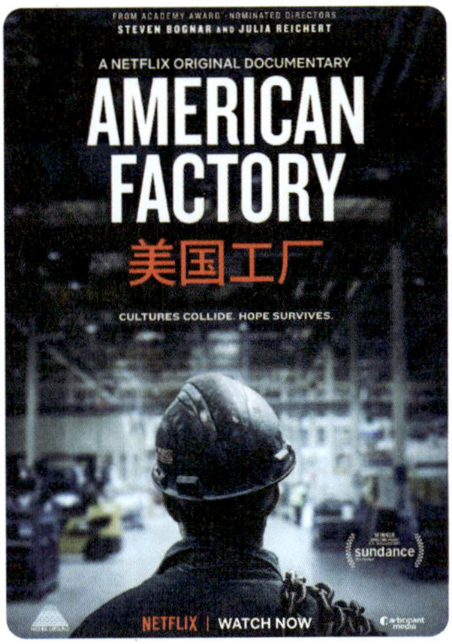

2020년 제92회 아카데미 시상식에서 장편 다큐멘터리상을 수상한 영화 《아메리칸 팩토리》(American Factory, 2019, 감독 스티븐 보그너, 줄리아 라이케르트)는 미국 버락 오바마 대통령 부부가 제작을 지원한 것으로 유명하며, 2019년 넷플릭스에서 공개되었다. 영화는 2014년, 오하이오주 데이턴에서 한때 제너럴 모터스(GM)가 운영하다 문을 닫은 공장이 다시 문을 여는 것으로 시작된다. 중국 푸야오(Fuyao) 그룹이 인수하여 유리 공장을 세운 것이다. 개장식 날, 공장 앞에는 붉은 현수막과 국기가 나란히 걸리고, 중국과 미국의 임직원들이 함께 테이프 커팅을 한다. 지역 언론은 "잃어버린 일자리가 돌아왔다"라며 대대적으로 보도했고, 실직으로 힘들어하던 노동자들은 다시 출근할 수 있다는 기대감에 들떠 있었다. 오랫동안 침체되어 있던 지역 사회에 새로운 희망의 빛이 비치는 듯했다.

하지만 첫 주부터 공장 안은 서로 다른 언어와 문화의 차이로 갈라지기 시작했다. 미국 근로자들은 안전과 근로조건, 그리고 생활을 지탱할 임금을 중요하게 여겼다. GM 시절 시급은 29달러 수준이었지만, 푸야오 공장이 제시한 임금은 12~14달러에 불과했다. 미국 근로자들은 "가족을 부양하기에 턱없이 부족하다"고 말했지만, 중국 관리자들은 "시장 경쟁력을 유지하려면 이 정도가 한계"라고 잘라 말했다. 더 근본적인 차이는 속도에 있었다. 근로자들은 "안전 교육이 충분하지 않다"고 말하는 반면, 관리자는 "더 빨리, 더 많이"를 외쳤다. 작업복을 입은 채 기계 앞에 선 근로자가 "우린 기계가 아니다"라고 불평하는 장면은, 양쪽의 시선이 얼마나 다른지를 보여준다.

중국에서 파견 온 관리자들의 지시는 단순했다. 정해진 시간 안에 더 많은 유리를 찍어내라는 것이었다. 그들은 손짓으로 근로자들을 재촉하며 "빨리, 더 빨리(Faster!)"라는 말을 반복했다. 그러나 미국 근로자들은 기계 조작에 익숙하지 않았고, 세세한 매뉴얼조차 없었다. 자동화 라인이 설치되었지만 사용법이 제대로 전달되지 않아 기계가 멈추거나 제품이 깨지는 사고가 잦았다. 안전 장비를 착용하지 않은 채 일하는 장면이 카메라에 잡히기도 했지만, 보호 장비를 달라는 요구는 번번이 묵살됐다. 근로자들은 속도를 줄여야 한다고 주장했지만, 관리자들은 목표 생산량을 맞추지 못하면 책임을 묻겠다며 압박수위를 높였다.

시간이 지날수록 갈등은 더욱 노골적으로 드러났다. 근로자들은 노조 결성을 추진하며 목소리를 높였다. 그러나 푸야오 경영진은 노조 활동을 강하게 반대했다. 다큐멘터리는 노조 찬반을 두고 벌어진 캠페인 장면을 자세히 보여준다. 회사는 외부 컨설턴트를 불러 반(反)노조 교육을 진행했고, 관리자들은 회의실에서 "노조가 생기면 회사는 떠난다"라며 압박했다. 반대로 근로자들은 가정집 거실이나 지역 교회에 모여 "우리에겐 목소리가 필요하다(We need a voice)"라고 외쳤다. 양쪽의 대립이 격화되면서 공장의 공기는 점점 더 무겁게 가라앉았다.

전미자동차노조(UAW) 노조원이 피켓 시위를 하고 있는 모습

영화는 실제 작업 현장의 세밀한 장면을 따라가며, 전략과 기술의 정렬이 무너지는 과정을 생생하게 드러낸다. 예컨대 한 근로자가 안전 장비 없이 유리판을 옮기다 부상을 당하자, 관리자는 이를 "근로자의 부주의 탓"으로 돌린다. 근로자가 "이건 장비 문제"라고 항의하지만, 보고 체계는 관리자 쪽에 유리하게 설계되어 있었다. 또 다른 장면에서는 자동화 기계가 제대로 작동하지 않아 생산 라인이 멈추지만, 기술 지원은 중국 본사에 의존해야 했기에, 현장의 문제는 제때 해결되지 못했다. 의사결정 권한이 현장에 있지 않았고, 데이터와 보고가 본사까지 오가는 데 시간이 걸리자 생산성은 오히려 더 떨어졌다.

결국 미국식 노동 문화와 중국식 관리 체계는 끝내 호흡을 맞추지 못했다. 경영진은 "중국의 저비용 기술과 미국의 숙련 노동력 결합"을 전략으로 내세웠지만, 현장에는 그 전략을 구현해 줄 장치가 없었다. 노동자와 관리자는 서로 다른 언어를 썼고, 의사결정 권한은 현장 가까이에 있지 않았으며, 데이터와 결정이 오가는 속도도 현장의 필요를 따라가지 못했다. 영화에서 반복적으로 보이는 노동자의 좌절한 표정과 관리자의 단호한 지시는, 전략과 기술이 따로 움직일 때 현장에 어떤 균열이 생기는지를 그대로 보여준다. 《아메리칸 팩토리》의 공장은 결국 두 언어가 부딪히는 실험장이었다. 한쪽은 안전과 생활을, 다른 쪽은 생산성과 규율을 우선시했다. 전략 자체는 분명히 존재했다. 그러나 기술과 사람, 권한과 데이터가 화음을 이루지 못하자 실행은 흔들릴 수밖에 없었다.

전략과 기술을 연결하는 방법

전략과 기술이 서로 어긋나 따로 움직이면 실행은 쉽게 멈춰 버린다. 이 점을 설명하기 위해 학계에서는 오래전부터 다양한 이론적 틀을 제시해 왔다. 알프레드 챈들러는 "구조는 전략을 따른다"라는 명제를 통해, 새로운 전략을 실행하려면 그에 맞는 조직 구조가 반드시 뒤따라야 한다고 말했다. 전략이 방향을 정하면 조직 구조가 그것을 실행할 수 있도록 설계되어야 한다는 뜻이다. 마이클 포터는 경쟁우위의 핵심을 활동 간 적합성에서 찾았다. 개별 활동 하나하나를 최적화하는 것만으로는 충분하지 않고, 여러 활동이 서로 맞물려 돌아갈 때 지속적인 성과가 나온다는 것이다. 데이비드 티스는 변화가 빠른 시대에는 동적 역량이 필요하다고 강조했다. 그는 기업이 끊임없이 환경 변화를 감지하고, 그 안에서 새로운 기회를 포착하며, 기존 자원과 운영 체계를 재구성해야 한다고 설명했다. 레베카 헨더슨과 킴 클라크는 구성 요소 자체를 그대로 두더라도 그것들을 연결하는 방식을 바꾸면 완전히 다른 성과가 나올 수 있다는 아키텍처 혁신 개념을 제시했다. 단순한 부분 최적화가 아니라 연결 방식의 변화가 성패를 가를 수 있다는 주장이다.

또 다른 연구자인 헨더슨과 벤카트라만은 SAM(Strategic Alignment Model) 모델을 통해 전략과 IT의 정렬을 설명했다. 기업의 비즈니스 전략과 IT 전략, 그리고 이를 떠받치는 조직 인프라와 IT 인프라가 하나의 체계 속에서 맞물려야만 전략적 목표가 실제 성과로 이어질 수 있다는 것이다. SAM 모델은 원래 IT 전략을 설명하기 위해 만들어진 틀이지만, 조금 더 넓혀 보면 기업이 쓰는 거의 모든 기술에 적용할 수 있다. 예를 들어 공장에서 쓰는 설비, 생산을 관리하는 운영 기술, 품질 관리 체계, 데이터 시스템 같은 것들 모두가 포함된다. 전략은 기업이 어디로 갈지를 보여주고, 기술은 그 길을 실제로 걸을 수 있게 만들어 주는 도구다. 동시에 새로운 기술은 이전에 없던 길을 열어 주기도 한다. 그래서 전략과 기술은 앞뒤를 정해 끄는 관계가 아니라, 수레가 굴러가기 위해 필요한 두 바퀴와 같다.

이론의 내용을 현장의 질문으로 바꾸면 세 가지로 정리할 수 있다. 첫째, 전략과 현장을 이어주는 창구(인터페이스)가 있는가? 이 접점이 없으면 기술은 현장과 동떨어진 채 외딴섬처럼 고립된다. 둘째, 결정할 권한이 현장 가까이에 있는가? 결정 권한이 현장으로부터 떨어져 있으면, 실행은 느려지고 책임은 모호해진다. 셋째, 데이터가 오가고 결정을 내리는 속도는 충분히 빠른가? 현장에서 생긴 문제와 신호가 본사까지 갔다가 다시 실행에 반영되기까지 시간이 너무 오래 걸리면, 전략은 현실의 속도를 따라가지 못한다. 영화 《아메리칸 팩토리》에서 보여준 모습이 바로 그랬다. 근로자는 안전을 중시했지만 관리자는 더 빠른 속도를 외쳤다. 서로 연결해 주는 장치가 없었고, 현장에는 결정할 권한이 없었으며, 본사와 현장을 오가는 보고와 지시마저 늘 늦었다. 겉으로는 단순한 문화 갈등처럼 보였지만, 실제로는 전략과 기술이 따로 놀면서 생긴 구조적 실패였다.

전략과 기술의 정렬은 거창한 이론처럼 보이지만, 현장에서는 '연결이 되어 있는가, 권한이 있는가, 속도가 맞는가'라는 단순한 질문으로 귀결될 수 있다. 이 세 가지가 준비되지 않으면 전략은 선언에 머무르고, 기술은 현장과 동떨어진 장치로 남는다. 반대로 이 질문을 현장에서 늘 점검하고 생활화하면 전략은 현실에서 살아 움직인다.

현장에서 드러난 전략과 기술의 불협화음

2013년, 타겟은 캐나다 전역에 133개의 매장을 동시에 열었다. 북미 시장에서 입지를 넓히려는 야심 찬 전략의 일환으로 최신 ERP와 재고 관리 시스템도 구축했다. 그러나 매장 진열대는 비었고, 창고에는 상품이 쌓였다. 정상을 알리는 본사 시스템 화면과 달리 매장 선반은 비어 있었다. 현장 관리자는 오류를 수정할 권한이 없었고, 본사 데이터가 현장 경험보다 중시되었다. 그 결과 타겟은 불과 2년 만에 54억 달러의 손실을 기록하고 철수하였다. 챈들러의 말처럼 "전략은 있었으나 구조가 따라가지 못한" 결과였다.

2012년 여름, 뉴욕 월가에서 또 다른 사건이 벌어졌다. 나이트 캐피털은 새로운 거래 알고리즘 도입으로 시장 점유율을 높이려 했다. 하지만 일부 서버만 업데이트된 상태에서 장이 열리자 주문 오류가 눈덩이처럼 불어났다. 불과 30분 만에 4억 4천만 달러가 사라졌다. 알고리즘 전략은 분명했지만, 배포 과정과 긴급 차단 권한이 제대로 작동하지 않았다. 시스템 연결 방식이 잘못 설계된 탓에 전체 구조가 무너진 것이다. 헨더슨과 클라크가 말한 '아키텍처 혁신'의 역설처럼, 작은 균열이 전체를 붕괴시킨 셈이었다.

2008년 런던 히드로 공항의 제5터미널 개장은 전 세계의 이목을 끌었다. 최첨단 수하물 자동화 시스템이 도입되며 높은 효율이 보장될 것처럼 보였다. 그러나 개장 첫날부터 수천 개의 가방이 엉뚱하게 분류되었고, 며칠 사이 승객에게 전달되지 못한 수하물이 1만 5천~2만 8천 개에 이르렀다. 수백 편의 항공편이 취소되었고, 승객들의 불만은 폭발했다. 문제는 현장 인력의 절차와 자동화 시스템이 제대로 맞물리지 못한 데 있었다. 포터가 말한 활동 간 적합성이 깨지자, 첨단 설비는 효율을 높이는 대신 혼란만 키웠다. 로그인과 보안 절차가 제대로 훈련되지 않았고, 돌발 상황에 대응할 권한도 불분명했다. 결국 조직 인프라와 기술 인프라가 따로 움직이면서 공항 전체가 멈췄다.

2016년 삼성전자는 프리미엄 시장 확대를 노린 갤럭시 노트7을 출시했다. 대용량 배터리와 급속 충전이 차별화 요소였다. 하지만 출시 직후 배터리 발화 사고가 잇따라 발생했고, 1차 리콜 이후에도 문제가 해결되지 않자 결국 생산을 중단하고 전량 리콜을 선언했다. 약 53억 달러에 달하는 비용과 브랜드 신뢰 추락으로 막대한 타격을 입었다. 이는 검증, 제조, 승인 과정이 전략의 속도를 따라가지 못한 데 기인한 사건이었다. 티스의 동적 역량 관점에서 보면, 시장 요구를 감지하고 기회를 포착하는 데는 성공했지만, 위험을 재구성해 대응하는 능력이 부족했다. 전략은 빠른 출시를 원했지만, 기술과 조직이 받쳐주지 못했다.

2022년 10월, 판교 SK C&C 데이터센터에서 발생한 화재로 카카오의 주요 서비스가 127시간 동안 중단되었다. 이로 인해 메신저, 결제, 모빌리티 등 일상 생활 플랫폼이 한순간에 멈춰 섰다. 카카오는 생활 인프라 플랫폼으로 사업을 확장해 왔지만, 데이터센터 인프라가 그 무게를 감당하지 못했다. 배터리실과 전원 장치가 같은 구역에 배치되어 화재와 함께 전원이 동시에 끊겼고, 백업 전환 권한이 분산돼 있어 빠른 대응을 하지 못했다. 티스가 말한 재구성 능력이 작동하지 않았고, 챈들러의 관점에서 보면 구조가 전략을 따르지 못했다.

앞서 살펴본 다섯 사례를 헨더슨과 벤카트라만의 SAM 모델에 비춰 보면 공통된 구조가 보인다. 타겟은 비즈니스 전략과 기술 인프라가 맞지 않았고, 나이트 캐피털은 기술 전략과 기술 인프라가 어긋났다. 히드로 공항은 조직 인프라와 기술 인프라가 따로 움직였고, 갤럭시 노트7은 전략과 이를 검증하는 조직 인프라가 불일치했다. 카카오는 플랫폼 전략과 데이터센터 인프라의 간극이 치명적이었다. 균열이 발생한 축은 사례마다 달랐지만, 비즈니스 전략과 기술전략, 조직 인프라와 기술 인프라라는 네 요소가 하나로 정렬되지 못한 점은 모두 같았다. 이 사례들은 결국 전략과 기술이 함께 호흡해야 성과를 거둘 수 있음을 보여준다.

앞선 전략, 뒤처진 기술

《아메리칸 팩토리》는 처음 보면 단순히 문화 차이에서 비롯된 갈등처럼 보인다. 중국에서 온 관리자들은 "더 빨리, 더 많이"를 외치고, 미국 근로자들은 "우린 기계가 아니다"라며 반발한다. 얼핏 보면 한쪽은 속도와 규율을, 다른 쪽은 안전과 생활을 중요하게 여기는 문화적 충돌처럼 보인다. 하지만 갈등의 진짜 이유는 전략과 기술, 그리고 조직이 서로 호흡을 맞추지 못한 데 있었다.

회사가 세운 전략은 분명했다. "저비용, 고속 생산을 중국식 방식으로 미국에서도 실현하자"는 것이었다. 그러나 기술과 조직이 그 전략을 제대로 따라가지 못했다. 자동화 라인을 설치했지만, 사용법을 현장에 충분히 전달하지 않았다. 안전 규정과 생산 목표가 하나로 조율되지 못했고, 문제가 발생했을 때 현장 관리자 스스로 대응할 수 있는 권한도 주어지지 않았다. 문제를 본사에 보고하고 결정을 다시 받는 데 시간이 걸리면서, 현장 상황은 더 악화됐다. 전략은 앞서 달려갔지만, 기술과 조직은 그 속도를 따라가지 못했다.

비슷한 장면이 현실 기업에서도 반복됐다. 타겟 캐나다는 대규모 매장을 열었지만, ERP 시스템과 현장 운영이 따로 놀았다. 나이트 캐피털은 초단위 거래를 무기로 내세웠지만, 알고리즘 배포 방식의 허점이 곧 재앙으로 이어졌다. 히드로 공항은 첨단 설비를 들였지만, 현장 절차와 맞물리지 않아 혼란만 커졌다. 삼성 갤럭시 노트7은 빠른 출시를 서둘렀지만, 검증과 제조 과정이 따라가지 못했다. 카카오는 생활 인프라 플랫폼으로 확장을 추진했지만, 데이터센터 인프라는 그 무게를 견디지 못했다.

겉모습은 제각각 달랐다. 영화에서는 문화 충돌로, 기업에서는 시스템 장애, 리콜, 대규모 손실로 나타났다. 그러나 속을 들여다보면 구조는 같다. 인터페이스가 없었고, 권한이 현장에 없었으며, 데이터와 결정이 오가는 속도가 느렸다. 《아메리칸 팩토리》에서는 노동자의 안전 요구와 관리자의 속도 지시가 이어지지 못했고, 현실 기업에서는 전략과 기술, 조직과 실행이 서로 엇갈렸다. 문제는 전략이 없었던 게 아니라, 전략이 빠른 것에 비해 기술과 조직이 뒤따르지 못했다는 점이었다.

헨더슨과 벤카트라만의 SAM 모델로 다시 보면, 《아메리칸 팩토리》는 전략과 기술이 정렬되지 못해 실패한 사례다. 비즈니스 전략(저비용, 고속 생산), 기술 전략(중국식 자동화), 조직 인프라(미국식 노동 문화), 기술 인프라(설비와 매뉴얼)가 같은 방향으로 맞물리지 않았다. 현실 기업의 경우도 균열이 생긴 지점은 달랐지만, 네 가지 요소가 하나로 정렬되지 못한 건 같았다. 무대는 달랐어도, 갈등과 실패의 구조는 같았다. 결국 문화적 갈등이든, 기술적 사고든, 또는 제품 결함이든 겉으로 드러난 문제는 달랐지만 근본적 원인은 하나였다. 《아메리칸 팩토리》, 타겟과 나이트 캐피털, 히드로와 삼성전자, 카카오에서 반복되는 장면은 모두 같은 교훈을 들려준다. 전략이 앞서 달려도, 기술과 조직이 이를 따르지 못하면 실행은 반드시 실패한다.

경쟁력의 본질

영화 《아메리칸 팩토리》와 현실 기업 사례가 보여준 균열은 특정 산업이나 시대에 국한된 문제가 아니라 전략과 기술이 따로 움직일 때마다 나타나는 보편적 현상이다. 미래의 방향을 제시하는 전략이 현실에서 성과로 나타나려면 반드시 전략의 의도를 구현할 수 있는 기술이라는 매개를 거쳐야 한다. 그렇다고 기술이 단순히 전략의 종속 변수라는 이야기는 아니다. 기술은 전략을 실행으로 옮기는 수단이면서, 동시에 새로운 전략 수립을 가능하게 하는 기반이 되기도 한다. 만약 대량의 데이터를 처리할 수 있는 IT 인프라가 없었다면 전자상거래의 확장은 불가능했을 것이고, 자동화 설비가 없었다면 글로벌 공급망을 구현하기 어려웠을 것이다. 이처럼 전략은 기술을 통해 현실이 되고, 기술은 전략을 통해 새로운 의미를 얻는다. 따라서 지속적인 경쟁력을 확보하려면 전략과 기술 두 요소를 같은 방향으로 정렬해야 한다.

그러나 "전략과 기술을 정렬하겠다"는 선언만으로 두 요소가 저절로 맞춰지는 것은 아니다. 전략과 기술의 정렬은 끊임없이 질문하고 확인해야만 이룰 수 있다. 새로운 전략을 논의할 때는 '이 전략은 현장의 상황과 의견을 충분히 반영했는가?'를 물어야 한다. 신기술을 도입하기 전에는 '이 기술을 제대로 활용할 수 있도록 필요한 의사결정 권한이 현장에 부여되어 있는가?'를 확인해야 한다. 또 하나, '현장의 데이터가 본사 판단으로 이어지고, 다시 실행으로 되돌아오는 속도가 현장에서 벌어지는 문제보다 빠른가?'를 점검해야 한다. 이 세 가지 질문은 조직이 전략과 기술을 정렬하기 위해 반드시 몸에 익혀야 할 사고 습관이다.

전략과 기술의 정렬을 묻는 습관이 없으면, 전략은 방향만 제시할 뿐 현실에 닿지 못하고 기술은 고립된다. 두 바퀴가 맞물리지 않은 수레처럼 조직은 흔들리거나 앞으로 나아가지 못한다. 반대로, '연결은 준비되었는가', '권한은 현장에 있는가', '속도는 충분히 빠른가'라는 세 가지 질문을 일상 속에서 반복하면, 전략의 무게와 기술의 속도를 균형 있게 맞출 수 있다. 전략이 미래로 나아가는 길을 열고, 기술이 새로운 가능성을 앞당길 때, 이 두 바퀴가 자연스럽게 맞물리며 앞으로 갈 수 있다. 결국 언제나 '연결, 권한, 속도'에 대한 질문에서 출발해야 전략이 구호에 그치지 않고 실행으로 이어지며, 기술도 현실의 변화를 만들 수 있다.

지금껏 살펴본 바와 같이 전략과 기술의 정렬은 경쟁력의 본질이다. 그러나 전략과 기술의 정렬이 곧 실행단계에서의 완벽함을 보장하는 것은 아니다. 그 이유는 실행의 주체인 인간의 인지 오류와 행동의 한계가 또 다른 균열을 일으키기 때문이다. 예를 들어, 현장 직원이 새로운 자동화 시스템을 제대로 이해하지 못하거나 관리자가 현장의 문제를 충분히 인식하지 못하는 경우, 실수와 판단 오류가 생긴다. 이런 인간적인 요소가 개입하면 전략과 기술의 정렬이 실제 성과로 이어지는 과정에서 예상하지 못한 문제가 발생한다. 이 문제에 대해서는 다음 장에서 영화 《트루먼 쇼》를 통해 알아보자.

심화학습 - 전략과 기술 정렬의 이론적 토대

전략과 구조의 관계를 본격적으로 학문에 도입한 인물은 알프레드 챈들러였다. 그는 『전략과 구조』(1962)에서 대규모 기업의 역사를 추적하며, 새로운 성장 전략이 등장할 때마다 조직 구조가 달라져야 한다는 사실을 보여주었다.[1] 듀퐁, GM, 스탠더드오일 같은 기업들은 다각화와 확장을 추진하면서 단순한 기능 조직에서 사업부제 구조로 옮겨갔다. 챈들러는 이를 "구조는 전략을 따른다(Structure follows Strategy)"라는 명제로 정리했으며, 이후 수십 년간 전략연구의 출발점이 되었다. 그러나 후속 연구는 이 관계가 단선적이지 않음을 지적했다. 때로는 구조가 먼저 바뀌며 새로운 전략을 가능하게 하기도 한다는 것이다.

1980~90년대에 들어서 마이클 포터는 전략을 외부 환경과 내부 활동의 연결 속에서 해석했다. 그는 산업구조 분석 도구인 5가지 힘(5 Forces)과 함께, 「전략이란 무엇인가?」(1996)에서 활동 간 적합성(fit)을 강조했다.[2] 경쟁우위는 차별화된 활동을 개별적으로 잘하는 데서 나오지 않고, 활동들을 하나의 시스템으로 묶어낼 때 만들어진다는 것이다. 그러나 포터의 설명은 지나치게 정태적이라는 비판을 받았다. 빠르게 변하는 기술 환경에서는 활동 시스템을 고정된 틀로 보는 것만으로는 충분하지 않았기 때문이다.

이 한계를 보완하며 등장한 것이 자원기반관점(Resource-Based View, RBV)과 동적 역량 이론이다. RBV는 기업의 경쟁우위가 외부 시장보다 내부 자원에 있다는 점을 강조했다. 하지만 어떤 자원이 언제 전략적 의미를 가지는지를 설명하기에는 부족했다. 데이비드 티스와 동료들은 1997년 논문에서 동적 역량(dynamic capabilities)을 정의했고[3], 2007년 후속 논문에서 이를 '감지(sensing)—포착(seizing)—재구성(reconfiguring)'이라는 미시적 메커니즘으로 구체화했다.[4] 전략과 기술은 한 번의 정렬로 끝나는 것이 아니라, 환경 변화에 따라 끊임없이 재조율되어야 한다는 메시지가 여기서 분명해졌다.

기술 혁신 연구에서는 또 다른 관점이 제시되었다. 헨더슨과 클라크는 1990년 「아키텍처 혁신」에서 혁신을 구성 요소의 변화와 연결 방식의 변화로 나누었다.[5] 기존 구성 요소를 그대로 두더라도 연결 방식을 새롭게 바꾸면 전혀 다른 결과가 나온다는 것이다. 이 통찰은 왜 기존 강자가 신기술 앞에서 무너지는지를 설명해 준다. 기업은 구성 요소를 개선하는 방식에는 익숙하지만, 구성 요소 간의 연결을 다시 짜는 일에는 구조적으로 취약하다. 연결 방식을 바꾸는 순간 조직의 역할, 정보 흐름, 성과 기준 전반을 다시 설계해야 하기 때문이다. 전략과 기술의 정렬에 실패한 많은 사례가 바로 이 지점에서 발생한다.

헨더슨과 벤카트라만은 1993년 SAM(Strategic Alignment Model)을 통해 전략과 IT의 정렬을 네 축으로 정리했다.[6] 비즈니스 전략과 IT 전략, 조직 인프라와 IT 인프라가 동시에 맞아야 한다는 틀이었다. 당시에는 정보기술 도입이 성과에 어떻게 이어지는지를 설명하는 데 탁월한 모델이었다. 하지만 IT에 국한된다는 한계가 있었다. 최근에는 이 모델을 제조 설비, 데이터, 자동화 등 넓은 의미의 기술로 확장해 적용하려는 시도가 이어지고 있다. SAM 모델은 오늘날에도 전략과 기술의 정렬을 설명하는 강력한 언어로 쓰일 수 있는 기반을 제공한다.

이처럼 전략과 기술의 정렬에 관한 논의는 챈들러의 구조론에서 출발해, 포터의 활동 시스템, 자원기반관점과 동적 역량, 아키텍처 혁신, 그리고 SAM 모델까지 이어져 왔다. 각 이론은 시대적 맥락 속에서 서로의 한계를 보완하며 발전해 왔다. 이러한 흐름은 전략과 기술의 관계가 정태적으로 한 번 맞추는 합이 아니라, 변화하는 환경에 맞춰 지속적으로 조율해야 하는 움직이는 균형임을 보여준다.

9장

생각의 함정 《트루먼 쇼》

사상 최대 마케팅 도박의 실패

1985년 4월 23일, 코카콜라는 기자회견을 열고 창사이래 가장 과감한 결정을 발표했다. 99년 동안 이어온 오리지널 콜라 레시피를 중단하고 새로운 콜라(New Coke) 출시를 선언한 것이다.[1] 이처럼 과감한 결정을 할 수 있었던 이유는 몇 년간 진행한 대규모 소비자 조사 때문이었다. 코카콜라는 20만 명이 넘는 소비자를 대상으로 진행한 블라인드 테스트에서 절반 이상이 새로운 콜라 레시피를 선호했고, 경쟁사 펩시와의 비교 시음에서도 우위의 결과가 나왔다고 설명했다. 이로 인해 경영진은 소비자가 변화를 원한다는 확신에 차 있었고, 이를 반영하듯 새로운 콜라를 '코카콜라 역사상 가장 중요한 청량음료'라고 불렀다.[2]

새로운 콜라의 출발은 화려했다. 신제품을 맛보려는 손님이 매장에 몰려 들었고, 빨간색 캔을 집는 사람들의 표정에는 호기심이 가득했다. 언론도 매출이 늘고 있다는 기사로 새로운 콜라에 대한 대중의 긍정적 분위기를 전했다. 그러나 환호의 열기는 그리 오래가지 않았다. 소비자들은 "원래의 콜라를 돌려 달라"며 신제품에 대한 불만을 토로했고, 일부 지역에서는 기존 콜라를 사재기하는 현상마저 벌어졌다. 고객센터에는 하루 1,500건 이상의 항의 전화가 걸려왔는데 이는 평소의 네 배에 달하는 수치였다.[3] TV에는 "우리가 원한 건 이런 변화가 아니다"라며 매장 앞에서 시위하는 소비자들의 모습이 연일 등장했다. 시장 조사에서는 새 콜라가 '더 맛있다'는 응답이 많았음에도, 실제 시장에서는 정반대의 상황이 벌어진 것이다.

시장 조사기관 닐슨의 보고서에 따르면 코카콜라가 신제품을 출시한 직후 한 달 동안 경쟁사 펩시의 시장점유율은 18.3%에서 20.6%로 올랐다. 이 때문에 코카콜라의 시장점유율은 오랜만에 60% 아래로 떨어졌다.[4] 다급해진 회사가 광고와 판촉을 늘렸지만 한번 돌아선 소비자의 마음은 쉽게 돌아오지 않았다. 코카콜라가 소비자들에게 단순한 탄산음료 이상의 의미를 지녔기 때문이었다. 사람들에게 콜라는 어려서부터 가족 모임의 식탁, 혹은 야구장의 함성 속에서 늘 경험해 왔던 기억과 추억이었다. 그렇기에 '내가 마셔왔던 콜라'가 사라졌다는 상실감이 컸다. 소비자 조사는 새로운 콜라의 단맛에 대한 선호도는 알아냈지만 사람들이 오리지널 코카콜라에 대해 느끼는 깊고 지속적인 감정적 애착을 파악하지는 못했다.[5]

결국 신제품 발표 79일 만인 7월 11일, 코카콜라는 전사의 역량을 쏟아부은 마케팅 도박의 실패를 인정하고, 오리지널 레시피를 '코카콜라 클래식'이라는 이름으로 부활시켰다.[6] 뉴욕타임스는 이를 "마케팅 역사에서 보기 드문 전격 철회"라고 평가했다.[7] 화려한 발표와 수십만 명이 참여한 시장 조사의 결과가 현실과 동떨어졌던 이유는 무엇일까? 블라인드 테스트의 한 모금과 일상 생활에서 마시는 한 캔 사이에는 어떤 차이가 있었던 것일까? 인간의 합리성을 전제로 한 소비자 조사와 그것을 토대로 수립한 전략에 무슨 오류가 있었던 것일까? 그 답을 영화 《트루먼 쇼》를 통해 찾아보자.

트루먼 쇼(The Truman Show, 1998)

영화 《트루먼 쇼》(The Truman Show, 1998, 감독 피터 위어, 주연 짐 캐리)는 겉으로 평온해 보이는 일상이 사실은 거대한 세트 안에서 연출된 가짜 세계였음을 보여주는 작품이다. 영화에서 주인공 트루먼이 사는 세상은 '씨헤이븐(Seahaven)'으로 불리는 거대한 인공 스튜디오 안이다. 트루먼은 매일 반복되는 하루하루를 살아가는 평범한 직장인이다. 출근하려고 집을 나서면 때마침 옆집에 사는 이웃이 나와 기다렸다는 듯이 인사를 건네고 강아지 루돌프가 달려든다. 그는 매일 같은 장소에서 신문을 사고, 같은 사람을 만난다.

그렇게 반복적 일상을 살아가던 그에게 어느 날부터 이상한 일이 일어난다. 그것은 하늘에서 난데없이 이상하게 생긴 물체가 떨어지면서 시작되었다. '시리우스 9번'이라고 적힌 물체는 원래 인공 스튜디오에서 하늘의 별을 대신하던 조명 장치였다. 하지만 그것을 알리 없는 트루먼은 한동안 두리번거리며 살피다가, 구름 한 점 없는 하늘과 고요하고 평화로운 주변을 보고는 아무일 아니라는 듯, 가던 길을 마저 간다. 잠깐의 의아스러움을 뒤로 하고 출근하는 트루먼의 차에서 때마침 비행기 사고가 있었다는 라디오 뉴스가 떨어진 물체에 대한 변명처럼 흘러나온다.

이후에도 설명하기 어려운 낯선 일들이 연이어 발생한다. 트루먼이 바닷가에 서 있을 때 물뿌리개로 화분에 물을 주듯 그가 있는 곳에만 비가 내린다. 비를 피해 움직이면 빗줄기도 따라 움직인다. 자신을 따라다니며 내리는 비를 보고 어처구니없다는 표정으로 소리를 지르자 빗줄기는 천둥번개와 함께 폭우로 변해버린다. 또 어느 날은 오랫동안 죽은 줄 알았던 아버지를 거리에서 우연히 마주친다. 하지만 반가워할 틈도 없이 아버지는 낯선 사람들에게 둘러싸여 어딘가로 끌려간다. 이를 목격한 트루먼이 아버지를 뒤쫓으려 하자 갑자기 마라톤 선수들이 지나가고 교통체증마저 발생해 놓치고 만다. 집에 돌아와 아버지를 만난 일을 털어놓자, 어머니는 트루먼이 옛일에 대한 죄책감으로 헛것을 본 것이라며 얼버무린다. 어릴 적 쓸데없는 모험심으로 섬을 벗어나겠다고 고집을 부린 탓에 아버지가 폭풍우 속에 목숨을 잃었다는 죄책감 말이다.

사실 트루먼이 다니는 회사의 직장동료, 고객, 이웃, 심지어 부모와 아내까지 모두 실제 인물이 아닌 연기자였다. 30여 년 동안 그는 자신의 모든 생활을 몰래 카메라로 촬영하여 전 세계에 생중계하고 있는지도 모른 채 감독이 만들어 놓은 삶을 살고 있었다. 어린 시절의 트루먼은 탐구심이 강해 여행가를 꿈꾸며 섬을 벗어나려 했다. 그러나 제작진과 다른 배우들은 트루먼에게 이 세상에는 더 이상 탐험할 지역이 없다고 가르치고, 비행기 사고에 대한 공포를 심어준다. 나아가 씨헤이븐이 최고의 관광지로 선정되었다는 기사를 보여주며 트루먼의 모험 욕구를 억제하고 그를 섬에 붙들어 두려 한다. 그는 씨헤이븐이 거짓 세상임을 처음 귀뜸해준 첫사랑 실비아 로렌(나타샤 멕켈혼 분)을 찾아 피지(Fiji)로 떠나고 싶어하지만, 아버지의 죽음을 계기로 트라우마가 생긴 탓에 인공 세트장인 섬 밖으로 나갈 엄두를 내지 못한다.

고민 끝에 트루먼이 실비아를 찾아 씨헤이븐을 떠나려 하자 약속이라도 한 듯이 도시 전체가 그를 가로막는다. 처음에는 거리의 행인과 버스가 그의 자동차를 막더니 급기야 방사능 유출이라는 말도 안 되는 이유로 경찰이 지역을 봉쇄하기에 이른다. 그럼에도 불구하고 트루먼은 인공 폭풍우를 헤치며 보트를 타고 바다를 건너 마침내 평생 현실로 믿고 살았던 씨헤이븐이 인공 스튜디오임을 알아낸다. 그러자 무려 30년간 '트루먼 쇼'를 진행해 온 크리스토프(에드 헤리스 분) 감독은 스튜디오를 떠나려는 트루먼에게 "당신의 인생은 진짜"라며 씨헤이븐이 현실이라고 주장한다. 사실 트루먼도 평생 씨헤이븐이 현실이라 믿었고, 스튜디오 안에서 그는 유일한 진짜였으니 어찌 보면 크리스토프의 이야기는 맞는 주장이다. 그러나 실제의 씨헤이븐은 감독이 구상한 세상을 돔형 스튜디오에 구현한 가상 현실에 불과했다. 감독은 자신이 트루먼을 누구보다 잘 안다며 거짓말과 속임수뿐인 세상과 달리 트루먼을 위해 자신이 만든 세상에는 두려울 것이 없다고 말한다. 하지만 만들어진 도시 씨헤이븐의 현실성에 대한 크리스토프의 과신은 진실과 모험을 향한 트루먼의 용기를 이길 수 없었다. 마침내 트루먼은 그의 영화 속 명대사인 "못 볼지도 모르니 미리 말해 두죠. 좋은 오후, 좋은 저녁, 그리고 좋은 밤 보내세요"라는 인사를 끝으로, 평생 진실이라 믿고 살았던 거짓 세계와 인위적 인생에 작별을 고하고 진정한 현실 세상을 향해 문을 나선다.

거짓 세계인 씨헤이븐을 떠나 현실로 나가는 트루먼

데이터가 놓친 인간의 마음

전략 연구는 오랫동안 인간을 합리적 존재로 가정해 왔다. 경제학에서 출발한 합리적 선택 모형을 기업 경영에도 그대로 적용한 것이다. 마이클 포터는 산업구조 분석에서 다섯 가지 경쟁 요인을 분석하면 합리적인 전략 선택이 가능하다고 설명했다. 자원기반이론 역시 기업이 가진 자원이 얼마나 희소하고 모방하기 어려운지를 따져보면 경쟁우위를 설명할 수 있다고 했다. 이러한 접근법은 모두 의사결정자가 충분한 정보를 모으고, 그것을 이성적으로 해석해서 목표에 맞게 행동할 것이라는 믿음에 바탕을 두고 있다. 하지만 현실은 그렇게 단순하지 않다. 《트루먼 쇼》에서 주인공이 눈앞에 펼쳐지는 이상한 장면들을 잘못된 합리성으로 해석하려다 진실을 놓쳤던 것처럼, 기업 경영자도 보고서와 데이터만 믿다가 실제 변화를 보지 못하는 경우가 많다.

이 한계를 가장 먼저 지적한 학자가 허버트 사이먼(Herbert Simon)이다. 그는 『행정행태(Administrative Behavior)』(1947)에서 인간은 모든 정보를 수집하고 계산할 수 없으며, 제한된 시간과 능력의 한계 때문에 "만족할 만한 수준"에서 결정을 내린다고 설명했다.[8] 다니엘 카너먼(Daniel Kahneman)과 아모스 트버스키(Amos Tversky)는 1974년 발표한 「휴리스틱과 편향(Heuristics and Biases)」이라는 논문에서, 사람들은 복잡한 상황을 마주했을 때, 계산기를 두드리듯 모든 경우의 수를 따지지 않고, 빠른 판단을 위해 직관적 지름길에 의존한다고 주장했다.[9] 이처럼 휴리스틱을 사용하는 과정에서 여러 가지 왜곡이 생긴다. 이미 믿고 있는 생각에 맞는 증거만 받아들이는 확증편향, 스스로의 판단을 과대평가하는 과잉 자신감, 같은 값의 이익보다 손실을 크게 느끼는 손실회피 등이 대표적이다. 이런 편향은 전략에서도 나타난다. 실패보다 성공 사례를 더 크게 보고, 손실 위험보다 장밋빛 기대 수익을 강조하며 전략을 세우는 경우가 그 예다.

2000년대에 들어서면서 학자들은 행동과학에서 얻은 통찰을 전략 연구에 접목하기 시작했다. 댄 로발로(Dan Lovallo)와 다니엘 카너먼은 2003년 하버드 비즈니스 리뷰에 실린 「성공의 환상(Delusions of Success)」에서 경영자들이 결정을 내릴 때 흔히 지나치게 낙관적이라는 점을 지적했다. 위험은 낮게 보고, 성공 가능성은 과장해서 보는 습관이 있다는 것이다.[10] 이후 마이클 포웰(Michael Powell), 댄 로발로, 올리버 시보니(Oliver Sibony)는 2011년 논문에서 이런 왜곡을 줄이는 구체적 방법을 제안했다.[11] 중요한 결정을 할 때는 여러 가지 시나리오를 억지로라도 비교하게 하고 조직 밖의 시각을 끌어들여 내부의 장밋빛 기대를 누그러뜨리는 방식이다. 또 성과 목표를 세울 때도 단기 매출 같은 숫자에만 기대지 말고, 장기적으로 닥칠 위험 요인이나 다양한 이해관계자의 의견을 함께 반영해야 한다고 강조했다. 이런 접근을 '행동전략(Behavioral Strategy)'이라고 부른다. 여기서의 핵심은 전략이 실제로 힘이 있으려면 냉정하게 계산된 숫자만이 아니라, 사람들의 심리와 감정을 다루는 방법도 함께 고려해야 한다는 것이다.

이런 논의는 영화 《트루먼 쇼》의 장면과 자연스럽게 이어진다. 트루먼은 매일 같은 시간에 같은 이웃을 만나고, 같은 인사를 나누며, 모든 것이 질서 있게 반복되는 일상을 살아간다. 그는 눈앞에서 벌어지는 일들이 이상해 보여도 스스로 합리화하며 현실을 믿으려 했다. 하지만 아내가 자신과의 대화 중에 갑자기 상품 광고를 하거나, 친구가 기계처럼 같은 말을 반복할 때마다 마음속에서는 설명할 수 없는 의문이 자라났다. 결국 그는 거대한 세트의 끝에서 인공 하늘이 그려진 벽을 마주하기 전까지는 자신이 살던 세계가 가짜임을 알 수 없었다.

기업의 모습도 크게 다르지 않다. 수많은 보고서와 데이터에 기반해 전략을 수립해도, 실제 시장은 종종 예상과 다른 방향으로 흘러간다. 고객이 느끼는 감정, 직원들의 몸에 밴 습관, 사회 전반의 분위기처럼 숫자로 잡히지 않는 요소들이 전략에 영향을 미친다. 표면적 논리와 계산이 완벽해도, 눈에 보이지 않는 요인들이 결과를 뒤집는다. 그런 점에서 행동전략은 전략의 수립과 실행에 중요한 통찰을 제공한다. 행동전략은 기존 전략이론들과 달리 인간은 본래 불완전하고, 언제든 인지 오류와 감정적 편향에 흔들릴 수 있음을 인정하고 이를 보완하는 절차와 문화를 만드는 것이 중요하다고 주장하기 때문이다.

조작된 무대와 기업 현실의 구조적 공통점

《트루먼 쇼》에서, 트루먼은 말도 안 되는 이상한 단서들이 연속해서 나타나도 이를 비판적으로 따지기보다, 익숙한 일상의 틀 속에서 이해하려 한다. 하늘에서 떨어진 조명이 비행기 사고라는 라디오의 뉴스를 그대로 믿고, 여행을 떠나려다 도시 전체가 막혀도 방사능 유출 때문에 도시를 봉쇄했다는 뉴스 보도를 받아들이고 체념한다. 이러한 모습은 사람이 현실을 인식할 때 빠지게 되는 세 가지의 인지 오류를 보여준다. 우선 그는 이상한 사건들이 보내는 신호를 복잡하게 분석하는 대신 뉴스가 내놓는 단순한 설명을 믿어 버린다. 그렇게 함으로써 자신이 살고 있는 세계가 진실이라는 기존의 신념을 강화한다. 조그만 방해에도 여행을 포기하는 그의 모습은 익숙한 질서에서 벗어나기를 두려워하는 인간의 모습에 다름 아니다. 이러한 과정을 행동전략에서는 인지 단순화, 인지 편향, 인지 관성의 오류라고 설명한다.

베스트바이(Best Buy)는 온라인 유통이 급성장하던 시기에도 "고객은 매장에서 제품을 본 뒤 구매한다"는 과거의 경험에 안주했다. 시장의 변화를 종합해서 파악하기보다 익숙한 데이터 하나로 모든 상황을 단순하게 해석한 것이다. 그 사이 고객은 온라인으로 이동했고, 매장은 물건을 사는 대신 직접 눈으로 보기만 하는 전시장으로 전락했다. 이는 마치 트루먼이 조명이 떨어진 사건을 순진하게 항공기 사고라고 믿는 것과 유사하다. 두 경우 모두 복잡한 상황을 단순한 설명으로 덮어버리는 인지 단순화의 오류 탓에 큰 흐름을 놓치고 만 것이다.

트루먼은 아내가 광고를 하듯 이상하게 말하거나, 죽은 줄 알았던 아버지가 갑자기 나타나도 이를 의심하는 대신 모든 것이 정상이라는 자신의 신념을 강화하는 쪽으로 상황을 받아들이려 했다. 이와 유사하게 리먼 브라더스 경영진은 내부 보고서가 위험을 경고했음에도, 자신들의 위험 관리 능력을 과신하며 그럴 리 없다는 과잉 확신과 확증편향을 고집하다 파국을 맞았다. J.C. 페니 역시 할인 정책 폐지로 큰 타격을 입고도, 원인을 고객의 '합리성 부족' 탓으로 돌리며 편향적 사고에 빠져, 같은 실수를 반복했다.

인지 관성 오류는 특히 위험하다. 게임 산업의 강자였던 세가(SEGA)는 1998년 드림캐스트라는 게임기를 야심 차게 출시했다. 세계 최초로 내장 모뎀을 탑재하고 온라인 게임을 지원하는 등 혁신적 기능을 포함했지만 여전히 하드웨어 중심 전략을 반영한 제품이었다. 반대로 경쟁사인 소니(SONY)는 DVD 기능을 넣고 외부 게임 회사들과 협력하면서 소프트웨어 중심으로 시장 판도를 바꿨다. 결국 과거의 성공에 기대어 방향을 바꾸지 못했던 세가는 2001년 드림캐스트 단종을 발표하며 게임기 사업을 접어야 했다. 아그파(Agfa)도 필름 수요가 줄어드는 걸 알면서도 디지털 전환을 미루다 끝내 파산에 이르렀다. 영화 속 트루먼 역시 익숙한 일상이 주는 편안함에 매달려, 작은 방해에도 탈출을 포기하고 돌아섰다. 기업이든 개인이든, 인지 관성의 오류에 빠지면 변화의 순간을 놓치고 중요한 기회를 잃게 됨을 보여주는 사례다.

앞서 살펴보았듯이, 영화와 기업의 사례는 모두 동일한 구조적 흐름을 보이며, 전략의 실패가 합리적 사고의 부족이나 기술의 결핍이 아니라 인간의 인식 구조에서 비롯될 수 있음을 알려준다. 처음에는 복잡한 신호를 단순화해 해석하고(인지 단순화), 다음 단계에서는 기존 믿음을 강화하는 방향의 정보만 받아들이며(인지 편향), 마지막에는 그렇게 길들여진 익숙한 틀을 고수하려 한다(인지 관성). 이 세 단계를 거치며 오류는 굳어지고, 진실이나 변화의 기회를 못 알아보거나, 알아보더라도 적극적인 행동으로 옮기지 못한다. 트루먼은 수많은 단서가 쌓이기 전까지 자신이 사는 세상이 허구임을 깨닫지 못했다. 사례로 살펴본 기업들 역시 수많은 시장 신호에도 불구하고 변화를 결단하지 못했다. 합리적 사고보다 인지 오류가 전략의 성패를 좌우한 것이다.

트루먼은 마침내 탈출에 성공한다. 그는 인지 오류의 사슬을 끊고 인공 스튜디오 세트의 벽을 찾아 문을 열고 나가면서, 가상이 아닌 실제의 현실로 용기 있게 나아간다. 그러나 기업은 개인처럼 직관적 결단으로 오류를 넘어서기가 더 어렵다. 그 때문에 리먼 브라더스는 파산했고, 세가는 게임기 시장에서 물러났으며, 아그파는 필름 산업에서 사라졌다. 영화는 개인이 인지의 한계를 극복할 수 있다는 희망을 보여주지만, 현실의 기업은 집단적 인지 오류를 체계적으로 관리하지 않으면 실패로 귀결될 수밖에 없음을 말해준다.

인간의 불완전성을 껴안는 전략

《트루먼 쇼》의 마지막 장면은 인간이 가진 한계와 가능성을 동시에 보여준다. 폭풍우 속에서 트루먼은 작은 배를 몰아 바다 끝으로 향한다. 마침내 인공 스튜디오 끝의 벽에 부딪히고, 탈출을 위해 문 앞에 선다. 이를 지켜보고 있던 쇼의 제작자 크리스토프는 무전을 통해 트루먼에게

"바깥은 위험하다"며 스튜디오 밖으로 나가지 말 것을 주문한다. 하지만 트루먼은 머뭇거리지 않고 특유의 인사를 남긴 채 미소를 지으며 문 밖으로 나간다. 익숙한 무대와 안락한 일상을 뒤로한 채, 불확실한 현실을 선택한 것이다. 이 결말은 오류와 관성에 묶여 있어도, 인간은 용기와 결단을 내리면 결정적 순간에 다른 길을 선택할 수 있는 존재임을 상징적으로 보여준다.

안타깝게도 현실 기업에서 이런 결단을 보기는 쉽지 않다. 개인은 직관과 용기로 불확실성을 감수할 수 있지만, 기업은 수많은 이해관계와 절차, 보고 체계가 얽혀 있어 오류가 증폭되기 쉽다. 리먼 브라더스의 경우, 내부 보고를 통해 위험을 여러 차례 감지했음에도, 과잉 확신과 집단적 자기합리화에 매몰돼 방향을 바꾸지 못했다. 세가와 아그파 역시 변화의 필요성을 알면서도, 과거 성공 모델에 기대려는 심리가 퍼지며 전환을 지연시켰다. 영화 속 트루먼처럼 개인은 혼자 결단하고 행동할 수 있지만, 조직은 수많은 구성원의 인식을 동시에 바꿔야 하기에 어렵다. 그 사이 오류가 누적되고, 미처 깨닫기도 전에 몰락하는 것이다.

이런 현실은 전략의 전제를 돌아보게 한다. 인간의 합리성을 전제로 한 전략은 현실을 설명하기에 충분하지 않다. 인간은 복잡한 정보를 단순화하고, 기존 신념에 맞춰 정보를 해석하며, 자신이 익숙한 질서를 고수하려는 경향이 있기 때문이다. 행동전략은 바로 이 지점에서 출발한다. 인지 오류를 없앨 수 있다는 환상을 버리고, 오류가 언제나 존재한다는 사실을 있는 그대로 받아들인다. 대신 그 오류를 줄이거나 관리할 수 있는 제도적 장치를 고민한다. 의사결정 과정에 서로 다른 관점을 의도적으로 포함시키고, 시나리오 플래닝(Scenario Planning)을 활용해 같은 상황을 다른 맥락으로 해석해 보고, 데이터 분석을 보완 장치로 활용하는 것이 모두 이런 맥락이다. 트루먼이 작지만 이상한 현상들을 무시하지 않고 해결하기 위해 도전했듯이, 기업도 오류의 신호를 포착하고 검증할 수 있는 구조를 마련해야 한다.

그러나 전략이 단순히 오류 관리 수준에 그쳐서는 안 된다. 중요한 것은 불확실성을 감수할 수 있는 집단적 용기를 만들어 내는 것이다. 트루먼은 개인이기에 혼자의 용기로 인식의 벽을 허물고 낯선 세계로 나갈 수 있었지만, 기업 조직은 위험을 감당하려 하지 않고, 안전한 틀 속에 머무르려는 힘이 개인에 비해 훨씬 크다. 따라서 조직 전체가 새로운 길을 택하려면 반드시 제도적 장치와 절차가 뒷받침되어야 한다. 이를 위해서는 성과 지표나 규정을 넘어 모두가 '낡은 틀을 벗어나야 한다'는 공감과 신뢰를 가져야 한다. 그것이 없다면 어떤 전략도 현실 앞에서 무너질 수밖에 없다.

심화학습 – 행동전략의 이론과 실무 적용

행동전략(Behavioral Strategy)은 고전적 전략 이론이 외면해 온 인간의 한계에 정면으로 도전한다. 알프레드 챈들러가 "구조는 전략을 따른다"는 명제를 내세우고, 마이클 포터가 산업구조 분석으로 전략의 틀을 만들던 시기만 해도, 사람은 충분한 정보를 모아 합리적으로 판단하는 존재라는 가정이 합의를 이루고 있었다. 그러나 허버트 사이먼은 이런 전제에 의문을 던졌다. 그는 '제한된 합리성(Bounded Rationality)'이라는 개념을 통해, 인간은 모든 정보를 알 수도, 모든 대안을 계산할 수도 없다고 설명했다.[12] 그의 문제 제기는 경영학뿐 아니라 인공지능 연구에도 큰 영향을 주었고, 전략 역시 인간의 실제 인지 과정을 무시할 수 없음을 보여주었다.

뒤이어 다니엘 카너먼과 아모스 트버스키는 한 걸음 더 나아가, 사람들이 의사결정을 할 때 비합리적 선택을 한다는 사실을 실험으로 입증했다.[13] 휴리스틱과 편향 연구, 그리고 전망 이론은 사람이 위험과 보상을 계산할 때 상황과 심리에 따라 크게 달라짐을 보여주었다.[14] 이 지점에서 행동경제학과 전략 연구가 만났고, 기업 전략도 결국 사람의 판단을 거쳐야 하므로 인지 한계와 오류에 노출될 수밖에 없다는 사실이 설득력을 얻으며 행동전략이 출발했다.

행동전략의 핵심은 오류를 없앨 수 있다는 착각에서 벗어나는 데 있다. 인간은 언제나 불완전하고, 불확실한 상황에서 의사결정을 내려야 한다. 따라서 중요한 질문은 '오류를 어떻게 없앨 것인가'가 아니라 '오류를 어떻게 줄이고 관리할 것인가'다. 예를 들어 회의에서 일부러 '악마의 대변인(Devil's Advocate)'을 두어 다수 의견에 반대하는 시각을 제시하게 하는 방식이 이에 해당한다.[15] 또 하나는 시나리오 플래닝이다. 이는 단일 미래를 가정하지 않고 여러 가능성을 준비하면서 전략을 반복 점검하는 방법이다.[16] 이런 장치들은 편향이나 관성이 만드는 맹점을 줄이는데 도움이 된다.

데이터와 알고리즘 역시 행동전략의 중요한 도구다. 과거에는 경영자의 직관과 경험이 전략의 주된 자원이었지만, 오늘날에는 방대한 데이터를 활용해 편향을 보완할 수 있다. 다만 데이터 자체가 중립적일 수는 없다는데 유의할 필요가 있다. 무엇을 수집하고 어떻게 해석할지는 결국 인간의 선택에 달려 있기 때문이다. 따라서 데이터 분석은 오류를 완전히 대체하는 해법이 아니라, 인간의 오류를 점검하는 보완 장치로 보는 편이 옳다. 게리 클라인의 '자연주의적 의사결정(Naturalistic Decision Making)' 연구도 이 점을 강조한다.[17] 현장에서 쌓인 경험과 직관은 빠른 판단에 유리하지만, 동시에 오류의 위험도 안고 있으므로, 전략은 직관과 데이터, 경험과 분석을 균형 있게 결합해야 한다.

실무에서 행동전략을 적용하기 위해서는 몇 가지 조건이 필요하다. 첫째, 회의에서 다양한 관점이 드러날 수 있도록 절차를 설계해야 한다. 토론의 형식이나 절차만 바꿔도 다수결의 함정이나 집단사고를 줄일 수 있다.[18] 둘째, 프로젝트 관리 단계에서 초기 가설을 반복적으로 검증하는 장치를 두어야 한다. 가설을 사실로 고정하지 않고 일정한 주기로 점검하면 인지 관성에 빠질 위험이 줄어든다. 셋째, 위기 상황에서는 하나의 시나리오에만 의존하지 말고 여러 대안을 준비해야 한다.[19] 넷째, 장기 전략에 데이터 분석을 반드시 포함하되, 해석 과정에 편향이 끼어들 수 있음을 감안해야 한다. 데이터를 맹신하는 태도 역시 또 다른 오류가 되기 때문이다.

행동전략에도 한계는 있다. 인지 오류를 제도적 장치로 보완하더라도, 조직 내부의 권력 관계나 숨은 의도까지 통제하기는 어렵다. 사람은 단순히 계산상의 오류만이 아니라 이해관계와 감정, 권력 동기에도 흔들린다. 따라서 행동전략은 강력한 도구이긴 하지만, 이것만으로 전략 실패를 완전히 막을 수는 없다. 인간 현실을 고려하는 넓은 전략 사고의 한 부분으로 이해하는 것이 바람직하다.

10장

숨은 의도 《킹메이커》

전략과 다른 현실

2018년 10월, 인도네시아에서 출발한 라이온 에어(Lion Air) 610편 보잉 737맥스가 이륙 직후 바다로 추락했다. 불과 다섯 달 뒤인 2019년 3월에는 에티오피아 항공(Ethiopian Airlines) 302편이 같은 기종으로 사고를 일으켰다. 두 번의 사고로 346명이 목숨을 잃었고, 세계 각국 항공사들이 일제히 737맥스 운항을 중단했다. 사고 원인에 대한 조사가 이어졌고, 미국 항공당국 FAA는 안전성 검증을 다시 하도록 명령했다. 보잉(Boeing)은 이미 2011년부터 해당 기종 개발에 공을 들이며 '안전 최우선'을 강조해 왔지만, 현실은 달랐다. 에어버스 A320neo보다 빨리 신형기를 내놓으라는 시장 압력, 비용 절감을 요구하는 경영 목표, 일정에 쫓기는 현장의 상황이 겹쳤다. 그 결과 수십 년간 항공업계에서 신뢰의 상징이었던 보잉사는 가장 치명적인 위기를 맞았다.

2015년, 독일의 폭스바겐은 전혀 다른 방식으로 위기에 직면했다. 회사는 '친환경'과 '클린 디젤'을 내세우며 대규모 마케팅을 전개했다. 청정 하늘과 깨끗한 배기가스 이미지를 내세운 광고로 소비자를 설득한 결과 유럽과 미국에서 판매량이 꾸준히 증가했다. 그러나 미국 환경보호청(EPA)의 발표는 충격적이었다. 차량 내부에, 배출가스 시험을 통과하기 위한 조작 프로그램이 설치되어 있었던 것이다. 실제 도로 주행에서는 질소산화물이 기준치보다 수십 배 많이 배출되었지만, 시험 상황에서는 배출량을 줄이는 소프트웨어가 작동해 문제없이 통과했다. 전 세계적으로 약 1,100만 대의 차량이 영향을 받았고, 폭스바겐은 벌금과 합의금으로 300억 달러가 넘는 비용을 감당해야 했다. CEO의 사임으로 이어진 이 사태로 인해 폭스바겐뿐만 아니라 독일 기업에 대한 신뢰마저 흔들렸다. 겉으로는 친환경 이미지를 선명하게 내세웠지만, 드러난 현실은 그와 달랐다.

제너럴 일렉트릭(GE)도 예외가 아니었다. 제프리 이멜트가 이끌던 시기, GE는 장기 성장 전략을 내세우며 디지털 전환과 친환경 에너지 분야 투자를 강조했다. '21세기형 산업기업'으로 변신하겠다는 포부였다. 그러나 실적 발표 시점이 다가오면서 상황이 달라졌다. 분기별 수익을 맞추라는 압박이 현장을 지배했고, 관리자는 장기적 혁신보다 단기 성과에 집중할 수밖에 없었다. 이러한 괴리는 결국 수치로 드러났다. 2018년 GE는 100년 넘게 유지해 오던 다우지수 구성 종목 자리에서 퇴출되었고, 시가총액은 1,000억 달러 아래로 추락했다. 한때 세계에서 가장 안정적 기업으로 불리던 이름이 단기간에 무너져 내린 것이다.

보잉, 폭스바겐, GE는 모두 분명한 전략을 수립하고 실행에 옮기려 했다. 안전, 친환경, 장기 성장이라는 원칙은 이들이 발표하는 보고서와 CEO의 대외 연설에서 반복적으로 강조되었다. 그런데 왜 실행은 전략과 전혀 다른 방향으로 흐르고 참담한 결과를 맞이했을까? 그 원인을 밝히기 위해 영화 《킹메이커》 속으로 들어가 보자.

킹메이커(The Ides of March, 2011)

영화 《킹메이커》(The Ides of March, 2011, 감독 조지 클루니, 주연 라이언 고슬링, 조지 클루니, 필립 시모어 호프먼)는 미국 민주당 대선 경선이라는 무대를 배경으로 한 정치 드라마로 2011년 베니스 국제영화제에서 첫 상영되었다. 청렴과 원칙을 내세운 지도자와 그를 보좌하는 참모들의 이야기인데, 시간이 흐를수록 겉으로 표방한 이상과 내부의 숨은 의도(hidden agenda)가 부딪히며 전략이 뒤틀리는 과정을 보여준다.

영화 초반, 모리스 주지사(조지 클루니 분)는 이상주의적이고 진보적인 메시지로 청중을 매료시킨다. 그의 연설은 정치에 환멸을 느낀 사람들에게 새로운 희망을 주었고, 그 때문에 선거캠프 내부는 활기가 넘친다. 젊은 홍보담당 스티븐 마이어(라이언 고슬링 분)는 모리스를 정치 스승으로 존경하며, 자신이 새로운 시대를 여는 일에 동참하고 있다고 믿는다. 그러나 이 믿음은, 경쟁 후보 캠프의 선거대책본부장 톰 더피(폴 지아매티 분)가 비밀리에 스티븐에게 접근하면서 흔들린다. 더피는 그의 능력을 높이 평가하며, 모리스 캠프를 떠나 자신들과 함께할 것을 제안한다. 이 제안은 처음에 순수한 영입 시도처럼 보였지만, 영화 후반부에서 드러나는 진실은 전혀 달랐다. 더피의 목적은 스티븐을 데려오기 위함이 아니라, 그의 충성심을 흔들어 모리스의 선거캠프 자체를 불안정하게 만드는 것이었다. 표면적으로는 제안이었으나, 실제로는 상대 진영을 무너뜨리려는 숨은 의도가 숨어 있었던 것이다.

한편, 캠프 본부장 폴 자라스(필립 시모어 호프먼 분)는 스티븐에게, 정치는 결국 충성(loyalty)에 달려 있다고 강조한다. 그는 충성이 끊어지는 순간 정치 인생도 끝난다고 단언한다. 그러나 그의 행동은 말과 달랐다. 자라스는 자신의 캠프 내 권력과 입지를 지키기 위해 언론에 고의로 스티븐의 이야기를 흘렸고, 그 결과 스티븐은 캠프에서 쫓겨난다. 충성을 외치던 그가 실제로는 뒷공작으로 부하를 희생시키는 장면은, 표방하는 가치와 숨은 의도의 괴리를 적나라하게 보여준다.

그러던 중, 영화의 전개를 근본적으로 바꾸는 사건이 발생한다. 선거캠프에서 인턴으로 근무하던 몰리(에반 레이첼 우드 분)가 후보인 모리스와 부적절한 관계를 맺었고, 그로 인해 임신한 사실이 드러난 것이다. 몰리는 민주당 전국위원장의 딸이자 아직 미성년자였다. 그녀는 스티븐에게 도움을 요청한다. 그러나 스티븐 역시 그녀와 사적으로 부적절한 관계를 맺은 상태였고, 이로 인해 자신에게도 불똥이 튈 수 있다는 두려움에 휩싸인다. 결국 스티븐은 사건을 무마하기 위해, 선거캠프의 자금을 은밀히 빼내 몰리의 임신 중절 수술 비용을 마련해 준다. 이 순간 스티븐은 더 이상 순수한 이상주의자가 아니었다. 그는 이미 권력의 어두운 논리에 발을 담근 것이다. 하지만 자신이 버림받았다고 느낀 몰리는 끝내 절망 속에 스스로 목숨을 끊고, 이로 인해 사건은 선거캠프 전체를 뒤흔드는 치명적 파문으로 번진다.

궁지에 몰린 스티븐은 몰리의 죽음을 이용해 자신의 복권을 관철시키기 위해 모리스를 직접 찾아가 협박한다. 그러나 모리스의 반응은 뜻밖이었다. 그는 잘못을 인정하거나 반성하기보다 "증거가 있느냐"고 되묻는다. 이 짧은 대사는 영화가 전달하는 메시지를 상징적으로 드러낸다. 청렴과 원칙을 내세운 지도자가 실제 위기 상황에서는 권력의 논리에 기대어 책임을 회피한 것이다. 스티븐은 깊은 배신감을 느끼지만, 이미 자신도 사건 은폐에 개입한 사실 때문에 빠져나갈 길이 없다. 이 장면은 겉으로 드러낸 이미지와 숨은 의도가 정면으로 충돌하는 순간으로, 스티븐의 내적 갈등을 극대화해서 보여준다.

스티븐과 몰리의 부적절한 만남

후반부로 갈수록 모리스의 선택은 더욱 노골적이다. 초반에 그는 톰슨 상원의원(제프리 라이트 분)이 제안한 조건부 협력을 거절했었다. 톰슨은 자신을 부통령 후보로 지명하면 모리스를 대통령 후보로 지지하겠다고 했지만, 모리스는 원칙을 내세우며 뿌리쳤다. 그러나 몰리 사건 이후 입지가 흔들리고, 스티븐이 그의 비밀을 쥔 상황에서 모리스는 결국 당선을 위해 톰슨을 러닝메이트로 받아들인다. 청렴과 원칙이라는 이미지를 스스로 무너뜨리고, 권력을 지키기 위한 정치적 야합을 선택한 것이다.

마지막 장면에서 스티븐은 다시 선거캠프에 합류한다. 그러나 그는 더 이상 순수한 이상주의자가 아니다. 모리스의 비밀을 쥔 채, 정치적 협상의 한 축으로 자리 잡은 그는 냉정한 눈빛으로 언론 앞에 선다. 카메라 플래시가 터지는 순간, 관객은 그가 정치의 이상을 좇던 인물이 아니라 권력의 냉혹한 논리에 발을 들인 플레이어로 변모했음을 확인한다. 모리스는 민주당 후보 지명에 성공하지만, 그 과정은 은폐와 거래, 배신으로 얼룩져 있었다.

선거캠프의 이상, 참모들의 이해관계, 모리스 개인의 욕망은 서로 다른 위치에서 출발했지만, 결국 같은 길로 수렴한다. 전략이 있었지만, 실행은 의도와 다르게 이어졌다. 그 차이를 만든 것은 겉으로 드러나지 않았던 힘, 곧 각자의 숨은 의도였다.

겉으로 드러난 전략과 숨은 의도의 괴리

영화 《킹메이커》는 한 선거캠프의 이야기를 통해 전략이 왜 실행 단계에서 힘을 잃는지를 차근차근 보여준다. 캠프가 외부에 내세운 전략은 청렴과 원칙이었다. 모리스 주지사의 연설은 늘 깨끗한 정치를 강조했고, 청중은 그 말에 열광했다. 그러나 이어지는 장면들은, 이 드러난 전략이 실제 행동으로 옮겨지는 과정에서 어떻게 힘을 잃어가는지를 낱낱이 보여준다. 몰리와의 관계가 폭로될 위험이 닥치자, 모리스는 그동안 자신이 강조해 온 원칙을 지키는 대신 사실의 은폐를 선택한다. 줄곧 청렴을 부르짖었지만, 실제 행동을 움직인 것은 자신의 권력을 유지하려는 숨은 의도였다.

스티븐의 궤적은 겉모습과 숨겨진 의도 사이의 괴리를 더 극적으로 보여준다. 그는 처음에 모리스를 존경했고, 깨끗한 정치를 실현할 수 있다는 믿음을 가졌다. 그러나 몰리 사건이 불거지자, 그의 판단은 곧장 달라졌다. 스티븐은 임신 사실이 드러나지 않도록 캠프 자금을 빼내 문제를 은폐하려 했고, 몰리의 죽음 이후에는 모리스를 협박하며 거래에 나선다. 겉으로 드러난 전략은 충성과 윤리였으나, 실제로 그를 움직인 것은 자신의 생존과 경력을 지키려는 숨은 의도였다. 자라스 또한 의리와 충성의 가치를 부르짖었지만, 자신이 가진 권력을 유지하기 위해 언론에 스티븐의 이야기를 흘려 그를 몰락시켰다. 더피는 겉으로는 스티븐을 영입하려는 듯 접근했지만, 나중에 드러난 속내는 모리스 캠프를 흔드는 교란 작전이었다. 영화 속 인물들은 한결같이 고귀한 가치를 추구하는듯 말했지만, 실제 행동은 숨은 의도에 따라 달라졌고, 그 결과 선거캠프 내부에는 눈에 보이지 않는 균열이 생겨났다.

하버드대학교의 크리스 아지리스(Chris Argyris) 교수는 이러한 현상을 설명하기 위해 '표면 전략(Espoused Theory)'과 '사용 전략(Theory-in-use)'이라는 개념을 제시했다. 조직이 외부에 내세우는 원칙과 실제 행동을 이끄는 동기가 다를 때, 전략은 구호에 그치고 만다는 것이다. 이를 다른 말로 표현하면, 겉으로 드러난 전략과 숨은 의도의 괴리라고 할 수 있다. 《킹메이커》의 장면들은 바로 이 괴리를 구체적으로 보여준다. 연설과 구호는 청렴과 원칙을 말했지만, 위기 상황에서 선택한 것은 권력 유지와 생존이었다. 전략의 설계가 아닌, 실행 단계에서 괴리가 벌어진 것이다.

이 괴리는 여러 형태로 나타났다. 첫째는 리더와 구성원 사이에서 드러난 괴리다. 모리스는 청렴을 외쳤지만, 스티븐은 자신의 생존을 우선시했다. 둘째는 조직의 대외 메시지와 내부 행동 사이의 괴리다. 선거캠프 전체가 이상을 강조했지만, 내부에서는 자리 다툼과 권력 계산이 더 큰 힘을 발휘했다. 자라스의 뒷공작은 그가 금과옥조처럼 내세운 충성과는 전혀 다른 선택이었다. 셋째는 리더 개인의 이미지와 실제 욕망 사이의 괴리다. 모리스는 청렴한 이미지를 유지하려 했지만, 실제로는 은폐와 야합을 통해 승리를 좇았다. 세 가지 관계에서 동시에, 내세운 전략과 숨은 의도 사이에 괴리가 발생하면서, 선거캠프의 전략은 힘을 잃었다.

행동전략에 따르면, 인간은 합리적 이성만으로 움직이지 않는다. 권력, 보상, 두려움, 안전 욕구 같은 심리적 요인이 판단을 지배한다. 몰리 사건을 덮으려고 스티븐이 선거자금을 빼돌린 행동은 두려움과 욕망이 전략 실행을 어떻게 망가뜨리는지를 잘 보여준다. 기업에서도 비슷한 일이 발생한다. 겉으로는 고객 가치와 혁신을 내세우지만, 자원의 실제 흐름은 단기 실적이나 권력 유지, 개인의 보상을 따라간다. 이 때문에 드러난 전략과 숨은 의도의 괴리를 제대로 관리하지 못하면 실행은 언제나 전략에서 멀어질 수밖에 없다.

《킹메이커》는 말로 내세운 전략이 사람들을 하나로 묶는 힘이 될 수 있지만, 실제로 조직을 움직이는 것은 각자의 숨은 의도임을 보여준다. 겉으로 드러난 전략과 숨은 의도 사이의 괴리가 반복되면 전략은 실행으로 연결되지 못하고 공허한 선언으로 남게 된다. 그런 점에서 영화는 잘 짜인 전략이 실행 단계에서 실패하는 이유를 보여준다.

현실 기업의 사례

《킹메이커》에서 본 장면은 영화 속 정치판만의 이야기가 아니다. 겉으로 청렴과 원칙을 외치지만 실제 행동은 다른 계산에 따라 움직이는 구조는 기업의 세계에서도 끊임없이 반복된다. 회의실에서 합의한 전략은 언제나 그럴듯해 보인다. 그러나 실행단계에서는 각자의 이해관계와 욕망이 드러나면서 전략이 힘을 잃는다. 영화 속 선거캠프가 그랬듯이 기업도 드러난 전략과 숨은 의도 사이의 괴리를 다루지 못하면 전략은 공허한 구호에 머무르고 만다.

코카콜라 사례가 대표적이다. 이 회사는 수십 년 동안 지속 가능성과 친환경을 핵심 전략으로 내세웠다. 2000년대 이후 진행한 글로벌 마케팅 캠페인도 '지속 가능한 미래'였다. 특히 2010년대 중반 이후에는 플라스틱 감축과 재활용 확대를 강조했다. 코카콜라는 '세계에서 가장 친환경적인 음료 기업'임을 자처했고, 실제로 ESG 보고서에도 재활용률 개선 목표를 반복적으로 언급했다. 그러나 현실은 달랐다. 2021년 환경 단체 어스 아일랜드 인스티튜트(Earth Island Institute)는 코카콜라를 비롯한 대형 음료회사를 상대로 소송을 제기했다. 이 단체는 코카콜라가 '재활용 확대'를 강조했지만, 실제로는 세계 최대의 플라스틱 사용 기업이라는 사실을 소비자에게 알리지 않았다고 주장했다. 이 사건은 1심에서 기각되었지만, 2024년 미국 컬럼비아 특별구 항소법원이 "재심리가 필요하다"는 판결을 내리며 다시 주목을 받았다. 코카콜라가 내세운 전략은 지속 가능성이었지만, 실제로 회사의 행동을 지배한 숨은 의도는 비용 절감과 판매 확대였다. 청렴과 원칙을 외쳤던 모리스 주지사가 스캔들 은폐를 택한 것처럼, 코카콜라 역시 친환경 이미지를 내세웠지만 내부적으로는 다른 계산에 따라 움직인 것이다.

스타트업에서도 유사한 사례를 찾을 수 있다. 공유 오피스 기업 위워크(WeWork)는 2010년 설립 이후 '사람 중심의 혁신적 일터 문화'를 강조했다. 드러난 전략은 새로운 협업 공간을 통해 창의성과 혁신을 촉진한다는 것이었다. 2019년 기업가치는 470억 달러, 당시 환율로 약 65조 원에 달했다. 그러나 숨은 의도는 다른 곳에 있었다. 창업자 애덤 뉴먼은 회사를 성장시키기보다는 개인의 부를 확대하는 데 집착했다. 그는 자신이 소유한 건물을 위워크에 임대해 이익을 챙겼고, 'We'라는 상표권을 회사에 되팔아 사익을 취했다. 투자자들에게 보여준 비전은 드러난 전략이었지만, 실제 자금의 흐름과 의사결정을 지배한 것은 창업자의 숨은 의도였다. 결국 2019년 기업공개(IPO) 과정에서 누적된 적자와 비정상적인 지배구조가 드러나면서 상장이 무산되었다. 이후 소프트뱅크가 대규모 자금을 투입했음에도 구조조정은 성과를 내지 못했다. 마침내 2023년 11월 위워크는 뉴욕 연방법원에 파산보호를 신청했다. 드러난 전략은 혁신적 일터였지만, 숨은 의도는 기업가치 부풀리기와 창업자의 사익 추구였다. 선거캠프에서 청렴이라는 구호가 내부 생존 논리에 무너졌듯, 위워크의 전략도 실행 단계에서 힘을 잃었다.

항공산업의 거인 보잉(Boeing)도 드러난 전략과 숨은 의도의 괴리를 극명하게 보여준다. 회사가 외부에 내세운 전략은 언제나 '안전과 품질 최우선'이었다. 그러나 실제로 경영진을 움직인 것은 단기 납기와 비용 절감이라는 숨은 의도였다. 737맥스 개발 과정에서 자동항법장치 결함이 반복적으로 제기되었지만, 일정 지연과 추가 비용을 피하려는 압박 때문에 개선은 미뤄졌다. 문제를 해결하기보다 감추는 선택이 이어졌고, 그 결과는 치명적이었다. 2018년과 2019년 두 차례 추락 사고로 346명이 목숨을 잃었으며, 전 세계 항공사들이 737맥스 운항을 전면 중단했다. 회사는 막대한 보상금을 지급하며 신뢰를 잃었다. 보잉의 사례는 왜 안전과 품질 최우선이라는 전략이 실행되지 못했는가를 보여준다. 드러난 전략은 안전과 품질이었지만, 숨은 의도는 단기 수익 확보와 주가 유지였기 때문이다. 이 괴리가 누적되면서 회사 내부의 의사결정이 전략과 반대 방향으로 이루어졌고, 결국 전략이 지켜야 할 핵심 가치가 무너졌다. 선거캠프에서 청렴의 구호가 은폐와 야합에 의해 힘을 잃었던 것처럼, 보잉의 안전과 품질 전략도 비용과 납기라는 압력 앞에서 무력화된 것이다.

앞서 살펴본 코카콜라, 위워크, 보잉의 사례는 모두 같은 교훈을 준다. 기업이 외부에 내세우는 드러난 전략은 언제나 고결하고 그럴듯하지만 실제 행동을 지배하는 것은 내부 이해관계와 욕망, 즉 숨은 의도다. 코카콜라는 친환경을 말했지만 세계 최대 플라스틱 사용자였다. 위워크는 사람 중심 문화를 말했지만 창업자의 사익 추구가 회사의 길을 바꾸었다. 보잉은 안전과 품질을 내세웠지만 비용 절감에 쫓겨 재앙을 불렀다. 《킹메이커》 속 선거캠프가 드러난 전략과 숨은 의도의 괴리로 무너졌듯, 현실의 기업들도 같은 이유로 실패했다.

겉으로 합의하고, 속으로 무너지는 전략

전략은 회의실에서 합의될 때는 언제나 완벽해 보인다. 목표는 선명하고, 실행 계획은 치밀하다. 그러나 실행의 단계에 이르면 상황이 달라진다. 전략이 실패하는 이유는 단지 외부 환경의 변화나 경쟁의 격화 때문만이 아니다. 더 본질적인 원인은 전략을 실행하는 사람들의 내면에 있다. 겉으로는 모두 고개를 끄덕이고 동의하더라도, 실행의 순간에는 각자의 숨은 의도가 행동을 지배한다. 전략은 조직 전체의 '합의된 말'로 남고, 실제 움직임은 각자의 '내면 동기'에 따라 갈라지면서, 결국 실행이 느려지고 방향은 흔들린다. 《킹메이커》에서 선거캠프가 무너진 방식과 현실 기업이 흔들린 방식은 이 점에서 구조적으로 닮아 있다.

첫째, 리더와 구성원 사이의 괴리다. 영화에서 모리스 주지사는 청렴과 원칙을 외쳤지만, 스티븐은 자신의 생존을 위해 다른 길을 택했다. 겉으로는 같은 전략을 따르는 듯했으나, 실제 행동은 달랐다. 보잉의 사례도 같다. 회사의 드러난 전략은 안전과 품질이었지만, 현장 관리자와 경영진을 움직인 것은 납기와 비용 절감이라는 숨은 의도였다. 내부 보고에서 지적된 결함은 일정 지연을 피하기 위해 묵살되었고, 그 결과 두 차례 추락 사고가 발생했다. 리더가 제시한 전략과 구성원의 실제 선택 사이 괴리가 깊어질수록 전략은 공중에 붕 떠버렸다.

둘째, 조직의 대외 메시지와 내부 행동의 괴리다. 《킹메이커》 속 캠프는 국민 앞에서는 청렴과 이상을 외쳤지만, 내부에서는 자리 다툼과 권력 계산이 더 큰 힘을 발휘했다. 자라스가 충성을 말하면서도 언론에 이야기를 흘려 스티븐을 내쫓았던 행동은 그 전형이다. 기업도 다르지 않았다. 코카콜라는 친환경과 지속 가능성을 외쳤지만, 실제로는 세계 최대의 플라스틱 사용 기업이었다. 위워크 역시 사람 중심 문화를 말했지만, 내부에서는 창업자의 사익 추구가 모든 결정을 지배했다. 조직이 외부에 내세운 전략과 내부에서 실제 작동한 행동이 괴리를 보일 때, 전략은 명분만 남고 실행은 흐트러졌다.

셋째, 리더 개인의 이미지와 욕망 사이의 괴리다. 모리스는 청렴한 지도자 이미지를 유지하려 했지만, 실제로는 몰리와의 스캔들을 은폐하고 톰슨 상원의원과 손잡는 거래를 택했다. 기업에서도 같은 구조가 보였다. 위워크의 애덤 뉴먼은 혁신과 협업을 외쳤지만, 실제로는 자신의 건물을 회사에 임대하고 상표권을 되팔아 사익을 챙겼다. 코카콜라 경영진 역시 친환경 이미지를 강조했지만, 실제로는 비용 절감과 판매 확대라는 계산을 우선했다. 리더가 내세운 이미지와 실제 욕망의 괴리가 클수록, 조직은 더 깊은 균열에 빠졌다.

앞서 살펴본 영화와 기업 사례는 전략이 논리적 합의의 부족 때문이 아니라 실행 과정에서 사람들의 숨겨진 감정과 동기의 차이로 흔들린다는 사실을 보여준다. 《킹메이커》 속 인물들도 겉으로는 캠프의 전략을 지지했지만 실제 행동은 각자의 숨은 의도에 따라 달라졌다. 기업도 마찬가지다. 전략이 성과로 이어지려면 표면적 합의만으로는 부족하다. 드러난 전략과 숨은 의도가 같은 방향을 가리키도록 사람들의 수용도를 높여야 한다. 그러기 위해서는 사람들의 행동 이면에 있는 정서 구조를 이해해야 한다. 아무리 정교하게 전략을 설계해도 조직 구성원이 공감하고 마음으로 받아들이지 않으면, 그 전략은 종이 위의 구호에 불과하기 때문이다. 따라서 전략가는 단순한 계획자가 아니라 감정과 관계를 설계하는 사람이 되어야 한다. 공식 메시지와 실제 동기 사이의 간극을 읽고, 실행이 가능해지는 심리적 공간을 마련할 때 비로소 전략은 힘을 얻는다.

숨은 의도가 남긴 균열의 흔적

전략은 합의된 언어로 시작되지만, 실행은 각자의 내면 동기에 따라 달라진다. 모리스 주지사의 청렴 연설, 코카콜라의 친환경 선언, 보잉의 안전 약속, 위워크의 혁신 비전은 모두 드러난 전략이었다. 그러나 실행을 지배한 것은 스캔들을 덮으려는 욕망, 비용 절감과 납기 압박, 사익 추구와 자리 지키기 같은 숨은 의도였다.

이러한 차이는 전략의 본질을 보여준다. 전략은 보고서로 완성되지 않는다. 전략은 사람들이 그 내용을 자기 말로 이해하고, 옳다고 믿을 때 비로소 실행으로 연결된다. 겉으로는 같은 말을 해도, 실제 행동은 각자의 이해관계와 감정에 따라 달라진다. 그래서 전략이 힘을 잃는 이유는 계획이 허술해서가 아니라, 그 전략을 진심으로 받아들이지 않는 사람이 많기 때문이다. 전략이 실행되려면 먼저 사람의 마음이 움직여야 한다. 행동을 설계하기 전에 공감부터 얻어야 한다. 조직을 움직이는 것도 시스템이 아니라 관계이고, 사람을 움직이는 것도 논리보다 감정이다. 따라서 전략가는 계획만 짜는 사람이 되어서는 안 된다. 공식 메시지와 사람들의 실제 동기 사이에 있는 틈을 읽고, 서로가 납득할 수 있는 심리적 공간을 만들어야 한다. 공감을 얻으면 전략에 힘이 생기고, 그렇지 못하면 종이 위 구호로 남는다. 사람들의 숨은 의도를 외면한 전략은 결국 공허한 약속으로 끝난다.

6장에서 10장까지 2부에서는 전략이 실패하는 여러 원인—목표의 모호함, 수익 구조의 부재, 기술과 전략의 엇박자, 인지 오류, 그리고 숨은 의도—을 살펴보았다. 이어지는 3부에서는 이런 실패를 어떻게 극복할 수 있는지, 전략을 어떻게 다시 살아 움직이게 할 수 있는지를 살펴보자.

심화학습 – 숨은 의도와 전략 실행

전략이 계획대로 실행되지 않는 이유를 설명하기 위해 경영학에서는 다양한 이론을 발전시켜 왔다. 그중에서도 크리스 아지리스의 연구는 중요한 단서를 준다. 그는 조직에서 드러난 말과 실제 행동 사이의 차이를 '표면 전략(Espoused Theory)'과 '사용 전략(Theory-in-use)'이라는 개념으로 설명했다.[1] 표면 전략은 조직이 대외적으로 내세우는 원칙이나 내부 문서에 적어 놓은 목표를 뜻한다. 반면 사용 전략은 실제 행동을 지배하는 숨은 동기다. 전략이 실패하는 가장 큰 이유는 이 두 가지가 맞지 않기 때문이다. 겉으로는 모두 전략을 지지한다고 말하지만, 실제 행동은 각자의 숨은 의도에 따라 달라지는 현상이 바로 여기에서 비롯된다.

헨리 민츠버그는 이 논의를 확장해 전략을 두 가지로 나눴다. 하나는 '의도한 전략(Intended Strategy)'이고, 다른 하나는 '창발적 전략(Emergent Strategy)'이다.[2] 의도한 전략은 계획과 문서 속에 담긴 목표인 반면, 창발적 전략은 실행 과정에서 실제로 나타나는 결과다. 여기서 중요한 점은 창발적 전략이 단순한 우연이 아니라는 사실이다. 그것은 조직 안의 이해관계, 권력관계, 그리고 구성원들의 숨은 의도가 실제 행동에 반영된 결과다. 그래서 숨은 의도는 가끔 애초에 없던 새로운 전략을 만들어 내는 힘이 되기도 하지만, 대체적으로 전략을 망치는 요인이 된다. 이 틀은 전략이 처음 의도와 다른 모습으로 전개되는 이유를 설명하는 데 유용하다.

알프레드 챈들러는 "구조는 전략을 따른다"라는 그의 고전적 명제를 통해 전략과 조직 구조가 서로 정렬되어야 한다고 강조했다.[3] 그러나 여기에 숨은 의도가 개입하면 공식 전략과 구조는 겉으로만 맞춰질 뿐, 실제 행동은 다른 길로 흘러간다. 마이클 포터가 말한 경쟁우위의 핵심인 '적합' 개념도 마찬가지다.[4] 성과는 개별 활동이 아니라 활동들 사이의 맞물림에서 나오는데, 구성원들이 각자 다른 의도를 품고 있으면 이 맞물림은 쉽게 무너진다.

데이비드 티스가 제시한 동적 역량 이론도 전략 실행을 이해하는 데 중요한 틀이다. 이 이론은 끊임없이 환경 변화를 읽고 그에 맞춰 전략을 바꾸어야 한다는 점을 강조한다.[5] 다시 말해, 빠르게 배우고 적응하는 능력이 있어야만 살아남을 수 있다는 것이다. 하지만 구성원들이 각자 자기 이해관계나 숨은 의도를 앞세우면 이런 학습과 적응이 느려지고, 동적 역량이 제 역할을 하지 못한다. 동적 역량 이론은 전략 실행이 단순히 계획을 잘 세우는 문제가 아니라, 조직 안에서 사람들의 동기를 어떻게 조율할 것인가의 문제라는 사실을 다시 한번 알려준다.

앞서 살펴본 이론을 종합하면, 전략 실패의 근본 원인은 분석의 부족이 아니라 드러난 전략과 숨은 의도의 괴리에 있음을 알 수 있다. 아지리스가 말한 표면 전략과 사용 전략의 불일치, 민츠버그의 의도한 전략과 창발적 전략의 차이, 챈들러와 포터가 강조한 정렬의 붕괴, 티스가 설명한 동적 역량의 약화 모두 같은 문제를 지적한다. 전략은 한번 수립했다고 해서 그대로 실행되지 않는다. 보고서 속 전략이 실행 단계에 들어가면 사람들의 시선과 입장에 따라 조금씩 달라지기 때문이다. 예를 들어 '고객 중심 전략'이라는 말을 영업팀은 '판매 목표를 더 높이라는 뜻'으로 이해하고, 서비스팀은 '불만을 줄이라는 지시'로 받아들이며, 재무팀은 '비용을 줄이면서도 성과를 내라는 요구'로 해석할 수 있다. 똑같은 전략이라도 각 부서와 개인의 동기, 관계, 이해관계에 따라 다른 의미를 갖게 되는 것이다.

이처럼 전략은 계획단계에서 정리한 보고서 속 문장 그대로 움직이지 않는다. 실행단계에 들어가면 각자의 경험이나 이해관계 또는 감정과 부딪히며 새로운 의미로 바뀐다. 따라서 전략을 제대로 이해하고 실행하려면 계획과 구조를 넘어, 겉으로 드러나지 않은 사람들의 숨은 의도를 읽고, 그것이 실제 행동에 미치는 영향을 볼 수 있는 안목이 필요하다.

3부

전략이 성공하기 위한 조건

전략 수립도 어려운 일이지만, 수립한 전략으로 성과를 창출하는 것은 더 어려운 일이다. 정교한 계획도 실행이 안 되면 의미가 없다. 같은 전략으로 어떤 조직은 성과를 내고, 어떤 조직은 실패하는 이유가 여기에 있다. 전략이 현장에서 힘을 내기 위해서는, 그것을 뒷받침해 주는 조건을 갖춰야 한다. 3부는 바로 그 조건에 대한 이야기다.

전략이 성과로 이어지려면 먼저 목표가 명확해야 한다. 그렇지 않으면 판단의 기준이 흐려지고, 의사결정은 일관성을 잃는다. 구성원 모두가 같은 방향을 바라볼 수 있도록 목표를 또렷하게 세우는 일은 전략의 출발점이다. 전략이 수익 구조와 연결되어야 한다는 점도 중요하다. 아무리 좋은 전략이라도 수익을 만드는 장치가 없으면 지속될 수 없다. 전략은 현실에서 작동해야 하고, 가치가 수익으로 이어질 때 비로소 지속된다.

성과를 이어가려면 전략과 기술, 그리고 조직이 함께 움직여야 한다. 전략이 방향을 잡고, 기술이 길을 열며, 조직이 실행을 맡는다. 셋이 따로 움직이면 일의 흐름이 끊기고 추진력도 약해진다. 하지만 같은 목표를 향해 호흡을 맞추면, 전략은 현장에서 실제 힘을 발휘한다. 세상이 늘 예측대로 흘러가지는 않기에, 상황을 이해하고 판단하는 감각 또한 필요하다. 불완전한 정보 속에서도 전체 흐름을 읽고, 다시 방향을 잡을 수 있는 능력이 있을 때 전략은 흔들리지 않는다. 그리고 그 모든 중심에는 사람의 마음이 있다. 아무리 정교한 전략도 실행하는 이들이 스스로의 일로 받아들이지 않으면 움직이지 않는다. 목표를 내 일로 느끼고 결과에 책임을 나눌 때, 전략은 조직 전체의 에너지로 바뀐다.

이 책의 3부는 이런 다섯 가지 조건—명확한 목표, 수익 구조, 전략과 기술의 정렬, 상황을 읽어내는 통찰, 그리고 주인의식—이 어떻게 맞물리며 전략을 성과로 이끄는지를 영화와 기업의 이야기로 보여준다. 각각의 조건은 별개처럼 보이지만 결국 하나의 원리로 모인다. 전략의 성공은 계획의 완성도보다, 그것을 움직이게 하는 관계와 구조의 균형에 달려 있다. 목표가 방향을 잡고, 구조가 전략을 받쳐 주며, 기술과 조직이 호흡을 맞추고, 사람의 마음이 그 안에서 같은 리듬으로 움직일 때 전략은 성과로 이어진다.

전략은 한 번의 결단으로 완성되지 않는다. 방향을 유지하고 속도를 조절하며, 서로의 역할을 이어 가는 과정 속에서 단단해진다. 3부는 그 과정을 통해 전략이 어떻게 성공으로 이어지는지를 보여준다. 성과는 우연히 만들어지지 않는다. 목표와 사람, 기술과 구조가 함께 움직일 때 비로소 길이 열린다.

11장

명확한 목표, 전략의 시작 《에어》

애플 아이폰(iPhone)의 성공

2007년 1월 9일, 샌프란시스코 모스콘 센터에서 열린 '맥월드(Macworld) 2007' 기조연설에서 스티브 잡스는 그의 트레이드마크인 검은 터틀넥에 청바지 차림으로 등단하여 이렇게 말했다.

"오늘, 애플은 전화기를 다시 발명합니다
(Today, Apple is going to reinvent the phone.)"

이 한 문장은 그날의 행사장 분위기를 완전히 바꿔 놓았다. 그때까지 휴대전화 시장은 노키아와 블랙베리가 지배하고 있었다. 두 회사는 전 세계 시장 점유율의 절반 이상을 차지하고 있었고, 애플은 맥(Mac) 컴퓨터와 아이팟(iPod)으로 유명하긴 했지만, 이동통신 시장에서는 거의 존재감이 없었다. 그런 상황에서 아이폰의 성공 가능성을 높게 보는 사람은 그리 많지 않았다. 물리적 자판(키보드)이 없다는 점이 불안 요소였고, 배터리 시간도 짧다는 평가를 받았다. 게다가 가격마저 기존 핸드폰보다 비쌌다. 하지만 발표 직후의 반응은 예상을 뒤엎었다. 멀티터치 화면, 웹 브라우징, 음악, 사진, 영상 재생 기능을 모두 하나의 기기에서 즐길 수 있는 아이폰은 기존 휴대전화의 정의를 완전히 뒤흔들고 소비자의 마음을 사로잡았다.

결과는 놀라웠다. 2007년 6월 29일, 첫 모델 출시 이래, 아이폰의 판매량은 그해 140만 대로 시작하여, 3년 뒤인 2010년에는 4천만 대를 넘어섰다. 이후 매년 신제품을 선보이며 세계 휴대폰 시장을 주도했고, 2023년까지 누적 판매량은 25억 대를 넘어섰다. 단일 제품이 만들어낸 산업 규모로는 사상 유례없는 대성공이었다. 한때 시장을 지배하던 노키아와 블랙베리는 불과 몇 년 만에 몰락했고, 아이폰은 시장의 규칙을 다시 쓰며 모바일 산업의 중심에 우뚝 섰다. 돌아보면 아이폰의 탄생은 단순한 신제품의 등장이라기보다, 시장 질서를 송두리째 재편한 사건이었다.

애플은 기존 강자들이 지배하던 시장에서 어떻게 이처럼 성공할 수 있었을까?

에어(Air, 2023)

영화 《에어》(Air, 2023, 감독 벤 애플렉, 주연 멧 데이먼, 벤 애플렉)는 1984년을 배경으로 한 스포츠 드라마다. 나이키가 불리한 농구화 시장 환경에서 마이클 조던이라는 단 한 명의 선수에게 모든 것을 걸고 새로운 길을 열어간 이야기를 그린다.

초반 장면은 절망적 상황을 보여준

다. 당시 농구화 시장은 아디다스(adidas)와 컨버스(Converse)가 사실상 양분하고 있었고, 나이키의 점유율은 3% 남짓에 불과했다. 본사 회의실에서 마케팅 책임자 롭 스트레서(제이슨 베이트먼 분)는 자료를 내보이며 농구화 부문 철수를 검토해야 한다고 보고한다. 테이블 위에 놓인 보고서와 그래프는 매출 하락 곡선을 적나라하게 드러내고, 임원들의 표정에는 자신감이 사라졌다. 분위기는 농구 사업을 접는 것이 현실적 선택인 것마냥 흘러간다.

그러나 소니 바카로(맷 데이먼 분)는 다른 길을 본다. 그는 늦은 밤까지 사무실에 남아 대학 농구 경기 비디오를 시청한다. 다른 선수들은 아랑곳하지 않은 채, 오로지 마이클 조던의 슛 장면을 여러 차례 반복 재생하며 분석하던 소니의 표정은 어느 순간 희망과 확신에 찬다. 그에게 조던은 그냥 또 다른 유망주가 아니라, 농구 자체를 바꿀 수 있는 존재로 비춰진 것이다.

하지만 조던에게 투자하자는 소니의 제안은 회사 내부의 반대에 부딪힌다. 당시 업계 관행은 여러 선수에게 예산을 분산해 투자하는 방식이었다. 한 선수에게 모든 것을 거는 것은 지나치게 위험하다 여겨졌다. 본사 회의에서 필 나이트(벤 애플렉 분)는 예산 제약의 현실을 강조하고, 참석한 대다수는 기존에 하던 대로 안전한 길을 지지하며, 분위기가 무겁게 가라앉는다. 그러나 소니는 조던이 나이키의 농구화 라인을 새롭게 만들 수 있다는 확신을 굽히지 않는다. 결국 그는 직접 행동에 나선다. 회사의 절차와 에이전트의 반대를 무릅쓰고, 노스캐롤라이나에 있는 조던 가족의 집을 찾아간다. 그곳에서 조던의 어머니인 델로리스 조던(비올라 데이비스 분)을 만나며 반전이 시작된다. 소니의 이야기를 들은 델로리스는 차분하지만 단호한 목소리와 눈빛으로 아들의 가치를 언급한다.

이미 다른 브랜드에서 탐을 내는 조던을 데려오기 위해 나이키는 단순한 광고 모델 대신, 조던의 이름을 건 독립 브랜드를 만들겠다고 제안한다. 곧이어 나이키는 검은색과 붉은색이 어우러진 강렬한 디자인의 농구화를 선보인다. 이 색상이 NBA 규정을 위반할 수 있다는 우려가 제기되지만, 나이키는 그러한 위험을 오히려 개성의 상징으로 받아들여 마케팅에 활용하기로 한다. 이러한 결심을 반영하듯, 나이키는 조던을 위해 모든 위험을 감수하겠다며, 농구화의 새로운 디자인 때문에 벌금이 부과되면 모든 경기에서 발생하는 벌금 전액을 회사가 부담하겠다고 제안한다.

소니와 델로리스의 협상

하지만 델로리스는 단순히 거액의 계약금 대신, 아들인 조던이 미래에 만들어낼 성과에서 정당한 몫을 보장받길 원했다. 이 때문에 그녀는 향후 나이키가 농구화 매출로 벌어들일 수익의 일정부분을 조던이 직접 받게 해달라고 요구한다. 업계에서 전례가 없는 조건이었지만 조던 영입이라는 분명한 목표를 가지고 있던 소니와 나이키는 고민 끝에 이마저도 받아들인다. 그렇게 해서 운동 선수의 이름을 딴 '에어 조던'이라는 별도의 브랜드가 탄생한다.

에어 조던 신발

영화의 마지막은 짧은 자막으로 이후에 전개된 상황을 알려준다. 1984년, 조던의 NBA 데뷔 시즌 첫해에만 '에어 조던'은 126만 켤레 이상 판매되었다. 철수 위기까지 거론되던 나이키의 농구화 부문이 단 한 명의 선수에게 모든 것을 건 선택으로 완전히 뒤집힌 것이다. 영화는 엔딩에서 에어 조던 브랜드가 단순한 신발을 넘어 문화적 아이콘으로 성장했음을 보여주며, 나이키의 결단이 장기적으로 남긴 의미를 관객에게 각인시킨다.

전략을 붙잡아주는 힘

전략이 성과로 이어지려면 무엇보다 먼저, 명확한 목표가 필요하다. 목표가 뚜렷하지 않으면 전략은 수단의 나열에 머물고, 실행 단계는 갈등과 분열로 얼룩진다. 누구는 시장 점유율을 우선시하고, 누구는 브랜드 이미지를 강조하며, 또 다른 누군가는 비용 절감을 주장한다면, 전략은 방향을 잃고 조직은 흔들린다. 반대로 목표가 선명하면 모든 의사결정의 기준이 분명해지고, 자원과 노력이 한 방향으로 모인다. 그렇기에 목표는 전략을 붙잡아주는 힘이다.

전략 연구는 오래전부터 명확한 목표의 중요성을 강조해 왔다. 1981년 조지 도런(George Doran)은 '스마트 골(SMART Goal)'이라는 개념을 주장했다. 이는 목표는 구체적(Specific)이고, 측정 가능(Measurable)해야 하며, 달성 가능(Achievable)하고, 조직이 지향하는 방향과 관련성(Relevant) 있게, 기한을 분명(Time-bound)히 정해서 수립해야 한다는 것이다.[1] 이러한 원칙에 따라 목표를 수립하면, 조직 구성원들이 무엇을 향해 가는지를 분명히 알 수 있으므로, 실행에 혼선이 없게 된다. 그러나 목표가 지나치게 단편적이면 균형을 잃을 수 있다. 그래서 1990년대 로버트 캐플란(Robert Kaplan)과 데이비드 노턴(David Norton)은 균형성과표(Balanced Scorecard)라는 개념을 제시했다. 이는 기업이 단순히 재무 목표에만 매달려서는 안 되고, 고객, 내부 프로세스, 학습과 성장을 포함한 네 가지 관점을 함께 고려한 목표를 세워야 한다는 주장이다. 이처럼 목표를 다각도에서 정의하면, 단기 수익이나 기술 개발처럼 한쪽으로 쏠리지 않고, 전략을 안정적으로 실행할 수 있다.

전략의 성공 여부는 '목표—전략—실행'이 얼마나 정렬(alignment)되어 있는가에 달려 있는데, 이 관계를 설명할 때 자주 인용되는 학자가 헨리 민츠버그다. 민츠버그는 전략을 계획이 아니라 과정으로 보았다. 그가 제시한 개념 중 널리 알려진 것이 의도한 전략(Intended Strategy)과 실행된 전략(Realized Strategy), 그리고 창발적 전략(Emergent Strategy)의 구분이다.

의도한 전략은 처음에 수립한 전략을 말한다. 신규 시장 진입이나, 신제품 출시, 또는 인수합병 추진처럼 경영진이 명시적으로 설정한 방향이 여기에 해당한다. 하지만 전략은 실행으로 옮겨지는 과정에서 외부 환경, 경쟁 상황, 내부 역학의 영향을 끊임없이 받는다. 이러한 영향을 받아 실제로 나타난 실행 결과가 실행된 전략이다. 여기서 중요한 점은, 의도한 전략이 그대로 실행된 전략으로 이어지는 경우도 있지만, 그렇지 않은 경우가 훨씬 많다는 사실이다. 그래서 나온 개념이 창발적 전략이다. 이는 실행 과정에서 처음에 계획하지 않았던 방향이 새로 만들어지는 경우를 말한다. 우연히 발견한 기회를 붙잡거나, 고객 반응을 보고 제품 전략을 수정하는 경우가 그 예다. 민츠버그는 의도한 전략과 창발적 전략이 뒤섞여 최종적으로 실행된 전략으로 나타난다고 설명했다.

의도한 전략과 창발적 전략의 대비는 '처음 세운 계획과 실행 과정에서 새로 생겨난 전략이 어떻게 다른가'라는 과정 중심의 논의이다. 반면 의도한 전략과 실행된 전략의 관계는 '처음 계획과 실제 결과가 얼마나 일치하는가'라는 결과 중심의 논의다. 정리하면, 실행된 전략은 최종 모습이고, 창발적 전략은 실행 과정에서 만들어진 요소라는 점에서 차이가 있다. 이 관점에서 보면 목표의 명확성은 의도한 전략을 실행된 전략으로 만드는 핵심 요인이다. 목표가 모호하면 실행 과정에서, 수많은 변수와 잡음에 흔들려 최종 전략이 처음과 전혀 다른 방향으로 흘러간다. 그러나 목표가 뚜렷하면, 실행 과정에서 창발적 요소가 발생해도 최종적으로 실행된 전략이 원래의 방향에서 크게 벗어나지 않는다. 목표가 전략을 붙잡아주는 힘이 되는 이유가 여기에 있다. 목표가 명확하면 전략에 대한 해석의 여지가 줄고, 실행의 집중도가 높아진다. 반대로 목표가 불분명하면 해석에 혼란이 생기고, 실행이 분산된다. 결국 전략의 성패는 목표를 얼마나 명확하게 공유하였는가에 달려 있다.

명확한 목표로 이룬 반전

명확한 목표로 성과를 거둔 사례는 수없이 많다. 그중 첫 번째는 영화 《에어》의 실제 배경이 된 나이키와 마이클 조던의 계약이다. 1984년 당시, 나이키의 농구화 시장 점유율은 미미했고, 농구화 사업을 접어야 한다는 이야기가 나올 정도로 상황이 심각했다. 그러나 나이키는 모든 역량을 조던에게 집중하기로 했다. 이 목표는 제품 디자인에서, 마케팅, 브랜드에 이르기까지 모든 전략을 한 방향으로 정렬시켰다. 성과는 놀라웠다. 첫해 판매량이 목표였던 25만 켤레 훌쩍 뛰어 126만 켤레를 넘어섰다. 이후 '에어 조던'은 나이키의 얼굴이 되었고, 2022년 조던 브랜드 매출은 56억 달러에 달했다. 이는 나이키 전체 매출의 약 11%를 차지하는 규모였다. 불리한 위치에서 시장 판도를 뒤집을 수 있었던 힘은 다름 아닌 '조던을 영입한다'는 하나의 뚜렷한 목표였다.

두 번째 사례는 테슬라다. 2006년, 일론 머스크는 블로그에 '비밀 마스터 플랜(Secret Master Plan)'을 올렸다. 내용은 단순했다. 고급 전기 스포츠카 '로드스터(Roadster)'로 시작해, 중형 세단 '모델 S'를 내놓고, 마지막에는 대중형 '모델 3'로 확산하겠다는 로드맵이었다. 당시 창업 3년 차에 불과했던 테슬라는 자금난과 기술적 불확실성 때문에 회의적 시선을 받고 있었다. 그러나 머스크는 명확한 목표를 공개적으로 제시했고, 그 목표는 2012년 '모델 S' 출시, 2017년 '모델 3' 대량 생산으로 실행되었다. 명확한 목표를 향한 전략으로 2023년 테슬라는 약 180만 대의 전기차를 판매하며 세계 전기차 시장을 선도했다. 수많은 난관 속에서도 테슬라가 방향을 잃지 않았던 이유는, 명확한 목표를 토대로 전략과 실행을 하나로 연결했기 때문이다.

세 번째 사례는 아마존의 AWS다. 2006년, 아마존은 '세계 인프라의 전력망이 되겠다'는 뚜렷한 목표를 내걸고 클라우드 컴퓨팅 서비스를 시작했다. 당시만 해도 전자상거래 기업이 인프라 사업에 뛰어드는 것을 쉽게 납득하지 못하는 시선이 많았다. 초기에 수익성이 낮고 투자 부담이 컸지만, 아마존은 이 목표를 흔들림 없이 밀고 나갔다. 그 결과 AWS는 2023년 약 900억 달러의 매출을 기록했고, 영업이익이 아마존 전체의 절반 이상을 차지하는 핵심 사업으로 자리 잡았다. 만약 목표가 선명하지 않았다면 초기에 막대한 투자를 이어가기 어려웠을 것이다. AWS의 성공은 명확한 목표가 전략을 붙잡아주면 장기적 성과로 이어질 수 있음을 보여주는 사례다.

앞서 살펴본 세 가지 사례에는 하나의 공통점이 있다. 불확실성과 반대 속에서도 명확한 목표를 수립했고, 그 덕분에 흔들리지 않는 전략을 실행하여 성과를 이뤘다. '조던 영입', '전기차 로드맵', '세계 인프라 전력망' 같은 뚜렷한 목표가 전략과 실행을 한 방향으로 모아 극적인 반전을 만들어 낸 것이다.

목표와 전략의 정렬

의도한 전략과 실행된 전략의 관계를 살펴보면 성공 기업의 공통된 패턴이 보인다. 전략은 계획 단계에서 완성한 모습 그대로 머물지 않는다. 실행 과정에서 외부 환경, 경쟁 구도, 내부 권력 구조 같은 수많은 변수에 부딪히고, 그때마다 수정과 보완을 거친다. 이 과정에서 전략을 수립할 때 미처 예상하지 못했던 창발적 요소로 인해 초기 의도와 다른 모습의 전략이 나타난다. 중요한 점은 이 차이가 얼마나 커지느냐, 그리고 최종 실행된 전략이 처음 의도와 어느 정도 일치하는가이다. 목표가 분명하면 중간에 나타난 변수를 기존 전략의 일부로 흡수해 실행을 본래의 흐름대로 끌고 갈 수 있다. 그러나 목표가 명확하지 않으면 창발적 요소로 인해 전략의 궤도가 바뀌고, 최종 전략은 애초의 의도와 멀어질 가능성이 높다. 결국 전략적 일관성은 목표의 선명도에 달려 있다는 말이다.

《에어》에서 나이키는 조던 영입이라는 목표가 명확했다. 이 때문에 실행 과정에서 규정 위반 논란이나 과도한 협상 조건 같은 예기치 못한 요소가 나타났지만, 의도한 전략대로 실행하며 성과를 거뒀다. 테슬라도 마찬가지다. 전기차 로드맵이라는 분명한 목표가 있었기에 공급망 차질이나 자본 시장의 불안 같은 변수가 있었지만 흔들리지 않고, 전략을 밀고 나갈 수 있었다. 아마존 또한 세계 인프라의 전력망이라는 명확한 목표로 인해 초기의 낮은 수익성이나 보안 논란을 극복하고, 장기 혁신을 이룰 수 있었다. 이처럼 선명한 목표는 실행과정에서 등장하는 창발적 요소를, 전략을 무너뜨리는 힘이 아니라 실행력을 키우는 자극으로 만든다.

이런 과정은 전략 연구에서 오래 논의해 온 정렬(alignment)의 개념과 연결된다. 챈들러가 말한 "구조는 전략을 따른다"는 명제, 포터가 강조한 활동 간 적합성, 티스가 제시한 동적 역량은 모두 실행이 목표와 얼마나 일치하는지에 따라 성과가 갈린다고 지적한다. 목표가 불분명하면 정렬의 기준이 사라지고 활동은 제각각 따로 움직인다. 이때 실행된 전략은 처음 의도와 다른 조각난 활동들의 집합에 불과하다. 반대로 목표가 뚜렷하면, 창발적 요소가 나타나도 전략의 일관성을 유지하며 처음 의도했던 대로 전략을 실행할 수 있다. 이처럼 의도한 전략과 실행된 전략 사이에서, 목표의 명확성은 내부의 다양한 이해관계와 외부의 불확실성을 조율하는 기준이자, 실행 단계에서 생기는 수많은 변수를 성과로 바꿔주는 결정적 매개다. 따라서 전략의 성패는 목표를 얼마나 명확하게 수립하고, 그 목표를 구성원 모두가 얼마나 진심으로 공유하느냐에 달려 있다.

흔들리지 않는 전략의 조건

영화 《에어》에서 소니 바카로가 세웠던 조던 영입 목표는 제품 디자인, 마케팅, 협상의 조건을 하나의 흐름으로 연결했다. 처음에 무리한 선택처럼 보였던 결정들이, 나중에는 오히려 나이키가 하나의 명확한 목표에 집중했다는 증거가 되었다. 테슬라와 아마존의 사례도 마찬가지다. 수많은 회의론과 변수가 있었지만, 분명한 장기 목표가 있었기에 최종적으로 실행된 전략은 처음 의도대로 성과를 만들었다.

오늘날 기업 환경은 과거보다 훨씬 더 불안정하다. 디지털 기술은 산업의 경계를 허물고, 지정학적 갈등은 공급망을 흔들며, ESG 같은 새로운 요구는 전략의 우선순위를 끊임없이 다시 조정하게 만든다. 이런 상황에서, 예기치 못한 사건이나 변수의 출현은 처음 의도한 전략의 방향을 빗나가게 만들 수 있다. 이때 목표가 모호하면 상황이 바뀔 때마다 갈팡질팡하지만, 반대로 목표가 뚜렷하면 그러한 변수를 오히려 기회로 활용할 수 있다. 마치 나이키가 규정 위반 색상 논란을 마케팅에 활용한 것처럼, 창발적 요소를 목표 달성을 위한 새로운 가능성으로 활용할 수 있다.

전략은 계산과 분석의 토대 위에 사람들의 믿음과 확신이 모여야 비로소 힘이 생긴다. 목표가 분명하면 조직은 불안과 회의 속에서도 중심을 잃지 않는다. 전략은 사람들의 행동에 의해 실행되므로, 구성원들이 목표를 믿고 공유할 때 숫자와 계획만으로는 만들 수 없는 집중력이 생긴다. 그래서 목표는 전략을 움직이는 근본 에너지이며, '무엇을 할 것인가' 이전에 '무엇을 위해 할 것인가'를 알려주는 기준이다.

이제 스스로에게 물어보라. 우리 조직의 목표는 무엇인가? 구성원 모두는 그 목표를 명확히 이해하고 공유하는가? 그렇지 않다면 전략은 이미 실패하고 있는 것이므로 지금 당장 목표부터 다시 점검하고 합의해야 한다. 의도한 전략을 실행된 전략으로 만드는 힘은 목표의 명확성에 달려 있기 때문이다.

심화학습 – 목표 정렬을 설명하는 전략 이론들

전략이 성공하려면 무엇이 필요한가라는 질문은 학계에서도 오래 다룬 질문이다. 여러 가지 이론 중에서, 이 장의 내용과 연관성이 높은 것은 민츠버그의 전략 분류, 로크와 라탐의 목표 설정 이론, 그리고 카플란과 노턴의 균형성과표다. 이 세 가지 이론을 통해 명확한 목표가 전략을 실행으로 이어지도록 만드는 원리를 보다 체계적으로 알아보자.

헨리 민츠버그는 전략의 흐름을 세 가지로 나눴다. 의도한 전략(intended strategy), 실행된 전략(realized strategy), 창발적 전략(emergent strategy)이 그것이다.[2] 의도한 전략은 경영자가 사전에 계획한 전략이고, 실행된 전략은 실제 실행 결과로 드러난 전략이며, 창발적 전략은 실행 과정에서 새롭게 나타나는 전략이다. 여기서 중요한 점은 명확한 목표가 의도한 전략과 실행된 전략 사이의 간극을 줄여준다는 것이다. 목표가 분명하지 않을 경우, 창발적 요소가 본래의 방향을 변질시킬 가능성이 커지고, 결국 실행된 전략은 애초의 의도와 전혀 다른 결과로 나타난다. 반대로 목표가 선명하면, 창발적 요소는 전략을 보강하거나 강화하는 역할을 한다. '의도한 전략 vs 창발적 전략'이 과정의 구분이라면, '의도한 전략 vs 실행된 전략'은 결과의 구분이다. 이 두 개념을 구분하면 목표와 전략의 정렬이 왜 중요한지를 명확히 이해할 수 있다.

목표 설정 이론(Goal Setting Theory)은 심리학자 에드윈 로크(Edwin A. Locke)와 게리 라탐(Gary Latham)이 1970년대 이후 수십 년간의 실증 연구를 통해 발전시킨 틀이다.[3] 그들의 결론은, 목표가 구체적이고 도전적이면서 달성 가능할 정도로 어렵고(Difficult but Attainable) 피드백을 동반할 때, 성과가 높아진다는 것이다. 모호한 목표는 노력의 분산을 낳고, 지나치게 쉬운 목표는 동기를 떨어뜨린다. 반대로 구체적이고 도전적인 목표는 집중과 몰입을 유도하며, 개인과 조직의 자원을 목표 달성에 집중시킨다. 이 이론은 나이키의 '조던 영입' 사례와 정확히 맞닿아 있다. '조던을 영입한다'는 목표는 구체적이고 단일하며, 달성 가능하지만 높은 난이도를 가진 목표였다. 그렇기에 이 목표는 자원 배분, 협상 조건, 제품 디자인까지 조직 전체를 한 방향으로 모을 수 있었던 것이다.

카플란과 노턴의 균형성과표(Balanced Scorecard)는 '목표—전략—실행'의 정렬을 관리하는 도구다.[4] 전통적으로 기업은 재무적 지표에 의존했지만, BSC는 재무뿐 아니라 고객, 내부 프로세스, 학습과 성장의 네 관점을 제시했다. 목표를 네 관점에서 재배치하면, 단기 수익을 좇다가 장기적 역량을 소홀히 하는 오류를 줄일 수 있다. 또한 전략 지도(Strategy Map)를 통해 각 관점의 목표가 어떻게 상호 연결되는지를 알 수 있다. 이를 통해 하나의 목표를 여러 기능과 부서에 맞게 조정할 수 있고, 조직 전체를 한 방향으로 이끌 수 있다.

세 가지 이론을 종합하면 하나의 흐름이 보인다. 로크와 라탐은 '목표는 구체적이고 도전적일수록 성과가 높다'는 심리적 원리를 보여준다. 민츠버그는 '목표가 선명할수록 의도한 전략과 실행된 전략의 일치도가 높다'는 실행의 구조를 보여준다. 카플란과 노턴은 '목표를 조직 전반에 어떻게 부여하고 정렬할 것인가'라는 관리 시스템을 제시한다. 서로 다른 학문적 배경임에도 이 세 이론은 공통적으로 목표의 명확성이 전략 성과의 결정적 요인이라는 점을 지적한다. 결국 전략을 성공으로 이끄는 힘은 목표를 얼마나 분명하게 공유하고, 전략과 실행을 그 목표와 일관되게 연결하는가에 달려 있다.

12장

전략이 수익으로 이어지는 구조 《조이》

룰루레몬 – 요가복 매장에서 글로벌 브랜드로

밴쿠버의 작은 요가복 매장에서 출발한 브랜드가 불과 20여 년 만에 전 세계인의 생활 풍경을 바꾸어 놓았다. 룰루레몬(Lululemon)의 플래그십 스토어(flagship store) 앞에는 신제품 출시일이면 긴 줄이 늘어서고, 사람들은 개점 전부터 발걸음을 서두른다. 단순히 옷을 사기 위해 기다리는 것이 아니라, 새로운 생활 문화에 참여하는 의식처럼 보인다. 런던, 뉴욕, 도쿄, 서울 등 주요 도시마다 이런 장면이 반복된다. 매장 안에 요가 매트가 깔리고 지역 강사가 이끄는 수업이 열리며 고객들은 매장을 단순한 상점이 아닌 생활의 중심 공간으로 활용한다. 의류 매장이 곧 지역 커뮤니티의 허브가 되는 모습이 이제는 그리 낯설지 않다.

1998년 캐나다 밴쿠버에서 시작한 룰루레몬은 2023년 기준 전 세계에 680개 매장을 운영하며 94억 달러의 매출을 올렸다. 2018년 매출이 32억 달러였음을 감안하면 불과 5년 만에 세 배 가까이 성장한 것이다. 같은 해 시가총액은 500억 달러를 돌파했고, 글로벌 스포츠웨어 시장에서 나이키와 아디다스 뒤를 잇는 3위권에 올랐다. 캐나다의 지역 브랜드에 불과했던 룰루레몬이 이제는 분기 실적 발표 때마다 투자자와 분석가들이 주목하는 세계적 상장기업이 되었다.

기능성 운동복을 넘어 일상복과 패션, 나아가 하나의 생활 양식을 상징하는 용어인 '애슬레저(Athleisure)'가 전 세계 패션 트렌드를 설명하는 언어로 자리잡은 데에는 룰루레몬의 기여가 크다. 지하철 출근길에서, 대학 강의실에서, 공항 라운지에서 룰루레몬 로고가 새겨진 레깅스와 상의를 입은 사람들을 흔히 볼 수 있다. 인스타그램과 틱톡에서는 '룰루레몬 레깅스' 해시태그가 수십만 건의 콘텐츠와 연결된다. 소비자들은 단순히 옷을 입는 것이 아니라 자신이 속한 문화와 정체성을 표현하는 수단으로 브랜드를 소비하는 것이다.

북미와 아시아 매장에서 열리는 러닝 클럽이나 요가 클래스는 언제나 만석이고, 매장의 유리벽 너머로 보이는 웃음과 땀방울은, 룰루레몬의 옷을 입는 것이 단순한 소비 활동이 아니라 하나의 생활 방식이 되었음을 보여준다. 제품을 사는 행위가 공동체에 참여하는 경험이 되고, 그 경험은 다시 충성 고객을 낳는다. 이처럼 작은 매장에서 출발한 브랜드가 글로벌 시가총액 수십억 달러에 달하는 기업으로 성장하고, 새로운 문화의 상징이 되는 모습은 놀라울 따름이다. 룰루레몬은 어떻게 단순한 요가복을 넘어 세계인의 생활 풍경을 재편할 수 있었을까? 무엇이 이 기업의 성공을 이끌었을까?

조이(Joy, 2015)

영화 《조이》(Joy, 2015, 감독 데이비드 O. 러셀, 주연 제니퍼 로렌스)는 평범한 한 여성이 가정의 혼란과 생활고 속에서 발명가이자 사업가로 성장하는 여정을 따라간다. 시작은 소박하다. 어린 시절부터 발명에 흥미를 보

이런 조이는 성인이 되어서도 창의적인 아이디어를 메모장에 적어두지만, 그 아이디어를 펼칠 기회도 없이 바쁜 일상의 압박에 묻혀 살아간다. 그녀의 집에는 가족 간 갈등이 끊이지 않았다. 어머니는 방 안에서 드라마에 몰두하며 현실과 단절된 삶을 살고 있고, 아버지 루디(로버트 드 니로 분)는 사업 실패와 이혼으로 늘 새로운 문제를 안고 돌아온다. 조이와 이혼한 전남편 역시 지하실에서 가수 지망생으로 머물며 경제적 도움은커녕 짐만 될 뿐이다. 게다가 어린 두 아이까지 돌봐야 하는 조이에게 삶은 언제나 벅차다. 그러나 이런 혼란 속에서도 그녀는 발명의 꿈을 잃지 않고 있었다.

어느 날 조이는 지인의 배에 초대되어 바다로 나간다. 여유로운 대화와 술잔이 오가던 자리에서 갑자기 와인 잔 하나가 바닥에 떨어져 산산이 부서진다. 붉은 와인이 갑판에 흘러내리고, 깨진 유리 조각들이 그 위에 흩어진다. 조이는 얼른 걸레를 가져와 바닥에 생긴 와인의 얼룩을 닦아낸다. 그러나 걸레의 물기를 짜려는 순간, 젖은 걸레 속에 숨어 있던 유리 조각에 손을 베인다. 손바닥에서 흐른 피가 와인과 뒤섞여 걸레에 스며 드는 순간, 조이는 상처의 아픔 속에서 '손을 더럽히지 않고, 안전하고, 쉽게 짜낼 수 있는 걸레'에 대한 발명의 아이디어를 떠올린다.

집으로 돌아온 조이는 그 즉시 스케치를 그려 생각을 구체화한다. 이어 지인인 배관공의 도움을 받아 물을 짜내는 기계적 방식을 설계하고, 금속과 플라스틱 부품을 이어 붙여, 손잡이를 돌리면 걸레가 회전하며 물을 짜내는 구조를 만든다. 시제품을 완성하는 과정은 고통과 집념의 연속이었다. 조이는 직접 나무와 철을 깎고 조립하며 수없이 실패를 반복한다. 손은 상처투성이가 되고, 집은 난장판이 되지만 조각조각 이어 붙인 시제품은 점점 형태를 갖춰 나간다. 마침내 물을 흘리지 않고도 쉽게 짤 수 있는 '미라클 모프(Miracle Mop)'가 탄생한다.

우여곡절 끝에 제품을 완성했지만, 사업은 기대처럼 곧바로 풀리지 않는다. 제품에 대한 특허를 확보하고자 변호사를 찾아가지만, 복잡한 절차와 높은 비용은 그녀에게 또 다른 장벽이 된다. 그녀는 주변의 비아냥거림을 견디며 스스로 특허 출원을 위한 서류를 꼼꼼히 준비하고, 마침내 '셀프—링잉 몹(Self-wringing mop)'이라는 이름으로 특허 출원에 성공한다. 그러나 본격적인 생산을 앞두고 또 다른 난관이 기다리고 있었다. 어렵게 자금을 빌려 공장을 세웠으나, 제조업체와의 계약이 불리하게 체결된다. 여기에 원자재 비용과 공정상의 문제까지 겹치며 빚이 눈덩이처럼 불어난다. 이 때문에 은행의 독촉 전화가 빗발치고, 채권자가 집으로까지 찾아온다. 그러자 처음에 조이를 응원하던 가족들조차 '무모한 모험'이라며 고개를 젓는다.

조이는 홈쇼핑 방송 QVC에서 일하는 닐 워커(브래들리 쿠퍼 분)를 만나며 인생의 전환점을 맞는다. 닐은 조이가 만든 걸레의 가능성을 높이 평가하고, 홈쇼핑 방송에 제품을 올려보자고 제안한다. 드디어 방송 날, 전문 쇼호스트가 카메라 앞에 서지만, 상황은 기대와 달리 흘러간다. 제품을 어색하게 다루다 물을 흘리고, 조이가 강조했던 '손을 대지 않고도 물을 짤 수 있다'는 장점이 시청자에게 제대로 전달되지 않는다. 결국 전화는 울리지 않고, 화면 아래 주문 수치는 좀처럼 올라가지 않는다.

실패를 지켜본 조이는 더는 남에게 맡겨둘 수 없다고 느낀다. 그녀는 닐에게 "내가 직접 나가겠다"고 단호히 말한다. 위험할 수 있다는 닐의 만류에도 조이는 물러서지 않는다. 제품을 가장 잘 이해하고 있는 사람은 발명자인 자신뿐이라는 확신이 있었기 때문이다.

방송에 출연해 제품을 직접 설명하는 조이

두 번째 방송에서 조이는 직접 카메라 앞에 선다. 그러나 처음 서 본 무대는 그녀를 얼어붙게 만든다. 분위기가 다시 실패로 흘러가는 듯 보이던 순간, 방송을 지켜보던 오랜 친구 재키가 소비자인 척, 제품의 특징에 대해 물어보는 전화를 건다. 낯익은 목소리에 순간적으로 안정을 되찾은 조이는 차분하고 자신감 있게 시연하며 제품을 설명한다. 직접 걸레에 손을 대지 않고도 손쉽게 물을 짜내는 모습을 화면으로 보여주자, 주문 전화가 빗발치기 시작한다. 스튜디오에는 환호성이 터지고, 조이의 얼굴에는 눈물과 더불어 안도와 감격이 번진다.

성공은 곧 새로운 시련을 불러온다. 특허를 둘러싼 분쟁이 시작된 것이다. 협력업체는 계약서 곳곳에 숨겨둔 불공정 조항을 내세워 조이의 권리를 빼앗으려 하고, 변호사들마저 그녀를 압박한다. 그러나 조이는 물러서지 않는다. 서류 더미를 밤새워 들여다보며 낯선 법률 용어를 공부하고, 불리한 조항을 하나씩 짚어내며 정면으로 맞선다. 결연한 얼굴로 법정 복도를 걸어가는 그녀의 모습은 더 이상 수동적인 피해자가 아니라 스스로 싸움을 선택한 주체이다.

영화의 마지막 장면은 시간이 흐른 뒤의 그녀를 비춘다. 넓은 사무실에서 조이는 젊은 발명가들을 맞이한다. 특히 여성 발명가들에게 자신의 경험을 나누며, 넘어지고 다시 일어섰던 과정을 차분히 들려주고 격려를 건넨다. 실패와 빚, 분쟁과 고립 속에서도 포기하지 않았던 그녀의 여정은, 한 제품의 성공을 넘어 한 기업이 어떻게 성장하는가를 보여준다.

전략을 현실로 바꾸는 틀

전략은 본질적으로 선택의 문제다. 어느 시장에 들어갈지, 어떤 고객을 겨냥할지, 어떤 자원을 쓸지를 정해야 한다. 하지만 선택만으로 성과가 보장되지는 않는다. 아무리 치밀하게 설계한 전략도 그것을 지탱할 틀을 갖추지 못하면 실행 단계에서 무너진다.

전략을 단순한 구호가 아닌 현실의 성과로 바꾸는 틀이 바로 비즈니스 모델이다. 매출과 이익을 어떻게 만들고, 어떤 운영 체계로 이를 반복 가능하게 할지를 보여주기 때문이다. 전략이 방향을 정하면 비즈니스 모델은 조직이 그 방향으로 계속 갈 수 있는 구조를 만든다. 전략이 시장을 향한 약속이라면, 비즈니스 모델은 그 약속을 지탱하는 틀이다. 따라서 비즈니스 모델과 맞물리지 못한 전략은 공허한 선언이 되기 쉽다.

존슨과 크리스텐슨은 비즈니스 모델을 네 가지 축으로 정리했다. 첫째는 고객가치제안(Customer Value Proposition, CVP)이다. 이는 고객이 왜 이 제품과 서비스를 선택하는지, 그 선택으로 고객의 어떤 문제를 해결할 수 있는지를 규정한다. 둘째는 이익공식(Profit Formula, PF)이다. 매출에서 비용을 제하고 어떻게 이익을 남길지를 보여준다. 셋째는 핵심자원(Key Resources, KR)으로 기술, 인재, 브랜드, 지적재산 같은 자산이 여기에 포함된다. 넷째는 핵심프로세스(Key Processes, KP)다. 이는 공급망, 품질관리, 의사결정과 서비스 등 조직을 움직이게 하는 구체적 방식을 말한다.

이 네 가지 요소는 건물에 비유하면 골조에 해당한다. 그러나 골조만으로는 집이 완성되지 않는다. 전기와 수도가 연결되고 창과 문이 달려야 생활이 가능하다. 마찬가지로, 현장에서 비즈니스 모델의 각 요소가 제대로 작동하려면 구체적 제도와 운영 규칙이 뒤따라야 한다. 예를 들어, '손을 더럽히지 않고 쉽게 짜는 걸레'라는 고객가치제안을 실제로 고객에게 전달하려면 유통 채널, 방송 편성, 마케팅 같은 세부 설계가 뒤따라야 한다. 이익공식을 유지하려면 가격 체계와 반품 정책 같은 구체적 운영 방식이 있어야 한다. 핵심자원 역시 특허권, 상표권, 계약 등의 보호장치를 갖춰야 하고, 핵심프로세스를 강화하기 위한 품질관리와 학습 체계도 마련해야 한다.

실무에서는 이를 실제로 점검할 수 있는 지표들이 쓰인다. 대표적인 것이 단위경제(Unit Economics)다. 고객 한 명, 제품 하나에서 실제로 이익이 남는지를 따져 보는 방식이다. 외형 매출이 아무리 커도 단위경제에서 적자가 나면 그 구조는 오래 버티지 못한다. 반대로 단위경제가 탄탄하면 작은 기업도 꾸준히 성장할 수 있다. 또 하나는 현금전환주기(Cash Conversion Cycle, CCC)다. 원재료를 제품으로 만들고 판매해 돈을 회수하기까지 걸리는 시간을 뜻한다. 이 주기가 짧으면 자금이 빠르게 돌고 성장은 탄력을 받는다. 반대로 이 주기가 길면 매출은 늘어도 현금이 묶여 외부 자금에 기대야 한다. 이 두 지표는 이익공식이 실제로 살아 움직이는지를 보여주는 신호다.

여기서 하나 더 짚고 넘어갈 대목이 있다. 핵심프로세스와 그 안에 붙는 구체적 제도와 운영 설계의 차이다. 핵심프로세스는 조직을 움직이는 큰 틀이다. 제품을 만들고, 품질을 관리하고, 고객을 응대하고, 의사결정을 내리는 일련의 흐름이 여기에 속한다. 반면 구체적 제도와 운영 설계는 이 틀이 현장에서 잘 굴러갈 수 있게 하는 세부 규칙이다. 길이 있어도 신호등과 표지판이 없으면 사고가 나듯, 프로세스만으로는 실제 상황에서 삐걱거리기 쉽다. 그래서 가격 정책, 반품 규정, 특허 제도, 품질 인증 같은 세부 장치가 따라붙어야 한다.

영화 《조이》의 사례가 이를 잘 보여준다. 조이는 발명 자체만으로는 승부할 수 없었다. 홈쇼핑 방송이라는 핵심프로세스를 통해 제품을 내놓았지만, 성공은 가격 책정, 반품 정책, 방송 편성, 물류 체계 같은 구체적 운영 설계를 함께 갖추면서 가능해졌다. 발명—특허—생산—판매—분쟁으로 이어진 조이의 여정은 비즈니스 모델의 네 가지 축이 차례로 자리 잡아 가는 과정이었고, 그 안에서 세부 제도가 맞물리며 전략이 현실의 수익으로 이어졌다.

반복되는 성공의 구조

산업이 달라도, 성공한 기업에는 공통점이 있다. 고객에게 줄 가치를 명확히 정하고, 그 가치를 제공한 대가로 이익을 남길 수 있는 방식을 만든 다음, 이러한 흐름이 지속적으로 이어질 수 있도록 자원과 운영 체계를 갖추는 것이다.

2012년, 테슬라는 모델 S를 내놓으며 전기차의 이미지를 완전히 바꿨다. 단순한 친환경 차가 아니라, 내연기관보다 빠르고 세련된 차라는 가치를 고객에게 제시했다. 처음에는 고가 모델로 브랜드 이미지를 높이고, 이후 대중차종으로 확장해 이익을 도모했다. 사업의 지속성을 위해 배터리 기술과 충전망을 핵심자원으로 확보했고, 판매점 대신 온라인 직영 판매와 소프트웨어 업데이트로 차량을 개선하는 프로세스도 갖추었다. 또 충전망을 직접 운영해 고객이 전기차를 불편 없이 사용할 수 있게 했다. 이러한 틀이 자리를 잡자, 테슬라는 비용을 줄이는 동시에 품질을 높일 수 있었고, 2023년 180만 대 이상을 판매하며 전 세계 전기차 시장의 중심에 설 수 있었다.

소프트웨어 업계에서는 세일즈포스가 비슷한 변화를 만들었다. 1999년 설립 당시만 해도 소프트웨어는 CD로 사서 설치하는 것이 일반적 관행이었다. 하지만 세일즈포스는 인터넷만 있으면 서비스 형태로 쓸 수 있는 클라우드 기반 고객관계관리(Customer Relationship Management) 시스템을 내놓았다. 고객에게는 '소프트웨어를 사는 대신 빌려 쓴다'는 새로운 선택지를 주고, 회사는 한 번 팔고 끝나는 구조 대신, 구독료를 꾸준히 받을 수 있는 이익 공식을 만들었다. 이런 모델이 작동하려면 안정적인 클라우드 인프라와 개발자 생태계가 필요했다. 세일즈포스는 고객 요청에 따라 기능을 계속 업그레이드하는 운영 방식을 택했고, 여기에 월 단위 과금, 무료 체험, 외부 개발자가 앱을 올릴 수 있는 플랫폼 같은 장치를 붙였다. 그 결과 2023년 매출은 340억 달러를 넘어섰다. 오늘날 대부분의 소프트웨어를 서비스로 제공하는 방식(Software as a Service, SaaS)이 이렇게 만들어진 것이다.

패션 산업에서도 같은 구조가 반복된다. 자라를 운영하는 인디텍스(Inditex)는 '최신 유행을 합리적 가격으로, 가능한 한 빠르게 제공한다'는 고객가치제안을 내세웠다. 다른 브랜드들이 시즌마다 제품을 기획해 대량 생산하던 방식과 달리, 자라는 매주 신상품을 내놓았다. 그 덕에 손님은 매장을 자주 찾았고, 재고가 빠르게 돌아 대량 생산을 통한 규모의 경제를 실현하는 이익공식을 만들어 낼 수 있었다. 이런 흐름을 지탱하기 위해 본사는 전 세계 매장의 POS 데이터를 실시간으로 받아 디자인과 물량을 즉시 조정했다. 또한 소량 생산과 빠른 재생산 체계를 결합해 낭비를 줄이고, 공급망을 하나로 연결했다. 이 구조 덕분에 인디텍스는 2023년 매출 356억 유로를 기록하며 세계 패션 시장의 선두에 올랐다.

국내 금융에서는 2017년 출범한 카카오뱅크가 같은 원리를 적용해 성공 사례를 만들었다. '지점이 아닌 앱 속 은행'이라는 발상에서 출발해, 고객이 계좌 개설, 송금, 대출을 모두 스마트폰으로 처리할 수 있게 했다. 영업점을 없애 운영비를 줄였고, 수수료를 낮춰도 이용자가 늘면 수익이 남는 구조를 만들었다. 이를 뒷받침한 자원은 카카오의 IT 인프라와 방대한 사용자 기반이었다. 모바일 앱 운영과 데이터 기반 신용평가가 핵심 프로세스였고, 간편 인증, 친구에게 송금, 비대면 대출 심사 같은 세부 장치가 여기에 더해졌다. 이런 구조가 자리를 잡자, 2023년 카카오뱅크는 3천억 원이 넘는 순이익을 기록했다.

룰루레몬 역시 같은 원리로 성장했다. 고객이 일상 속에서 느낄 수 있는 '운동과 삶의 결합'이라는 가치를 분명히 내세웠고, 지역 커뮤니티와 체험 매장을 통해 고객가치제안을 현실로 옮겼다. 매장 자체가 브랜드 경험의 장이 되었고, 고가 제품이더라도 충성 고객이 반복 구매하는 탄탄한 이익 구조를 만들었다. 이 과정을 가능하게 한 것은 직원 교육, 커뮤니티 운영, 품질관리 같은 자원과 프로세스의 정렬이었다.

앞서 살펴본 사례 기업들은 산업도, 시장도 달랐지만 모두 같은 길을 걸었다. 고객에게 줄 가치를 분명히 하고, 돈이 도는 방식을 구체화했으며, 필요한 자원과 운영 체계를 갖췄다. 그리고 이 구조가 실제로 돌아가게 하는 장치를 함께 만들었다. 이는 전략이 종이 위의 설계로 끝나지 않으려면 비즈니스 모델이 함께 움직여야 함을 보여준다.

가치가 수익으로 바뀌는 순간

조이가 홈쇼핑 방송에 직접 출연해, 걸레를 돌려 물을 짜내는 모습을 보여주자, 시청자들의 전화가 폭주하며 주문이 밀려들었다. 이 장면은 아이디어가 실제 제품으로 구현되어 판매되기까지 어떤 과정을 거치는지를 보여준다. 생각으로 시작된 발명은, 홈쇼핑이라는 판매 경로를 확보하고, 반품 정책을 정비하고, 특허로 권리를 지켜낸 뒤에야 비로소 시장의 반응을 얻을 수 있었다. 테슬라 역시 비슷했다. 전기차를 '친환경' 차량으로만 소개했을 때에는 고객을 움직이지 못했지만, 판매망과 충전소를 직접 구축하자 소비자들은 안심하고 전기차를 선택했다.

고객에게 어떤 가치를 줄 것인가는 모든 사례의 출발점이었다. 조이는 손을 더럽히지 않고 쓸 수 있는 걸레를, 세일즈포스는 설치 없이 바로 쓸 수 있는 CRM을, 자라는 합리적인 가격의 최신 패션을, 카카오뱅크는 지점이 필요 없는 은행 서비스를 내놓았다. 업종은 달랐지만, 고객이 한눈에 이해하고 즉시 체감할 수 있는 가치를 제시했다는 점은 같았다. 그리고 그 가치는 모두 매출로 이어졌다. QVC 방송의 완판, 세일즈포스의 구독료, 자라의 빠른 상품 회전, 카카오뱅크의 모바일 송금과 대출이 그 증거였다.

이익을 남기는 방식은 달랐지만, 모두 자신만의 수익 구조를 만들었다. 조이는 홈쇼핑 직판으로 마진을 확보했고, 테슬라는 고가 모델로 시장을 연 뒤 대중차로 확장하며 수익을 키웠다. 세일즈포스는 구독료로 안정적인 현금 흐름을 확보했고, 자라는 빠른 회전율과 대량 판매로, 카카오뱅크는 수수료와 대출 이자로 이익을 남겼다. 결국 '이 구조로 어떻게 돈이 남는가'를 스스로 설명할 수 있는 기업만이 오래 버틸 수 있었다. 영화 속 조이가 방송 성공 후 채권자들의 압박에서 벗어나는 장면은, 이익 구조가 없는 전략은 아무리 화려해도 오래 가지 못한다는 사실을 일깨워준다.

자원과 프로세스의 짜임새도 비슷하다. 조이에게 특허와 공장은 단순한 자산이 아니라 사업의 기반이었다. 법률 문서를 직접 찾아보며 권리를 지켜낸 과정은 핵심 자원을 지켜야 전략을 유지할 수 있다는 사실을 보여준다. 테슬라는 배터리 기술과 충전망을, 세일즈포스는 클라우드 인프라를, 자라는 공급망을, 카카오뱅크는 IT 인프라와 데이터를 핵심 자원으로 삼았다. 각 기업은 테슬라의 직영판매와 무선 소프트웨어 업데이트, 세일즈포스의 정기 기능 개선과 고객 피드백 반영, 자라의 2주 내 신상품 출시, 카카오 뱅크의 데이터 기반 신용평가 같은 프로세스를 통해 핵심자원을 실제로 활용했다.

세부 운영 장치의 역할을 비교해 보면 공통점이 더 뚜렷해진다. 조이는 반품 정책과 홈쇼핑 채널로 고객 신뢰를 얻었고, 테슬라는 직영 판매와 충전소로 구매 장벽을 낮췄다. 세일즈포스는 무료 체험과 월 단위 결제로 구독을 확산시켰고, 자라는 매장 데이터를 본사와 연결해 고객 반응을 바로 반영했다. 카카오뱅크는 간편 인증과 친구 송금 기능으로 금융 거래를 생활의 일부로 만들었다.

결국 성공의 원리는 같다. 고객에게 줄 가치를 분명히 하고, 이익이 남는 구조를 만들며, 필요한 자원과 운영 방식을 갖추고, 세부 장치로 이들이 현실에서 구현되도록 하는 것이다. 조이가 집안의 혼란 속에서 만든 걸레가 세계적 상품으로 성장한 과정과, 글로벌 기업들이 산업의 판을 새로 짠 과정은 서로 다른 이야기지만 구조는 같다. 고객이 느낀 가치가 실제 돈의 흐름으로 이어질 때 비로소 성과가 나타난다는 점에서, 영화와 현실의 사례는 같은 이치를 보여준다.

수익의 언어로 시장과 대화하기

비즈니스 모델은 전략을 떠받치는 구조이자 전략이 시장과 소통하는 방식이다. 아무리 그럴싸한 전략도 시장의 검증을 거쳐 수익으로 돌아오지 않으면 의미가 없다. 고객이 지갑을 열어야 매출이 생기며, 비용을 제하고 이익이 남아야 비로소 전략은 설득력을 얻는다. 따라서 비즈니스 모델은 전략을 실행하는 틀일 뿐 아니라, 전략의 진위를 시험하는 무대이다. 수익이 생기는 전략은 살아남고, 수익이 없는 전략은 사라진다. 말이 아니라 수익의 유무가 전략의 옳고 그름을 가르는 기준이 되는 셈이다.

그러나 이 구조를 단순한 계산식으로만 이해하면 곤란하다. 매출과 비용의 균형이라는 숫자 너머에는, 고객에게 전달된 가치, 그 가치를 가능케 한 자원과 프로세스, 그리고 그것을 현실에서 움직이게 한 운영 장치들이 얽혀 있다. 수익은 이 모든 요소가 제대로 맞아떨어졌을 때 나타나는 결과다. 그래서 수익은 단순한 재무 지표가 아니라, 조직이 전략과 실행을 하나로 일치시켰다는 증거다. 경영진이 거창한 구호를 외칠 때보다, 영업 현장에서 거래가 이루어지고 현금 흐름이 생길 때, 구성원들은 전략을 믿기 시작한다. 그래서 수익은 시장을 향한 언어이자, 내부를 설득하는 언어다.

하지만 이 구조는 한 번의 완성으로 끝나지 않는다. 시장은 끊임없이 변한다. 고객의 기대는 바뀌고, 기술도 금세 낡는다. 오늘 효과 있던 고객가치제안과 이익공식이 내일은 더 이상 통하지 않을 수 있다. 강점이었던 자원이 족쇄가 되기도 하고, 효율적이던 프로세스가 조직의 경직성을 유발시키는 원인이 되기도 한다. 따라서 비즈니스 모델을 완성된 설계도로 봐서는 안 되고 시장의 변화에 맞춰 계속 조율해야 하는 연주로 이해해야 한다. 악보는 같아도 연주는 매번 다른 것처럼, 시장의 흐름에 맞춰 비즈니스 모델의 네 가지 요소와 이를 지원하는 구체적 제도와 운영설계를 조절해야 한다.

여기서 중요한 것이 복원력(Resilience)이다. 어떤 기업도 완벽한 비즈니스 모델을 영원히 유지할 수 없다. 전략과 수익 구조가 흔들릴 때, 다시 균형을 찾는 힘이 생사를 가른다. 복원력이란 위기 속에서도 고객가치제안을 다시 점검하고, 이익공식을 손질하며, 자원과 프로세스를 새롭게 갖추는 능력을 말한다.

전략은 비즈니스 모델이라는 틀과 결합할 때 힘을 얻는다. 그러나 그 틀은 고정된 건물이 아니라, 흔들릴 때마다 균형을 다시 잡아야 하는 다리에 가깝다. 영화 《조이》에서 보았듯, 발명과 채널, 반품 정책, 특허가 맞물리며 가치가 수익으로 바뀌는 순간이 있었다. 하지만 그 이후에도 시장은 변했고, 경쟁은 따라왔으며, 구조는 다시 흔들렸다. 현실 기업들 역시 같은 길을 걷는다. 전략이 수익의 언어로 시장에 말을 거는 순간이 중요하지만, 그 언어를 계속 새롭게 말할 수 있는 힘은 더 중요하다.

심화학습 - 비즈니스 모델 이론의 뿌리와 확장

'비즈니스 모델'이, 학문적 개념으로 자리 잡기까지는 꽤 긴 시간이 걸렸다. 피터 드러커는 1950년대에 '기업은 어떻게 고객을 만들고, 어떻게 돈을 버는가'라는 질문을 사업의 본질로 제시했는데,[1] 이는 훗날 비즈니스 모델 논의의 기초가 되었다. 1990년대 말 인터넷 기업의 등장과 함께 'BM(Business Model)'이라는 용어가 폭발적으로 쓰이기 시작했지만, 초기에는 모호한 유행어에 가까웠다.

학문적으로 정리된 중요한 분기점은 클레이튼 크리스텐슨과 마크 존슨이 제시한 틀이다. 두 사람은 2008년 논문에서 비즈니스 모델을 네 가지 요소 — 고객가치제안(CVP), 이익공식(PF), 핵심자원(KR), 핵심프로세스(KP) — 로 체계화했다.[2] 이 정의는 전략을 단순한 선택에서 성과 구조로 연결해 주는 언어로서의 비즈니스 모델을 선명하게 보여주었다. 오스터왈더의 비즈니스 모델 캔버스(2004) 역시 이후 큰 영향을 끼쳤다.[3] 아홉 개 블록으로 구성된 도식은 창업가와 경영자들이 아이디어를 시각적으로 정리하는 데 유용했고, 오늘날에도 가장 널리 쓰이는 도구가 되었다.

그러나 학자들은 곧 전략과 비즈니스 모델의 관계를 둘러싸고 논쟁을 벌였다. 체스브로(2007)는 개방형 혁신 연구에서 "비즈니스 모델이야말로 혁신이 시장에서 가치를 포획하도록 하는 메커니즘"이라고 주장했다.[4] 마가렛 마키데스(2013)는 전략과 비즈니스 모델을 명확히 구분해야 한다고 강조했다.[5] 전략은 '무엇을 할 것인가'라는 선택의 문제이고, 비즈니스 모델은 '그 선택이 어떻게 돈을 벌 구조로 연결되는가'라는 실행 논리라는 것이다. 티스(2010)는 이를 "가치 창출과 획득(Value Creation & Capture)의 연결 고리"로 설명하며, 비즈니스 모델을 전략과 운영 사이의 중간에 있는 것으로 보았다.[6]

이 과정에서 실무자들이 주목한 것은 비즈니스 모델의 세부 지표다.

벤처 투자자들은 '단위경제(Unit Economics)'라는 계산을 통해 사업의 건전성을 따진다. 고객 한 명, 거래 하나가 실제로 이익을 남기는 구조인가를 확인하는 방식이다. 매출이 아무리 커도 거래 단위가 적자를 내면 사업은 지속될 수 없다. 또 다른 지표인 '현금전환주기(Cash Conversion Cycle, CCC)'는 운영의 효율성을 측정한다. 원재료 구입부터 판매 대금이 현금으로 들어오기까지 걸리는 시간을 단축하는 것이 제조업과 유통업에서는 생존을 좌우하는 과제다.[7] 이처럼 비즈니스 모델은 단순한 큰 틀이 아니라, 투자와 운영을 가늠하는 정밀한 언어로 발전했다.

최근에는 '비즈니스 모델 혁신(Business Model Innovation, BMI)'이 새로운 화두로 떠올랐다. 이는 기존 산업의 경계를 허무는 새로운 비즈니스 모델이 등장할 때 시장 자체가 변하는 사실에 주목한다. 우버, 에어비앤비처럼 자산을 직접 소유하지 않고 플랫폼으로 가치를 창출한 기업들은 비즈니스 모델 혁신이 곧 전략 혁신이 될 수 있음을 보여주었다.[8] 다만 학자들은 여기에도 주의를 기울인다. 비즈니스 모델을 전략의 대체물로 이해하면 위험하다는 것이다. 전략은 여전히 선택과 방향의 문제이며, 비즈니스 모델은 그것을 시장의 언어로 번역하는 구조다.

한편, 비즈니스 모델의 한계에 대한 지적도 있다. 첫째, 비즈니스 모델은 지나치게 단순화되기 쉽다. 캔버스 도식 하나로 기업의 복잡한 현실을 모두 설명할 수 없다는 비판이다. 둘째, 비즈니스 모델은 종종 정태적으로 이해되지만 실제로는 끊임없이 재구성되어야 한다. 기술의 진화와 고객 행동의 변화에 따라 고객가치제안, 이익공식, 핵심자원, 핵심프로세스는 계속 바뀔 수밖에 없다. 셋째, 비즈니스 모델 연구가 가치 창출과 가치획득에 집중하면서도 조직 문화나 리더십, 제도적 맥락과의 연결은 상대적으로 부족하다는 지적도 있다.[9]

앞으로의 과제는 비즈니스 모델을 전략, 조직, 기술과 결합해 더 역동적으로 이해하는 것이다. 디지털 전환, 인공지능의 확산은 고객가치제안

자체를 바꾸고 있으며, 데이터와 알고리즘은 새로운 핵심자원이 되고 있다. 이익공식 역시 구독형, 광고 기반, 프리미엄 등 다양한 형태가 등장하고 있다. 결국 비즈니스 모델은 고정된 설계도가 아니라, 전략과 시장을 잇는 살아 있는 언어다.

13장

같은 목표를 향한 두 바퀴 《아폴로 13》

불가능을 풀어낸 한 번의 정답

단백질은 모든 생명 현상의 출발점이다. 우리 몸의 세포와 조직, 그리고 그 안에서 일어나는 수많은 작용은 단백질의 구조와 기능에 따라 결정된다. 단백질은 처음에는 수십, 수백 개의 아미노산이 이어진 가느다란 사슬로 만들어진다. 하지만 세포 속에서 만들어진 이 사슬은 곧 스스로 꼬이고 말리며 하나의 입체 구조를 만든다. 이 과정을 과학자들은 '단백질 접힘(protein folding)'이라고 부른다. 아미노산이 어떤 순서로 배열되어 있고, 서로 어떤 방식으로 밀고 당기는가에 따라 단백질은 저마다 다른 3차원 형태를 갖게 된다. 그리고 그 형태가 곧 단백질의 기능을 결정한다. 효소, 호르몬, 항체, 수용체처럼 생명 활동을 이끄는 모든 단백질은 자신의 구조가 완벽히 맞아떨어질 때 제 기능을 한다. 따라서 단백질이 어떻게 접히는지를 이해하는 일은 생명 현상을 해석하는 열쇠이자, 신약 개발과 맞춤형 치료의 출발점이다.

그러나 이 '접힘'의 원리를 알아내는 일은 오랫동안 풀리지 않은 난제였다. 과학자들은 단백질의 접힘 문제를 생명과학의 '성배'라 부르며 수십 년 동안 도전했지만, 답은 좀처럼 드러나지 않았다. X선 결정학(X-ray Crystallography)[1]이나 극저온 전자현미경 같은 실험적 방법으로는 단백질 하나의 구조를 밝히는 데만 수년이 걸리고, 수천만 달러의 비용이 들었다. 연구자의 인내와 막대한 재정 지원 없이는 시도조차 어려운 일이었다. 하지만 이 난제를 풀지 못하는 한, 신약 개발이나 맞춤형 치료 같은 영역도 한계를 가질 수밖에 없었다.

2016년, 구글 딥마인드가 이 난제에 도전장을 던졌다. 바둑 인공지능 '알파고'로 세계를 놀라게 했던 팀이 이번에는 인공지능을 단백질 접힘 예측에 적용한 것이다. 처음에는 실험에 가까운 시도였다. 그러나 데이터베이스에 축적된 수십만 개의 단백질 구조를 학습하면서, 예측의 정밀도가 빠르게 높아졌다. 2018년, 국제 단백질 구조 예측 경연대회(CASP13)에서 딥마인드는 '알파폴드(AlphaFold)'라는 이름으로 첫 선을 보였다. 결과는 예상 밖이었다. 기존의 어떤 접근 방식보다 훨씬 높은 정확도를 기록한 것이다. 하지만 진짜 전환점은 2년 뒤였다. 2020년 열린 CASP14 대회에서 '알파폴드2(AlphaFold2)'가 평균 92%의 정확도로 단백질의 3차원 구조를 예측하며, 실험적 방법에 거의 근접한 수준에 도달했다. 인공지능이 단백질의 접힘 원리를 이해하기 시작하면서, 과학자들이 50년 넘게 풀지 못했던 문제를 해결할 수 있는 새로운 길이 열렸다.

2021년, 딥마인드는 알파폴드를 전 세계에 무료로 공개했다. 2억 개가 넘는 단백질 구조 데이터가 누구에게나 열린 것이다. 연구실에 고가의 장비가 없어도, 젊은 연구자가 개인 컴퓨터만으로 신약 후보 단백질의 구조를 확인할 수 있게 되었다. 과학 저널 사이언스(Science)지는 그해 알파폴드를 '올해의 혁신'으로 선정했고, 생명과학의 패러다임이 달라졌다는 평가가 뒤따랐다. 기존에 수년이 걸리던 연구가 이제는 며칠, 혹은 몇 시간 만에 가능해졌다. 제약 기업들은 신약 후보를 찾는 과정을 크게 단축할 수 있게 되었고, 합성생물학이나 효소 설계 같은 분야에서도 새로운 가능성이 열렸다. 무엇보다 중요한 변화는 접근성이었다. 연구자의 위치나 예산과 무관하게, 누구나 같은 데이터를 활용할 수 있게 됨에 따라 그만큼 과학의 속도와 범위가 달라졌다. 지식이 독점의 영역을 벗어나, 전 세계가 함께 실험하고 배우는 시대가 열린 것이다.

알파폴드의 등장은 많은 사람에게 충격과 감탄을 함께 안겨주었다. 수십 년 동안 풀리지 않던 과학계의 숙제가 기술의 도움으로 순식간에 해결되었기 때문이다. 생명과학과 인공지능이라는 서로 다른 세계가 맞물려 이룬 놀라운 성취지만 더불어 의문도 생긴다. 왜 하필 그 시점에 그 팀에서 이러한 돌파가 가능했을까? 단지 인공지능의 힘인가? 아니면 다른 무엇이 있는가? 우주라는 극한의 무대에서 위기를 뚫고 귀환에 성공한 순간을 다룬 영화 《아폴로 13》을 통해 질문에 대한 답을 찾아보자.

아폴로 13(Apollo 13, 1995)

《아폴로 13》(Apollo 13, 1995, 감독 론 하워드, 주연 톰 행크스, 에드 해리스)은 실화 기반의 영화다. 1970년, 인류의 세 번째 달 착륙을 목표로 했던 아폴로 13호의 발사와 위기를 그린 작품이다. 발사 장면은 화려했다. 거대한 로켓이 플로리다의 하늘을 가르며 솟아오르자, 가족과 동료들은 환호했고, 텔레비전 앞에 모인 미국인들도 손에 땀을 쥐며 임무의 성공을 기대했다. 하지만, 이 여정은 곧 예상치 못한 재난으로 향하게 된다.

발사 후 사흘째 되는 밤, 갑작스러운 굉음이 들리며 우주선 내부가 흔들린다. 산소탱크가 폭발한 것이다. 계기판의 불빛이 동시에 꺼지고 산소 압력이 급격히 떨어지자, 선장 제임스 러벨(톰 행크스 분)은 지상에 보고한다. "휴스턴, 문제가 발생했다(Houston, we've had a problem)." 짧은 한마디였지만 그 안에는 절박한 긴장이 담겨 있었다. 관제센터는 순간 정적에 휩싸였고, 플라이트 디렉터 진 크랜츠(에드 해리스 분)와 팀원들의 표정은 단숨에 굳어졌다. 크랜츠의 연이은 질문에 각 파트 엔지니어들이 "전력 저하", "산소 압력 감소" 같은 보고를 동시에 쏟아내며 혼란은 점점 커졌다. 화면은 지상과 우주를 교차로 보여주며 상황의 심각함을 전한다.

산소탱크 폭발은 임무의 성격을 완전히 바꿔 놓았다. 달 착륙은 불가능해졌고, 이제 세 명의 우주인을 지구로 무사히 귀환시키는 것이 유일한 목표가 되었다. 남은 산소와 전력은 턱없이 부족했다. 지상의 엔지니어들은 밤새 체크리스트를 확인하며 어떤 장비를 끄고 어떤 장비를 남겨야 하는지, 계산을 이어간다. 관제실 책상 위에는 수많은 계산식을 적은 메모가 쌓이고, 엔지니어들의 목소리는 점점 거칠어진다. 한편 우주선 내부는 점점 어두워졌다. 조명이 꺼지자 기온이 빠르게 떨어졌고, 비행사들의 숨결은 공기 속에서 성애로 얼어붙었다. 손전등 불빛 하나에 의존한 채, 세 사람은 추위와 어둠 속에서 지상의 지침을 기다렸다.

상황은 점점 더 절박해진다. 이산화탄소 농도가 치솟으며 호흡조차 위태로워진다. 지상 엔지니어들은 제한된 자재—매뉴얼 책자, 비닐봉지, 덕트 테이프, 호스 조각—를 탁자 위에 올려놓고 손으로 조합을 시도한다. 누군가 "이걸로 필터를 만들어야 한다"고 말하며 설계도를 그려내고, 곧 우주선에 조립 방법을 전달한다. 영화는 지상 관제실에서 종이를 자르고 테이프를 붙이는 손과, 우주선에서 똑같은 동작을 따라 하는 우주인들의 손을 교차해 보여준다. 몇 번의 시행착오 끝에 마침내 임시

우선에 탑승한 세 명의 우주인

필터가 작동하기 시작하자, 모두가 안도의 숨을 내쉰다.

남은 과제는 우주선의 귀환 궤도를 수정하는 일이었다. 자동 항법 장치는 꺼진 상태였고, 세 사람은 단순한 지침에 따라 직접 엔진을 분사해야 했다. "달을 창문 중앙에 두고 14초간 점화하라"는 지시가 내려지자, 러벨은 창밖을 응시하고, 헤이즈는 시간을 재며, 스위거트가 조종간을 움켜쥔다. 짧은 점화가 끝나자 우주선은 거칠게 흔들렸지만 결국 안정된 궤도로 들어선다. 관제실에서 숨을 죽이고 모니터를 지켜보던 사람들이 서로 눈빛을 주고받는다.

시간이 지날수록 우주비행사들의 육체적 고통은 심해진다. 캡슐 내부의 온도는 섭씨 한 자릿수로 내려가 손가락이 얼어붙었고, 물 부족으로 탈수가 진행되며 입술이 갈라졌다. 차가운 공기 속에 습기가 차오르며 전자 장치 위에 물방울이 맺혀 불안감을 키웠다. 그럼에도 러벨과 동료들은 농담을 던지며 서로를 격려했고, 얼어붙은 숨결 속에서도 임무를 이어간다. 영화는 그들의 피로한 얼굴과 떨리는 손가락을 클로즈업하며 긴장과 인내를 동시에 담아낸다.

마지막 고비는 대기권 재진입이었다. 교신이 4분간 끊어지는 동안 가족과 동료들은 텔레비전 앞에서 기도하듯 화면을 바라본다. 침묵 속에서 모두가 긴장할 때, "오디세이, 여기는 휴스턴. 교신이 들리는가?(Odyssey, Houston. Do you read me?)"라는 질문에 러벨이 "휴스턴, 여기는 오디세이. 다시 연락이 닿으니 반갑다(Houston, this is Odyssey. It's good to see you again.)."라며 답하는 목소리가 들린다. 순간 관제실에 환호와 박수가 터지고, 지켜보던 가족들의 얼굴에 눈물이 흐른다. 곧이어 낙하산이 펼쳐지고 캡슐이 태평양에 떨어지며 세 사람은 무사히 지구 귀환에 성공한다. 본래의 임무였던 달 착륙은 실패했지만, 바뀐 목표인 생환을 달성하는 순간이었다. 영화는 귀환한 우주비행사들과 환호하는 지상 사람들을 길게 비추며 막을 내린다.

SAM으로 보는 전략과 기술의 정렬

헨더슨(Henderson)과 벤카트라만(Venkatraman)이 1993년에 제시한 전략적 정렬 모형(Strategic Alignment Model, SAM)은 원래 비즈니스 전략과 정보기술(Information Technology, IT) 전략을 어떻게 조율할 것인가라는 문제의식에서 출발했다. 두 학자는 기업이 성과를 내려면 단순히 정보기술을 도입하는 데 그쳐서는 안 되고, 비즈니스 전략과 IT 전략이 맞물려 움직여야 한다고 강조했다. SAM은 크게 두 축으로 구성된다. 하나는 비즈니스 전략과 IT 전략으로 이루어진 수평축이고, 다른 하나는 조직 인프라와 IT 인프라로 이루어진 수직축이다. 그들은 이 두 축이 함께 작동해야, 기업의 전략적 목표가 실제 기술적 실행과 연결되고, 기술이 전략의 성과를 가능하게 하는 구조가 만들어진다고 주장했다.

문제는 이 모델이 흔히 'IT에 국한된 이야기'로 이해된다는 점이다.

하지만 오늘날 IT는 단순한 지원 기술이 아니라 범용 기술(general purpose technology)로 활용되며, 다른 혁신의 기반이 된다. 특히 최근에는 인공지능(AI)이 의료, 금융, 교육, 제조 등 전 산업에 걸쳐 빠르게 확산되면서, 디지털 기술이 갖는 범용 기술의 성격과 정렬의 중요성이 한층 더 가속화되고 있다. 따라서 SAM을 '비즈니스 전략과 IT 전략의 정렬'로만 한정할 필요는 없다. 이를 비즈니스 전략과 기술 전략 전반의 정렬이라는 더 넓은 틀로 확장하면, 현대 기업에서 전략과 기술의 관계를 설명하는 데 SAM은 여전히 유효한 개념적 도구가 된다. 나아가 SAM은 비즈니스 전략이 기술 전략을 이끄는 경우만 아니라, 기술 전략이 비즈니스 전략을 선도하는 경우도 포괄한다. 클라우드나 인공지능처럼 범용 기술이 먼저 새로운 시장 기회를 열고, 기업이 그에 맞춰 전략을 재편하는 사례가 대표적이다. 오늘날 디지털 기술은 의료, 우주, 바이오 등 다양한 영역을 아우르며, 모든 기술적 진보의 '운영체제' 같은 역할을 하고 있다. 그러므로 SAM을 'IT 정렬 모델'로 좁게 이해하기보다, 전략과 기술이 같은 목적지를 향해 걸음을 맞추는 구조를 설명하는 모델로 보는 것이 필요하다.

전략은 목표를 세우고 우선순위를 정하며, 기술은 전략이 세운 목표를 현실로 구현하는 수단이 된다. 따라서 이 둘이 어긋나면 기술은 비용으로 전락하고 전략은 구호로 남는다. 반대로 이 둘이 하나의 목표를 향해 정렬되면, 《아폴로 13》에서 본 것처럼 위기의 순간에도 조직은 힘을 발휘한다.

전략과 기술의 정렬로 성과를 이룬 기업들

전략과 기술의 정렬이란, '무엇을 위해'와 '무엇으로'가 서로 맞물리는 것을 의미한다. 앞서 비즈니스 전략과 기술 전략의 정렬, 조직 인프라와 기술 인프라의 정렬, 이 두 축으로 이루어진 SAM을 살펴보았는데, 여기서는 이 틀을 활용하여 서로 다른 배경을 가진 세 기업의 사례를 분석해 보자. 이를 통해 전략과 기술 정렬의 복원 또는 고도화가 어떻게 기업의 위기 돌파와 장기 성장으로 이어지는지 살펴보자.

① 마이크로소프트: "전략 전환"을 "기술과 조직"의 전환으로 연결하다

2014년, 사티아 나델라가 CEO로 취임하던 당시, 마이크로소프트는 여전히 과거의 성공공식에 머물러 있었다. 윈도우와 오피스 같은 데스크톱 라이선스 사업이 회사의 중심이었고, 이 때문에 새로운 변화를 하기 어려웠다. 그러나 나델라는 취임 직후 회사의 전략 방향을 뒤집었다. "모바일 중심(Mobile-first), 클라우드 중심(Cloud-first)"을 선언하고, 곧이어 "클라우드 중심(Cloud-first), 인공지능 중심(AI-first)"을 내세웠다. 이는 단순한 구호가 아니라 '누구를 위해 무엇을 만들 것인가'라는 비즈니스 전략의 재정의였다.

전략의 전환은 곧바로 기술의 전환으로 이어졌다. 회사의 모든 제품과 서비스를 '애저(Azure)'라는 클라우드 위에 올렸고, 오피스365(현 마이크로소프트 365)는 한 번 팔고 끝나는 상품이 아닌, 구독형 서비스(SaaS)로 전환했다. 깃허브(GitHub) 인수와 오픈AI(OpenAI)와의 제휴도 같은 맥락에서 AI 역량을 외부 생태계와 빠르게 연결하려는 선택이었다. 이러한 변화는 SAM의 수평축, 즉 비즈니스 전략과 기술 전략을 정렬시켰다. 그 결과 CEO의 전략 방향 전환 선언은 곧 '클라우드 플랫폼 + AI 서비스'

라는 기술 로드맵으로 구체화됐다.

더 어려운 일은 수직축, 즉 조직과 기술 인프라의 정렬이었다. 한 번 팔면 끝나는 라이선스 중심의 수익 구조를 구독형으로 바꾸고, 제품별 손익 중심의 평가 방식을 고객 가치 중심의 지표로 바꿔야 했다. 영업 조직의 KPI, 보상, 파트너 정책까지 모두 '클라우드 도입—확장—활용'이라는 고객 여정을 기준으로 다시 설계했다. 기술 인프라도 애저로 통합했다. 제품이 달라도 배포, 보안, 데이터 수집과 분석은 하나의 공통 시스템을 따르게 했다. 이렇게 해서 전략—기술—조직의 톱니가 같은 속도로 돌아가도록 만들었다. 여기에 보안 전략인 제로 트러스트(Zero Trust)[2] 와 AI 코파일럿(Copilot) 전략을 클라우드에 맞춰 강화하면서 마이크로소프트는 '클라우드—협업—보안—AI'의 네 축을 동시에 발전시켰다. 결과적으로 SAM의 수평축(전략-기술)과 수직축(조직-기술 인프라)이 함께 맞물렸다.

이러한 전략과 기술 정렬의 결과는 숫자에서 뚜렷하게 드러난다. 2014년 약 3,000억 달러였던 시가총액은 2024년 3조 달러를 넘어섰고, 애저는 매 분기 두 자릿수 성장률을 이어갔다. 하지만 더 중요한 것은 '클라우드 매출'이 아니라 정렬 그 자체였다. SAM의 관점에서 볼 때 전략의 전환이 기술 전략, 조직 운영, 기술 인프라까지 동시에 이어졌기 때문에 나델라의 선언은 구호가 아니라 현실이 된 것이다.

② 화이자 – 바이오엔테크: 목표를 하나로 세우고 플랫폼을 붙잡는 속도

2020년 초, 코로나19가 세계를 멈춰 세웠을 때 화이자도 예외가 아니었다. 제약 산업의 공룡이라 불리던 이 회사 역시 무엇을 우선해야 할지 고민했지만, 빠르게 결론을 내렸다. 인류의 생명을 지키는 일, 그것이 기업의 존재 이유이자 모든 판단의 출발점이었다. 그 인식이 정리되자 목표도 명확해졌다. 가능한 한 짧은 시간 안에 안전하고 효과적인 백신을 개발해 전 세계에 공급하는 일이었다. 이는 세계적 위기 속에서 제약기업이 사회에 기여할 수 있는 가장 직접적인 방식이었다. 목표 실행을 위해 화이자는 비즈니스 전략의 기준을 새로 세웠다. 백신을 상업 제품이 아닌 공공재로 정의하고, 수익성보다 속도와 신뢰, 접근성을 우선시했다. 각국 정부 및 국제기구와 협력해 생산과 유통을 동시에 추진했고, 공급망을 가능한 한 넓게 열었다. 그 결과 백신은 시장의 경쟁 상품이 아니라 전 세계적 공조의 산물이 되었다.

새로운 비즈니스 전략을 구체화한 것은 기술 전략이었다. 전통적인 불활성화 백신(inactivated vaccine)[3]으로는 시간 안에 효과를 입증하기 어렵다는 판단 아래, 새로운 기술인 mRNA 플랫폼[4]을 선택했다. 그에 따라 이미 이 기술에서 앞서 있던 독일의 바이오엔테크(BioNTech SE)[5]와 손잡고 연구와 임상, 생산과 승인 절차를 동시에 진행했다. 이 선택은 과학적 판단이자, 기술을 내부에 가두지 않고 외부 역량과 결합함으로써, 개발 속도를 극대화한 조직적 결단이었다.

SAM의 관점에서 보면, 화이자의 결단은 팬데믹이라는 위기 상황에서 비즈니스 전략과 기술 전략을 정렬한 사례다. '왜 해야 하는가'가 분명했기에 '무엇으로 대응할 것인가'도 흔들리지 않았다. 전략의 목적, 목표, 실행이 한 축으로 맞물리면서 화이자의 결정은 선언이 아니라 실제 행동이 될 수 있었다.

SAM의 수직축에서는 조직 인프라와 기술 인프라가 동시에 움직였다. 조직 인프라의 측면에서 화이자는 임상, 규제, 생산, 공급망 전 과정을 백신 우선 체제로 전환했다. 임상 설계를 단축하고, 각국 규제기관과 데이터를 실시간으로 공유하며, 승인 절차를 병행했다. 대륙별 CMO(Contract Manufacturing Organization, 위탁생산업체)[6]와의 협력을 통해 조달과 품질 기준을 표준화했고, 초저온 유통망 확충도 병행했다. 이 모든 과정이 병렬적으로 진행되면서, 조직의 의사결정 속도는 팬데믹 이전과는 비교할 수 없을 정도로 빨라졌다. 기술 인프라에서는 mRNA 공정과 대규모 생산설비를 하나의 연속된 체계로 연결했다. 실험실 수준의 기술을 산업 규모로 확대하는 스케일업(scale up) 과정이 병목 현상 없이 이어지며, 연구와 생산의 경계가 사실상 사라졌다. 전략 목표, 기술 플랫폼, 운영 체계, 기술 인프라가 같은 방향으로 정렬되자 개발 속도와 품질, 생산량이 동시에 확보되었다. 특히 공급망 부문에서는 mRNA 백신의 특수성을 고려해, 항공사, 물류업체, 드라이아이스 생산업체까지 포함하는 글로벌 콜드체인 컨소시엄을 긴급히 구성했다. 화이자는 실시간 온도 모니터링과 배송 추적 시스템을 구축해 수천만 회분의 백신이 각국 정부의 일정에 맞춰 조율되도록 했다. 이러한 통합 체계는 조직 인프라와 기술 인프라가 완벽히 일치했음을 보여주는 대표적 사례다.

성과는 눈에 띄게 나타났다. 2021년 화이자의 연간 매출은 813억 달러로 사상 최고치를 기록했고, 백신은 단일 제품으로 글로벌 의약품 매출 1위에 올랐다. 하지만 이 숫자보다 중요한 것은 그 결과가 만들어진 구조였다. SAM의 시각에서 보면, 화이자는 팬데믹 초기에 비즈니스 전략과 기술 전략의 수평 정렬을 가장 먼저 완성했다. 백신 공급이라는 전략적 목표와 mRNA 플랫폼이라는 기술적 선택이 처음부터 맞물려 있었다. 그 정렬이 조직 인프라와 기술 인프라의 수직 정렬로 자연스럽게 이어지면서, 개발과 생산 과정의 병목이 사라졌다. 위기 상황에서 정렬은 단순히 속도를 높이는 문제가 아니었다. 정렬의 유무가 가능과 불가능의 차이를 만들었다. 화이자의 대응이 극단적 혼란 속에서도 일관성을 유지할 수 있었던 이유가 바로 여기에 있다.

③ 엔비디아: 하드웨어와 소프트웨어를 같은 축으로 묶는 법

엔비디아의 전환은 'GPU(Graphics Processing Unit)[7] 칩을 잘 만드는 회사'에서 'AI와 데이터센터 시대의 플랫폼 기업'으로의 재정의였다. 회사의 비즈니스 전략은 'AI 시대의 표준 플랫폼이 된다'는 한 문장으로 요약된다. 이 목표에 대응한 기술 전략은 GPU 아키텍처와 CUDA(Compute Unified Device Architecture)[8] 생태계를 결합해, 하드웨어와 소프트웨어를 하나의 통합 구조로 묶는 것이었다.

그러나 이 변화는 단순히 전략이 기술을 이끈 결과가 아니었다. GPU라는 기술 자체가 그래픽 연산을 넘어 대규모 병렬 계산을 가능하게 하면서, 새로운 전략적 기회를 오히려 먼저 열어주었다. 기술 전략이 비즈니스 전략을 앞서가고, 이후 두 축이 서로를 밀어 올리며 정렬된 대표적 사례다. GPU라는 하드웨어만으로는 표준이 될 수 없었다. 개발자와 연구자가 같은 도구와 언어로 모델을 만들고, 동일한 가속기에서 같은 성능을 재현할 수 있어야 했다. 그래서 엔비디아는 소프트웨어 플랫폼을 기술 전략의 핵심에 포함시켰다. 비즈니스 전략과 기술 전략이 제품이 아닌 플랫폼 단위에서 정렬된 이유가 여기에 있었다.

수직축에서는 조직 인프라와 기술 인프라가 함께 확장됐다. 우선, 조직 측면에서 엔비디아는 하드웨어, 소프트웨어, 그리고 생태계 파트너십을 아우르는 전담 조직을 강화했다. 개발자 커뮤니티와 교육, 레퍼런스 모델과 프레임워크 지원을 분리된 기능이 아니라 하나의 여정으로 통합해, 고객이 GPU 기술을 쉽게 도입하고 확장할 수 있도록 했다. 다음으로 기술 인프라에서는 GPU, 인터커넥트, 서버, 네트워킹을 데이터센터 단위로 통합해 더 이상 '부품'이 아닌 '센터' 단위로 인프라를 제공했다. 고객의 실제 워크로드—훈련, 추론, 배포—의 흐름을 기준으로 시스템을 설계하면서, 하드웨어와 소프트웨어, 그리고 생태계 전체가 같은 속도로 움직이게 했다. 이렇게 해서 엔비디아의 인프라는 제품 단위를 넘어 서비스 단위로 작동하기 시작했다.

이 구조를 SAM의 틀로 보면, 오늘날 엔비디아가 AI 반도체 시장에서 70~80%의 점유율을 차지하며 학습과 추론 인프라의 표준이 된 이유를 설명할 수 있다. 단순한 수요 급증이 아니라, 비즈니스 전략과 기술 전략의 수평 정렬이 조직 인프라와 기술 인프라의 수직 정렬과 맞물렸기 때문이다. 게임용 칩셋 기업으로 출발한 엔비디아가 AI 인프라의 핵심 기업으로 도약할 수 있었던 서사 역시, 결국 이 정렬의 힘으로 귀결된다.

이 정렬은 엔비디아의 시장 지위를 완전히 바꾸었다. 2020년 약 109억 달러였던 매출은 2024년 600억 달러를 넘어섰고, 시가총액은 2조 달러를 돌파했다. 수요 급증만으로는 이 변화를 설명하기 어렵다. SAM의 관점에서 보면, 엔비디아의 비즈니스 전략과 기술 전략은 처음부터 하나의 축으로 움직였다. 플랫폼 중심의 비즈니스 전략과 GPU와 CUDA의 결합이라는 기술 전략이 수평 정렬을 이루었고, 이를 뒷받침한 조직 인프라와 기술 인프라가 수직 정렬로 이어졌다. 네 축이 한 묶음으로 작동하면서, 경쟁사는 칩을 생산할 수는 있어도 그 구조 전체를 복제할 수 없게 되었다. 제품 경쟁의 표면 아래에는 이미 정렬된 구조가 있었다.

④ 세 사례의 공통분모: 같은 좌표를 향한 네 개의 맞물림

앞서 살펴본 세 회사의 산업, 제품, 고객은 모두 다르다. 그러나 SAM의 네 요소—비즈니스 전략, 기술 전략, 조직 인프라, 기술 인프라—로 보면 하나의 공통된 구조가 드러난다.

먼저 비즈니스 전략이 방향을 잡는다. 마이크로소프트는 '플랫폼+AI', 화이자는 '글로벌 백신 공급', 엔비디아는 'AI 표준 플랫폼'을 내세워 각자의 시장에서 중심축을 세웠다. 그 방향 위에 기술 전략이 결합한다. 마이크로소프트는 애저(Azure)와 오피스(Office), 그리고 AI 서비스로, 화이자는 mRNA 플랫폼으로, 엔비디아는 GPU와 CUDA의 결합으로 응답했다. 이 전략적 축을 조직이 일상적으로 움직일 수 있도록 만드는 것이 조직 인프라다. 마이크로소프트는 판매와 보상, 프로세스를 클라우드 중심으로 재설계했고, 화이자는 임상, 규제, 생산 네트워크를 백신 우선 체제로 전환했다. 엔비디아는 생태계 파트너와 개발자 여정을 하나의 시스템으로 묶어 실행의 속도를 높였다. 마지막으로 기술 인프라가 실제 제품과 서비스, 그리고 운영의 기반을 형성한다. 마이크로소프트는 글로벌 클라우드 인프라를, 화이자는 대규모 생산과 유통망을, 엔비디아는 데이터센터 스택(Data Center Stack)[9]을 그 토대로 삼았다.

이 네 요소가 같은 목표를 향해 맞물릴 때, 정렬은 선언이 아니라 실행의 리듬이 된다. 그리고 그 리듬이 유지되는 한, 성과는 일시적 행운이 아니라 반복 가능한 결과로 쌓인다.

정렬 - 위기를 기회로 바꾸는 힘

영화와 현실은 멀리 떨어져 있는 듯하지만, 그 안의 구조를 들여다보면 놀라울 만큼 닮아 있음을 알 수 있다. 《아폴로 13》의 위기 극복과 마이크로소프트, 화이자, 엔비디아의 성장은 전혀 다른 시간과 공간에서 일어난 사건이지만, 모두 같은 원리로 설명할 수 있다. 비즈니스 전략과 기술 전략, 조직 인프라와 기술 인프라가 한 방향으로 맞물린 순간, 위기는 성과로, 변화는 기회로 바뀌었다.

《아폴로 13》의 귀환은 그 원리를 가장 극적으로 보여준다. 산소탱크 폭발로 임무가 흔들렸을 때, 목표는 즉시 달 착륙에서 생존으로 바뀌었다. 목표가 바뀌자 전략과 기술, 조직과 장비가 모두 그 한 점을 향해 다시 움직였다. 임시 필터 제작이나 전력 최소화, 그리고 수동 점화 같은 선택들은 각기 다른 대응이 아니라, 세 사람을 지구로 데려온다는 하나의 목표를 향한 연속된 실행이었다. 지상과 우주, 사람과 시스템이 같은 리듬에 맞춰 움직이자, 비극이 될 뻔한 임무는 성공적인 귀환으로 끝났다.

기업들의 이야기도 다르지 않다. 마이크로소프트는 클라우드와 AI로, 화이자는 백신과 mRNA 기술로, 엔비디아는 GPU와 CUDA 플랫폼으로 각자의 산업 질서를 다시 세웠다. 시장의 변화가 위기로 다가올 때, 세 기업은 비즈니스 전략과 기술 전략을 먼저 나란히 정렬하고, 이어 조직과 기술 인프라를 그 전략에 맞게 다듬었다. 위기의 형태는 달랐지만, 정렬이 만들어낸 결과는 같았다. 기술과 전략이 한 방향으로 움직이는 순간, 변화는 위기에서 성장으로 바뀌었다.

알파폴드의 성취도 같은 구조로 설명할 수 있다. 딥마인드는 인공지능이라는 기술 하나만으로 문제를 해결한 것이 아니다. 딥마인드는 우선 단백질의 3차원 구조를 예측하는 정확도를 극적으로 높인다는 목표를 명확히 했다. 그리고 이 목표를 실현하기 위한 전략으로 기존의 실험 중심 방식을 버리고 인공지능을 핵심 도구로 삼았다. 기술 전략은 신경망 알고리즘과 방대한 단백질 데이터베이스를 결합해 모델의 학습 속도와 정밀도를 높이는 데 집중했다. 이러한 목표와 전략을 뒷받침하기 위해 조직 차원에서는 생명과학자와 인공지능 연구자가 한 팀으로 움직였고, 기술 인프라 차원에서는 데이터 인프라와 계산 자원을 연구의 흐름에 맞춰 조정했다. 목표, 전략, 기술, 조직과 인프라를 한 방향으로 정렬하자 불가능하다고 여겼던 문제를 풀 수 있었다. 알파폴드의 성공은 인공지능 하나로 이룬 돌파가 아니라, 전략과 기술, 조직과 인프라를 정렬한 구조가 만들어낸 결과였다.

정렬은 고정된 상태가 아니라 끊임없이 조정되는 과정이다. 전략이 바뀌면 기술이 따라가고, 기술이 새로운 가능성을 열면 전략이 다시 수정된다. 조직과 인프라가 그 변화를 흡수하며 균형을 이룰 때 정렬은 힘을 발휘한다. 《아폴로 13》의 임시 조립과 지상의 계산, 세 기업의 기술 전환과 실행 체계는 모두 같은 원리를 따른다. 정렬은 또한 단순히 속도를 높이는 도구가 아니라, 제약 속에서 에너지를 한 방향으로 모으는 구조다. 《아폴로 13》은 생존의 위기를, 기업들은 시장의 격변을 마주했지만, 모두 정렬을 통해 한 방향으로 힘을 모아 상황을 뒤집었다. 정렬이 흔들리면 전략은 구호로 끝나고, 기술은 비용이 되고 만다. 그러나 정렬을 제대로 이루면 위기를 성과로, 기회를 성장으로 이어갈 수 있다. 《아폴로 13》의 귀환과 마이크로소프트, 화이자, 엔비디아의 성장은 그 사실을 증명하는 서로 다른 이야기다.

정렬은 끝나지 않는 과정

《아폴로 13》의 귀환은 단순히 세 명의 우주인을 살려낸 사건으로 끝나지 않았다. NASA는 그 경험을, 이후 우주 프로그램의 안전 설계와 운영 체계에 반영했다. 산소탱크 폭발이라는 위기 속에서 전략, 기술, 조직, 인프라가 동시에 맞물려야 한다는 깨달음은 한때의 교훈이 아니라 새로운 규범이 되었다. 정렬은 특별한 순간의 구호가 아니라, 상황이 달라질 때마다 다시 맞추어야 하는 일상의 질서가 되었다.

현실의 기업들도 이와 크게 다르지 않았다. 마이크로소프트는 클라우드와 AI로 전략의 방향 전환을 선언하는 데서 멈추지 않았다. 영업조직의 평가와 보상 체계, 기술 인프라의 통합을 통해 그 변화를 운영 규칙으로 만들었다. 덕분에 새로운 기술 파도가 밀려와도 흔들리지 않고 대응할 수 있었다. 화이자와 바이오엔테크 역시 팬데믹 당시 구축한 공급망 관리, 임상과 규제 협력, 초저온 물류체계를 임시 장치로 남겨두지 않았다. 이후 백신과 신약 개발 과정에서 이 시스템을 표준으로 삼았고, 위기 대응의 경험을 기업의 체질로 흡수했다. 엔비디아도 GPU와 CUDA 생태계를 묶은 뒤에 멈추지 않았다. 플랫폼 확장이 가능하게 조직 구조를 바꾸고, 데이터센터 단위로 기술 인프라를 발전시켜, 반복 가능한 성장 엔진을 만들었다. 세 기업의 행보는 모두, 정렬이 일회성 사건이 아닌 제도와 습관이 되었을 때, 장기적 성과로 이어진다는 사실을 보여준다.

전략과 기술의 정렬이란, 비즈니스 전략과 기술전략, 조직 인프라와 기술 인프라가 하나의 목표와 방향 아래서 움직이는 상태를 뜻한다. 이러한 정렬의 핵심은 완성이 아니라 조율에 있다. 환경이 바뀌면 전략이 다시 방향을 잡고, 기술이 그 길을 새로 낸다. 한편, 새로운 기술이 등장하면 이를 활용하기 위한 전략을 다시 수립한다. 이처럼 전략과 기술이라는 두 바퀴가 같은 속도로 맞물려 돌아갈 때 조직은 앞으로 나아간다. 한쪽이 멈추면 다른 쪽도 힘을 잃고, 그 사이의 어긋남이 위기를 초래한다. 그러나 전략과 기술이 같은 목표를 향해 굴러가면, 위기는 성장의 모멘텀으로 바뀐다. 그렇기에 정렬은 그 두 바퀴를 이어주는 축이며, 변화 속에서도 조직이 다시 나아갈 수 있게 하는 지속의 구조다.

심화학습 - 전략과 기술 정렬 이론의 계보와 확장

전략과 기술의 정렬은 오늘날 디지털 전환과 인공지능 시대에 더욱 강조되고 있지만, 그 뿌리는 오래된 학문적 논의에 닿아 있다. 기업은 전략을 세우는 것만으로는 성과를 낼 수 없다. 전략이 조직과 기술의 구조 속에서 어떻게 작동하고 변화하는가가 성패를 가른다. 이러한 문제의식 속에서 여러 학자들이 각기 다른 틀을 제시해 왔다.

가장 널리 알려진 모델은 헨더슨(D. Henderson)과 벤카트라만(N. Venkatraman)의 전략적 정렬 모델(Strategic Alignment Model, SAM)이다.[10] 1993년에 제안된 이 모형은 기업의 성과가 비즈니스 전략과 IT 전략의 수평적 정렬, 그리고 조직 인프라와 IT 인프라의 수직적 정렬이 동시에 이루어질 때 극대화된다고 보았다. 사분면으로 구성된 SAM은 간결하고 직관적이어서 실제 기업 실무에서도 활용도가 높았다. 특히 IT가 단순한 지원 기능을 넘어 전략의 일부로 자리 잡던 시기에 제시된 만큼, SAM은 기업 디지털화의 초기 단계를 설명한 대표적 이론으로 평가된다. 그러나 한계도 분명했다. 이 모형은 주로 정적인 정렬 상태를 전제로 하기 때문에, 급변하는 환경 속에서 정렬이 어떻게 유지되고 재구성되는지를 충분히 설명하지 못했다. 또한 원래 SAM은 전략이 기술을 이끌 수도 있고, 기술이 전략을 선도할 수도 있다는 양방향 정렬을 전제했지만, 실제 적용에서는 전자가 과도하게 강조되었다는 점도 한계로 지적된다.

이 논의의 뿌리를 더 거슬러 올라가면 챈들러(Alfred D. Chandler)[11]의 고전적 명제, "구조는 전략을 따른다"를 빼놓을 수 없다. 그는 미국 대기업 사례를 통해 기업이 새로운 시장과 제품 전략을 택하면 그에 맞추어 조직 구조가 변한다는 사실을 보여주었다. 이는 단순히 조직도를 바꾸는 일이 아니라, 전략이 달라지면 자원 배분과 의사결정, 그리고 관리 방식이 함께 바뀐다는 의미였다. SAM의 관점으로 보면, 전략과 기술의 정렬

역시 조직 구조와 운영 체계의 변화 없이는 불가능하다. 따라서 오늘날의 '전략과 기술의 정렬'은 '전략과 구조의 정렬'에 대한 현대적 해석으로 이해할 수 있다.

한편, 티스(David J. Teece)[12]가 제시한 동태적 역량 개념은 SAM이 미처 다루지 못한 부분을 보완했다. 티스는 빠르게 변하는 환경에서 기업이 성과를 내려면 보유 자원과 역량을 지속적으로 재구성하는 능력이 필요하다고 강조했다. 정렬은 한 번 맞춰 놓는 상태로 끝나는 것이 아니라, 환경 변화에 따라 반복적으로 조율되는 과정이라는 것이다. 이는 '정렬은 끝나지 않는 과정'이라는 본 장의 결론과도 닿아 있다. 기업이 전략과 기술의 정렬을 선언적 구호로 두지 않고, 변화가 일어날 때마다 재정렬할 수 있는 학습 능력을 키워야 한다는 메시지가 바로 여기에 있다.

민츠버그(Henry Mintzberg)[13]의 시각도 흥미롭다. 그는 전략을 단순한 계획(plan)이 아니라 시간이 지나며 드러나는 패턴(pattern)이자 조직이 세상을 바라보는 관점(perspective)으로 정의했다. 이 관점에서 보면 정렬은 설계도 위에 고정되는 구조가 아니라, 조직의 관점과 습관 속에 스며든 패턴이어야 한다. 마이크로소프트의 클라우드 전환이나 엔비디아의 플랫폼 확장은 일회적 프로젝트가 아니라, 조직 전체의 사고와 행동이 바뀐 결과였다. 이처럼 전략과 기술의 정렬은 구조적 틀로만 설명할 수 없고, 문화와 관점이라는 보이지 않는 힘 속에 자리 잡을 때 비로소 지속될 수 있다.

살펴본 바와 같이, '전략—기술' 정렬의 이론적 계보는 챈들러의 구조론적 시각에서 출발해 헨더슨과 벤카트라만의 SAM으로 구체화되었고, 티스의 동태적 역량 이론과 민츠버그의 전략 관점론으로 확장되었다. SAM은 정렬의 구조적 틀을 제시했고, 티스는 그 정렬을 유지하고 재구성하는 역동성을 설명했으며, 민츠버그는 그것이 조직 문화와 사고방식에 내재화되어야 한다는 통찰을 더했다. 결국 오늘날 기업이 위기와 기회를 성과로 바꾸려면 구조적 정렬, 동적 조정, 문화적 내재화를 함께 이뤄야 한다. 본 장에서 강조한 '정렬은 끝나지 않는 과정'은 이러한 학문적 계보 위에서 이해할 수 있다.

14장

센스메이킹, 불완전한 현실을 읽는 기술 《스파이 브릿지》

모더나(Moderna, Inc.)의 선택

2020년 초, 코로나19로 세상이 갑자기 멈췄다. 거리에 사람들의 발길이 끊기고, 공항 활주로에는 멈춰 선 비행기들이 길게 늘어서 있었다. 물류가 막히자 곳곳의 공장이 문을 닫았고, 여행과 소비도 얼어붙었다. 제약회사들은 임상과 검증에 시간이 필요하다는 이유로 백신 개발에 몇 년은 걸린다고 말했다. 각국 정부는 하루가 멀다 하고 이동 제한과 봉쇄 조치를 발표했다. 도시의 불빛은 그대로였지만, 그 안을 채우던 사람들의 움직임이 사라졌다. 거리의 정적과 뉴스 속 확진자 수가 일상을 대신했다. 모두가 불안에 떨며, 멈춘 일상 속에서 서로의 안부만 가까스로 확인하던 시기였다.

그때 보스턴에 있는 작은 바이오기업 모더나가 먼저 움직였다. 매출이라 부를 만한 실적이 거의 없던 신생 기업이었지만, 연구진은 첫 확진자 보고 뒤 42일 만에 코로나19 백신 후보물질을 만들었다. 이어 3월에는 임상시험을 시작했다. 모더나는 당시 업계에서 거의 쓰지 않던 mRNA 방식을 선택했다. "너무 낯설다", "속도가 걱정된다"는 우려가 이어졌지만, 연구진은 실험을 멈추지 않았다. 오히려 실험 계획과 일정을 재조정하며 개발 속도를 높였다. 모더나가 이 기술을 선택한 이유는 분명했다. 기존 방식으로는 팬데믹의 속도를 따라잡을 수 없다고 판단했기 때문이었다. 이 기술은 세포가 스스로 단백질을 합성하도록 유전 정보를 전달하는 방식이었는데 사람에게 적용된 사례는 거의 없었다. 이 때문에 안전성과 부작용에 대한 근거 부족을 이유로 대부분의 제약사는 시도조차 하지 않았다. 바로 그 공백을 모더나가 메운 것이다.

2020년 12월 18일, 미국 식품의약국(FDA)은 마침내 모더나 백신의 긴급사용을 승인했다. 그날 밤 각국 뉴스 화면에는 "팬데믹의 흐름을 바꿀 두 번째 백신"이라는 보도가 등장했고, 작은 회사였던 모더나의 이름은 전 세계에 급속도로 퍼져 나갔다. 가능성으로만 언급되던 이야기가 현실이 되는 순간이었다. 모더나의 백신은 단순한 제품이 아니었다. 전통 제약의 속도와 방식을 바꾸는 신호였고, 위기 상황에서 기술보다 판단의 속도가 얼마나 중요한지를 보여준 사건이었다. 팬데믹은 기업의 규모보다 결단의 방향이 결과를 가른다는 사실을 보여주었다.

이듬해인 2021년, 모더나의 매출은 186억 달러를 기록했다. 불과 1년 전과 비교해 20배가 넘는 신장이었다. 몇 해 전만 해도 논문과 학회에서만 다루던 기술이, 각국에서 접종 계획의 중심이 되었다. 같은 시기 독일의 바이오엔텍은 세계적 제약회사인 화이자와 손잡고 또 다른 mRNA 백신을 먼저 내놓았다. 이처럼 경쟁자도 있었지만, 이름조차 생소하던 모더나가 보여준 속도와 결단은 유난히 눈에 띄었다. 불완전한 자료와 부족한 인력 속에서도 연구진은 방향을 정하고 위험을 감수했으며, 가장 짧은 시간에 결과를 만들어 냈다.

왜 모더나는 다른 회사들과 달랐을까? 같은 조건에서 많은 제약사와 스타트업이 멈칫했는데, 모더나는 무엇을 다르게 보았기에 앞서 나갈 수 있었을까? 기술력이나 운만으로 모더나의 성과를 설명하는 데에는 한계가 있다. 그보다는 그들이 현실을 읽고 해석했던 방식과 의사결정의 기준을 함께 살펴볼 필요가 있다. 이제 시선을 영화 《스파이 브릿지》로 돌려, 냉전 시대에 한 변호사가 혼란 속에 내린 판단과 선택을 보며 질문에 대한 답을 찾아보자.

스파이 브릿지(Bridge of Spies, 2015)

영화 《스파이 브릿지》(Bridge of Spies, 2015, 감독 스티븐 스필버그, 주연 톰 행크스, 마크 라일런스)는 냉전 시대의 한복판에서 한 변호사가 불확실한 현실을 해석해 나가는 과정을 그린다. 주인공 제임스 도노번(톰 행크스 분)은 보험 사건을 주로 맡아 온 평범한 변호사였다. 어느 날 미국 정부는 그에게 뜻밖의 임무를 맡긴다. 미국에서 체포된 소련 스파이 루돌프 아벨(마크 라일런스 분)의 변호를 맡아 달라는 것이다.

미국과 소련의 냉전으로 핵무기 전쟁의 공포가 최고조에 오른 1957년 당시, 미국 사회는 냉전의 공포와 증오로 들끓고 있었다. 이로 인해 대부분의 사람들에게 아벨은 이미 '적'으로 낙인 찍힌 인물이었다. 언론은 "스파이를 감싸는 변호사"라며 도노번을 공격했고, 이웃들은 그가 사는 집을 향해 돌을 던졌다. 하지만 그는 물러서지 않고 "변론의 기회는 누구에게나 주어져야 한다"며 아벨을 변호한다.

감정과 여론이 정의의 자리를 흔들던 시대에, 그는 원칙을 지켜야 법의 의미가 유지된다고 믿었다. 대중의 비난 속에서도 자신이 세운 기준을 끝까지 지키며 불확실한 현실 속에서 법과 양심 사이에서 균형을 지키려는 그의 태도는, 혼란 속에서 질서를 찾으려는 인간의 의지를 보여준다.

법정에 있는 도노반과 아벨

이후 도노번은 한층 복잡한 상황에 직면한다. 냉전의 긴장이 최고조에 달했을 때, 미국의 U-2 정찰기 조종사 프랜시스 게리 파워스가 소련 영공에서 격추되어 체포된다. 거의 같은 시기, 동베를린에서는 미국인 대학생 프레더릭 프라이어가 구금된다. 미국 정부와 CIA는 파워스 송환에만 관심을 두고 아벨과의 교환을 추진했지만, 도노번은 다른 길을 제안한다. 그는 동독 관리들과의 접촉에서 "파워스뿐만 아니라 프라이어까지 함께 교환해야 한다"고 주장한다. 혼란스러운 정치적 계산과 서로 상충되는 정보가 얽히는 가운데, 그는 각기 다른 이해관계자들의 주장을 듣고 정리하며 스스로 상황을 해석할 기준을 세운다. 냉전이라는 거대한 대립 구도 속에서 한 개인이 보여준 의미 구성의 힘, 그것이 도노번의 진짜 역할이었다.

영화의 클라이맥스는 글리니케 다리 위에서 펼쳐진다. 겨울 아침, 안개와 눈발이 뒤섞인 다리 위에 양측 대표단이 마주 선다. 인질 교환 직전까지도 불확실성은 여전했다. 동독 측은 프라이어 인도를 망설였고, 미국 측도 조건 확인에 혼선을 빚었다. 양쪽 모두 신뢰할 수 없는 계산과 요구를 주고받으며 시간을 끌었다. 그러나 도노번은 끝까지 중심을 잃지 않는다. 그는 동독 측에 "약속은 지켜져야 한다"는 메시지를 전달하며 압박했고, 동시에 미국 측에도 교환의 시급성을 설득했다. 다리 위의 공기는 차갑게 얼어붙고 있었지만, 그의 침착한 목소리와 단호한 태도는 사람들을 움직였다. 결국 두 명의 미국인과 아벨이 서로를 향해 걸어가며 다리를 건너는 순간, 불확실성과 혼란을 뚫고 길이 열린다.

영화에서 도노번은 언제나 피로에 젖은 얼굴로 회의장을 오간다. 감기에 걸린 몸을 이끌고 외교관들과 협상 자리에 앉으며, 주변의 냉소와 의심 속에서도 혼자 중심을 지킨다. 그는 늘 지쳐 있고, 누구의 환영도 받지 못하지만, 바로 그 모습이 오히려 현실적인 리더의 얼굴에 가까운 느낌을 준다. 리더십은 완벽한 확신에서 나오지 않는다. 그것은 오히려 불완전한 현실 속에서 주어진 단서들을 해석하고, 혼란 속에서도 해야 할 일을 멈추지 않는 힘에서 비롯된다. 도노번의 피로와 고독은 그가 짊어진 책임의 무게를 보여준다. 누구도 선명한 답을 제시하지 못할 때, 그는 가능한 대안 중에서 비교적 나은 해석을 찾아 행동으로 옮긴다.

정보는 모호하고 상황은 복잡하지만, 도노번은 사람들이 함께 받아들일 수 있는 기준을 만든다. 법정에서는 헌법의 원칙을, 협상에서는 인간적인 신뢰를 판단의 근거로 삼는다. 그의 판단은 계산보다 신념에 가깝지만, 그 신념은 언제나 현실 속에서 실행 가능한 의미를 찾아 움직인다. 그래서 상황과 정보에 대한 그의 해석은 단순한 분석에 그치지 않고, 행동으로 이어지는 토대가 된다. 도노번의 이런 모습은 불확실한 세상에서 납득할 수 있는 의미를 찾고, 그것을 행동으로 옮기는 것이야말로 인간이 만들어 낼 수 있는 가장 현실적인 질서임을 보여준다.

센스메이킹, 불확실을 이기는 힘

전략은 언제나 불확실한 환경을 전제로 한다. 기업이 직면하는 시장과 기술, 제도 등은 끊임없이 변하므로 미래를 온전히 예측하기란 사실 불가능하다. 그래서 경영학에서는 오래전부터 '불확실성(uncertainty)을 관리하는 전략'이라는 표현이 반복되어 왔다. 그러나 행동전략의 관점에서 보면, 문제의 초점은 미래의 예측 불가능성에만 있는 것이 아니다. 우리가 마주하고 있는 현실 자체가 이미 불완전하다는 점이 더 근본적인 문제다. 현실은 하나의 그림이 아니라, 서로 다른 단서와 관점이 뒤섞인 조각들로 이루어져 있다. 어떤 조각은 분명하지만, 어떤 조각은 흐릿하거나 서로 모순된다. 이처럼 조각나 있고 상충하며, 각자의 해석에 따라 달라지는 현실의 불완전성(incompleteness)이야말로 전략의 출발점이다.

불확실성과 불완전성의 차이는 미묘하지만 중요하다. 불확실성은 '앞으로 어떤 일이 일어날지 알 수 없다'는 전망의 문제다. 반면 불완전성은 '지금 보고 있는 현실 자체가 온전하지 않다'는 해석의 문제다. 예를 들어 같은 자료를 두고 한 기업은 그것을 기회로 읽고, 다른 기업은 위협으로 판단할 수 있다. 이 차이는 미래를 예측하기 어려워서가 아니라, 현재를 바라보는 관점이 서로 다르기 때문이다. 센스메이킹(Sensemaking)은 바로 이 부분에 초점을 맞춘다. '불확실성의 시대'라는 표현이 익숙하지만, 학문적으로 센스메이킹이 다루는 핵심은 불완전한 현실을 어떻게 파악하고, 그 안에서 어떤 의미를 찾는가에 더 가깝다.

이 개념을 가장 깊이 탐구한 학자는 칼 웨이크(Karl E. Weick)다. 그는 사람은 자신이 마주한 세상을 수동적으로 인식하는데 그치는 존재가 아니라, 행동을 통해 현실을 만들어 가는 존재라고 보았다. 그는 이렇게 말했다.

> "사람들은 자신이 직면한 환경을 행동으로 드러내며, 현실은 질서를 만들고 지난 일을 돌아보며 의미를 찾는 노력 속에서 끊임없이 만들어진다."(People enact the environments they face; reality is an ongoing accomplishment that emerges from efforts to create order and make retrospective sense of what occurs.)

요컨대 우리가 현실이라고 부르는 것은 외부에 고정된 실체가 아니라, 사람들이 서로 영향을 주고받으며 행동하고, 그 행동의 결과를 되돌아보는 과정에서 끊임없이 다시 구성하고 해석되는 의미의 구조라는 말이다.

웨이크는 센스메이킹(Sensemaking)의 일곱 가지 속성을 제시했다. 첫째는 정체성(Identity)이다. 사람은 '나는 누구인가'라는 자기 인식에 따라 세상을 본다. 이 때문에 자신이 속한 위치나 역할에 따라 같은 단서도 전혀 다른 의미를 갖는다. 둘째는 회고(Retrospection)다. 사건은 일어난 뒤에야 비로소 의미를 알 수 있다. 사람들은 지나간 일을 돌아보며 현재의 상황을 해석한다. 셋째는 사회성(Social)이다. 의미는 개인의 머릿속에서만 만들어지지 않는다. 해석은 대화와 관계, 즉 사람들 사이의 상호작용 속에서 이루어진다. 넷째는 단서 추출(Cue Extraction)이다. 현실은 수많은 정보로 이루어져 있지만, 사람들은 그중 일부 단서만을 뽑아 의미를 만든다. 따라서 어떤 단서에 주목하느냐에 따라 해석의 방향이 달라진다. 다섯째는 지속성(Ongoing)이다. 센스메이킹은 한 번으로 끝나지 않는다. 새로운 사건과 경험이 쌓일 때마다 의미는 다시 수정되고 갱신된다. 여섯째는 개연성(Plausibility)이다. 사람들은 절대적인 정확성보다는, 지금 상황을 설명할 수 있는 '그럴듯한 이야기'를 선택한다. 이는 조직의 해석이 언제나 완벽할 수 없는 이유다. 일곱째는 실행과의 결합(Enactment)이다. 해석은 머릿속에 머물지 않는다. 사람들은 자신이 내린 판단에 따라 행동하고, 그 행동이 다시 환경을 바꾼다. 즉, 행동이 곧 현실을 만들어 낸다.

도노번의 행보는 웨이크가 말한 센스메이킹의 속성을 선명하게 보여준다. 우선, 법정에서 그는 '변호사'라는 자신의 정체성에 따라 아벨의 권리를 끝까지 지켰다. 다음으로 과거의 재판 경험을 회고하며 헌법이 보장하는 원칙을 재해석했고, 냉전의 긴장 속에서도 법이 사람 위에 있다는 사실을 분명히 했다. 협상 단계에 들어서서는 미국, 소련, 동독이 제시하는 서로 다른 정보와 신호를 비교하며, 각 진영이 숨기고 있는 단서를 찾아냈다. 그렇게 얻은 단서의 조각들을 엮어, '두 사람을 동시에 교환한다'는 새로운 의미의 틀을 만들어 냈다. 이는 정밀한 계산의 결과가 아니라, 서로 다른 해석들 사이에서 가장 개연성 있는 이야기를 따른 판단이었다. 그리고 글리니케 다리에서 인질을 교환하는 마지막 순간, 그는 자신의 해석을 행동으로 옮겼다. 법적 원칙과 협상의 균형이라는 해석을 실제 행동으로 구체화한 결과, 불확실한 현실 속에서도 교환을 성사시킬 수 있었다. 도노번은 스스로 찾은 의미를 행동으로 실행(enact)함으로써, 센스메이킹의 마지막 속성인 해석과 행동의 결합을 완성했다.

앞 장에서 살펴본 SAM(Strategic Alignment Model)에 비추어 보면, 정렬은 언제나 공통된 이해가 있을 때 가능하다. 전략과 기술을 아무리 맞추려 해도, 조직이 '무엇을 위해, 어떤 기준으로 움직이는가'에 대한 생각이 다르면 제대로 정렬할 수 없다. 그래서 센스메이킹은 정렬 이전에 해야 할 일이다. 상황을 어떻게 이해하고 받아들일 것인지를 먼저 정리해야, 전략과 기술이 제자리를 찾을 수 있다.

도노번이 협상에서 힘을 발휘할 수 있었던 이유도 바로 여기에 있다. 그는 불완전한 현실을 자기만의 인식과 판단 속에 가두지 않고, 사람들이 함께 납득할 수 있는 이야기로 바꿨다. 법정에서는 헌법의 원칙을 근거로 삼아 설득했고, 교섭장에서는 양측이 받아들일 수 있는 논리로 균형점을 찾았다. 이 때문에 상황에 대한 그의 해석은 개인의 생각에 머물지 않고, 협상과 실행을 움직이는 공통의 기준이 될 수 있었다. 이처럼 의미를 찾고 공유하며 그 뜻에 맞게 행동을 조정하는 것이 이 장에서 말하는 센스메이킹의 실천이다.

센스메이킹은 다른 전략 이론과도 밀접하게 연결된다. 먼저 헨리 민츠버그가 구분한 의도적 전략과 창발적 전략의 구분에 비추어 보면, 창발적 전략이 현실에서 작동하는 방식이 바로 센스메이킹이다. 조직은 계획에 없었던 사건과 마주치면, 그 사건의 의미를 알아야 움직일 수 있다. 예기치 못한 변화 속에서 찾은 단서의 조각들을 엮어 하나의 이야기로 만들면, 그 이야기가 다시 행동을 이끈다. 이처럼 창발적 전략은 우연의 산물이 아니라, 불완전한 현실을 해석하며 질서를 만들어 가는 과정에서 나온다.

데이비드 티스의 동적 역량 이론 역시 같은 맥락에서 이해할 수 있다. 그는 불확실한 환경에서 기업이 어떻게 기회를 포착할 수 있는가를 설명했지만, 실제로 그 기회는 데이터 자체보다 그 데이터를 어떻게 해석하느냐에 따라 달라진다. 같은 정보를 두고도 어떤 기업은 위협으로 받아들여 움츠러들지만, 다른 기업은 기회로 해석하고 행동에 나선다. 결국 동적 역량의 핵심에도 센스메이킹이 작동한다. 현실을 읽고, 그 의미를 새롭게 구성하는 해석의 과정이 없다면 어떤 역량도 방향을 잃기 때문이다.

물론 현실을 해석하는 일에는 언제나 위험이 따른다. 조직은 자신이 만들어 낸 이야기 속에 빠져들기 쉽다. 데이터보다 스토리를 앞세우면, 사실에 근거한 분석보다 결과를 합리화하려는 방향으로 해석이 흘러간다. 또한 권력을 가진 한 사람의 이야기가 조직 전체의 사고를 지배하면, 다른 단서들은 무시되거나 사라지고 현실 인식은 왜곡된다. 결국 센스메이킹은 정보가 부족하고 사실이 뒤섞여 명확하지 않은 상황에서 방향을 찾고 행동의 기준을 세우는 능력이지만, 그 방향을 잘못 잡으면 왜곡을 낳을 위험도 있다.

전략의 성패는 완벽한 데이터의 축적에 달려 있지 않다. 불완전한 현실을 어떻게 이해하고, 조직이 함께 납득할 수 있는 의미로 바꾸는지에 따라 결과가 달라진다. 불확실한 시대를 견디는 힘은 불확실성을 제거하는 기술이 아니라, 불완전한 현실 속에서 방향을 읽고 해석하는 능력에 있다.

데이터의 빈칸을 메운 해석의 힘

코로나 팬데믹 초기, 모더나는 완성된 해답을 가지고 있지 않았다. mRNA 백신은 한 번도 상용화된 적이 없었고, 안전성도 검증되지 않은 기술이었다. 당연히 임상 단계로 나아갈 수 있는지조차 불확실했지만, 경영진은 "현재 가진 단서로 무엇을 할 수 있는가"라는 질문을 던졌다. 2020년 1월, 바이러스의 유전자 서열이 공개되자 연구진은 즉시 백신 후보 설계에 착수했고, 불과 42일 만에 임상이 가능한 첫 시제품을 만들어 냈다. 그 시기 모더나 내부에서는 '속도'가 모든 판단의 기준이 되어 조직의 행동을 하나로 묶었다. 그 결과 모더나는 같은 해 12월 미국 식품의약국(FDA)으로부터 긴급사용승인을 받았고, 이듬해 매출은 184억 달러에 이르며 전년보다 20배 가까이 늘었다. 이처럼 모더나는 바이러스에 대한 핵심 정보가 불완전한 상황에서도 전략적 판단을 내렸다. 그리고 그 판단에 따라 조직의 의사결정과 실행 구조를 '속도' 중심으로 정렬하고 실행에 옮겼다. 그 결과 불확실했던 가능성을 구체적인 결과로 바꿀 수 있었다.

2010년 리콜 사태 당시, 토요타가 직면한 현실은 혼란스러웠다. 미국에서 발생한 급가속 사고의 원인이 명확히 밝혀지지 않았다. 일부는 플로어매트가 문제라고 했고, 다른 조사에서는 가속페달 결함이나, 전자제어시스템 이상이 원인이라는 주장도 나왔다. 언론은 매일 다른 원인을 보도했고, 정치권의 공세도 거세졌다. 이렇게 원인과 해석이 엇갈린 상황에서 무엇을 우선해야 할지 누구도 확신할 수 없었다. 이때, 토요타의 아키오 사장은 미국 의회 청문회에 직접 출석해 '고객 제일'이라는 한 문장을 반복해서 이야기했다. 기술적 원인이 명확히 규명되지 않은 상태였지만, 그는 고객 안전을 최우선 가치로 삼겠다는 뜻을 조직의 내부와 외부 모두에게 분명히 전달했다. 이후 토요타는 북미 현지의 품질 관리 조직을 강화하고, 리콜 대응 절차를 전면 개편했다. 이로 인해 단기적으로는 판매가 줄었지만, 2012년에는 글로벌 판매 974만 대를 기록하며 다시 세계 1위 자리를 되찾았다.[1] 토요타가 회복할 수 있었던 이유는, 불완전한 상황 속에서도 상황을 해석하는 기준을 명확히 했기 때문이다. 그 기준이 조직의 행동을 하나로 묶는 중심이 되었다.

1997년 IMF 외환위기 직후, 삼성전자 역시 불확실한 현실의 한가운데에 서 있었다. 한국 경제 전체가 흔들리던 시기, 회사 안에서도 무엇을 지켜야 할지를 두고 의견이 갈렸다. 가전과 휴대폰을 접고 생존을 우선해야 한다는 주장과, 반대로 메모리 반도체에 집중해야 한다는 의견이 맞섰다. 불완전한 상황 속에서 이건희 회장은 '메모리에 승부를 건다'는 결정을 내렸다. 당시 반도체 가격은 폭락했고, 글로벌 수요는 예측조차 어려웠다. 그럼에도 그는 미래에 반도체 수요가 반드시 다시 돌아올 것이라는 믿음을 조직 안에 심었다. 삼성전자는 같은 해 8조 원 규모의 구조조정을 단행하며 선택과 집중을 실행했고, 1999년에는 메모리 반도체 부문에서 매출 기준으로 세계 1위에 올랐다.[2] 혼란 속에서 전략의 방향을 정한 것은 완벽한 데이터가 아니라, 불완전한 현실을 해석하고 그 의미를 조직과 공유한 과정이었다.

세 기업의 상황은 서로 달랐지만 공통점은 분명하다. 그들은 불완전한 현실 속에서 완벽한 정답을 찾으려 하지 않았다. 대신 조직이 함께 움직일 수 있도록, 현실을 해석하는 기준을 만들었다. 모더나는 '속도', 토요타는 '고객 안전', 삼성전자는 '반도체 집중'이라는 한 단어로 혼란스러운 상황을 정리했다. 이 해석이 행동의 방향을 만들었고, 그 행동이 결과를 낳았다. 불완전한 데이터보다 이를 해석하는 능력이 더 중요했다는 사실은 전략이 작동하는 방식의 본질을 보여준다.

불완전성을 의미로 바꿀 때 전략이 움직인다

《스파이 브릿지》에서 도노번이 마주한 현실은 모순투성이였다. 소련 스파이를 변호한다는 이유로 여론의 비난이 쏟아졌고, 정부 내부에서도 의심과 압박이 뒤섞였다. 법정에서는 법의 원칙과 국가 안보 논리가 충돌했고, 협상장에서는 미국, 소련, 동독의 이해가 맞부딪쳤다. 수많은 신호가 엇갈려 무엇이 사실이고 무엇이 허상인지조차 분간하기 어려웠다. 그럼에도 도노번은 그 모호함을 깨뜨리려 하지 않았다. 오히려 그 속에서 '모든 사람에게는 공정한 재판을 받을 권리가 있다'는 헌법 원칙을 끄집어내어, 혼란을 정리할 기준으로 삼았다. 이는 단순한 가치 선언이 아니었다. 법정에서는 판사와 배심원을 설득하는 논리였고, 협상에서는 미국의 입장을 지탱하는 근거였으며, 마지막 다리 위에서는 교환을 성사시킨 힘이었다.

기업들의 대응 방식도 크게 다르지 않다. 모더나는 mRNA 백신의 안전성과 성공 가능성을 입증할 만한 데이터가 충분하지 않았지만, '속도'를 전략의 핵심으로 삼았다. 이 해석은 연구개발과 규제 대응, 제조 전 과정의 판단 기준이 되어 조직을 하나로 묶었다. 토요타는 리콜 사태 당시 원인 규명이 제각각 엇갈렸지만, '고객 안전'이라는 해석을 중심에 두어 분열된 신호를 하나의 의미로 모았다. 삼성전자는 IMF 위기 속에서 사업을 줄일지, 어디에 집중할지를 두고 의견이 맞섰지만, '메모리에 집중한다'는 결정을 통해 방향을 정리했다. 이렇게 불완전한 현실에서 전략을 움직이게 한 힘은 완벽한 데이터가 아니라, 조직이 함께 받아들일 수 있는 해석이었다.

도노번의 결정과 기업들의 선택은 모두 센스메이킹의 속성을 분명하게 드러낸다. 웨이크의 설명처럼 현실은 주어진 것이 아니라 사람들의 상호작용 속에서 끊임없이 구성되는 과정이다. 도노번은 변호사로서의 정체성을 지켰고, 법과 역사를 돌아보며 과거의 경험을 회고적으로 해석했으며, 그것을 재판, 협상, 교환이라는 구체적인 행동으로 이어갔다. 모더나의 '속도', 토요타의 '고객 안전', 삼성전자의 '메모리 집중' 역시 각기 다른 정체성과 경험에서 길어 올린 해석이었다. 이 해석들이 조직 구성원들의 시선을 한 방향으로 모았고, 각기 다른 현실 속에서도 모두가 같은 장면을 바라보게 만들었다.

물론 차이점도 있다. 도노번의 해석은 개인의 리더십과 신념에서 출발했다. 한 사람의 판단과 설득이 국가 간 협상을 움직인 것이다. 반면 기업은 개인의 해석을 제도로 바꾸어야 했다. 모더나는 '속도'를 지표와 마일스톤으로 만들어 실행을 관리했고, 토요타는 '고객 안전'을 품질 관리 체계 개편이라는 제도적 행동으로 구체화했다. 삼성전자는 '메모리 집중'이라는 내러티브를 구조조정과 투자 결정이라는 시스템적 행위로 옮겼다. 영화가 보여주는 해석의 순간이 개인의 결단과 상징적 장면에 무게를 둔다면, 기업의 사례는 그 해석을 조직 전체가 따라갈 수 있는 구조와 절차로 만드는 과정에 초점을 맞춘다.

결국 영화와 현실의 사례가 보여주는 핵심은 하나다. 전략은 완벽한 정보에서 출발하지 않는다. 오히려 정보가 흩어지고 이해가 갈라진 상황에서, 누군가가 의미를 만들어내고 그 의미를 모두가 공유할 때 비로소 전략은 움직이기 시작한다. 《스파이 브릿지》의 도노번이 냉전의 혼란을 하나의 원칙으로 엮어냈듯, 모더나·토요타·삼성전자는 각자의 위기 속에서 서로 다른 길을 같은 눈으로 바라보게 만드는 해석을 제시했다. 그 순간 불완전성은 약점이 아니라, 전략을 가능하게 하는 재료가 되었다.

불완전한 현실을 함께 읽는 힘

도노번이 보여준 협상의 장면과 기업들이 보여준 전략적 선택은 같은 사실을 일깨운다. 전략은 정답을 맞히는 퀴즈가 아니라, 불완전한 현실을 함께 읽고 해석하는 과정이라는 점이다. 판결이 확정되지 않은 법정, 원인이 갈린 리콜 사태, 데이터가 부족한 임상시험, 생존이 위태로운 외환위기 같은 장면에는 언제나 혼란과 불안이 따른다. 그러나 그 속에서 누군가가 의미를 부여하고, 그 의미가 조직과 사회에 공유될 때 혼란은 질서로 바뀌고 전략은 구체적인 행동으로 이어진다. 센스메이킹이란 결국 불완전한 현실 속에서 사람들에게 '같은 눈'을 갖게 만드는 일이다.

정렬(alignment)의 중요성은 앞 장에서 이미 살펴보았다. 목표와 전략, 자원과 실행이 한 방향으로 모이지 않으면 성과는 지속될 수 없다. 그러나 그 정렬이 작동하기 위해서는 보다 근본적인 조건이 필요하다. 바로 조직이 같은 현실을 같은 언어로 읽는 것이다. 목표와 자원을 아무리 정교하게 배치해도 현실을 해석하는 시선이 나뉘어져 있다면, 정렬은 공중에 떠 있는 구조에 지나지 않는다. 전략적 정렬의 보이지 않는 기반이 센스메이킹에 있다는 사실은, 불완전성은 위기가 아니라 전략의 출발점임을 의미한다.

이 힘은 기업 내부에만 머물지 않는다. 사회와 정치, 기술의 변화 역시 늘 모순된 신호와 불확실한 데이터로 다가온다. 새로운 규제가 시행되거나 인공지능 같은 신기술이 빠르게 확산될 때, 국제 정세가 요동칠 때마다 정보는 흩어지고 이해관계는 충돌한다. 이때 중요한 것은 누가 더 많은 정보를 가지고 있는가가 아니라, 조각난 현실을 어떤 질서와 의미로 엮어 내는가이다. 센스메이킹이 제대로 작동할 때, 불완전한 신호는 혼란이 아니라 미래를 여는 재료로 바뀐다.

그러나 이 과정에는 언제나 위험이 따른다. 잘못된 해석이 조직 전체를 지배하면 전략은 현실과 점점 멀어진다. 한 사람의 권력자가 내세운 이야기 하나가 모든 단서를 덮어버리면, 조직은 현실을 바라볼 눈을 잃는다. 그렇기에 센스메이킹은 닫힌 확신이 아니라, 열린 대화와 다양한 시각 속에서 다듬어야 한다. 해석의 권한이 한 손에 집중되는 순간 전략은 굳어지고, 불완전성은 기회의 재료가 아니라 실패의 씨앗이 된다.

불완전한 현실을 함께 읽는 힘은 결국 인간의 행위에서 비롯된다. 수치와 데이터가 채워 주지 못하는 빈자리를 메우는 것은 사람의 언어이고, 그 언어가 행동의 질서를 만든다. 도노번이 냉전의 혼란 속에서도 원칙을 붙잡아 모두가 같은 방향을 바라보게 했듯, 기업들도 '속도', '고객 안전', '메모리 집중'이라는 말을 조직의 이야기로 삼아 길을 찾아갔다. 전략은 종이에 적힌 계획에서 시작되지 않는다. 불완전한 현실을 함께 견디고 해석하려는 인간의 노력에서 시작된다.

심화학습 – 센스메이킹 이론의 심화

칼 웨이크(Karl E. Weick)는 『Sensemaking in Organizations』(1995)에서 조직이 불완전한 현실을 의미의 구조로 전환하는 과정을 설명했다. 그는 사람들이 주어진 환경을 수동적으로 받아들이는 존재가 아니라, 행동을 통해 현실을 드러내고 다시 해석하는 존재라고 보았다. 이 관점은 조직을 외부 환경에 '적응하는 시스템'으로 본 기존 이론에서, 환경을 함께 만들어 가는 행위적 시스템으로 시선을 옮긴다는 점에서 전환적 의미를 가진다.[3]

웨이크가 제시한 일곱 가지 속성(정체성·회고·사회성·단서 추출·지속성·개연성·실행)은 본문에서 이미 다루었으므로, 여기서는 그 이후의 이론적 확장에 초점을 맞춘다.

첫째, 센스메이킹의 집합적 차원(Collective Sensemaking)이다. 2000년대 이후 줄리아 밸로건(Julia Balogun)과 게리 존슨(Gerry Johnson)은 전략 변화 과정에서 리더 개인의 해석이 아니라, 조직 구성원 간의 대화와 상호작용이 해석을 재구성한다는 점을 강조했다.[4] 이는 센스메이킹이 리더의 개인적 통찰에 머물지 않고, 구성원들이 참여해 '같은 현실을 다른 언어로 조율하는 과정'으로 확장되었음을 보여준다.

둘째, 시간성과 순환성(Temporal and Recursive Process)에 대한 보완이다. 샐리 마이틀리스(Sally Maitlis)와 스콧 소넨샤인(Scott Sonenshein)은 2010년 연구에서 해석—행동—결과가 단선적으로 이어지기보다, 해석이 행동을 낳고 그 행동의 결과가 다시 해석을 수정하는 순환 구조를 이룬다고 설명했다.[5] 이 관점은 센스메이킹을 정렬(alignment)의 '출발점'으로만 보는 시각을 넘어, 정렬 이후에도 지속적으로 재해석과 조정이 반복된다는 사실을 드러낸다.

셋째, 권력과 정치의 변수이다. 해석은 언제나 중립적이지 않으며, 조직 내 권력 관계와 제도적 담론이 어떤 이야기가 중심으로 채택되는지를 결정한다.[6] 최근 연구들은 이러한 한계를 보완하기 위해 '해석 다양성(diverse sensemaking)'과 '조직 내 비판적 대화(critical dialogue)'의 필요성을 제기하고 있다.[7]

이처럼 웨이크의 센스메이킹은 단순한 해석 이론을 넘어 전략 실행, 변화 관리, 학습 과정을 아우르는 통합적 틀로 발전했다. 불완전한 현실 속에서 조직이 움직이는 이유는 완벽한 정보나 정교한 계획 때문이 아니라, 사람들 사이의 해석이 끊임없이 조정되고 그 조정이 행동의 질서를 만들어내기 때문이다. 결국 전략은 데이터의 산물이 아니라, 불완전한 현실을 함께 이해하고 그 이해를 실천으로 옮겨 가는 과정에서 비롯된다.

15장

주인의식, 숨은 의도를 하나로 모으는 힘 《리멤버 타이탄》

삼성전자의 반도체 신화

2022년, 삼성전자는 세계 반도체 시장의 정점에 우뚝 섰다. 전체 매출이 인텔을 제치며 글로벌 1위에 올랐고, 메모리 분야에서는 D램과 낸드 모두 점유율 40% 안팎을 유지했다. 2021년 기준, D램의 시장 점유율은 약 43%, 낸드플래시는 35% 수준으로 선두를 지켰다. 반도체 부문 매출은 연간 70조 원을 넘어섰고, 영업이익 역시 수십조 원대에 달했다. 경기 침체와 공급망 불안이 겹친 시기임에도 삼성전자의 반도체 사업은 흔들리지 않았으며, 오히려 글로벌 고객 기반 확보와 생산 효율성 강화로 외부 충격을 성장의 동력으로 바꾸었다.

같은 시기, 세계 반도체 시장에서 삼성전자의 주요 경쟁자였던 인텔은 정반대의 흐름을 보였다. 서버용 CPU와 PC 시장의 부진이 이어지며 2022년 4분기에는 창사 이후 처음으로 적자를 기록했고, 연간 순이익은 전년의 절반 이하로 줄었다. 2010년대 중반까지만 해도 안정적 우위를 유지하던 기업이 불과 몇 년 만에 수익성 악화와 점유율 하락으로 흔들린 것이다. 코로나19 이후 급격한 수요 변화와 기술 전환의 파고가 모두에게 닥쳤지만, 두 기업의 결과는 극명하게 달랐다. 같은 파도 속에서 한쪽은 성장했고, 다른 한쪽은 주저앉았다.

숫자로 보면 삼성전자의 성과는 더욱 분명하다. 2022년 반도체 부문 영업이익은 약 23조 원에 이르렀고, 설비투자(CAPEX) 규모만 해도 한 해 50조 원을 넘었다. 고객 포트폴리오 또한 폭넓게 확장됐다. 애플, 퀄컴, 엔비디아 등 글로벌 IT기업이 삼성의 파운드리 라인을 주요 파트너로 선택했고, 전기차 배터리와 모바일, 서버 분야까지 수요 기반이 안정적으로 이어졌다. 글로벌 경기 둔화로 메모리 가격이 하락했음에도 삼성전자는 시장 지배력을 바탕으로 현금흐름과 투자 속도를 유지했다. 같은 시기 미국의 마이크론은 메모리 가격 급락의 직격탄을 맞아 순이익이 크게 줄었고, 대만의 TSMC는 여전히 파운드리 분야의 강자였지만 단일 사업 구조 탓에 경기 변동에 더 민감했다. 경쟁사들과 비교하면 삼성전자는 메모리와 시스템 반도체를 함께 운영하는 종합 반도체 기업으로서 안정성과 성장성을 동시에 보여주었다.

이 같은 대조적 모습을 단순히 산업 주기의 부침으로만 설명하기는 어렵다. 똑같이 글로벌 공급망 위기와 경기 변동을 맞았는데도, 왜 삼성전자는 점유율을 넓히고 이익을 지켜 낸 반면 인텔과 마이크론은 수익성과 신뢰를 잃었을까? 기술력과 자본만으로는 설명되지 않는 다른 요인이 있었던 것은 아닐까? 외부 조건이 비슷했다면, 내부에서 작동한 힘의 차이를 물을 수밖에 없다. 무엇이 삼성전자의 사람들과 조직을 한 방향으로 움직이게 했으며, 그 힘은 어떻게 수십 조 원의 성과로 이어졌을까?

이 질문은 단순히 기업의 흥망을 넘어, 조직이 목표를 향해 하나로 움직일 수 있는 조건이 무엇인지를 묻는다. 이제 인종과 갈등을 넘어 하나의 팀이 되는 과정을 그린 영화 《리멤버 타이탄》을 통해 성과를 현실로 만드는 보이지 않는 힘이 무엇인지 살펴보자.

리멤버 타이탄(Remember the Titans, 2000)

영화 《리멤버 타이탄》(Remember the Titans, 2000, 감독 보아즈 야킨, 주연 덴젤 워싱턴, 윌 패튼)은 1971년 버지니아 알렉산드리아 고등학교 미식축구팀의 실화를 바탕으로, 갈라진 집단이 어떻게 하나의 팀으로 변해 가는지를 보여 준다. 인종 통합 조치로 흑백 학생들이 한 팀에 묶이던 첫날, 버스 앞에 줄을 선 선수들은 굳은 표정으로 서로의 시선을 피한다. 이때 새로 부임한 감독 허먼 분(덴젤 워싱턴 분)은 망설이지 않는다. 즉석에서 좌석을 다시 배치해 흑백을 짝지어 앉히고는 짧지만 단호하게 말한다. "서로 좋아할 필요는 없다. 하지만 서로를 존중해야 한다(I don't care if you like each other, but you will respect each other)." 이어 "오늘부터 너희는 서로를 알아가야 한다(From now on, you're going to learn about each other)."라고 못 박은 뒤, 서로의 이름과 가족, 배경을 외울 때까지 흑인과 백인 선수를 짝지어 인터뷰를 시킨다. 버스가 출발할 때의 침묵에는 억지로 섞인 불편함과 긴장이 함께 실려 있다.

합숙소에 도착한 뒤에도 팀은 여전히 둘로 갈라져 있었다. 밥을 먹을 때도, 이동할 때도, 훈련장에서도 흑인과 백인 선수들은 따로 움직였다. 훈련이 시작되자 고함과 충돌 소리가 끊이지 않았다. 몸이 부딪히면 사과보다 비난이 먼저 나왔고, 사소한 동작 하나에도 서로를 의식했다. 흑인 수비수 줄리어스(우드 해리스 분)와 백인 주장 게리 버티어(라이언 허스트 분)는 결국 드릴 도중 정면으로 부딪혔다. 서로에게 잘못을 떠넘기며

언성이 높아지고, 감정은 금세 폭발했다. 줄리어스가 "너는 네 편만 챙긴다"고 쏘아붙이자, 게리는 "너도 자기밖에 모른다"고 맞받아친다. 감독 분은 그 싸움을 외면하지 않았다. 그는 포지션 코치를 바꾸고, 스냅 직후의 동작까지 세분해 반복 훈련을 시킨다. 방 배정도 다시 섞어 흑백 선수가 같은 공간에서 생활하게 했다. 각자 잘하는 척하며 버티던 여지를 없애려는 조치였다.

변화의 조짐은 새벽 달리기에서 시작됐다. 아직 어둠이 남은 시간, 분은 선수들을 이끌고 숲길을 달린다. 숨이 턱까지 차오를 즈음, 안개 낀 묘지의 비석들이 시야에 들어온다. 그곳은 남북전쟁 당시 게티즈버그 전투가 벌어진 자리였다. 분은 낮지만 단호한 목소리로 말한다.

> "이곳은 게티즈버그 전투가 벌어졌던 장소다. 지금 이 자리에서 하나가 되지 못하면 우리도 똑같이 무너진다(This is where they fought the Battle of Gettysburg… If we don't come together, right now, on this hallowed ground, we too will be destroyed)."

누구도 대답하지 않지만, 화면에는 선수들의 얼굴이 차례로 비친다. 곧이어 줄리어스와 게리가 처음으로 시선을 피하지 않고 서로를 바라본다. 거칠게 이어지던 호흡이 가라앉고, 침묵 속에서 무언가 변화의 움직임이 시작된다.

변화는 말보다 몸에서 먼저 나타난다. 실수한 동료를 향하던 날 선 손짓은 어느새 격려의 몸짓으로 바뀌고, 쓰러진 선수를 일으켜 세우는 팔이 더는 머뭇거리지 않는다. 영화는 그 미세한 변화를 집요하게 포착한다. 시작선에서 상대의 움직임을 읽은 줄리어스가 안쪽으로 파고들면, 게리가 곧바로 뒤를 막아 돌파 경로를 차단한다. 경기마다 반복되는 구호 — "왼쪽!(Left side!) / 강한 쪽!(Strong side!)" — 는 팀 타이탄의 전술 신호이자 서로의 존재를 확인하는 의식이 된다. 이제 선수들은 길게 말하지 않아도 통하는 사이가 된다. 짧은 구호와 몸의 움직임만으로도 서로의 생각을 읽고, 경기의 호흡을 이어간다.

분은 선수들의 기량 향상에만 집중하지 않고 팀워크 다지기에 힘을 쏟는다. 라커룸을 오가거나 원정 버스를 탈 때, 혹은 식사 자리에서 흑인과 백인 선수들이 섞여 앉도록 자리를 바꾼다. 함께 있는 시간을 일부러 늘리는 것이다. 이 때문에 억지로 시작된 대화는 어느새 서로의 힘겨웠던 성장 배경과 두려움으로 이어지고, 그때부터 필드에서 뛰는 선수들의 표정이 달라진다. 상대 진영으로 무리하게 뛰어드는 장면이 줄고, 다음 플레이를 준비하는 손의 긴장도 조금씩 풀린다. 경기장에서 뛰는 선수들이 실수하면 벤치의 흑백 선수들이 동시에 일어나 어깨를 맞대고 응원한다.

호흡이 맞춰질수록 결과도 좋아진다. 시즌 초반, 부담스러운 원정 경기에서 몇 차례 고비를 넘긴 뒤, 타이탄은 연승을 이어 간다. 관중석의 풍경도 달라진다. 따로 응원하던 흑인과 백인 시민이 같은 구호를 외치고, 학교 합창단은 같은 박자로 노래한다. 언론은 '인종 통합의 상징'이라는 제목으로 이러한 광경을 대서특필하고, 지역 정치인들은 타이탄 팀을 무대 위로 불러 추켜세운다. 하지만 관중의 환호보다 더 주목할 것은 선수들 사이에서 일어나는 미세한 변화였다. 태클 직후 손을 내밀어 동료를 일으켜 세우고, 사이드라인에서는 헬멧을 맞부딪치며 짧게 호응하고, 하프타임이 끝난 뒤 라커룸을 나서면서 서로의 어깨를 두드린다. 이렇게 말보다 몸이 먼저 하나가 되며, 팀은 진짜로 하나가 된다.

승리를 함께 들어 올리는 두 감독, 흑백이 하나의 팀이 된 순간

시즌 막바지에 접어들면서, 타이탄은 마침내 완벽한 팀이 되어 간다. 인종의 벽이 허물어지고, 경기장 안팎에서 서로에 대한 믿음이 자리 잡는다. 그런데 결승전을 앞둔 밤, 타이탄즈의 주장 게리 버티어가 교통사고를 당한다. 경기의 흥분이 채 가시기도 전에 집으로 돌아가던 중, 중앙선을 넘어온 차량과 충돌하고, 하반신 마비 판정을 받는다. 입원한 게리를 보러 간 흑인 수비수 줄리어스가 병실에 들어서자 간호사는 "가족만 면회가 됩니다(Only kin's allowed in here)."라고 말한다. 그러자 침대에 누워 있던 버티어가 간호사에게 말한다. "보고도 몰라요? 가족끼리 닮은 게 보이지 않나요? 제 형제예요(Alice, are you blind? Don't you see the family resemblance? That's my brother)."

결승전 당일, 타이탄은 흑백의 구분 없이 한 팀으로 경기를 치른다. 마침내 그들은 승리를 거두고, 관중석에는 "타이탄!"을 외치는 함성이 울려 퍼진다. 병실에서 침대에 기대어 TV를 바라보던 게리도 환호성을 지른다. 타이탄은 시즌에서 13전 무패라는 완벽한 기록으로 역사에 남는다. 이후 주 챔피언을 거쳐 전국대회 준우승을 차지한다.

주인의식의 필요성

주인의식(Ownership)은 맡은 일을 자신의 일처럼 책임지는 태도이며, 단순히 시킨 일을 수행하는 데서 그치지 않고, 결과까지 함께 짊어지겠다는 마음이다. 이런 태도는 개인의 성향이나 의지만으로 만들어지지 않는다. 목표가 분명해야 하고, 자신의 행동이 어떤 결과로 이어지는지를 직접 확인할 수 있어야 하며, 그 결과에 대한 책임이 자신에게 돌아올 때 비로소 주인의식이 자란다. 그렇지 않으면 일은 '내 일'이 아니라 '남이 시킨 일'이 된다.

조직 구성원이 주인의식을 갖고 내 일처럼 일하게 하려면, 조직의 목표를 스스로 자신의 목표로 받아들일 수 있도록 해야 한다. 그렇게 형성된 목표가 공유목표(Shared Goal)다. 하지만 공유목표는 단순히 선언한다고 만들어지지 않는다. 리더는 구성원에게 목표의 의미를 충분히 설명하고, 각자가 자신의 역할이 조직의 목표와 어떻게 연결되는지를 이해하도록 도와주어야 한다. 이런 과정을 거쳐 집단의 목표가 개인의 목표로 내재화되면, 구성원은 조직의 성과를 자신의 성취로 받아들이게 된다. 예를 들어 기업이 '불량률 제로'라는 목표를 세웠다고 가정해 보자. 현장 기술자가 이를 품질부서의 평가지표로 보지 않고, 제품의 신뢰도이자 그 제품의 제조 과정에 참여한 자신에 대한 신뢰도로 받아들인다면 업무에 임하는 태도가 달라질 것이다. 그는 위에서 내려온 지침에 수동적으로 따르는 사람이 아니라, 자신이 수행한 업무의 결과를 주체적으로 만들어 가는 사람이 된다. 이처럼 공유목표를 통해 구성원들이 주인의식을 갖게 되면 조직은 한 방향으로 힘을 모을 수 있다.

공동행동(Collective Action)은 주인의식이 개인의 마음에서 조직 전체의 움직임으로 확장될 때 나타난다. 목표를 공유하면 사람들은 자신이 하는 일이 다른 사람의 일과 연결되어 있음을 인식하고, 서로의 움직임을 살피며 행동을 조정한다. 지시가 없어도 같은 상황에서 비슷한 판단을 내리고, 필요한 일을 스스로 찾아서 한다. 이런 흐름이 만들어지면, 조직은 지시에 따라 수동적으로 움직이지 않고, 상황에 따라 스스로 판단하고 즉각적으로 협력하는 집단이 된다. 예를 들어, 병원 응급실에서 의사와 간호사, 행정직원이 환자를 살리기 위해 동시에 움직일 때를 떠올려 보자. 누가 먼저 지시하지 않아도 필요한 절차가 순서대로 이어지고, 각자 맡은 역할을 자연스럽게 수행한다. 이것이 주인의식이 행동으로 전환된 모습이다. 조직 연구에서 말하는 사회적 내러티브(Social Narrative)도 같은 원리를 따른다. 내러티브는 구성원이, 조직의 이야기 안에 자신이 참여하고 있다고 믿는 감각이다. 내러티브가 조직에 뿌리내리면 사람들은 자신의 행동을 그 이야기의 일부로 인식한다. 전략이 실제로 작동하는 순간은 문서에 적힌 계획이 실행될 때가 아니라, 구성원 모두가 같은 이야기를 믿고 그 이야기에 따라 스스로 움직일 때다.

주인의식은 스스로 책임을 받아들이는 태도이기에 성과를 만들 때 큰 힘을 발휘한다. 그러나 그 힘이 항상 바른 방향으로 작동하는 것은 아니다. 개인의 이해관계가 집단의 목표와 어긋나면, 주인의식은 쉽게 왜곡된 에너지로 바뀐다. 성과를 독점하려 하거나 부서의 목표를 조직 전체보다 앞세우는 행동이 그 전형이다. 이런 때, '숨은 의도(Hidden Agenda)'가 모습을 드러낸다. 숨은 의도란 겉으로는 조직의 성공을 내세우지만, 실제로는 개인의 이익이나 권력 확대를 추구하는 행동이다. 주인의식을 가장한 이런 자기중심적 태도는 조직의 신뢰를 무너뜨린다. 따라서 조직은 주인의식을 장려하면서도, 그것이 한쪽으로 치우치지 않도록 점검하고 조정할 수 있는 장치를 함께 마련해야 한다.

이런 왜곡을 막기 위한 장치는 세 가지로 정리할 수 있다. 첫째, 공통 기준(Common Ground)을 세워 구성원이 같은 의미를 공유하도록 해야 한다. 목표를 다르게 해석하면 주인의식은 금세 방향이 갈라진다. 예를 들어, 유통회사가 '고객 중심'을 핵심 가치로 내세울 경우, 이를 부서마다 다르게 해석해서는 안 된다. 영업은 판매 확대를, 물류는 비용 절감을, 서비스는 응대 품질을 우선하면 목표의 방향이 어긋난다. 모든 부서가 '고객의 시간을 절약한다'는 하나의 의미로 해석하는 것에 합의해야 주인의식이 같은 방향으로 작동한다.

둘째, 핵심 실행(Core Action)을 명확히 정해 구성원이 오늘 무엇을 해야 하는지 스스로 알게 해야 한다. 주인의식은 거창한 구호가 아니라 손에 잡히는 행동 속에서 자란다. 예를 들어, 어떤 제조기업이 '품질 제일'을 목표로 외쳐도 현장 직원이 구체적으로 어떤 행동을 해야 하는지 모르면 이는 구호에 그치기 쉽다. 불량을 발견하면 즉시 보고하고, 공정 중 이상 신호를 확인하면 생산을 멈추고 원인을 찾는 것처럼, 손에 잡히는 행동이 지침으로 구체화되어 있어야 주인의식이 살아 움직인다.

셋째, 판정 기준(Decision Rule)을 합의해 의사결정의 규칙을 미리 공유해야 한다. 어떤 상황에서 무엇을 선택할지가 불분명하면 사람들은 각자의 판단 기준을 적용하게 되고, 그때마다 주인의식은 개인의 숨은 의도와 부딪힌다. 예를 들어, 프로젝트 일정이 지연될 때 '품질을 유지하면서 속도를 조정한다'는 원칙을 조직 전체가 공유하고 있다면 각 부서가 따로 판단하는 일이 발생하지 않는다. 그러나 이런 기준이 없으면 영업은 납기를, 생산은 효율을, 품질은 완벽을 내세우며 프로젝트 일정에 대한 책임 공방이 벌어질 수 있다. 명확한 판정 기준이 있을 때 구성원은 같은 틀 안에서 판단하고, 주인의식은 개인의 숨은 의도와 부딪히지 않는다.

주인의식은 개인의 마음과 조직의 구조가 맞물릴 때 가장 강하게 드러난다. 목표가 분명하고, 성과와 기여의 관계가 뚜렷하며, 각자가 맡은 일의 결과에 직접 책임을 질 수 있을 때 사람들은 스스로 몰입한다. 이런 몰입은 단순한 성실함이나 근면성을 넘어, 위기 속에서 조직을 지탱하는 힘이 된다. 외부 충격이 닥쳐도 구성원이 '이건 내 일이다'라고 느끼는 조직은 결코 쉽게 흔들리지 않는다. 이처럼 주인의식은 전략적 선택을 실제 행동으로 바꾸는 결정적인 연결 고리다.

현실 기업이 보여준 주인의식의 힘

삼성전자는 반도체 산업의 거센 변동 속에서도 임직원의 주인의식을 통해 위기를 기회로 바꾸어 왔다. 2018년 메모리 반도체 호황이 정점을 지나면서 가격이 급락하고, 미·중 무역 분쟁이 겹치자 글로벌 수요가 빠르게 위축되었다. 많은 기업이 투자 계획을 줄이거나 구조조정에 나섰지만, 삼성전자는 평택과 화성 라인의 투자를 멈추지 않았다. 현장의 태도도 달랐다. 한 생산직 엔지니어는 인터뷰에서 "내가 지키는 라인이 회사의 성패와 연결되어 있다"라고 말했다. 이는 단순히 맡은 일을 책임지는 수준이 아니라, 공정의 성과를 자신의 성과로 받아들이는 주인의식이었다. 이런 태도가 쌓여 삼성전자는 2019년 글로벌 메모리 시장 점유율 45%를 유지했고, 2020년 팬데믹 속에서도 반도체 부문 매출 77조 원을 기록했다. 성과의 밑바탕에는 각자가 맡은 공정을 '내 일'로 받아들이는 조직 문화가 있었다.

사우스웨스트 항공은 위기 속에서 주인의식이 어떻게 집단 행동으로 이어지는지를 보여준 대표적인 사례다. 2001년 9·11 테러 직후 미국 항공업계는 대부분 항공편 운항을 대폭 줄이고, 수개월 동안 막대한 적자에 빠졌다. 아메리칸 항공과 유나이티드 항공은 각각 2001년과 2002년에 수십억 달러의 손실을 기록하며 대규모 구조조정을 단행했다. 그러나 사우스웨스트 항공은 달랐다. 창업자 허브 켈러허가 일찍부터 강조해 온 '직원 우선' 문화가 위기 속에서 힘을 발휘했다. 항공기 청소, 지상 서비스, 예약센터 직원들은 각자 비용 절감 아이디어를 내고 스스로 실행에 옮겼다. 한 정비 직원은 절차를 단순화해 연료비를 줄였고, 다른 직원은 예약 전산 시스템의 불필요한 단계를 개선해 효율을 높였다. 임원진의 지시 없이 현장 직원이 스스로 움직였다는 점이 다른 항공사와 가장 큰 차이였다. 그 결과 2001년 4분기, 사우스웨스트 항공은 미국 주요 항공사 중 유일하게 흑자를 기록했고, 연간 순이익 5억 달러 이상을 지켜냈다. 이 성과는 현장 직원들의 주인의식이 만들어 낸 결과였다.

토요타자동차는 품질 혁신을 제도적 장치와 결합해 주인의식으로 연결한 대표적 사례다. 토요타 생산방식(TPS)의 핵심에는 안돈(Andon) 시스템이 있다. 라인에서 일하는 작업자가 품질 문제를 발견하면 누구든지 생산 라인을 멈출 수 있는 권한을 갖는 제도다. 이는 단순한 품질 관리 절차가 아니라, '내가 발견한 문제는 내가 해결해야 한다'는 주인의식을 제도로 만든 장치다. 실제로 1990년대 후반 토요타는 글로벌 생산량을 빠르게 늘리면서도 불량률을 업계 평균의 절반 수준으로 유지했다. 2000년대 초에는 미국 시장 점유율을 10% 이상 확대하며 '품질=토요타'라는 이미지를 굳혔다. 그 배경에는 현장에서 일하는 직원들의 주인의식이 있었다. 현장의 책임감이 제도와 맞물릴 때, 주인의식은 일시적 구호가 아니라 지속 가능한 경쟁력으로 작동했다.

넷플릭스는 주인의식을 '자유와 책임'이라는 문화로 조직 전반에 뿌리내렸다. 2000년대 후반, DVD 대여에서 스트리밍으로 전환하는 과감한 전략을 추진할 때 넷플릭스는 세세한 지침 대신 자율성을 선택했다. 그러나 그 자율성은 책임과 분리되지 않았다. 직원들은 부서장의 승인 없이 수백만 달러 규모의 계약을 결정할 수 있었지만, 그 결과에 대한 책임은 전적으로 자신에게 있었다. 이 문화는 '자유'와 '방임'을 구분하는 명확한 경계를 세웠다. 덕분에 넷플릭스는 시장의 변화가 큰 시기에도 빠르게 판단하고 실행할 수 있었다. 2010년 2천만 명 수준이던 유료 가입자는 2020년에는 2억 명을 넘었고, 시가총액은 같은 기간 20배 가까이 성장했다. 이는 제도적 통제보다 강력한, 스스로 받아들이는 책임감이 만들어 낸 결과였다.

이 네 가지 사례는 산업과 시기, 상황은 다르지만 같은 흐름을 보여준다. 삼성전자의 반도체 공정, 사우스웨스트 항공의 운항 현장, 토요타의 조립 라인, 넷플릭스의 콘텐츠 계약 테이블은 서로 다른 공간이지만, 그 안에서 작동한 힘은 하나다. 주인의식은 개인의 태도를 넘어 조직 전체의 실행력으로 확장된 것이다. 위기 속에서도 성과를 이루고, 품질을 지키며, 변화를 빠르게 이룬 이유는 구성원들이 각자의 일을 '내 일'로 받아들였기 때문이다. 주인의식이 개인의 마음에서 공동의 행동으로 전환되는 순간, 기업은 외부의 충격에도 흔들리지 않는 힘을 갖게 된다.

주인의식이 행동과 성과로 이어지는 구조

영화 《리멤버 타이탄》에서 가장 뚜렷하게 나타나는 흐름은 리더의 메시지가 개인의 태도를 바꾸고, 그 변화가 주인의식으로 이어져 마침내 공동 행동으로 나타나는 과정이다. 허먼 분 코치는 "서로를 존중하라"는 단호한 규칙을 세웠다. 그 한마디로 선수들의 일상이 바뀌기 시작했다. 낯선 짝과 한 방을 쓰고, 서로의 배경을 강제로라도 알아가야 하는 상황은 불편했지만, 곧 각자의 행동이 팀의 승패와 직결된다는 사실을 깨닫게 했다. 이 변화는 리더와 구성원의 관계가 바뀌는 과정을 보여준다. 리더는 규칙을 통해 질서를 제시하고, 구성원은 그것을 받아들여 자신의 행동으로 옮긴다.

현실의 기업에서도 같은 구조가 반복된다. 사우스웨스트 항공의 허브 켈러허는 평소 '직원 우선'을 강조했지만, 그것은 단순한 구호가 아니라 직원들의 행동을 요구하는 원칙이었다. 위기 속에서 직원들은 스스로 비용 절감 방안을 찾아내고 실행에 옮겼다. 규칙은 위에서 강요된 것이 아니라, 각자가 책임으로 받아들인 약속이었다. 토요타의 안돈 시스템도 마찬가지다. 생산 라인을 멈출 수 있는 권한은 통제가 아니라 신뢰의 표현이었고, 작업자들은 품질 이상을 발견하면 실제로 버튼을 눌러 생산을 중단했다. 리더가 권한을 나누자, 구성원은 책임을 자기 일로 받아들였다.

리더십의 표현 방식은 달랐다. 분 코치는 운동장과 합숙소에서 명령과 규율로 질서를 세웠고, 기업의 리더들은 회의실과 생산라인에서 제도와 절차로 방향을 제시했다. 그러나 그들이 전달한 메시지의 본질은 같다. 리더가 책임의 의미를 분명히 하면, 구성원은 그 책임을 스스로의 일로 받아들였다. 이렇게 만들어진 주인의식이 행동으로 옮겨지자, 팀이든 기업이든 모두 한 방향으로 움직일 수 있었다.

목표를 얼마나 명확히 공유하느냐가 성패를 가른다. 게티즈버그 묘지에서 선수들은 "우리가 하나로 뭉쳐야 한다"는 말을 단순한 구호가 아니라, 과거 전쟁의 희생과 연결된 책임으로 받아들였다. 그 체험은 훈련보다 더 깊은 인식의 전환을 만들었다. 목표가 제각각이면 누구도 결과를 책임지지 않는다. 그러나 목표가 하나로 모이면, 각자의 책임감은 자연스럽게 협력으로 바뀐다. 삼성전자가 반도체 위기 속에서도 세계 1위를 지킬 수 있었던 이유도 여기에 있다. 당시 임직원들은 생산 라인을 단순한 작업 공간으로 보지 않았다. 각 공정의 기술자들은 불량이 발생하지 않도록 설비와 데이터를 세밀히 점검했고, 관리자들은 납기 일정이 어긋나지 않도록 공정 간 협업을 조율했다. 이처럼 모든 구성원이 '내가 맡은 일이 곧 회사의 운명과 연결되어 있다'는 인식을 공유했기에, 각자의 행동이 따로 움직이지 않고 성과라는 하나의 그림 안으로 모일 수 있었다.

행동으로 옮겨지는 과정도 영화와 기업의 구조는 비슷하다. 《리멤버 타이탄》에서 반복되는 "왼쪽! (Left side!) / 강한 쪽! (Strong side!)"이라는 짧은 구호는 단순한 전술 신호가 아니었다. 수비수와 공격수가 동시에 움직이며 서로의 위치를 확인하는 약속이었고, 구호가 들리는 순간 선수들의 몸은 같은 방향으로 반응했다. 개인의 의지가 팀의 움직임으로 이어진 것이다. 토요타의 생산라인에서도 같은 장면이 반복된다. 작업자는 이상 신호를 발견하면 망설이지 않고 안돈 줄을 잡아당겨 라인을 멈춘다. 넷플릭스 직원이 부서장의 승인 없이 수백만 달러 규모의 계약을 결정하는 상황도 마찬가지다. 두 경우 모두 말로 허락을 구하거나 명령을 기다리지 않는다. 각자가 맡은 책임을 스스로 판단하고 행동으로 옮긴다. 주인의식은 구호로 드러나지 않는다. 누가 보지 않아도 몸이 먼저 반응하는 순간, 그것이 진짜 주인의식이다.

《리멤버 타이탄》의 선수들은 연승을 이어 가며 지역사회의 편견을 흔들었다. 그들이 만든 성과는 점수판의 숫자에 그치지 않았다. 서로를 믿고 움직인 팀의 행동이 지역 사회의 인식을 바꾼 것이다. 기업에서도 같은 흐름이 보인다. 사우스웨스트 항공은 업계 전반이 적자에 빠진 가운데 유일하게 흑자를 냈고, 토요타는 세계 시장에서 품질과 점유율을 동시에 높였다. 넷플릭스는 10년 만에 가입자를 2억 명 이상으로 늘리며 전통적인 미디어 산업의 질서를 바꿨다. 이 결과들은 단순한 재무지표가 아니라 구성원의 주인의식이 공동의 행동으로 이어진 결과였다. 외부의 충격이 닥쳐도 각자의 책임감이 한 방향으로 모였기에, 조직은 흔들리지 않고 성과를 만들 수 있었다.

영화와 기업은 서로 다른 무대에서 움직였지만, 작동 방식은 같았다. 리더가 제시한 규칙이 개인의 태도를 바꾸고, 그 변화가 주인의식으로 이어졌다. 주인의식은 목표를 공유하는 과정을 거쳐 공동의 행동으로 확장되었고, 그 행동은 결국 성과로 나타났다. 《리멤버 타이탄》의 운동장과 삼성전자, 사우스웨스트 항공, 토요타, 넷플릭스의 현장은 서로 다른 공간이지만, 전략적 성과를 이끈 힘은 같다. 주인의식이 개인의 마음속에 머무르지 않고 집단의 움직임으로 번질 때, 조직은 외부의 파도에도 흔들리지 않는 실행력을 갖게 된다.

숨은 의도를 넘어선 주인의식의 힘

14장에서 우리는 센스메이킹(Sensemaking)이 전략을 움직이는 출발점임을 살펴보았다. 같은 사건이라도 어떻게 이해하고 의미를 구성하느냐에 따라 행동의 방향은 달라진다. 그러나 센스메이킹만으로는 조직이 움직이지 않는다. 의미가 공유되는 단계에서 멈추면, 사람들은 머리로는 전략을 이해하지만, 몸으로는 반응하지 않는다. 이번 장에서는 센스메이킹이 주인의식으로 이어지고, 그 주인의식이 다시 공동의 행동으로 바뀌는 과정을 살펴보았다. 《리멤버 타이탄》에서 허먼 분 코치는 선수들의 센스메이킹 방식을 바꾸었고, 그 변화는 '이건 내 일'이라는 주인의식으로 발전했다. 삼성전자, 사우스웨스트 항공, 토요타, 넷플릭스의 사례도 같은 구조를 보여준다.

주인의식은 단순한 책임감을 넘어선다. 책임감이 맡은 일을 성실히 수행하려는 태도라면, 주인의식은 그 이상의 에너지를 낸다. 조직 안에서는 개인의 이해관계와 권력의 계산, 부서 간 이기심이 늘 존재하고, 이런 요인들은 전략의 일관성을 흔들 수 있다. 주인의식은 그 틈을 메우는 힘이다. "내가 맡은 라인의 품질이 회사의 성패를 좌우한다"라고 말한 엔지니어의 말이나, "내 형제"라고 선언한 버티어의 대사는 모두 같은 구조를 보여준다. 둘 다 규율이나 보상으로 설명되지 않는, 스스로 받아들인 책임의 무게를 드러낸다.

주인의식은 전략을 실행으로 옮기는 마지막 연결 고리다. 전략이 아무리 정교해도 구성원이 그것을 '내 일'로 받아들이지 않으면 실행되지 않는다. 이 연결고리가 만들어지지 않으면 전략은 문서 속 계획에 머무르고, 현장은 움직이지 않는다. 그러나 주인의식이 공유된 목표와 결합하면 상황은 달라진다. 사람들은 지시가 없어도 스스로 판단하고, 같은 방향으로 행동한다. 영화에서 타이탄이 "왼쪽!(Left side!) / 강한 쪽!(Strong side!)"이라는 구호로 팀의 리듬을 맞춘 것처럼, 기업 현장에서는 품질 문제를 발견한 작업자가 라인을 멈추고, 자율적으로 계약을 결정하며, 직원 스스로 비용 절감 방안을 제안하는 모습으로 나타난다.

주인의식은 위기 상황에서 조직의 복원력을 키우는 힘이 된다. 외부 충격은 예고 없이 찾아온다. 반도체 경기의 급락, 항공업계의 9·11 테러, 글로벌 금융위기, 스트리밍 시장의 경쟁 심화는 모두 기업의 존속을 위협한 사건이었다. 그러나 이런 상황에서도 구성원들이 '이건 내 책임이다'라는 태도를 함께 가질 때 조직은 무너지지 않는다. 버텨낼 수 있는 이유는 시스템의 견고함이 아니라, 사람들의 마음이 구조를 지탱하기 때문이다. 이런 점에서 주인의식은 전략을 성공으로 이끄는, 눈에 보이지 않지만 가장 강력한 자산이다.

11장에서 15장까지 3부에서는 전략이 성공하기 위해 필요한 조건들—명확한 목표, 견고한 수익 구조, 전략과 기술의 정렬, 불완전한 현실을 해석하는 센스메이킹, 그리고 사람을 한 방향으로 묶는 주인의식—을 살펴보았다. 마지막 4부에서는 지속 가능한 성과를 위한 전략을 어떻게 설계할지 살펴보자.

심화학습 - 주인의식을 설명하는 이론

주인의식은 경영 현장에서 자주 언급되는 개념이지만, 학문적으로는 여러 이론과 맞물려 있다. 핵심은 개인이 조직 속에서 어떤 태도를 가지고 일하느냐의 문제다.

크리스 아지리스(Chris Argyris)는 '성숙—미성숙 이론'을 통해 개인이 조직 안에서 점차 자기결정권과 책임감을 키워가는 과정을 설명했다.[1] 그는 조직이 구성원을 미성숙한 상태로 묶어 두면 순응은 가능하지만 창의적 책임감은 나오지 않는다고 보았다. 반대로 구성원을 성숙한 존재로 인정하고 자율을 부여하면 스스로 주인의식을 발휘한다. 이는 15장에서 살펴본 '내가 지키는 라인이 곧 회사의 운명'이라는 감각과 같은 구조다.

더글러스 맥그리거(Douglas McGregor)의 X·Y 이론도 중요한 시각을 제공한다.[2] X이론은 인간을 기본적으로 일을 피하고 통제를 필요로 하는 존재로, Y이론은 책임을 추구하고 성취감을 원하는 존재로 본다. 주인의식은 Y이론의 전제 위에서 설명될 수 있다. 구성원에게 자율과 책임을 동시에 부여할 때, 사람들은 목표를 스스로의 일로 받아들이고 더 깊이 몰입한다. 이는 규율로 강제되는 책임감이 아니라, 스스로 선택한 책임에서 비롯된 자발적 몰입이다.

헨리 민츠버그(Henry Mintzberg)는 전략의 형성 과정을 '의도된 전략'과 '창발적 전략'으로 구분했다.[3] 그는 실제 전략은 계획된 문서보다 현장에서 구성원의 자발적 행동을 통해 만들어진다고 보았다. 주인의식은 바로 이 지점에서 작동한다. 구성원이 전략을 자기 일로 받아들일 때, 창발적 행동은 조직의 전략과 어긋나지 않고 오히려 그 전략을 풍부하게 만든다. 《리멤버 타이탄》의 선수들이 자발적으로 구호를 외치며 경기에서 호흡을 맞춘 것처럼, 기업 현장에서도 자율적 실행이 전략을 현실로 만든다.

조직 경제학의 올리버 윌리엄슨(Oliver Williamson)은 거래비용 이론으로 협력의 조건을 설명했다.[4] 전통적으로 거래비용을 줄이는 방법은 계약과 통제였다. 그러나 계약만으로는 모든 상황을 포괄할 수 없고, 과도한 통제는 오히려 비용을 높인다. 윌리엄슨의 시각을 확장하면, 주인의식은 거래비용을 줄이는 또 다른 메커니즘이다. 구성원이 스스로를 책임의 주체로 인식하면 추가적인 감시나 통제가 필요 없다. 주인의식이 강할수록 신뢰가 쌓이고 협력이 원활해지며 불필요한 관리 비용은 줄어든다.

정치경제학자 엘리너 오스트롬(Elinor Ostrom)은 공통자원 관리 연구를 통해 집단 차원의 주인의식을 설명했다.[5] 그는 어촌이나 삼림과 같은 공유 자원이 파괴되지 않고 유지되는 조건을 탐구하며, 사람들은 적절한 규칙과 신뢰가 있을 때 외부의 강제 없이도 자원을 스스로 관리한다고 밝혔다. 이는 곧 공유된 목표와 주인의식이 결합될 때 집단 행동이 자발적으로 유지될 수 있음을 보여준다. 15장에서 다룬 주인의식이 기업 내부의 전략 실행에 관한 것이었다면, 오스트롬의 연구는 사회적 자원 관리에서 같은 원리를 입증한 셈이다.

이처럼 아지리스의 심리학적 관점, 맥그리거의 인간관, 민츠버그의 전략 형성론, 윌리엄슨의 거래비용 이론, 오스트롬의 집단 행동 연구는 서로 다른 분야에서 출발했지만 모두 주인의식의 힘을 강조한다. 개인의 성숙, 자율적 책임, 창발적 행동, 거래비용 절감, 집단적 자기관리, 이 모두는 주인의식이라는 하나의 개념으로 연결된다. 동시에 이 이론들은 주의할 점도 언급한다. 개인의 이해관계나 숨은 의도가 개입될 때, 주인의식은 오히려 왜곡될 수 있다. 따라서 제도와 리더십은 주인의식을 뒷받침하면서도 방향이 빗나가지 않도록 균형을 잡아야 한다.

15장의 주제로 돌아가면, 주인의식은 전략이 실행으로 이어지는 과정에서 숨은 의도를 제어하고 공유목표를 행동으로 바꾸는 힘이다. 학문적 연구들은 이 사실을 각기 다른 언어로 증명했고, 영화와 기업의 사례는 그것을 구체적인 장면으로 보여주었다. 독자는 이를 통해 자신의 조직에서 주인의식을 어떻게 설계하고 유지할지에 대해 생각을 확장할 수 있을 것이다.

4부

16장 성과 지속의 조건 《더 마린》

17장 핵심역량, 수익구조를 확장하는 힘 《캐치 미 이프 유 캔》

18장 전략과 기술 정렬의 유연성 《미드웨이》

19장 센스메이킹과 주인의식의 결합 《킹스 스피치》

20장 전략, 끝없는 질문 《일본침몰》

지속적 성과를 위한 전략 설계

한 번 성과를 내는 것과 그 성과를 오래 이어 가는 것은 전혀 다른 일이다. 하나의 전략으로 일시적 성공을 거둘 수 있지만, 그 성취를 꾸준히 이어 가려면 다른 힘이 필요하다. 시장과 기술은 변하고, 사람의 마음도 금세 달라진다. 그 때문에 기업이든 개인이든 결국 같은 고민에 부딪힌다. "지금의 성과를 어떻게 내일의 성장으로 이어 갈 것인가." 4부는 그 질문에서 출발한다.

성과가 이어지려면 세 가지 힘이 함께 있어야 한다. 동기, 복원력, 그리고 집념이다. 분명한 목표에 기반한 동기가 있어야 방향이 흔들리지 않고, 위기에서도 다시 일어설 수 있어야 궤도를 잃지 않는다. 여기에 멈추지 않는 열정과 집념이 더해지면, 성과는 지속가능한 성장으로 이어질 수 있다. 하지만 이런 힘이 개인의 의지나 감정만으로 오래 유지되기는 어렵다. 조직 전체가 이를 가능하게 하는 구조를 만들어야 한다.

그 구조의 중심에 핵심역량이 있다. 핵심역량은 한때의 경쟁력을 넘어, 변화 속에서도 반복가능한 성과를 이루는 조직의 근간이다. 눈에 보이는 기술이나 제품이 아니라, 여러 사업과 세대에 걸쳐 이어지는 공통의 힘이다. 이에 더해 환경의 변화를 받아들이고 전략과 기술을 함께 조율할 수 있는 유연함이 필요하다. 시장과 기술이 바뀌면 전략도 다시 방향을 잡아야 한다. 이렇게 변화에 맞춰 전략을 새로 설계할 때, 성과는 이어진다.

지속적인 성과를 위해서는 사람의 인식과 태도도 중요하다. 센스메이킹은 불완전한 상황에서 의미를 찾아내는 힘이고, 주인의식은 그 의미를 자신의 책임으로 받아들이는 마음이다. 이 두 힘이 함께 작용하면 조직은 방향을 잃지 않는다. 정보가 부족해도 구성원들이 스스로 판단하고, 각자의 결정이 같은 목표로 모이면 전략은 현실에서 다시 살아난다.

끝으로, 지속적인 성과를 위해서는 미래를 준비하는 시나리오 설계가 필요하다. 미래는 한 갈래가 아니라 여러 갈래로 펼쳐진다. 가능한 변화를 미리 가정하고, 각 상황에 맞는 대안을 준비하면 빠른 대응이 가능하다. 그런 의미에서 시나리오 플래닝은 정답을 맞히는 기술이 아니라, 불확실한 시대를 헤쳐 나가기 위한 사고의 훈련이다.

이 책의 4부는 이러한 다섯 가지 요소—동기와 복원력과 집념, 핵심역량, 유연한 정렬, 센스메이킹과 주인의식, 그리고 시나리오 설계—가 어떻게 지속적인 성과를 만들어내는지를 다룬다. 지속 가능한 성과란 환경이 바뀌어도 계속 이어질 수 있는 성과를 말한다. 이런 성과는 목표와 기술, 조직과 사람, 생각과 감정이 같은 맥락에서 움직일 때 가능하다.

성과의 지속은 우연히 이루어지지 않는다. 그것은 철저한 준비와 꾸준한 점검, 그리고 변화를 받아들이는 태도에서 비롯된다. 한 번의 성취에 머무르지 않고 다음을 설계하며, 변화 속에서도 중심을 지켜 내는 힘. 그것이 4부에서 이야기하려는 지속 가능한 성과를 위한 전략의 설계다.

16장

성과 지속의 조건 《더 마린》

위기를 극복한 룰루레몬

2013년 봄, 캐나다 밴쿠버의 스포츠웨어 브랜드 룰루레몬은 전례 없는 위기를 맞았다. 매장 진열대에 놓인 요가 팬츠 수만 벌이 '너무 얇다'는 이유로 반품 대상이 되었고, 고객들은 "속이 비친다"는 불만을 SNS에 올렸다. 며칠 만에 온라인에는 조롱 섞인 댓글과 밈이 퍼졌고, 언론은 이를 '투명 팬츠 사태(See-Through Pants Scandal)'라 불렀다. 제품 결함은 단순한 품질 이슈를 넘어 브랜드 신뢰의 위기로 번졌다. 주가는 일주일 만에 30% 가까이 하락했고, 창업자 칩 윌슨(Chip Wilson)의 부적절한 해명 인터뷰[1]는 불에 기름을 부었다. 시장은 룰루레몬을 "한때 잘나가던 요가 브랜드의 몰락"이라 평가했다.

하지만 회사 내부의 반응은 달랐다. 경영진은 사태를 단순한 품질 실수로 보지 않았다. 이들은 원단 조달, 생산 공정, 품질 검수, 매장 진열에 이르기까지 모든 단계를 세밀히 다시 들여다보았다. 무엇보다 '문제를 덮지 않는다'는 원칙을 세웠다. 매일 저녁, 제품 개발팀과 매장 담당자가 온라인 후기와 매장 피드백을 함께 검토했고, 불량 발생 시점을 공정별로 기록해 원인을 역추적했다. 고객 불만은 통계가 아니라 '개별 사례'로 정리되었고, 관련 부서는 24시간 내에 수정안을 내야 했다. 작은 결함도 공유 대상이 되었고, 개선된 제품이 다시 진열되기까지의 시간은 한 달에서 일주일로 단축되었다. 회사는 동시에 '고객과 함께 문제를 푼다'는 메시지를 내걸고, 품질 개선 과정을 공개했다. 그동안 숨겨져 있던 내부의 절차 오류가 하나씩 드러났고, 문제는 책임의 소재가 아니라 학습의 자료로 다뤄졌다.

시간이 지나며 변화는 눈에 띄게 나타났다. 불량률은 빠르게 감소했고, 반품률은 절반 이하로 줄었다. 2014년 말에는 브랜드 호감도가 사태 이전 수준으로 회복되었고, 신규 매장 오픈 속도도 다시 빨라졌다. 품질 문제로 시작된 위기는 조직의 대응 체계를 다시 설계하는 계기가 되었다. 2013년 16억 달러였던 매출은 2022년 89억 달러로, 시가총액은 500억 달러를 넘어섰다. 룰루레몬은 더 이상 '요가 팬츠 회사'가 아니었다. 고객이 원하는 속도와 품질, 그리고 신뢰를 중심으로 움직이는 브랜드가 되었다.

이 사례는 위기를 극복하고 성과를 이어가기 위한 조건이 무엇인지 다시 돌아보게 한다. 지속 성장은 한 번의 성과로 완성되지 않는다. 잘 팔리는 제품과 강한 브랜드도 언제나 위기를 맞을 수 있다. 중요한 것은 그 순간을 어떻게 극복하느냐다. 룰루레몬은 위기에서 무너지지 않고 다시 성장했다. 그러나 모든 기업이 같은 결과에 이르는 것은 아니다. 그렇다면 성과를 지속하기 위해 필요한 조건은 무엇인가?

더 마린(The Marine, 2006)

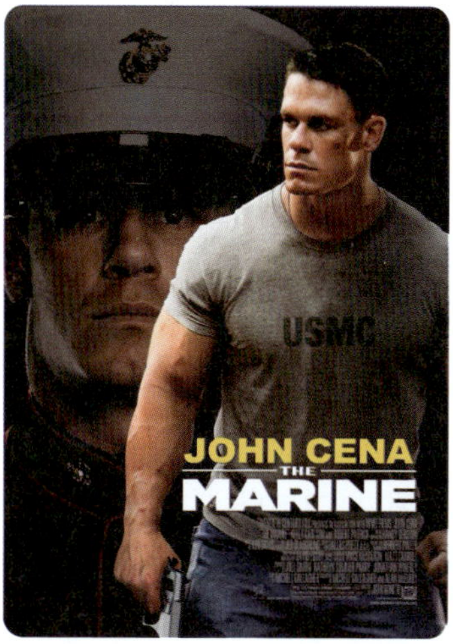

2006년에 개봉한 영화 《더 마린》(The Marine, 2006, 감독 존 보니토, 주연 존 시나, 켈리 칼슨)은 전직 해병대원인 존 트라이톤(WWE 챔피언 레슬러 존 시나 분)의 절실한 사랑과 끈질긴 도전 이야기를 담고 있다. 영화는 이라크 전선의 알카에다 은신처 급습 장면으로 시작된다. 어둡고 습기가 가득한 지하 벙커 안에는 세 명의 아군 포로가 묶여 있고, 무장한 적들이 총구를 겨누며 지키고 있다. 숨이 막히는 정적 속에서 트라이톤은 상부의 명령을 기다리지 않고 돌격한다. 총탄이 벽을 뚫고 파편이 흩날리며, 굉음이 좁은 통로에 울려 퍼진다. 그는 몸을 낮추고 빠르게 움직였고, 탄환이 스칠 때마다 자세를 바꿔 전진했다. 인질에게 다가간 그는 결박을 끊고, 등을 떠밀어 출구 쪽으로 보냈다. 천장이 흔들릴 정도의 폭발이 일어나고 불길이 번지는 상황에서도 그는 멈추지 않았다. 마지막 인질을 내보낸 뒤에도 남은 적을 제압하고 나서야 벙커 밖으로 나왔다. 작전은 성공했지만 기다리라는 명령을 어기고 돌격했다는 이유로 그는 곧 불명예 제대를 명령받는다.

그에게 군복을 벗은 뒤의 일상은 낯설고 불편했다. 취직을 위해 정장을 입고 회사 면접을 봤지만, 면접관과의 대화는 자연스럽게 흘러가지 않았다. 지원 동기를 묻는 면접관에게 그는 임무 절차와 규율을 군대식으로 조목조목 설명한다. 면접이 아니라 보고처럼 흘러가는 대화에 면접관의 표정은 점점 굳어졌다. 어렵게 얻은 건물 경비직도 오래가지 못했다. 상사의 지시에 군대식 어투로 반박했고, 결국 출근 첫날 오후, 곧바로 해고를 통보받는다. 집으로 돌아온 그는 아내 케이트와 마주 앉아 저녁을 먹으면서도 별 말이 없었다. 케이트가 "우리 이제 평범하게 살 수 있는 거지?"라고 물었으나, 그는 대답 대신 시선을 텔레비전 화면에 고정한 채 숟가락을 내려놓았다. 작은 소리에도 고개를 돌리고, 주변을 살피는 버릇은 여전히 남아 있었다. 인질을 구했던 영웅의 단호함은 사라지고, 그의 눈빛에는 어딘가 머물 곳을 찾지 못한 사람의 긴장만이 남아 있었다.

실의에 빠진 그에게 케이트는 여행을 제안한다. 차를 몰고 숲길을 달리며 두 사람은 오랜만에 웃음을 나눴다. 호숫가에 차를 세우고 바람을 맞을 때만 해도, 잠시나마 평온이 찾아온 듯했다. 그러나 그 평화는 그리 오래가지 못했다. 그가 정차한 주유소에 은행을 털고 달아나던 롬(로버트 패트릭 분) 일당이 들이닥쳐 케이트를 인질로 삼은 것이다. 가게를 나오던 트라이톤은 케이트가 끌려가는 모습을 보자마자 일말의 망설임도 없이 곧장 차에 올라 시동을 걸고, 전속력으로 차를 몰아 추격을 시작한다.

폭발을 뚫고 추격을 계속하는 트라이톤

도심으로 이어진 추격에서 트라이톤은 신호를 무시한 채 속도를 높였다. 갑작스러운 추격에 다른 운전자들이 급히 브레이크를 밟고 옆 차선으로 피했다. 경적 소리가 뒤섞이고, 사람들은 차량을 피해 인도로 달아났다. 총탄이 유리창을 깨고 도로 위로 튀었지만 그는 가속페달에서 발을 떼지 않았다. 고속도로에 진입하자 폭발이 이어졌다. 롬 일당이 던진 폭발물로 주변 차량이 불길에 휩싸이고, 연기와 화염이 시야를 가렸다. 하지만 트라이톤은 불길 속에서도 차를 몰았다. 차량이 충돌하며 옆으로 넘어졌지만, 몸을 던져 굴러 나온 뒤 다시 일어났다. 손등이 긁혀 피가 번졌고, 셔츠는 찢겨 있었다. 그러나 그의 시선은 도로 끝을 향한 채 흐트러지지 않았다. 추격은 숲으로 이어졌다. 폭발물이 연달아 터지며 땅이 진동하고 나무가 쓰러졌다. 그는 가지에 걸려 넘어지고, 강물에 빠져 거센 물살에 휩쓸렸지만 방향을 잃지 않았다. 물에 젖은 몸이 무거웠지만, 다시 일어나 앞으로 추격을 이어갔다.

한편, 인질로 끌려가던 케이트는 차 뒷좌석에 묶인 채 창밖을 바라보다 눈물을 흘렸다. 손목은 쇠사슬에 단단히 묶여 있었고 창문에 비친 얼굴에는 두려움이 가득했다. 그러나 그녀에게는 남편이 반드시 자신을 구하려 올 것이라는 믿음이 있었다. 영화는 케이트의 눈빛과 트라이톤의 추격 장면을 교차하며, 트라이톤이 불길과 폭발의 위험 속에서도 멈추지 않고 전력을 다한 이유가 바로 아내의 그 믿음에 있음을 드러낸다.

결전은 부두의 창고에서 벌어졌다. 불길이 천장을 뒤덮고, 곳곳에서 폭발이 이어졌다. 케이트는 쇠사슬에 묶인 채 매달려 있었고, 롬은 불길 사이에서 트라이톤을 향해 조롱 섞인 말을 던졌다. 트라이톤은 여러 차례 철문에 부딪히고 바닥에 넘어졌지만, 그때마다 몸을 일으켰다. 두 사람의 격투는 불꽃과 파편 속에서 계속됐다. 마침내 롬이 쓰러지자, 트라이톤은 케이트에게 달려가 쇠사슬을 끊었다. 곧 무너지는 천장이 뒤에서 쏟아졌고, 그는 케이트의 손목을 붙잡은 채 가까스로 출구를 향해 탈출한다. 밖으로 나온 두 사람의 주변에는 불길이 번지고 있었고, 트라이톤의 몸에는 상처가 깊게 남아 있었다. 그러나 그는 케이트를 품에 안고, 무너진 창고를 뒤로한 채 걸음을 멈추지 않는다. 마침내 그는 온갖 역경을 헤치고 아내를 구하는 데 성공한다.

《더 마린》의 트라이톤은 단순히 목표를 향해 달린 인물이 아니다. 아내가 납치된 후, 대부분의 사람이 멈추거나 지원을 기다렸을 상황에서도 그는 직접 몸을 던졌다. 불길 속으로 뛰어들고, 강물을 건너며, 쓰러질 때마다 다시 일어섰다. 그의 행동은 단순한 임무 수행이 아니라 끝까지 포기하지 않으려는 열정과 의지였다. 그냥 인질이 아니라, 사랑하는 아내를 구하는 일이었기에, 어떤 상황에서도 멈추거나 물러설 수 없었다.

성과를 이어가는 세 가지 힘

영화 《더 마린》은 성과가 이어지는 과정을 구체적으로 보여준다. 지하 벙커에서의 구출, 불명예 제대 후의 공허, 케이트의 납치와 즉각적인 결단, 도심의 총격과 고속도로의 폭발, 숲과 강을 넘나들며 이어진 넘어짐과 재기, 부두 창고에서의 마지막 싸움까지. 이 모든 장면들은 전략의 언어로 말하는 '성과의 지속성'이 실제 행동 속에서 어떻게 드러나는지를 보여준다. 트라이톤의 움직임 속에는 세 가지 힘이 반복된다. 동기를 유지하게 하는 지속성, 위기에서 다시 일어서는 복원력, 그리고 끝까지 밀어붙이는 열정과 집념이다.

첫째는 동기 지속성(Motivation Sustainability)이다. 트라이톤은 경찰의 지원을 기다리지 않고 스스로 추격을 시작했다. 도심의 차량이 놀라서 흩어지고, 고속도로의 연쇄 폭발이 시야를 가려도 그는 멈추지 않았다. 여기서 주목할 점은 '왜 그는 포기하지 않았는가'이다. 단순한 군인의 의

무였다면, 이미 사회로 돌아온 그가 다시 움직일 이유는 약했을 것이다. 그러나 그를 일으킨 것은 명령이 아니라 아내를 반드시 구해야 한다는 개인적 이유였다. 심리학자 에드워드 데시(Edward L. Deci)와 리처드 라이언(Richard M. Ryan)은 자기결정이론(Self-Determination Theory)에서 인간의 동기가 지속되기 위한 세 가지 조건을 제시했다. 자율성(autonomy), 유능감(competence), 관계성(relatedness)이 그것이다.[2] 트라이톤은 명령이 아니라 자신의 선택으로 행동했고(자율성), 해병 시절의 훈련을 통해 '할 수 있다'는 확신과(유능감), '가장 가까운 사람을 지켜야 한다'는 책임감이 있었다(관계성). 세 요소가 함께 맞물리자 그의 동기는 사라지지 않았다. 이는 성공을 거둔 이후에도 행동의 에너지가 유지되려면 외부의 보상보다 내면의 이유가 더 강력해야 함을 시사한다.

둘째는 복원력(Resilience)이다. 숲에서 폭발물이 터져 땅이 흔들리고, 강물에 휩쓸려 몸이 가라앉았을 때, 부두 창고에서 쇠사슬에 눌려 쓰러졌을 때에도 트라이톤은 다시 일어섰다. 중요한 것은 쓰러지지 않는 것이 아니라, 쓰러진 뒤에도 다시 움직일 수 있는 힘이었다. 조직행동 연구자 프레드 루탄스(Fred Luthans)와 브루스 아볼리오(Bruce Avolio)는 복원력을 "충격을 받은 후에도 다시 제자리로 돌아가는 능력"으로 정의했다.[3] 트라이톤이 보여준 행동은 이 정의에 부합한다. 손등이 찢기고, 젖은 군화가 무겁게 달라붙었지만, 그는 땅을 딛고 다시 달렸다. 이는 순간적인 의지가 아니라, 반복된 훈련이 만든 습관이었다. 해병 시절 매일 이어졌던 체력 단련과 "넘어지면 곧바로 일어나라"는 명령이 그의 몸에 각인되어 있었기 때문이다. 이 힘은 조직에도 같은 방식으로 적용된다. 위기 상황에서 어떤 절차로 복구하고, 어떤 루틴으로 정상화할지를 미리 정비한 기업은 충격 이후에도 빠르게 회복한다. 복원력은 위기의 순간에 생겨나는 결단이 아니라, 평소의 준비와 반복된 학습에서 만들어지는 습관인 것이다.

셋째는 열정과 집념(Passion and Persistence)이다. 트라이톤의 추격은 단순한 구조 임무가 아니라, 사랑하는 아내를 되찾기 위한 행동이었다. 영화는 케이트의 눈빛과 그의 질주를 교차해 보여주며, 왜 그가 불길 속으로 몸을 던질 수 있었는지를 드러낸다. 케이트는 쇠사슬에 묶인 채 눈물을 흘리면서도, 남편이 반드시 자신을 찾아올 것이라는 믿음을 잃지 않는다. 그 믿음은 트라이톤에게 있어 가장 강한 동력이었다. 테레사 아마빌레(Teresa Amabile)는 『The Progress Principle』에서 "사람은 의미 있는 진전을 경험할 때 동기가 강화된다"고 설명했다.[4] 트라이톤에게도 그런 순간이 있었다. 케이트와의 거리가 조금씩 줄어들 때마다, 불길 사이로 그녀의 모습이 보일 때마다 그는 "가까워지고 있다"고 느꼈다. 그 체감이 그의 열정을 높였고, 끝내 포기하지 않는 집념으로 이어졌다. 이 열정은 명령이나 보상에서 비롯된 것이 아니라, 관계와 책임에서 나온 내적 에너지였다. 그가 멈추지 않은 이유는 누가 시켜서가 아니라, 자신이 지켜야 할 사람을 향한 책임이 있었기 때문이다.

이 세 가지 힘은 영화 전반에서 반복적으로 드러난다. 도심과 고속도로에서 멈추지 않고 달리는 장면은 동기 지속성을, 숲과 강, 창고에서 쓰러져도 다시 일어서는 장면은 복원력을, 케이트의 시선과 교차되는 장면은 열정과 집념을 보여준다.

성과의 지속은 구조보다 에너지의 문제다. 구조가 방향을 제시한다면, 그 길을 끝까지 걷게 하는 것은 동기, 복원력, 그리고 열정과 집념이다. 《더 마린》은 이 세 요소가 어떻게 맞물리며 행동을 유지시키는지를 다양한 장면으로 보여준다. 한 번의 성과로 멈추지 않으려면, 외부의 보상보다 내면의 동기가 강해야 한다. 이에 더해 충격조차 무너뜨릴 수 없는 회복력, 그리고 끝까지 포기하지 않는 의지가 함께 맞물릴 때 성과는 지속된다.

성과 지속의 사례

영화 《더 마린》의 존 트라이톤은 여러 번 쓰러졌다. 폭발에 휘말려 땅에 내동댕이쳐지고, 강물에 빠져 죽을 뻔한 적도 있었다. 그러나 그는, 더 이상은 불가능할 것 같은 상황에서도 다시 몸을 일으켰다. 심지어는 창고의 폭발로 인한 마지막 불길 앞에서도 멈추지 않았다. 이처럼 어떤 상황에서도 포기하지 않고 다시 일어설 수 있었던 것은, 그에게는 분명한 동기와 반복된 훈련으로 다져진 체력, 그리고 끝까지 포기하지 않는 열정과 집념이 있었기 때문이다. 기업도 지속적인 성과를 이루기 위해서는 같은 힘이 필요하다. 일에 대한 의미 있는 동기와, 위기 대응을 위한 복원력, 그리고 목표 달성을 위한 열정과 집념이 있어야 한다. 마이크로소프트, 토요타, 룰루레몬, 삼성의 사례를 통해 이를 확인해 보자.

2014년, 사티아 나델라가 침체된 마이크로소프트의 새 CEO로 취임했다. 당시 회사는 여전히 PC 중심의 사업 구조에 머물러 있었고, 클라우드 전환은 더뎠다. 시가총액은 3,000억 달러 수준이었다. 나델라는 취임 직후 열린 경영진 회의에서 "우리는 기술 회사가 아니라, 사람과 조직이 성장하도록 돕는 회사"라고 말했다. 그는 먼저 조직의 언어를 바꾸었다. 경쟁 대신 학습, 정답 대신 시도, 실패 보고 대신 개선 기록을 강조했다. 각 팀은 스스로 목표를 세우고, 매주 실험과 검토를 반복했다. 성과는 외부 보상이 아니라 내부의 이해와 참여에서 비롯되었다. 결과는 수치로 나타났다. 2014년 868억 달러였던 매출은 2022년 1,980억 달러로 증가했고, 시가총액은 3조 달러를 넘어섰다. 회의실에서는 '우리가 왜 존재하는가'라는 질문이 다시 들리기 시작했다. 트라이톤이 아내를 향한 분명한 이유가 있었기에 계속 달릴 수 있었듯, 마이크로소프트는 '세상을 더 넓게 연결한다'는 존재 이유를 회복하면서 성과를 이어갈 수 있었다.

토요타의 위기는 복원력이 어떻게 작동하는지를 보여준다. 2009년과

2010년, 회사는 약 900만 대의 차량을 리콜해야 했다. 전 세계 언론이 '토요타 쇼크'를 보도했고, 미국 의회 청문회에 경영진이 소환되기도 했다. 그러나 토요타는 위기 국면에서 본사 임원들이 직접 공장으로 내려가는 선택을 했다. 그들은 생산 라인 앞에서 결함의 원인을 찾아내고, 점검 항목과 절차를 하나씩 수정했다. 피드백 체계도 바꿨다. 이전에는 보고를 모아 한 번에 처리했지만, 이후에는 문제를 짧은 주기로 나누어 매일 점검했다. 바닥의 표시선 하나, 점검표의 문장 하나가 달라질 때마다 현장은 다시 질서를 되찾았다. 그 결과, 2012년부터 2015년까지 토요타는 세계 판매 1위를 유지했다. 폭발 속에서도 다시 달려 나갔던 트라이톤처럼, 토요타는 넘어지면 곧바로 자세를 세우는 방식으로 속도를 회복했다. 복원력은 한순간의 결단이 아니라, 평소에 익힌 절차와 반복된 점검에서 나온다는 사실을 이 사례는 잘 보여준다.

삼성전자는 '될 때까지 한다'는 열정과 집념으로 시장의 판도를 바꿨다. 2010년대 초반, 애플의 영향력은 압도적이었고 초기 갤럭시 시리즈는 완성도가 부족했다. 그러나 삼성은 멈추지 않았다. 카메라, 디스플레이, 배터리, 방수와 방진, 소프트웨어 최적화에 이르기까지 부품과 공정을 세분화해 동시에 개선했다. 신제품이 발표되면 곧바로 다음 개선 과제를 정했고, 현장에서는 "이번에 안 되면 다음 주에 고친다"는 말이 일상의 언어처럼 오갔다. 이런 개선이 반복되자 제품의 완성도는 빠르게 높아졌다. 2013년 삼성전자는 글로벌 스마트폰 시장 점유율 32%로 1위에 올랐고, 이후에도 매년 3억 대 이상을 출하하며 시장 우위를 유지했다. 불길 속에서도 다시 일어섰던 트라이톤처럼, 삼성전자의 경쟁력은 단일 기술이 아니라 멈추지 않는 개선 과정에서 만들어졌다. 될 때까지 고치고 다시 시험하는 이 태도가 결국 시장의 흐름을 바꿨다.

지금까지 살펴본 세 기업의 사례는 같은 결론으로 모인다. 이유가 있어야 출발할 수 있고, 복원력이 있어야 넘어져도 다시 일어설 수 있으며,

열정과 집념이 있어야 목표에 도달할 수 있다. 마이크로소프트는 존재 이유를 다시 세워 일하는 동기를 회복했고, 토요타는 짧고 세밀한 점검 절차를 구축해 위기 속에서도 빠르게 복구하는 체계를 만들었으며, 삼성전자는 끊임없는 개선으로 시장의 흐름을 바꿨다. 따라서 성과의 지속성을 확보하기 위해 던져야 할 질문은 분명하다. 왜 이 일을 하는가? 문제가 발생했을 때 얼마나 신속하고 정확하게 복구할 수 있는가? 목표를 달성할 때까지 끝까지 도전할 열정과 집념이 있는가? 이 세 질문이 바로 성과를 지속시키는 기준이다.

지속적인 성과 창출에 필요한 요소

이제 앞서 살펴본 세 가지 힘이 조직의 실제 행동 속에서 어떻게 드러나는지를 살펴보자.

먼저 동기 지속성이다. 영화에서 트라이톤은 '아내를 반드시 구한다'는 목적이 분명했기에 끝까지 속도를 잃지 않았다. 기업도 마찬가지다. 비전이 선언문에 머물면 조직은 움직이지 않는다. 구성원은 '지금 이 목표를 왜 해야 하는가'를 명확히 이해해야 행동한다. 이를 위해 기업은 목표를 문서가 아닌 일상의 언어와 행동으로 연결된 체계로 만들어야 한다. 회사의 방향이 부서의 과제와 개인의 업무로 자연스럽게 이어질 때, 별도의 보상이나 지시 없이도 일이 추진된다. 동기 지속성은 거창한 구호에서 생기지 않는다. 일의 이유를 구성원이 스스로 이해하고, 그 의미를 매일의 행동 속에서 확인할 때 비로소 만들어진다.

다음은 복원력이다. 영화에서 트라이톤은 폭발에 휘말리고, 강물에 휩쓸리고, 쇠사슬에 눌리며 여러 번 쓰러졌다. 그러나 그때마다 몸을 일으켜 다시 앞으로 나아갔다. 기업의 복원력도 이와 같다. 위기가 닥쳤을 때 당황하지 않고, 정해진 순서에 따라 다시 움직일 수 있는 힘이다. 이를 위해서는 복구 절차를 미리 세우고, 점검—학습—개선의 과정을 짧은 간격으로 반복해야 한다. 문제가 생기면 한 달 뒤에 보고서를 작성하는 것이 아니라, 그날 바로 원인과 조치를 정리해 남겨야 한다. 관리 지표는 '실패 건수'보다 '복구까지 걸린 시간'과 '재발 방지 여부'가 되어야 한다. 실수를 숨기지 않고 신호로 받아들이는 조직만이 다음 단계에서도 흔들리지 않는다.

마지막은 열정과 집념이다. 영화의 마지막 장면에서 트라이톤은 끝까지 멈추지 않았다. 불길 속에서도 아내의 손을 놓지 않았고, 탈출이 끝날 때까지 시선을 거두지 않았다. '될 때까지 간다'는 그의 얼굴에는 단순한 의지가 아니라 습관처럼 몸에 밴 집념이 있었다. 기업의 열정과 집념도 구호로 드러나지 않는다. 일의 속도와 약속의 지속성으로 드러난다. 마감이 지나면 바로 다음 개선이 시작되고, 고객 피드백이 들어오면 하루 안에 첫 수정안을 내며, 작은 진전을 매주 공유해 팀의 흐름을 유지한다. 이런 반복이 쌓여 조직의 리듬이 되고, 리듬이 곧 집념의 형태가 된다. 무엇보다 중요한 것은 '누가 시켰는가'가 아니라 '내가 책임진다'는 태도다. 책임의식이 있을 때 열정은 오래가고, 억지로 요구하지 않아도 집념은 유지된다.

동기 지속성은 출발을 책임진다. 이유가 분명해야 첫걸음을 뗄 수 있다. 복원력은 과정을 지탱한다. 변수가 생겨도 흐름을 다시 궤도에 올려놓는다. 열정과 집념은 마무리를 완성한다. 마지막 한 발을 내딛게 하고, 결과에 마침표를 찍게 한다. 이 세 요소는 차례로 순서를 밟는 단계가 아니다. 매 순간 함께 움직이며 서로의 힘을 키운다. 출발한 뒤에도 이유를 계속 확인하고(동기), 회복하는 과정에서 배우며(복원력), 매 단계마다 과제를 멈추지 않고 수행해야 한다(집념). 이 세 요소가 균형을 이룰 때 조직은 흔들리지 않는다. 이유만 있고 회복이 없으면 첫 실패에서 멈추고,

복원력만 있고 집념이 없으면 중간에서 속도가 꺾인다. 집념만 있고 이유가 약하면 결국 소진된다. 이러한 원리를 현실에 적용하기 위한 점검 질문은 다음과 같다.

- 동기 지속성: 지금 우리의 목표를 한 문장으로 설명할 수 있는가? 그 목표가 오늘의 행동과 직접 연결되는가?
- 복원력: 최근 실패 이후의 복구 기록이 남아 있는가? 복구에 걸린 시간과 재발 방지 시점을 수치로 관리하고 있는가?
- 열정과 집념: 마감 이후에도 개선을 이어가는가? 작은 진전을 주 단위로 공유하며 개선의 속도를 유지하는가?

앞서 살펴본 기업 사례를 이 틀에 대입하면 공통된 패턴이 드러난다. 마이크로소프트는 '왜'를 현재형으로 되살려 동기를 회복했고, 토요타는 짧고 세밀한 복구 절차로 회복력을 체계화했으며, 삼성전자는 '될 때까지'의 실행으로 집념을 문화로 만들었다. 영화는 이를 개인의 행동으로, 기업은 제도와 문화의 형태로 구현했다. 성과의 지속성은 이 세 힘이 동시에 살아 있을 때 비로소 완성된다.

끝까지 가는 힘

성과는 언제나 분명한 목표와 그 목표에 맞는 전략의 선택에서 시작된다. 11장에서 살펴본 것처럼 성과의 출발점은 방향을 정하고, 그에 맞는 길을 선택하는 일이다. 그러나 성과를 지속하는 것은 또 다른 문제이다. 이와 관련하여 16장에서 확인한 결론은, 동기 지속성, 복원력, 그리고 열정과 집념이 동시에 작동할 때 성과가 지속된다는 것이다.

트라이톤의 행동이 그 예다. 그는 아내를 지켜야 한다는 이유가 분명했기에 멈추지 않았고, 쓰러질 때마다 다시 일어섰다. 마지막 불길 앞에서도 발걸음을 멈추지 않았다. 기업도 같은 방식으로 길을 넓혔다. 의미를 되찾아 동기를 회복하고, 복구 절차를 짧고 세밀하게 운영하며 복원력을 높였고, 개선을 멈추지 않는 실행으로 집념을 조직의 습관으로 만들었다. 영화와 사례 기업에서 이 세 가지는 성과의 흐름을 유지하게 하는 하나의 체계였다.

이 세 가지 중에서도 가장 결정적인 힘은 열정과 집념이다. 많은 창업자의 여정이 이를 증명한다. 새로운 시장을 개척한 이들은 모두 분명한 목표와 전략을 세웠지만, 현실은 언제나 거칠었다. 자금의 한계, 규제의 장벽, 치열한 경쟁이 끊임없이 앞을 가로막았다. 그러나 그들은 끝까지 물러서지 않았다. '될 때까지 한다'는 태도로 버텼기에 오늘의 기업으로 설 수 있었다. 동기와 복원력이 길을 지켜주는 힘이라면, 마지막에 성과를 붙잡는 것은 집념이다. 성과를 꾸준히 이어온 조직에는 예외 없이 이 힘이 있었다.

심화학습 – 성과를 이어가는 힘

성과를 한 번 만들어내는 일과 그 성과를 지속시키는 일은 전혀 다른 차원의 과제다. 16장에서 정리한 세 가지 조건은 동기 지속성, 복원력, 열정과 집념이었다. 이번 심화학습에서는 이 세 조건이 어떤 이론적 틀에서 설명되는지를 살펴보자. 단순한 경험이나 직관의 수준을 넘어, 심리학과 조직 연구가 축적해 온 체계적 근거 위에서 성과의 지속성을 이해하는 것이 목적이다.

① 동기 지속성: 자기결정 이론(Self-Determination Theory)

같은 일을 꾸준히 지속하려면, 그 일을 해야 하는 이유를 스스로 납득할 수 있어야 한다. 단순한 보상은 금세 사라지지만, 의미는 오래 남는다. 심리학자 에드워드 데시(Edward L. Deci)와 리처드 라이언(Richard M. Ryan)은 자기결정 이론(Self-Determination Theory)을 통해 동기 지속성을 설명했다.[5] 그들은 사람이 장기적으로 몰입하려면 세 가지 기본 욕구가 충족되어야 한다고 보았다. 스스로 선택했다는 감각(자율성, autonomy), 할 수 있다는 확신(유능감, competence), 관계 속에서의 의미(관계성, relatedness)이다. 이 세 가지가 채워질 때 내재적 동기가 강화되고, 행동은 오래 지속된다. 테레사 아마빌레(Teresa M. Amabile)는 연구에서 작은 진전의 경험이 동기를 강화한다는 점을 강조했다.[6] 오늘 한 걸음을 내디뎠다는 체감, 그리고 그 걸음이 자신의 목표와 연결되어 있다는 인식이 지속성을 만든다. 기업도 마찬가지다. '우리는 왜 존재하는가'라는 질문에 답할 수 있고, 그 답이 매일의 실행과 이어질 때 사람들은 쉽게 지치지 않는다. 결국 동기 지속성은 의미를 현재형으로 설명하고, 그 의미를 일상의 행동과 연결하는 습관에서 나온다.

② 복원력: 회복탄력성 공학(Resilience Engineering)과 안티프래질 (Antifragility)

성과가 이어지려면 위기를 견디고 다시 일어서는 능력이 필요하다. 에릭 홀나겔(Erik Hollnagel)은 회복탄력성 공학(Resilience Engineering)을 통해, 조직이 충격을 받았을 때 본래 기능을 유지하거나 빠르게 복구하는 능력을 강조했다.[7] 중요한 것은 방대한 보고서가 아니라 짧고 촘촘한 절차다. 현장에서 이상 신호가 포착되면 즉시 대응하고, 그 과정을 기록해 다음 실행에 반영하는 조직은 충격 속에서도 기능을 잃지 않는다. 나심 니콜라스 탈레브(Nassim Nicholas Taleb)는 『안티프래질(Antifragile)』(2012)에서 한 걸음 더 나아가, 충격이 오히려 조직을 강하게 만든다고 설명했다.[8] 깨지기 쉬운 유리잔은 작은 흔들림에도 부서지지만, 근육은 충격과 자극을 통해 더 단단해진다. 조직도 이와 같다. 문제를 숨기지 않고 드러내어 학습과 개선의 기회로 삼을 때, 다음 위기에서는 이전보다 강한 대응력을 갖게 된다. 복구 시간을 주요 관리 지표로 삼고, 재발 방지 대책을 명확히 기록하는 태도는 회복탄력성을 넘어 안티프래질,[9] 즉 충격을 성장의 계기로 전환하는 단계로 이끈다.

③ 열정과 집념: GRIT과 이중 열정 이론(Dualistic Model of Passion)

끝까지 성과를 붙드는 힘은 꾸준함과 집념이다. 앤절라 더크워스(Angela Duckworth)는 『그릿(GRIT)』(2016)에서 장기 목표를 향해 끈질기게 노력하는 성향이 성공을 예측하는 가장 강력한 지표라고 밝혔다.[10] 재능이나 순간의 열정보다는 매일 한 걸음을 내딛는 꾸준함이 장기적 성과를 만든다는 것이다. 로버트 발레랑(Robert J. Vallerand)은 이중 열정 모형(Dualistic Model of Passion, 2003)을 통해 열정을 두 가지로 구분했다.[11] 조화로운 열정(harmonious passion)은 개인의 가치와 삶의 균형 속에서 발휘되어 지속 가능한 성과를 만든다. 반면 강박적 열정(obsessive passion)은 외부의 압박이나 비교에 끌려다니며 쉽게 소진된다. 기업이 길러야 할 것은 단순한 열정이 아니라 지속 가능한 열정이다. 작은 성과를 자주 공유하고, 개선 과제를 바로 실행하며, 고객의 피드백을 신속히 반영하는 조직은 자연스럽게 꾸준함의 리듬을 갖게 된다. 이러한 리듬이 쌓일 때, 개인의 열정은 집념으로 바뀌고 조직의 실행력은 흔들리지 않는다.

세 가지 조건은 서로 맞물려 움직인다. 동기가 약하면 집념이 오래가지 못하고, 복원력이 부족하면 동기와 집념 모두 첫 위기에서 무너진다. 집념이 약하면 아무리 명확한 목표와 절차가 있어도 마지막 한 발을 내딛지 못한다. 영화 《더 마린》의 존 트라이톤은 이 구조를 그대로 보여준다. 그는 아내를 반드시 구하겠다는 이유(동기 지속성)가 있었기에 달렸고, 쓰러질 때마다 다시 일어서는 습관(복원력)으로 길을 이어갔으며, 마지막 불길 앞에서도 포기하지 않는 태도(열정과 집념)로 목표를 끝까지 붙잡았다.

기업의 역사도 같은 원리를 따른다. 마이크로소프트는 사티아 나델라(Satya Nadella)가 "우리는 기술 회사가 아니라 사람과 조직을 성장시키는 회사"라고 선언하며 동기를 되살렸다. 토요타는 대규모 리콜 사태 이후 현장의 점검 절차를 짧고 촘촘하게 바꾸며 복원력을 강화했다. 삼성전자는 끊임없는 개선과 반복된 실행으로 집념을 조직의 체질로 만들었다. 서로 다른 길을 걸었지만, 세 요소가 동시에 작동했기에 이 기업들은 성과를 꾸준히 이어갈 수 있었다.

17장

핵심역량, 수익구조를 확장하는 힘 《캐치 미 이프 유 캔》

이베이(eBay)의 수모

2000년대 중반, 전 세계 온라인 경매 시장의 상징은 단연 이베이(eBay)였다. 1995년 설립된 이베이는 개인 간 거래(C2C)를 온라인으로 옮겨오며 '누구나 물건을 사고팔 수 있는 디지털 장터'라는 새로운 비즈니스 모델을 만들었다. 당시 인터넷은 막 대중화되기 시작했지만, 안정적인 결제와 신뢰 확보는 여전히 난관이었다. 이베이는 경매 방식의 흥미에 '피드백 시스템'을 더해 이 문제를 풀었다. 판매자와 구매자가 서로를 평가하는 구조를 통해, 오프라인에서나 가능했던 신뢰를 온라인에서 재현했다. 거래액은 급증했고, 2001년 이베이는 한국의 옥션을 인수한 데 이어, 2009년에는 G마켓까지 손에 넣으며 국내 점유율 70%를 넘어섰다. 수수료 기반 비즈니스 모델이 안정적으로 현금을 창출하면서, 이베이는 한때 '인터넷 상거래의 제왕'으로 불렸다.

그러나 성공은 오래가지 않았다. 모바일 혁명과 더불어 소비자의 행동 패턴이 경매 참여에서 '즉시 구매'로 바뀌기 시작했다. 스마트폰의 보급과 함께 빠른 배송, 간편 결제, 직관적인 사용자 인터페이스가 새로운 표준이 되었다. 이베이의 전통적 비즈니스 모델인 '경매를 통한 가격 결정과 사용자 간 자율 거래'는 점차 느리고 불편하게 여겨졌다. 소비자는 며칠씩 입찰 결과를 기다리는 대신, 클릭 한 번으로 다음 날 바로 도착하는 경험을 선택했다. 이 틈을 타 쿠팡, 아마존, 알리바바 같은 기업이 물류 네트워크와 결제 시스템을 통합해, '즉시성'을 강화한 비즈니스 모델을 선보이며 사용자의 경험을 완전히 바꿔 놓았다.

이베이도 변화를 의식했지만 기존 비즈니스 모델의 수익 구조가 워낙 견고해, 과감하게 전환하지 못했다. 수수료율을 낮추거나 물류에 대규모 투자를 단행하기에는 내부 저항이 컸다. '경매 플랫폼'이라는 자기정체성도 발목을 잡았다. 결국 한국에서는 2021년 G마켓과 옥션을 이마트(신세계)에 약 3조 4천억 원에 매각하며 사실상 철수했고, 일본과 중국 시장에서도 철수하거나 지분을 정리했다. 한때 온라인 상거래의 대명사였던 비즈니스 모델은 환경 변화에 적응하지 못해 지속적 성과를 이어가지 못했다.

이베이의 사례는 단순히 '성공 후 실패한 기업'의 이야기를 넘어 중요한 질문을 던진다. 왜 어떤 기업은 한 번의 성공에 그치고, 또 다른 기업은 그 성공을 새로운 비즈니스 모델로 확장하며 계속 성과를 이루는가? 좋은 비즈니스 모델만으로 지속적 성장을 할 수 없다면 무엇이 더 필요한가? 이번 장에서는 영화 《캐치 미 이프 유 캔》을 통해 안정된 수익 구조를 어떻게 확장하고 지켜낼 수 있는지 살펴보자.

캐치 미 이프 유 캔(Catch Me If You Can, 2002)

스티븐 스필버그 감독의 영화 《캐치 미 이프 유 캔》(Catch Me If You Can, 2002, 감독 스티븐 스필버거, 주연 레오나르도 디카프리오, 톰 행크스)은 실화를 바탕으로 한 작품이다. 레오나르도 디카프리오가 프랭크 애버그네일 주니어, 톰 행크스가 FBI 요원 칼 핸러티 역을 맡았다. 1960년대 미국을 배경으로, 열아홉 살 소년이 교사, 조종사, 의사, 변호사로 신분을 바꿔가며 위조 수표로 거액을 횡령하고, 이를 집요하게 추적하는 요원과 두뇌 싸움을 벌인다.

영화는 평범한 가정의 붕괴로 시작된다. 부모의 사업 실패와 이혼 소송을 지켜본 프랭크는 더 이상 아이로 남지 않겠다고 결심한다. 법정에서 양육권 다툼이 벌어지는 순간, 그는 가방을 챙겨 기차역으로 향한다. 플랫폼에 선 그의 얼굴에는 두려움과 결심이 교차한다. 집을 떠난 그는 곧 스스로 살아남아야 한다는 사실을 받아들인다.

첫 번째 변신은 교실에서 시작된다. 새로운 학교에 전학 온 프랭크는 또래보다 성숙한 외모를 이용해 며칠 동안 교사 행세를 한다. 칠판 앞에 서서 숙제를 내주는 모습이 서툴러 보이지만, 주변을 잠시 속이기에는 충분했다. 그는 이 작은 성공에 만족하지 않고, 더 큰 무대를 향해 비행기 조종사가 되기로 한다. 그는 팬암(Pan Am) 항공사의 제복을 손에 넣기 위해 직접 항공사 본사를 찾아간다. 그곳에서 취업을 희망하는 조종사 행세를 하며 직원 명단과 규정을 알아낸 프랭크는 정보를 이용해 팬암의 제복 제작업체에 연락한다. 서류를 위조하고, 제복과 신분증을 손에 넣은 그는 겉보기에 완벽한 조종사로 변신한다. 제복 차림으로 공항 로비를 걸어 들어가자 사람들은 그에게 먼저 길을 비켜준다. 조종사 전용 통로를 지나 비행기 옆에 서 있는 그의 모습은 제복을 통해 허구의 신분을 현실의 권위로 바꾼 순간을 보여준다. 조종사로 위장한 그는 곧이어 항공사 협력 은행을 찾아가 위조 수표를 현금화해 거액을 챙긴다. 은행 창구에서 환하게 웃으며 수표를 건네는 프랭크의 얼굴에는 긴장보다 여유가 넘친다.

팬암의 조종사로 변신한 프랭크

프랭크의 변신은 여기서 멈추지 않는다. 조지아주의 한 병원에서는 흰 가운을 걸치고 응급실 의사로 행세한다. 응급환자가 실려오자 레지던트들이 그의 지시를 기다린다. 실제 의학 지식이 없던 그는 잠시 당황하더니, 곧 곁의 인턴을 바라보며 "당신이라면 어떻게 하겠습니까, 닥터?"라고 묻는다. 순간 분위기가 바뀌고, 인턴의 대답에 프랭크가 고개를 끄덕이자, 모두가 그 대답을 그의 지시로 받아들인다. 신분이 들통날 위기를 넘기는 이 장면은, 프랭크가 단순히 속이는 데 능한 인물이 아니라 상황을 빠르게 파악하고 다른 사람의 반응을 이용해 위기를 넘기는 능력이 있음을 보여준다. 이후 그는 변호사로 변신한다. 하버드 법대 졸업생을 사칭한 그는 루이지애나 주 변호사 시험에 실제로 합격한다. 법정에 앉아 서류를 정리하는 모습은 그가 남다른 학습과 적응 속도를 가지고 있었음을 보여준다.

한편, 프랭크를 집요하게 뒤쫓는 이는 FBI 요원 칼 핸러티였다. 오랜 추적 끝에 칼은 LA의 한 호텔에서 프랭크의 체포를 시도한다. 요원들과 함께 프랭크의 방 앞에 도착한 칼은 문을 두드리며 "FBI다!"라고 소리친다. 이에 방 안에 있던 프랭크는 잠시 멈칫하지만, 곧 태연하게 문을 열고 침착하게 자신을 소개한다. "비밀경호국 배리 앨런 요원입니다. 수표 위조 사건을 수사 중이죠."

프랭크는 자신이 먼저 현장에 도착했다며, 거꾸로 칼에게 신분증 제시를 요구한다. 이어 "용의자가 계단 쪽으로 달아났다"며 방을 빠져나와 엘리베이터로 향한다. 엘리베이터 문이 닫히고 나서야 칼은 '배리 앨런'이 만화 속 인물이라는 사실을 떠올리고 계단으로 쫓아가지만, 프랭크는 이미 호텔을 벗어난 뒤다. 이 장면은 프랭크가 침착함과 순간 판단력을 갖추고 있었음을 드러낸다. 그의 자신감은 제복이나 가운 같은 외형보다도 위기를 통제하려는 태도에서 비롯된 것임을 알 수 있는 대목이다.

하지만 끝없는 변신에도 한계는 있었다. 프랑스에서 위조 수표 사건이 드러나며 그는 결국 경찰에 붙잡힌다. 체포된 후, 감방의 창살 너머로 칼과 눈을 마주한 프랭크의 모습은 더 이상 승자의 얼굴이 아니었다. 미국으로 송환되는 비행기 안에서 마지막 탈출을 시도하지만 실패한다. 하지만 FBI는 프랭크의 능력을 인정해 이후 위조 방지 전문가로서 협력할 기회를 제안한다. 프랭크는 감방 안에서도 수표를 들여다보며 위조의 흔적을 분석한다. 범죄자로 출발했지만, 누구보다 빠르게 배우고 적응할 수 있던 그의 재능이 또 다른 방식으로 쓰일 수 있음을 암시하며 영화는 막을 내린다.

프랭크 애버그네일 주니어의 삶은 단발적 속임수가 아니라 연속된 변신의 과정이었다. 교사에서 조종사, 의사, 변호사로 이어지는 여정은 단순히 직업을 바꾸는 일이 아니라, 상황을 읽고 필요한 언어와 행동을 흡수하는 능력을 보여준다. 호텔 탈출, 응급실 위기 모면, 법정 입성 같은 장면들은 그의 빠른 판단력과 즉흥적 적응력의 산물이었다.

핵심역량, 수익 구조를 확장하는 힘

12장에서 영화 《조이》를 통해 살펴보았듯이, 고객 가치 제안, 이익 공식, 핵심 자원, 핵심 프로세스로 이루어진 비즈니스 모델은 성과의 흐름을 설계하는 출발점이다. 그러나 동일한 비즈니스 모델이 환경 변화 속에서도 계속 성과를 내는 것은 어려운 일이다. 비즈니스 모델은 환경의 영향을 크게 받기 때문이다. 소비 습관, 기술 변화, 규제 환경, 경쟁자의 전략이 달라지면, 설계 당시의 비즈니스 모델은 어느 순간 성과를 내지 못하는 구조로 바뀐다. 앞서 살펴본 이베이의 경매 기반 모델이, 처음에는 혁신이었지만 모바일 결제와 즉시 배송이 표준이 되자 경쟁력을 잃어버린 경우가 대표적이다. 이처럼, 비즈니스 모델만으로는 성과의 지속성을 담보하기 어렵다. 여기서 필요한 개념이 바로 핵심역량(Core Competence)이다.

핵심역량은 특정 사업의 성과를 넘어 여러 사업에서 공통으로 쓰이는 내재적 능력이다. 프라할라드(C.K. Prahalad)와 하멜(Gary Hamel)은 1990년에 출간한 『핵심역량(The Core Competence of the Corporation)』에서 이 개념을 체계화하며 세 가지 조건을 제시했다. 첫째, 고객에게 분명한 가치를 창출해야 한다(Value). 둘째, 쉽게 얻을 수 없는 희소성(Rarity)을 지녀야 한다. 셋째, 경쟁자가 모방하기 어려운 특성을 갖추어야 한다(In-imitability). 여기에 더해 다양한 사업으로 확장할 수 있어야 한다는 점도 중요한 기준으로 꼽힌다. 이 조건들을 충족할 때 핵심역량은 단일 사업에 국한되지 않고, 다양한 비즈니스 모델에 쓰일 수 있다.

이베이의 사례가 보여주듯, 성공 후의 지속성을 결정짓는 것은 비즈니스 모델 그 자체가 아니라, 그 모델을 변형하고 새로 설계할 수 있는 핵심역량이다. 핵심역량이 중요한 이유는 바로 여기에 있다. 비즈니스 모델은 성과를 설명하는 구조지만, 환경이 바뀌면 쉽게 흔들릴 수 있다. 반면 핵심역량은 외부 환경이 달라지면, 기존 모델을 변형하거나 새로운 모델을 설계할 수 있는 힘이다. 새로운 비즈니스 모델을 만들어낼 수 있는 능력이야말로 지속적 성과의 원천이다. 예컨대 방대한 물류 네트워크와 데이터 관리 능력은 아마존이 온라인 서점이라는 초기 모델을 넘어 마켓플레이스, 클라우드, 광고 등으로 사업을 확장할 수 있는 기반이 되었다. 넷플릭스가 DVD 대여에서 스트리밍, 오리지널 콘텐츠, 게임으로 사업영역을 넓힐 수 있었던 것도 이용자 데이터를 분석하고 활용하는 역량이 있었기 때문이다. 구글 역시 검색 광고 모델로 출발했지만, 핵심 기술인 검색 알고리즘과 인공지능 역량을 바탕으로 유튜브, 클라우드, 자율주행 등으로 확장을 이어 왔다. 이들은 모두 하나의 비즈니스 모델에 의존하지 않고, 그것을 계속 변형하거나 새롭게 만들어내는 역량을 통해 계속 성과를 쌓아온 것이다. 바로 이것이 핵심역량의 본질이며, 지속적 성과의 근간이다.

핵심역량은 또 다른 관점에서 이해할 수 있다. 경영학에서 자원기반 관점(Resource-Based View, RBV)은 외부 환경보다 내부 자원이 기업 간 성과 차이를 만든다고 강조한다. 핵심역량은 이 관점의 연장선에 있다. 단순한 자원이 아니라, 조직의 경험과 학습, 문화가 축적되어 다른 기업이 쉽게 모방할 수 없는 능력으로 진화할 때 그것이 핵심역량이 된다. 따라서 기업이 지속적으로 성과를 내기 위해서는 외부 시장의 기회를 살피는 동시에, 내부에서 어떤 역량이 성장하고 있는지를 끊임없이 점검해야 한다. 이 점에서 핵심역량은 기술이나 자원의 단순한 목록이 아니라, 학습과 실행을 통해 끊임없이 갱신되는 과정으로 이해해야 한다.

영화 《캐치 미 이프 유 캔》의 프랭크 애버그네일을 다시 떠올려 보자. 그는 단순히 교사, 조종사, 의사, 변호사로 위장한 것이 아니라, 상황을 빠르게 관찰하고 필요한 지식과 행동을 학습해 자신의 것으로 만들었다. 이러한 능력이 있었기에 그는 한 번의 속임수에 그치지 않고 연속적인 변신을 이어갈 수 있었다. 기업도 다르지 않다. 비즈니스 모델은 성과가 창출되는 구조를 보여주지만, 그것을 끊임없이 확장하고 변형하는 힘은 핵심역량에서 비롯된다. 결국 지속 가능한 성과는 단일 모델의 설계가 아니라, 새로운 모델을 만들어내는 능력, 즉 핵심역량의 깊이와 생명력에 달려 있다.

핵심역량으로 수익 구조를 확장한 기업들

비즈니스 모델은 한 번의 설계로 끝나지 않는다. 환경이 달라질 때마다 새롭게 만들어내고 확장할 수 있는 능력이 필요하다. 일부 기업은 이 능력을 바탕으로 산업의 경계를 넘어 성장하면서도 본질을 잃지 않고, 변화 속에서 안정적인 수익 구조를 구축했다. 이들의 공통점은 핵심역량을 중심에 두고 새로운 모델을 파생시켰다는 점이다.

첫 번째 사례는 디즈니다. 디즈니의 핵심역량은 스토리텔링과 지적재산(Intellectual Property, IP)이다. 미키마우스와 라이온킹 같은 전통 캐릭터뿐 아니라, 2006년 픽사, 2009년 마블, 2012년 루카스필름을 인수하며 확보한 글로벌 IP가 기업의 성장을 지탱하는 뿌리가 되었다. 이 IP는 영화관 스크린에 머물지 않았다. 같은 이야기는 테마파크와 머천다이즈, 방송 채널로 옮겨갔고, 다시 스트리밍으로 재탄생했다. 2019년 출범한 디즈니 플러스는 단기간에 세계 시장에 안착하며 2023년 기준 약 1억 5천만 명의 가입자를 확보했다. 전통적인 스튜디오 모델에 머물렀다면 불가능했을 이 성장은, 강력한 IP역량이 있었기에 가능했다. 디즈니의 사례는 핵심역량이 있으면 새로운 유통 채널이나 기술 환경에서도 다시 수익 구조를 만들 수 있음을 보여준다.

두 번째는 세일즈포스다. 1999년 샌프란시스코에서 출발한 이 회사는 "소프트웨어는 더 이상 CD로 사는 제품이 아니라, 인터넷에서 쓰는 서비스"라는 구호와 함께 클라우드 기반 고객관계관리(CRM)를 시작했다.[1] 세일즈포스의 핵심역량은 데이터 관리와 플랫폼이었다. 단순한 CRM 소프트웨어에서 출발했지만, 고객 정보를 클라우드에 저장하고 이를 분석해 영업과 마케팅에 활용하는 기능으로 발전시켰다. 이 역량은 다른 소프트웨어 기업이 쉽게 모방하기 어려운 네트워크 효과를 만들었다. 2021년 세일즈포스는 업무용 협업 툴 슬랙(Slack)을 277억 달러에 인수하며 고객 관리에서 실시간 협업으로 사업영역을 넓혔다. 2023년 세일즈포스의 매출은 341억 달러에 이르렀고, 전 세계 CRM 시장 점유율은 20% 이상으로 1위를 유지했다. 데이터 중심의 플랫폼 역량이 있었기에, 세일즈포스는 고객 관리에서 협업, 애플리케이션 생태계로 비즈니스 모델을 확장할 수 있었다.

세 번째 사례는 스타벅스다. 스타벅스는 '커피' 자체보다 고객 경험을 설계하는 능력을 핵심역량으로 삼았다. 1990년대 후반 하워드 슐츠는 '제3의 공간'이라는 개념을 내세워, 집도 회사도 아닌 편안한 공간을 브랜드의 중심에 두었다. 그는 고객이 머물고 싶어 하는 경험을 직접 설계했고, 이 역량이 단순한 음료 판매를 넘어 다양한 사업 확장의 기반이 되었다. 2009년 스타벅스는 모바일 애플리케이션을 출시해 결제와 리워드 프로그램을 연결했다. 이 시스템은 새로운 수익 구조로 이어졌고, 2023년 기준 전 세계 리워드 회원은 7,500만 명에 달했다. 그중 3,500만 명에 이르는 미국 회원이 미국 매출의 절반 이상을 만들어냈다.[2] 스타벅스는 커피를 중심에 두되, 디지털 결제, 멤버십 데이터, 브랜드 경험 관리라는 역량을 활용해 끊임없이 새로운 수익 모델을 창출했다.

디즈니는 콘텐츠, 세일즈포스는 소프트웨어, 스타벅스는 리테일과 서비스 영역에서 사업을 키웠다. 그러나 세 기업 모두 단일 비즈니스 모델의 성공에 머무르지 않았다. 각자의 핵심역량을 바탕으로 새로운 모델을 만들며 성장을 이어갔다. 디즈니는 스토리텔링, 세일즈포스는 데이터 기반 플랫폼, 스타벅스는 고객 경험 설계 역량을 중심에 두었다. 이 역량들은 한 번의 성공을 지켜내는 방어적 힘이 아니라, 성과를 또 다른 성과로 이어가는 추진력이 되었다.

《캐치 미 이프 유 캔》의 프랭크 애버그네일은 교사, 조종사, 의사, 변호사로 변신할 때마다 낯선 상황을 빠르게 이해하고 적응했다. 단순한 위장으로 신분을 바꾼 것이 아니라, 새로운 환경에서 필요한 말과 행동을 익혀 자기 방식으로 활용했다. 프랭크가 그랬던 것처럼, 성과를 이어가려는 기업은 핵심역량을 바탕으로 변화 속에서 기회를 포착하고 새로운 모델을 만들어 가야 한다. 결국 핵심역량은 한 번의 성공을 지켜내는 힘이 아니라, 다음 성과를 여는 출발점이다.

핵심역량의 작동 방식

영화 《캐치 미 이프 유 캔》의 프랭크 애버그네일은 다른 사람의 신분을 흉내 내는 단순한 사기꾼이 아니었다. 그는 새로운 상황에 직면할 때마다 그곳의 규칙과 행동방식을 관찰하고 빠르게 익혔다. 교사로 위장했을 때는 교무실에서 다른 교사들의 말투와 지시 방식을 따라 하고, 학생들의 질문에 즉흥적으로 반응하며 교실을 통제했다. 조종사로 변신했을 때는 팬암 항공사의 제복을 입고, 실제 조종사들의 전문 용어와 절차를 익혀 그들처럼 행동했다. 공항 직원들은 제복과 말투, 태도를 보고 그를 실제 조종사로 믿었다. 그가 오랫동안 신분을 바꿔가며 살아남을 수 있었던 이유는 이처럼 새로운 환경에서 빠르게 정보를 수집하고 그에 맞게 행동을 바꾸는 능력이 있었기 때문이다. 그러나 프랑스의 인쇄공장에서 잡힐 때에는 그러한 능력을 발휘하지 못했다. 지하의 어두운 방에서 위조 수표를 인쇄하던 프랭크는 경찰에게 아무런 저항도 하지 못한 채 체포됐다.

기업에서 핵심역량이 작동하는 방식도 이와 비슷하다. 핵심역량은 변화를 막는 힘이 아니라, 새로운 상황을 분석하고 비즈니스 모델과 운영 방식을 다시 설계하는 능력이다. 디즈니의 경우, 스토리와 캐릭터를 단순히 한 편의 영화로 끝내지 않았다. 성공한 작품의 이야기와 캐릭터를 애니메이션, 머천다이즈, 테마파크, 스트리밍 서비스로 확장했다. 이야기의 기본 구조를 유지하면서도 바뀐 매체와 형식에 맞춰, 새로운 수익원을 만들어냈다. 세일즈포스는 고객 데이터를 단순한 기록으로 남겨두지 않고, 영업 활동과 협업의 도구로 확장했다. 고객 정보를 분석해 행동 패턴을 예측하고, 이를 새로운 서비스로 연결했다. 스타벅스는 커피를 파는 것에 머물지 않았다. 모바일 결제와 리워드 프로그램을 도입해 고객의 구매 이력을 저장하고, 이를 바탕으로 맞춤형 혜택과 상품을 제안했다. 이들은 모두 각자의 산업에서 변화가 생길 때마다 자신들의 강점을 새로운 형태로 엮어 성장의 길을 다시 열었다.

핵심역량을 실제로 발휘하는 기업에는 공통 패턴이 있다. 먼저 자신의 사업에서 어떤 역량이 성과의 중심에 있는지를 명확히 정의한다. 디즈니는 '이야기와 캐릭터'를, 세일즈포스는 '데이터와 관계'를, 스타벅스는 '고객 경험'을 핵심역량으로 정의했다. 다음으로 그 역량을 다른 분야에 활용할 수 있도록 체계화한다. 디즈니는 지적재산권의 사용 범위를 세밀하게 규정해 협력사와의 라이선스 계약을 표준화했고, 세일즈포스는 데이터를 여러 애플리케이션과 연동할 수 있도록 인터페이스를 개발했다. 스타벅스는 리워드 적립과 결제, 메뉴 추천의 순서를 통일해 매장에서 고객의 동선을 단순화했다. 이처럼 핵심역량을 구체적인 운영 체계로 만들어 두면 시장환경이 변해도 새로운 제품, 서비스, 유통경로에 맞게 핵심역량을 다시 조합해 빠르게 대응할 수 있다. 변화에 맞춰 '무엇을 유지하고 무엇을 바꿀지'를 판단할 기준이 생기는 것이다.

프랭크가 호텔 방에서 FBI 요원을 속이던 장면을 다시 떠올려 보자. 칼 핸러티가 문을 두드리자, 프랭크는 잠시 멈췄다가 문을 열며 침착하게 자신이 비밀경호국 요원이라고 말한다. 이어서 그는 지갑을 열어 신분증처럼 보이게 만든 카드를 먼저 보여준다. 칼의 시선이 지갑에 쏠린 사이, 프랭크는 한 걸음 나서며 덧붙인다. "절차상 신분 확인이 필요합니다."

신분 확인을 받아야 할 대상이 오히려 상대방의 신분을 확인하겠다고 한 것이다. 당황한 칼이 미처 생각할 겨를도 없이, 프랭크는 자연스럽게 문을 나서 복도 끝의 엘리베이터로 걸어갔다. 프랭크는 단순히 말로 위기를 모면한 것이 아니라, 상황의 흐름을 읽고 상대의 기대를 거꾸로 이용해 행동의 순서를 바꾼 것이다. 반면 프랑스에서 붙잡힐 때는 이런 구조를 만들지 못했다. 도망칠 출구도, 상대의 시선을 바꿀 여지도 없었다. 기업도 마찬가지다. 새로운 기술을 도입하거나 서비스를 추가할 때, 내부에 정보를 해석하고 실행 순서를 정리하는 체계가 없으면 그 시도는 오래 유지되기 어렵다. 판단의 순서와 행동의 기준이 정리되어 있어야 전략이 성과로 이어진다.

핵심역량을 활용하기 위해서는 이를 추상적 개념이 아닌 현장의 언어로 다루어야 한다. 먼저, 회사의 강점이 무엇이고, 그것을 어디까지 공유할지를 정해야 한다. 디즈니는 '이야기의 형식은 바꿔도 세계관은 유지한다'는 원칙을 모든 콘텐츠 제작의 기준으로 삼았다. 세일즈포스는 '고객 접점의 모든 데이터를 한곳으로 모은다'는 방향에 따라 업무 흐름을 통일했다. 스타벅스는 '모든 구매 경험을 개인화한다'는 목표로 매장 운영 방식을 일원화했다. 다음은 실행 주기를 정해야 한다. 신제품 출시나 캠페인 결과를 정기적으로 검토하고, 그 결과를 바탕으로 전략을 수정해야 한다. 데이터에 기반한 결과 분석 회의가 주기적으로 반복되면, 변화가 생길 때 즉시 대응할 수 있다. 마지막으로 그 과정이 잘 작동하는지 확인할 수 있는 지표를 정해야 한다. 성과 판단의 기준이 명확해야 실행 결과를 검토하고 개선할 수 있다. 이런 구조가 자리 잡으면 변화는 더이상 위협이 아니다. 새로운 변화가 생길 때마다 방향을 다시 잡을 필요 없이, 익숙한 체계 속에서 문제를 진단하고 해법을 찾는 일이 일상이 된다.

결론적으로 핵심역량은 환경이 변할 때, 무엇을 지키고 무엇을 바꿔야 하는지를 결정하는 기준이다. 명확한 기준이 있으면 변화를 두려워할 필요가 없다. 환경 변화에 맞춰 내부 자원을 재배치하고 새로운 형태로 비즈니스 모델을 만들어 대응하면 된다. 반대로 기준이 되는 핵심역량이 없으면 외부 변화에 끌려다니다, 전략과 실행의 균형을 잃게 된다.

본질을 지켜내며 변신을 이어가는 힘

비즈니스 모델은 시대와 환경의 변화에 맞춰 구조를 바꿔야 한다. 그러나 형태만 바꾸는 변신은 오래가지 않는다. 영화 《캐치 미 이프 유 캔》의 프랭크가 여러 직업으로 신분을 바꿀 수 있었던 것은 위장술보다, 상황을 관찰하고 필요한 지식과 행동을 빠르게 익히는 능력 덕분이었다. 하지만 그의 역량은 범죄라는 한계 속에 머물렀기에 프랑스에서 체포되며 멈췄다. 이후 FBI가 그를 위조 방지 자문으로 기용한 장면은 같은 기술도 맥락이 달라지면 전혀 다른 의미로 쓰일 수 있음을 보여준다.

기업도 마찬가지다. 7장에서 봤듯이, 엔론은 겉으로는 복잡하고 정교한 수익 구조를 갖춘 것처럼 보였지만, 실제 가치를 만들어낼 역량은 없었다. 반면 12장에서 살펴본 영화 《조이》에서 조이는 아이디어 자체보다 수익이 남는 구조를 설계하는 데 집중했다. 홈쇼핑 방송에 출연해 제품의 가치를 직접 보여주고, 공정 불량을 스스로 수정해 원가와 환불을 줄였으며, 특허와 금형을 지켜 수익이 새어 나가지 않게 했다. 제품, 생산, 판매, 지식재산을 하나의 체계로 묶어 사업이 흔들리지 않도록 한 것이다. 두 사례는 겉모습이 아니라 핵심역량이 성과를 좌우한다는 것을 보여준다. 핵심역량은 기술이나 자원의 단순한 목록이 아니다. 기업이 장기간 지켜야 하는 가치, 철학, 그리고 그것을 뒷받침하는 조직적 학습과 경험의 결합이다. 스토리텔링, 데이터 분석, 고객 경험 설계 같은 역량이 기업의 정체성을 규정하는 이유가 여기에 있다.

오늘날 시장의 변화 속도는 과거보다 훨씬 빠르다. 이에 대응하기 위해 새로운 사업 모델을 실험할 때마다 '이 시도가 우리의 핵심역량과 연결되어 있는가?'를 물어야 한다. 이 질문에 답을 찾지 못하면 새로운 시도는 일회성으로 끝난다. 반대로 핵심역량이 살아 있으면 어떤 변화가 와도 그 위에서 새로운 모델을 만들어 낼 수 있다. 스타벅스가 고객 경험 설계 역량을 기반으로 결제와 멤버십을 확장하고, 세일즈포스가 데이터 플랫폼을 바탕으로 사업을 넓힌 것이 그 예다. 핵심역량은 시대가 달라져도 새로운 수익 구조를 만들어내는 기반이 된다. 중요한 것은 외형이 아니라, 그 아래에서 변화를 지탱하는 힘이다.

결론적으로 성과의 지속성은 본질과 변신의 균형에서 나온다. 변신이 없으면 성장은 멈추고, 본질이 흔들리면 변신의 방향이 흔들린다. 프랭크의 이야기는 즉흥적 기민함의 강력함을 보여주지만, 그것이 지속 가능한 가치와 연결되지 않으면 결국 한계에 부딪힌다는 것을 증명한다. 기업도 마찬가지다. 단기 성과에 매달려 외형만 바꾸는 조직은 같은 문제를 반복할 수밖에 없다. 핵심역량을 중심으로 변신을 거듭하는 기업만이 방향을 유지하고 성과를 지속할 수 있다.

심화학습 – 핵심역량 이론과 비즈니스 모델 확장의 관계

비즈니스 모델은 기업이 수익을 창출하는 구조를 이해하는 데 유용하지만, 그 구조가 환경 변화 속에서도 지속될 수 있는지는 별개의 문제다. 17장에서 본 것처럼 성과를 이어가기 위해서는 핵심역량이 필요하다. 이번 심화학습에서는 핵심역량 이론이 어떻게 발전해 왔는지, 그리고 비즈니스 모델 연구와 어떤 접점을 형성하는지 학문적으로 살펴보자.

핵심역량이라는 개념은 1990년 프라할라드(C.K. Prahalad)와 하멜(Gary Hamel)이 "The Core Competence of the Corporation"에서 처음 체계화했다. 이들은 핵심역량을 단일 기술이나 제품의 성과가 아니라, 여러 사업에 공통으로 적용되는 근본적 능력으로 정의했다. 핵심역량은 세 가지 조건을 충족해야 한다. 첫째, 고객에게 분명한 가치를 창출해야 하고(Value), 둘째, 경쟁자가 쉽게 보유할 수 없는 희소성(Rarity)을 가져야 하며, 셋째, 모방하기 어려워야 한다(Inimitability). 이후 연구에서는 네 번째 조건으로 '조직적 활용 능력(Organization)'이 추가되며 VRIO 프레임워크로 발전되었다. 이러한 조건을 갖춘 역량만이 장기적 성과를 지탱할 수 있다고 본 것이다.[3]

핵심역량은 자원기반관점(Resource-Based View, RBV)과 밀접하게 연결된다. RBV는 외부 환경보다 내부 자원이 성과 차이를 만든다고 강조했는데, 핵심역량은 그 자원 중에서도 장기적 경쟁우위를 만들어내는 능력에 해당한다. 예를 들어 설비나 자금은 누구나 확보할 수 있지만, 오랜 경험과 학습으로 축적된 생산 방식, 브랜드 신뢰, 데이터 관리 역량은 쉽게 모방할 수 없다. 이 차이가 성과의 차이를 낳는다.

한편, 비즈니스 모델 연구는 고객 가치 제안, 이익 공식, 핵심 자원, 핵심 활동의 네 가지 요소를 중심으로 발전해 왔다.[4] 비즈니스 모델이 '현재 어떻게 돈을 버는가'를 설명하는 정적 구조라면, 핵심역량은 새로운 모델을 설계하고 변형할 수 있는 동적 힘이다. 다시 말해, 비즈니스 모델은 '무엇을 하고 있는가'를 보여주고, 핵심역량은 '무엇을 계속 만들어낼 수 있는가'를 말해준다. 이 두 개념은 서로 다른 차원이지만, 지속가능한 성과를 위해서는 함께 다뤄야 한다.

학문적으로는 핵심역량과 비즈니스 모델의 관계를 두고 다양한 논의가 이어져 왔다. 일부 연구자는 기존의 핵심역량이 오히려 새로운 모델 전환을 방해하는 '핵심 경직성(core rigidity)'으로 작용할 수 있다고 지적했다.[5] 특정 역량에 지나치게 의존하면 환경 변화에 민첩하게 대응하지 못한다는 것이다. 이를 보완하기 위해 티스(David Teece)는 동적 역량이라는 개념을 제시했다.[6] 동적 역량은 보유한 역량을 그대로 유지하는 능력이 아니라, 환경 변화에 맞춰 역량을 재구성, 재배치, 재통합할 수 있는 능력을 뜻한다. 이는 핵심역량을 고정된 자산이 아니라, 학습과 적응을 통해 끊임없이 진화하는 과정으로 바라보는 관점이다.

정리하면, 비즈니스 모델은 현재의 성과 구조를 설명하고, 핵심역량은 미래의 성과를 만들어내는 토대를 보여준다. 핵심역량이 약하면 비즈니스 모델은 환경 변화에 취약하다. 반대로 핵심역량이 강하면, 기업은 같은 역량을 다른 맥락에서 재조합해 새로운 비즈니스 모델을 만들어낼 수 있다. 스토리텔링, 데이터 분석, 고객 경험 설계 같은 능력이 산업과 시대를 넘어 반복적으로 활용되는 이유가 바로 여기에 있다.

따라서 핵심역량을 찾는 것은 기업의 강점을 나열하는 일이 아니다. 그것은 어떤 역량이 장기적 가치와 희소성을 지니며, 어떻게 조직 안에서 모방이 어려운 형태로 작동하는지를 판별하는 과정이다. 더 나아가 그 역량이 새로운 모델 창출로 이어질 수 있는지, 아니면 과거의 성공에 집착하는 경직성으로 작용할지를 구분하는 안목을 키우는 일이다. 전략을 고민하는 이들에게 핵심역량 개념은, 급변하는 세상에서 본질을 지키며 지속적으로 성과를 창출하는 힘이 어디서 비롯되는지를 설명해 주는 중요한 학문적 열쇠다.

18장 전략과 기술 정렬의 유연성 《미드웨이》

영원한 것은 없다

반도체 산업은 전략과 기술이 얼마나 정교하게 맞물려야 하는지를 가장 선명하게 보여주는 무대다. 메모리 분야에서는 삼성전자가 오랫동안 세계 선두를 지켜 왔고, 파운드리 분야에서는 TSMC가 고객 전략과 공정 로드맵을 긴밀하게 맞추며 시장을 이끌어 왔다. 2022년 기준 TSMC의 글로벌 파운드리 시장 점유율은 약 56%, 매출은 750억 달러, 영업이익률은 40% 안팎에 달했다. 애플, 엔비디아, AMD 같은 기업들이 차세대 제품을 설계할 때 TSMC의 기술 로드맵을 고려하는 이유도 공정 개발과 고객 전략이 동시에 정렬되어 있기 때문이다. TSMC는 7나노, 5나노, 3나노 공정을 고객 출시 일정에 맞추어 선제적으로 전환하며 성과를 이어 갔다. 설계, 공정, 장비, 소재, 양산이 하나의 호흡처럼 맞물리며, 전략과 기술이 하나의 체계로 조율되었다.

그러나 이 정렬이 영원히 유효할 것이라는 보장은 없었다. 대만에 집중된 생산 거점은 지정학적 긴장의 한복판에 놓여 있었고, 각국 정부는 자국 내 투자를 요구했다. TSMC가 애리조나, 구마모토, 드레스덴에 각각 수십억 달러를 투자해 신규 공장을 건설한 이유는 단순한 생산 확대가 아니라 각국의 정책과 환경에 맞춰 생산 방식을 바꾸기 위해서였다. 같은 3나노 공정이라도 생산 지역의 전력, 인력, 규제 조건에 따라 수율과 원가는 달라진다. 오늘의 최적 해답이 내일도 최적이라는 보장은 없다. 따라서, 생산 방식을 고정된 틀로 두는 것은 오히려 위험할 수 있다. 특히 미국의 반도체 지원법(CHIPS Act)은 보조금과 함께 엄격한 데이터 제출과 보고 의무를 부과하고, 유럽연합은 전력 안정성과 세제 혜택을 앞세워 장기 투자를 유도했다. 이러한 정책의 변화는 TSMC로 하여금 전략과 기술의 관계를 다시 조정하게 했다.

TSMC의 매출 구조는 특정 고객 의존도가 높은 편이다. 애플의 비중은 전체 매출의 약 25%에 이르고, 엔비디아와 AMD를 더하면 상위 세 고객이 절반 가까이를 차지한다. 이처럼 몇몇 고객과의 긴밀한 관계가 성과를 이끌었지만, 동시에 그만큼 위험도 함께 커졌다. 실제로 2023년 애플의 아이폰 판매가 둔화되자 TSMC의 분기 실적도 직격탄을 맞았다. 이 경험은 특정 고객과의 밀착 관계가 성과의 원천이면서 동시에 취약성의 근원이 될 수 있음을 보여준다. 여기에 미·중 간의 갈등이 반도체 공급망을 국가 안보의 문제로 끌어올리면서, 전략과 기술의 균형은 더욱 복잡해졌다. 유럽연합과 일본도 자국 내 첨단 공정 유치를 위해 파격적인 지원책을 제시하자, TSMC는 생산 거점을 분산하고 고객 포트폴리오를 다변화하며 정책 환경에 맞춰 새로운 운영 시스템을 설계해야 하는 상황에 놓였다.

TSMC 사례에서 보듯이 고객 출시 일정, 공정 전환 속도, 지정학적 규제와 같은 다양한 변수가 기존의 성공 방정식을 무용지물로 만드는 위협이 될 수 있다. 이러한 위협에 대해 무엇을 신호로 삼아 언제, 어떤 방식으로 대응해야 하는가? 그 해답의 실마리를 영화 《미드웨이》에서 찾아보자.

미드웨이(Midway, 2019)

롤랜드 에머리히 감독이 연출한 영화《미드웨이》(Midway, 2019, 감독 롤랜드 에머리히, 주연 에드 스크레인, 패트릭 윌슨, 루크 에반스, 우디 해럴슨)는 제2차 세계대전의 흐름을 바꾼 태평양 전쟁의 전환점, 미드웨이 해전을 그린 작품이다. 에드 스크레인이 급강하 폭격기 조종사 딕 베스트 역을 맡았고, 패트릭 윌슨은 정보 장교 에드윈 레이튼 소령을 연기했다. 루크 에반스는 맥클러스키 중령, 우디 해럴슨은 체스터 니미츠 제독 역으로 출연해 서로 다른 시선에서 전투의 구조와 판단 과정을 보여준다. 영화는 전쟁의 시작을 알린 진주만 공습의 충격으로 시작한다. 일본군 항공모함이 하와이 진주만을 기습하고 전투기의 폭격이 연이어 떨어지는 장면에서, 미군 전함들이 불길에 휩싸인다. 이 장면은 전력의 불균형과 미군의 열세, 그리고 일본군의 기세를 극적으로 대비시키며 이후 펼쳐질 미드웨이 해전의 맥락을 제시한다.

영화는 전력의 차이를 사실적으로 묘사하며, 그 차이 속에서 유연한 판단이 얼마나 결정적인지를 보여준다. 당시 미국은 항공모함 네 척 중 일부가 수리 중이었고, 전투기 성능도 일본의 제로센 전투기에 비해 열세였다. 조종사 대부분은 실전 경험이 없는 훈련병들이었다. 반면 일본군은 진주만 공습을 성공시킨 베테랑 조종사와 전략가들이 주력으로 나섰다. 야마모토 이소로쿠 사령관은 미드웨이를 기습해 짧은 시간 안에 미군의 태평양 전력을 꺾을 수 있으리라 확신했다. 그러나 일본군의 확신과 달리 상황은 예상치 못한 방향으로 흘러간다. 정보 장교 레이튼 소령이 일본군의 암호를 해독해 함대의 움직임을 보고하자, 니미츠 제독은 워싱턴의 우려와 내부의 의심에도 불구하고 그 분석을 신뢰하고 작전을 전면 수정한다. 이는 단순한 결심이 아니라, 불확실한 정보를 근거로 전략과 기술의 관계를 다시 조정한 결정이었다.

미군 공격에 폭파되는 일본 항공모함

현장 지휘의 유연성은 스크린 곳곳에 드러난다. 스프루언스 제독은 엔터프라이즈와 요크타운을 지휘하면서 정찰기의 보고가 늦어지고 연료가 바닥나던 긴박한 상황 속에서도 결단을 미루지 않고 공격 명령을 내린다. 조종사들은 귀환을 장담할 수 없는 상태로 적 항모를 향해 이륙하지만, 그 결정이 전황을 바꾼다. 또 다른 장면에서 맥클러스키 중령은 목표를 찾지 못해 하늘을 선회하다가 마지막 순간 항로를 바꿔 일본 함대를 발견한다. 그의 판단은 현장 정보와 즉각적인 대응의 결과였다. 이어지는 급강하 폭격 장면에서 딕 베스트는 폭탄 투하 각도를 미세하게 조정하며 적 항모 아카기를 격침한다. 폭탄이 명중해 항모가 폭발하는 순간은, 해독된 정보, 전략의 수정, 현장 실행이 동시에 맞물리며 만들어낸 결과였다.

전투 장면 외에도 영화는 병사들의 두려움과 신념이 만나는 순간을 세밀하게 포착한다. 딕 베스트가 출격 전 아내와 아이를 떠올리며 잠시 침묵하는 장면은, 승리가 개인의 목숨을 건 결단과 희생에서 비롯된 것임을 상기시킨다. 동료 조종사가 "돌아올 수 있을까?"라고 묻는 장면에서 보이는 웃음은 긴장과 두려움을 숨긴 채 서로를 위로하는 인간적 유대의 순간이다. 니미츠가 작전 회의에서 젊은 장교들의 의견을 경청하고 서로 다른 주장을 조율하는 장면도 인상적이다. 그는 명령 대신 신뢰와 소통으로 조직을 이끌며 전략의 유연성을 확보한다.

반면 일본군은 고집스러운 태도로 변화에 대응하지 못한다. 영화는 일본 항공모함 내부의 혼란을 사실적으로 묘사한다. 미군의 공격 징후가 포착되었음에도 지휘관들은 기존 계획을 고수하며 재장전 명령을 번복한다. 어뢰탄과 폭탄이 뒤섞인 격납고의 혼란은 작은 판단 실수로 시작된 고집이 어떻게 치명적인 결과로 이어지는지를 시각적으로 보여준다. 항공모함 갑판 위에서 병사들이 허둥대는 사이, "계획대로 진행하라"는 지휘관의 고집이 파멸의 단초가 된다. 미국 폭격기가 상공에 나타나자, 항공모함 아카기, 카가, 소류가 연이어 불길에 휩싸이고, 마지막까지 저항하던 히류마저 격침된다. 화면은 거대한 폭발과 함께 일본군의 패배를 각인시키며, 초기의 확신이 어떻게 무너졌는지 극적으로 표현한다. 일본군 지휘부 회의 장면에서는 일부 참모가 "계획이 노출된 것 같다"고 조심스레 말하지만, 야마모토는 이를 단호히 묵살한다. 그 순간 방 안의 공기는 얼어붙고, 부하들은 침묵에 잠긴다. 영화는 리더의 고집이 조직의 유연성을 차단하는 과정을 시각적으로 보여준다.

전투 후, 니미츠 제독이 "승리는 정보와 용기의 결과였다"라고 말하는 장면은 영화의 메시지를 집약한다. 정보 해독, 전략 수정, 현장 지휘관들의 유연한 판단, 조종사들의 개인적 결단이 모여 일본의 우세를 뒤집었다는 것이다. 반대로 일본군의 패배는 전력이 부족해서가 아니라, 변화하는 정보를 무시하고 기존 계획에 집착한 결과였다. 《미드웨이》는 단순한 전쟁 영화가 아니다. 정보, 전략, 현장 실행이 얼마나 긴밀하게 연결되어야 하는지, 그리고 그 정렬을 상황에 따라 조정할 수 있는 유연성이 승패를 가른다는 사실을 보여주는 작품이다.

움직이는 균형과 양방향의 조율

영화 《미드웨이》가 보여준 승패의 갈림길은 단순히 무기나 숫자의 차이가 아니다. 니미츠 제독이 정보 장교의 분석을 받아들여 전략을 바꾸고, 스프루언스 제독이 현장에서 결단을 내리며, 맥클러스키 중령이 마지막 순간 항로를 수정한 장면은 전략과 실행이 끊임없이 조율되는 과정을 보여준다. 전략과 실행이 맞물리는 지점에는 언제나 기술이라는 매개가 놓여 있다. 여기서 말하는 기술은 단순한 장비가 아니라, 정보를 수집하고 판단을 가능하게 하며 실행을 지원하는 체계다. 이런 관점에서 보면 전략과 기술의 관계는 한쪽이 다른 쪽을 지시하는 수직 구조가 아니라, 전략이 기술을 통해 실행으로 이어지고 기술이 생산한 정보가 다시 전략의 방향을 바꾸는 순환 구조다. 전략은 목표를 세우고 자원을 배분하지만, 기술이 만들어내는 정보와 실행 능력이 그 전략의 현실성을 결정한다. 결국 전략과 기술은 일방의 종속이 아니라 목표와 수단, 판단과 실행이 서로 영향을 주고받으며 유지되는 움직이는 균형이라 할 수 있다.

이 지점에서 고집과 신념의 차이가 뚜렷해진다. 일본군 지휘부는 계획이 노출되고 전황이 달라졌는데도 기존 전략을 고수했다. 새로운 정보를 외면하고 과거의 판단에 매달리는 태도는 확증 편향(Confirmation

Bias)과 인지 경직성(Cognitive Rigidity)의 전형이었다. 반면 미군은 태평양 방어라는 신념은 유지하되, 새로운 정보를 받아들이고 그에 맞춰 행동을 바꿨다. 신념은 변화를 거부하는 집착이 아니라, 새로운 증거를 받아들이고 행동을 조정하는 힘이다. 니미츠 제독이 레이튼의 분석을 신뢰해 전략을 수정한 결정, 스프루언스가 현장 상황에 맞춰 공격 시점을 바꾼 판단은 신념이 유연성으로 나타난 사례였다.

경영학자 크리스 아지리스는 이런 차이를 단일고리 학습(Single-loop Learning)과 이중고리 학습(Double-loop Learning)으로 설명했다. 단일고리 학습은 행동만 바꾸고 그 행동을 결정한 전제는 그대로 둔다. 일본군의 방식이 그랬다. 기존 전략과 판단을 고수한 채 작은 조정만 반복했다. 반대로 이중고리 학습은 목표와 전제 자체를 되돌아보고 수정하는 방식이다. 미군이 기존 전략의 틀을 바꾸고, 변화한 상황에 맞춰 새로운 실행 방식을 택한 것은 이중고리 학습에 가깝다. 고집은 단일고리 학습으로 굳어지고, 신념은 이중고리 학습으로 이어진다.

심리학자 다니엘 카너먼의 이론에서도 같은 맥락을 확인할 수 있다. 그는 인간의 사고 과정을 시스템 1과 시스템 2로 나눴다. 시스템 1은 빠르고 직관적이며 감정적이어서 쉽게 편향에 빠진다. 일본군의 고집은 시스템 1의 자동 반응에 가까웠다. 반면 시스템 2는 느리고 분석적인 사고 체계로, 새로운 정보를 검토하고 기존 판단을 조정해 행동을 바꾼다. 니미츠 제독의 결단은 시스템 2의 분석적 사고에 가깝다. 즉흥적 반응이 아니라 분석과 검토를 통해 행동을 조절하는 힘, 그것이 유연성의 핵심이다.

헨리 민츠버그의 전략 이론에서도 이 대비가 뚜렷하게 드러난다. 그는 의도한 전략과 창발적 전략을 구분했다. 고집은 처음 세운 계획만 고수하며 환경의 변화를 외면하는 태도다. 일본군의 패배는 바로 이 경직된 사고에서 비롯되었다. 반면, 신념은 핵심 목표는 유지하되, 새로 포착한 신호(emergent signals)를 받아들이고 전략을 조정한다. 미군은 이 신호를 포착하고 실행으로 옮겨 승리를 거뒀다.

게리 하멜과 프라할라드가 말한 핵심역량과 핵심 경직성의 대비도 같은 원리다. 핵심역량은 기업의 성과를 만들어내는 근본 능력이지만, 변화에 맞게 확장되지 않으면 곧바로 경직성으로 변한다. 《미드웨이》에서 일본군은 전략과 실행의 연결이 굳어, 새로운 상황에 대응하지 못했다. 반면, 미군은 정보 해독과 현장 지휘 능력을 확장해, 변화에 적응할 수 있는 유연한 대응 체계를 구축했다. 핵심역량은 확장되면 성과를 낳고, 고집으로 굳으면 몰락을 부른다. 전략과 실행의 조율 역시 고집이 아니라 신념 위에서 이루어질 때 지속적 성과로 이어진다.

결국 전략과 실행의 관계는 고정된 틀이 아니라, 변화 속에서 끊임없이 조정되는 살아 있는 균형이다. 이 균형은 심리학과 행동전략이 다루는 주제이기도 하다. 고집은 편향과 경직으로 이어지고, 신념은 학습과 조율로 이어진다. 전략과 실행은 서로의 움직임을 읽으며 발전하는 상호작용적 관계이며, 그 안에서 신념은 방향을 잡아 주는 기준이 되고 유연성은 실행을 움직이는 동력이 된다. 전쟁의 승패와 기업의 성패는 결국 이 균형의 원리를 받아들이느냐, 아니면 거부하느냐에 달려 있다.

유연한 정렬, 살아 있는 전략

영화 《미드웨이》가 남긴 교훈은 기업 세계에서도 그대로 드러난다. 전략과 실행의 조율은 한 번의 맞춤으로 끝나지 않는다. 환경이 바뀌면 다시 맞추어야 하고, 고집이 아니라 신념 위에서 유연하게 조정할 때 성과가 이어진다. 이 원리를 증명하는 네 가지 사례—시스코, TSMC, ASML, 클라임웍스—는 서로 다른 산업에서 같은 구조를 반복해 보여준다.

① 신념은 남기고 방식은 바꾼 시스코

시스코(Cisco)의 협업 플랫폼 웹엑스(Webex)는 팬데믹 직전까지 안정성과 보안을 강점으로 삼았지만, 사용자 경험에서는 줌(Zoom)과 마이크로소프트 팀즈(Teams)에 밀려 있었다. 이 시기에 시스코가 기존 강점을 고집했다면 시장의 변화를 따라가지 못했을 것이다. 그러나 2020년 팬데믹이 시작되자 시스코는 '신뢰할 수 있는 협업 플랫폼'이라는 신념은 유지하되 실행 방식을 완전히 바꾸었다. 사용자 인터페이스를 전면 개편하고, 클라우드 기반 확장성과 AI 자막 기능을 도입했다. 이는 단순한 기능 보완이 아니라, "협업 도구는 단순해야 한다"는 전제를 다시 점검한 변화였다. 크리스 아지리스가 말한 이중고리 학습에 해당한다. 시스코는 고집을 버리고 신념을 남긴 채 학습을 통해 실행을 재설계했고, 그 결과 2021년 일일 회의 참가자 수 3억 명을 넘어서며 반등했다. 경직성을 학습으로 전환한 대표적 사례다.

② 기술과 전략을 함께 옮긴 TSMC

TSMC는 반도체 산업에서 전략과 기술의 조율이 얼마나 역동적으로 작동하는지를 보여준다. 2022년 매출 750억 달러, 글로벌 파운드리 시장점유율 56%라는 성과는 고객 전략과 기술 로드맵이 얼마나 긴밀하게 연결되어 있는지를 증명한다. 하지만 대만에 집중된 생산기지는 지정학적 위험을 키웠다. TSMC는 기술 리더십이라는 신념을 지키되 실행 방식을 바꾸었다. 애리조나에 400억 달러, 일본 구마모토에 86억 달러, 독일 드레스덴에 110억 달러를 투자해 생산 거점을 다변화했다. 이 결정은 다니엘 카너먼이 말한 '시스템 2 사고(System 2 Thinking)'의 전형이다. 직관적 자신감에 머물지 않고 분석적 판단을 통해 전략을 수정한 것이다. 고객 의존도를 낮추고, 투자 지역을 분산하며, 공급망을 재설계한 결정은 단순한 확장이 아니라 학습의 결과였다. 신념은 유지하되 실행을 유연하게 바꾼 덕분에, TSMC는 고집의 함정을 피하고 리스크를 기회로 전환할 수 있었다.

③ 기술이 전략을 다시 쓰게 만든 ASML

네덜란드의 ASML은 전략과 기술이 서로를 이끌며 진화하는 구조를 가장 선명하게 보여주는 기업이다. ASML은 반도체 회로를 실리콘 웨이퍼 위에 새기는 노광 장비[1] 분야에서 사실상 세계 유일의 기술을 보유한 회사다. 특히 EUV(극자외선) 장비[2]는 삼성전자, TSMC, 인텔 등 글로벌 기업들이 차세대 반도체를 만들 때 반드시 필요로 하는 핵심 장비로, ASML의 기술 방향이 곧 산업 전체의 전략을 좌우한다고 해도 과언이 아니다. 그러나 ASML은 독점적 지위에 머물지 않았다. 기술 리더십이라는 신념은 지키되, 공정 변화에 따른 고객의 요구와 시장의 변화를 꾸준히 반영하며 연구개발 방향을 조정했다. 고객이 제시한 문제는 ASML의 혁신을 자극했고, ASML의 기술은 다시 고객사의 전략적 선택지를 넓혔다. 이렇게 전략이 기술을 이끌고, 기술이 전략을 되돌리는 순환 구조는 헨리 민츠버그가 말한 창발적 전략의 대표적 사례다. ASML은 시장의 변화를 학습하고 처음 세운 계획과 새로 얻은 기회를 함께 엮으며 유연하게 대응했다. 그 결과 2022년 매출은 210억 유로로 전년보다 13% 증가했다. 이 성과는 단순한 기술 독점이 아니라, 고객과 함께 방향을 맞추며 끊임없이 배우고 조율한 조직 문화에서 비롯된 것이었다.

④ 신념을 현실로 바꾼 기후기술 기업 클라임웍스

기후기술 스타트업 클라임웍스(Climeworks)는 규모가 작은 기업도 신념을 지키며 유연하게 변화에 대응할 수 있음을 보여준다. 이 회사는 대기 중 탄소를 직접 포집하는 DAC(Direct Air Capture) 기술을 개발해 2021년 아이슬란드 오르카(Orca) 플랜트를 가동했다. 연간 4,000톤의 이산화탄소를 포집하는 작은 규모로 출발했지만, 기후위기 대응이라는 목표는 흔들리지 않았다. 기술에만 몰두했다면 정책 변화나 시장의 신호를 놓쳤을 것이다. 그러나 클라임웍스는 정책 환경과 투자 흐름을 새로운 기회로 받아들였다. 2022년 6억 5천만 달러를 유치해 2030년까지 연간 수백만 톤을 포집할 수 있는 대규모 설비 확장을 추진하고 있다. 이는 단순한 기술 고도화가 아니라 정책, 투자, 시장 신호에 맞춘 전략적 조정이었다. 카너먼의 틀로 보면, 초기의 직관적 확신에 머무르지 않고 분석과 검토를 통해 실행 방식을 다시 설계한 시스템 2 사고의 결과라 할 수 있다. 탄소중립이라는 신념을 지키면서도, 실행을 유연하게 바꾼 덕에 클라임웍스는 오늘날 기후기술 산업의 선도 기업으로 평가받고 있다.

네 기업의 공통점은 고집과 신념의 차이를 행동으로 증명했다는 것이다. 고집은 변화를 거부하고 과거의 판단에 매달리지만, 신념은 목표를 지키면서도 새로운 증거와 신호를 받아들인다. 행동전략의 언어로 보면, 고집은 단일고리 학습에 머물며 시스템 1의 감정적 직관에 의존하지만, 신념은 이중고리 학습을 통해 전제를 다시 점검하고 시스템 2의 분석적 사고로 전환한다.

기업이 전략과 실행을 얼마나 유연하게 조율하느냐는 결국 이 차이에 달려 있다. 시스코는 학습으로, TSMC는 분산으로, ASML은 순환으로, 클라임웍스는 재설계로 같은 원리를 실현했다. 네 기업의 공통된 선택은 영화 《미드웨이》가 보여준 승리의 조건과 겹친다. 신념을 중심에 두고 실행을 유연하게 조정할 때, 변화는 위협이 아니라 기회가 되고, 전략은 살아 있는 구조가 된다.

고집과 신념을 가른 유연성의 구조

영화 《미드웨이》에서 일본군과 미군이 보여준 차이는 단순한 전술의 문제가 아니었다. 전략과 실행을 조율하는 방식, 다시 말해 고집과 신념을 다루는 태도의 차이가 전투의 결과를 갈랐다. 이 대비는 오늘날 기업의 사례에서도 그대로 드러난다. 겉으로는 전혀 다른 장면처럼 보이지만, 변화에 대응하는 힘이 고집인가 아니면 신념인가에 따라 성패가 나뉘는 원리가 되풀이되고 있다.

미드웨이 해전에서 일본군은 새로운 정보가 들어와도 기존 계획을 끝까지 고수했다. 전략과 기술의 관계를 하나로 고정된 틀로 여긴 결과였다. 이런 경직성은 행동전략의 관점에서 보면 단일고리 학습에 해당한다. 목표나 전제는 바꾸지 않은 채, 행동만 조금씩 조정하려는 방식이다. 비슷한 함정은 기업에서도 자주 나타난다. 한때 시스코의 웹엑스가 안정성과 보안만 강조한 채, 사용자 경험을 개선하지 않아 시장의 변화를 놓친 고집과 닮아 있다. TSMC 역시 대만 중심의 생산 구조를 고집했다면 지정학적 위기에 대응하지 못했을 것이다. 이처럼 고집은 현실의 신호를 외면하고 익숙한 질서에 매달리며, 결국 변화의 가능성을 스스로 차단한다.

반대로 미군은 태평양 방어라는 목표를 지키면서도 실행 방식을 상황에 따라 유연하게 바꾸었다. 정보 해독과 현장 판단, 지휘관의 결단이 서로 맞물리며 이뤄낸 변화는 신념이 만든 유연성의 산물이다. 신념이란 중심을 잃지 않되, 방법을 바꿀 수 있는 힘이다. 시스코는 신뢰성과 보안이라는 핵심 가치를 지키면서 인터페이스와 기능을 전면 개편했고, TSMC는 기술 리더십이라는 신념을 지키며 생산 거점을 세계로 확장했다. ASML은 '최첨단 노광 장비 기업'이라는 정체성을 유지하면서도 고객의 요구를 반영해 연구개발 방향을 조정했고, 클라임웍스는 탄소중립이라는 사명을 유지한 채, 정책과 투자 신호에 맞춰 사업 모델을 재설계했다. 네 사례 모두 신념은 지키되 실행은 바꾸는 태도, 즉 단단한 목표 위에서 움직이는 유연성이라는 공통의 구조를 보여준다.

행동전략과 심리학의 관점에서 보면 이 차이는 더욱 뚜렷해진다. 고집은 확증 편향과 인지적 경직성에서 비롯된다. 일본군은 기존 전략이 옳다는 가정을 되풀이하며 새로운 정보를 외면했고, 그 결과 현실을 왜곡하며 스스로를 속였다. 반면 신념은 이중고리 학습과 시스템 2의 사고처럼 전제 자체를 돌아보고 수정하는 사고 방식이다. 미군은 새로운 정보가 들어올 때 단순히 전술만 바꾸지 않고, 전략의 방향과 기본 가정을 함께 점검했다. 기업도 같은 과정을 밟았다. 시스코는 '안정성 중심'이라는 전제를 '사용자 중심'으로 바꾸었고, TSMC는 '대만 중심'이라는 전제를 '글로벌 분산'으로 바꾸었다. ASML과 클라임웍스 또한 시장의 신호를 받아들여 전략을 재설계하며, 계획과 학습이 동시에 움직이는 구조를 만들었다.

흥미로운 점은 전략과 기술이 서로를 조율하며 함께 성장한다는 사실이다. 영화 속 미군의 승리는 전략과 기술이 상호작용하며 조율된 결과였다. 전략적 목표가 기술의 사용 방식을 결정했지만, 암호 해독과 정찰 기술의 발전이 다시 전략의 방향을 바꾸었다. 기업에서도 같은 패턴이 반복된다. ASML의 EUV 노광 장비는 고객사의 전략을 바꾸었고, 고객의 요구는 다시 ASML의 연구개발 방향을 바꾸었다. 클라임웍스의 탄소 포집 기술은 새로운 시장을 열었지만, 국제 규제와 정책 변화는 그 기술의 상용화 방식을 재정의하도록 만들었다. 결국 전략과 기술의 관계는 일방향이 아니라, 서로의 움직임을 감지하며 맞추어 가는 조율의 과정이다.

전쟁과 기업 모두에서 승패를 가른 것은 규모나 자원의 차이가 아니라 고집과 신념의 구조적 차이였다. 고집은 변화를 막고 스스로를 닫았으며, 신념은 새로운 정보를 받아들여 전략과 실행을 다시 정렬했다. 영화의 전투와 기업의 혁신이 보여준 유연성은 단순한 전술이 아니라, 조직을 살아 있게 만든 근본적 힘이었다.

유연성은 전략을 살아 있게 하는 철학

전쟁과 기업의 사례를 함께 보면, 고집과 신념의 차이는 결국 유연성으로 드러난다. 고집은 외부의 신호를 차단하고 익숙한 방식을 절대적인 답으로 믿는 태도다. 그런 경우 변화는 언제나 위기가 되고, 전략과 실행의 균형은 유연성을 잃어버린다. 반대로 신념은 목표를 잃지 않으면서도 새로운 정보를 받아들여 전략과 실행의 관계를 다시 조율한다. 이러한 유연성은 일시적인 기법이 아니라 전략이 살아 움직이게 하는 철학이다.

자연의 이치도 다르지 않다. 환경 변화에 적응하지 못한 생명은 결국 사라진다. 기후가 변하면 서식지를 옮기고 먹이를 바꾸는 종만이 살아남는다. 이는 생명을 이어가는 방식이다. 전략도 마찬가지다. 유연성을 잃은 전략은 살아 있는 체계가 아니라 종이에 그려진 설계도에 그친다. 그런 설계도는 처음에는 완벽해 보여도, 시간이 지나면 현실과 동떨어진 무용지물이 된다. 그래서 전략은 언제나 움직이는 균형 위에서 수립해야 하며, 그 균형을 지탱하는 힘이 바로 유연성이다.

이러한 원리는 기업에도 그대로 적용된다. 막강한 자원을 가진 기업이 새로운 기술이나 시장의 변화를 외면하다 무너진 사례는 수없이 많다. 실패의 원인은 역량 부족이 아니라, 그 역량을 고집으로 굳힌 태도에 있다. 같은 환경에서도 어떤 기업은 신념을 지키면서 실행을 조정해 새로운 도약을 이뤘다. 이때 신념은 방향을 잡는 기준이 되었고, 유연성은 그 기준을 현실 속에서 살아 있게 만드는 힘이었다. 결국 전략은 신념과 유연성이 함께 작동할 때 비로소 지속 가능한 성과로 이어진다.

17장에서 살펴본 핵심역량 이론도 이와 맞닿아 있다. 핵심역량은 기업을 지탱하는 근본적 힘이지만, 환경 변화에 맞춰 확장하지 않으면 곧 경직성으로 변해 조직을 무너뜨린다. 역량을 확장하려면 반드시 유연성이 필요하다. 이번 장에서 다룬 전략과 기술의 조율 역시 마찬가지다. 조율을 고정된 합으로 두면 다시 경직성으로 굳어지지만, 신념을 바탕으로 실행을 바꾸면 지속력이 생긴다. 확장과 조율은 다른 이야기처럼 보이지만, 둘 다 유연성이라는 공통의 뿌리에서 자란다.

유연성을 전략의 철학으로 본다면, 그 철학은 불확실성을 인정하는 태도에서 출발한다. 전략은 언제나 불완전한 정보와 제한된 자원 속에서 수립된다. 이때 고집은 위험을 감수하는 용기가 아니라, 위험을 외면하는 맹목이 된다. 하지만 신념 위의 유연성은 다르다. 불확실성을 받아들이고 그 안에서 길을 찾는다. 전략은 정답을 고집하는 문서가 아니라, 변화 속에서 끊임없이 균형을 잡아가는 살아 있는 과정이다. 그래서 유연성은 선택의 문제가 아니라, 전략이 전략으로 존재하기 위한 필수 조건이다. 변화를 인정하고, 균형을 다시 바로잡으며, 불확실성을 끌어안는 태도. 바로 그 철학 위에서 전략은 현실과 호흡하며 살아남는다.

심화학습: 유연성을 설명하는 세 가지 이론적 뿌리

이번 장에서 살펴본 전략과 기술의 관계는 고정된 합이 아니라, 변화 속에서 끊임없이 다시 맞추는 유연성의 구조였다. 본문에서는 고집과 신념, 그리고 동적 조율의 차이를 영화와 기업 사례를 통해 살펴보았지만, 이러한 차이가 왜 생기고 또 어떤 이론으로 설명되는지 더 깊이 들여다볼 필요가 있다.

① 동적 역량(Dynamic Capabilities)

데이비드 티스(David Teece)는 불확실한 환경에서 기업이 살아남으려면 단순히 자원을 보유하는 것만으로는 부족하다고 지적했다. 그는 기업이 환경을 탐지(sensing)하고, 그 신호를 바탕으로 새로운 기회를 포착(seizing)하며, 기존 자원과 활동을 전환(transforming)해야 한다고 설명했다.[3] 이 3단계는 단순한 개념이 아니라 실제 행동의 틀이다.

탐지(sensing)는 시장이나 기술에서 일어나는 변화를 읽어내는 능력이다. 《미드웨이》에서 레이튼 소령이 일본군 암호를 해독해 '다음 공격 목표가 미드웨이'임을 알아내는 순간이 바로 탐지에 해당한다. 기업으로 치면, 고객 로그 데이터나 사용자의 이탈률 같은 지표에서 문제의 신호를 발견하는 순간이다. 포착(seizing)은 이렇게 얻은 신호를 실제 행동으로 옮기는 과정이다. 니미츠 제독이 워싱턴의 반대를 무릅쓰고 방어선을 수정한 것이나, 시스코가 보안 중심의 웹엑스를 사용자 경험 중심으로 재설계한 결정이 이에 해당한다. 전환(transforming)은 자원의 배치와 체계를 새로 짜는 단계다. 맥클러스키 중령이 항로를 수정해 적 항모를 찾아낸 장면처럼, TSMC가 지정학적 위험을 근거로 대만 중심의 생산 거점을 해외로 다변화한 결정이 전환이다. 동적 역량 이론은 이러한 '신호 → 판단 → 재배치'의 순환 구조를 통해 유연성이 실제로 어떻게 작동하는지를 보여준다. 환경 변화에 즉각 반응하는 민첩성은 결국 이 세 단계를 얼마나 빠르고 일관되게 수행하느냐에 달려 있다.

② 학습 이론과 인지의 틀

크리스 아지리스(Chris Argyris)는 학습을 단일고리(single-loop)와 이중고리(double-loop)로 구분했다.[4] 단일고리는 목표나 전제는 그대로 둔 채 행동만 조정하는 학습이며, 이중고리는 그 전제 자체를 점검하고 수정하는 학습이다. 일본군은 단일고리 학습에 머물렀다. 폭탄 장착 순서를 조정하고 재장전 절차를 고쳐 보려 했지만, 공격 시점과 전략의 기본 가정을 바꾸지 않았다. 반면 미군은 암호 해독 결과를 근거로 작전 방향을 다시 짜며 이중고리 학습을 실행했다. 목표는 유지했지만, 실행의 전제를 바꾸어 방어선을 이동시킨 것이다. 기업에서도 같은 구조가 나타난다. TSMC가 고객 의존도를 그대로 둔 채 생산량만 늘렸다면 단일고리 학습에 그쳤겠지만, 지정학적 위험을 인식해 투자 지역을 분산했기에 이중고리 학습의 예로 볼 수 있다.

심리학자 다니엘 카너먼(Daniel Kahneman)의 시스템 1과 시스템 2의 개념도 이와 통한다.[5] 일본군의 고집은 빠르고 직관적인 시스템 1의 사고에서 비롯되었고, 니미츠 제독과 스프루언스가 보여준 신념은 느리고 분석적인 시스템 2의 사고에 가깝다. 시스코가 기존의 안정성만 믿었다면 시스템 1의 편향에 머문 것이지만, 사용자 경험과 클라우드 확장을 결합한 결정은 시스템 2의 사고를 따른 예라 할 수 있다.

③ 핵심역량과 경직성

게리 하멜(Gary Hamel)과 프라할라드(C.K. Prahalad)는 기업의 장기적 성과가 핵심역량(core competence)에 달려 있다고 강조했다.[6] 그러나 그

역량이 외부 변화에 맞게 확장되지 않으면 곧 경직성으로 바뀌어 기업을 제약한다고 경고했다. 《미드웨이》의 일본군은 진주만 공격의 성공을 절대적 경험으로 붙들었지만, 그 역량을 새로운 전환에 맞게 변형하지 못해 스스로의 덫에 갇혔다. 미군은 정보 해독과 현장 지휘라는 역량을 신념 위에서 확장하며 작전 방식을 바꿨다. 기업에서도 같은 원리가 작동한다. ASML은 EUV 노광 기술을 독점적 기술로 묶지 않고, 고객 피드백을 반영해 장비 성능과 생산 체계를 개선했다. 그 결과 핵심역량이 경직성으로 굳지 않고 지속적 학습의 토대가 되었다.

이 세 이론은 접근 방식은 다르지만, 공통의 구조를 공유한다.

- 동적 역량은 외부 변화 속에서 자원을 탐지—포착—전환하는 기업의 움직임을 설명하고,
- 학습 이론과 인지 틀은 그 과정에서 전제를 수정하고 판단을 바꾸는 인간과 조직의 사고 구조를 보여주며,
- 핵심역량 논의는 학습과 전환이 실패할 때 기업이 어떻게 경직성에 빠지는지를 드러낸다.

결국 세 관점이 가리키는 결론은 같다. 유연성이 사라지면 전략은 경직성으로 굳어 패배로 이어지고, 신념 위의 유연성이 있을 때만 전략과 기술의 조율은 살아 움직인다.

19장

센스메이킹과 주인의식의 결합 《킹스 스피치》

IBM의 위기

1990년대 초, IBM은 존립의 벼랑 끝에 몰려 있었다. 메인프레임으로 상징되던 시대가 저물고, 개인용 컴퓨터와 네트워크가 새로운 무대로 떠올랐지만 IBM은 변화를 제때 읽지 못했다. 1991년 IBM은 80억 달러의 적자를 기록했고, 수만 명의 직원이 회사를 떠났다. '컴퓨터 제국'이라 불리던 명성은 자부심이 아니라 짐이 되었다. 기술의 선두주자라 믿었던 기업이 시장의 흐름을 따라잡지 못한 채 방향을 잃은 것이다. 월가에서는 회사를 분할해 매각해야 한다는 주장이 쏟아졌다.

1993년 취임한 루 거스너는 그 압박 속에서 전혀 다른 결정을 내렸다. 그는 IBM을 쪼개지 않고 하나로 유지하기로 했다. 그리고 기술이 아니라 고객의 문제 해결을 IBM의 중심 가치로 세웠다. 당시 IBM은 하드웨어, 소프트웨어, 서비스가 따로 움직이는 거대한 조직이었다. 거스너는 흩어져 있던 각 부문을 고객 중심으로 재편했다. 불필요한 사업을 정리하고, 중복 부서를 통합하며, 방만했던 비용 구조를 단숨에 줄였다. 구조조정은 혹독했지만 방향은 분명했다. "IBM은 더 이상 제품을 파는 회사가 아니라 문제를 해결하는 회사여야 한다." 이 한 문장이 회생의 신호탄이 되었다. 1995년 IBM은 40억 달러가 넘는 흑자를 기록하며 다시 일어섰다.

회복세는 2000년대 초까지 이어졌다. 기술 중심의 조직은 컨설팅과 서비스 중심의 회사로 변모했고, '솔루션 기업'이라는 새로운 정체성이 자리 잡았다. 2011년은 IBM의 실적이 정점에 달한 시기였다. 매출은 1,069억 달러, 주당순이익(EPS)은 13달러를 넘어섰고, 주가는 190달러를 돌파했다. 불과 20년 전 해체 위기에 몰렸던 기업이 세계 무대의 중심으로 복귀한 듯했다. 언론은 "거스너가 IBM을 구했고, 팔미사노가 완성했다"고 평했고, 투자자들은 안정된 숫자에 안도했다. IBM은 다시 한번 '컴퓨터 제국'의 상징이 되었다.

하지만 화려한 숫자 뒤에서는 균열이 커지고 있었다. 2000년대 중반 IBM은 '로드맵 2015'를 내걸고 매년 EPS 목표를 높였다. 단기 성과를 맞추기 위해 자사주 매입과 구조조정을 반복했고, 비용을 줄이는 대신 혁신의 속도를 늦췄다. 매출은 2012년 이후 20분기 연속 하락했고, 내부에서는 피로와 냉소가 쌓였다. 회의실 벽마다 걸린 '고객 중심' 구호는 더 이상 신념이 아니었다. 현장의 직원들은 그것을 압박으로 느꼈고, 조직은 활력을 잃어갔다. 겉으로는 성과가 이어지는 듯 보였지만, 그 밑에서는 기초가 무너지고 있었다.

IBM의 사례를 보면 이런 질문이 떠오른다. 왜 1990년대의 반등과 2000년대의 성공이 장기적 성장으로 이어지지 못했을까? EPS와 주가가 최고치를 찍은 시점의 성과가 왜 지속되지 않았을까? 숫자가 보여준 안정감과 달리, 성과를 떠받칠 동력은 이미 약해지고 있었던 것인가? 세계를 감동시킨 말더듬이 왕, 조지 6세에 대한 영화 《킹스 스피치》를 통해 해답의 실마리를 찾아보자.

킹스 스피치(The King's Speech, 2010)

영화 《킹스 스피치》(The King's Speech, 2010, 감독 톰 후퍼, 주연 콜린 퍼스, 제프리 러시)는 말더듬이었던 요크 공작 알버트가, 형 에드워드 8세의 퇴위로 왕위에 올라 조지 6세가 된 후, 불안과 두려움을 딛고 국민 앞에서 마침내 자신의 목소리로 연설하게 되는 순간까지의 여정을 담은 작품이다. 2011년 제83회 아카데미 시상식에서 작품상, 감독상, 남우주연상, 각본상을 수상했다. 주연을 맡은 콜린 퍼스는 굳어가는 얼굴과 떨리는 목소리로 알버트의 불안을 섬세하게 표현했고, 오스트레일리아 배우 제프리 러시는 언어치료사 라이오넬 로그역을 인간적인 매력으로 연기해 냈다. 영화는 원치 않던 자리를 어쩔 수 없이 떠맡게 된 알버트가 국왕으로서의 책임을 감당하기 위해 자신과 싸우는 과정을 차분히 따라간다.

영화는 요크 공작이던 알버트가 윔블던 경기장에서 연설을 시도하는 것으로 시작한다. 차남으로 태어나 왕위와는 거리가 멀다고 여겼던 알버트는 어릴 적부터 심한 말더듬으로 고통을 겪었다. 공식 석상에서 연설을 할 때면 제대로 문장을 다 읽지 못했고, 그럴 때마다 그의 표정에는 두려움과 수치심이 교차했다. 그날도 윔블던 경기장을 가득 메운 관중이 지켜보는 가운데 마이크 앞에 섰지만, 입을 열자마자 단어가 끊기고 침묵이 흘렀다. 짧은 숨소리와 헛기침이 스피커를 타고 퍼져 나가자, 관중의 얼굴에는 당혹이 번졌다. 아내 엘리자베스는 그를 향한 연민을 감추려 했지만, 그 순간 이미 알버트의 약점은 세상에 드러나고 말았다. 그는 언제나 품위를 잃지 않으려 애썼지만, 차남이라는 위치와 말더듬이라는 굴레가 그의 어깨를 짓눌렀다. 왕위와 무관하다고 믿었지만, 운명은 그를 조금씩 다른 길로 이끌고 있었다.

엘리자베스는 남편 알버트를 돕기 위해 다양한 방법을 시도했다. 수년 동안 여러 명의 의사들이 다녀갔지만 결과는 달라지지 않았다. 흡연이 도움이 된다거나, 입안에 구슬을 넣고 발음을 연습하라는 식의 엉뚱한 처방만 반복됐다. 치료를 거듭할수록 알버트의 자신감은 무너졌고, 그는 점점 더 침묵 속으로 숨어들었다. 아내 엘리자베스는 왕실의 체면을 내려놓고, 남편을 진심으로 도와줄 마지막 희망을 직접 찾아 나선다.

그녀가 도착한 곳은 런던 외곽의 낡은 건물이었다. 오래된 의자와 책상, 빛바랜 벽지가 남아 있는 그곳은 왕실의 위엄과는 거리가 멀었다. 그 안에서 엘리자베스는 언어치료사 라이오넬 로그를 만난다. 그는 의학적 권위를 내세우는 대신, 전쟁 중 부상병의 언어 회복을 도우며 얻은 경험을 바탕으로 자신만의 치료 방식을 설명한다. 그는 "직접 오셔야 합니다. 스스로의 의지가 없다면 치료는 의미가 없습니다"라고 말하며 단호한 태도를 보인다. 엘리자베스는 그 말에 설득되고, 결국 알버트를 데리고 다시 그곳을 찾는다.

첫 만남부터 로그의 태도는 독특했다. 그는 알버트를 왕이 아닌 한 사람으로 대하며 가족들만 사용하는 호칭인 '버티'로 부른다. 알버트는 처음에는 무례하고 신뢰할 수 없다고 느껴 돌아서려 하지만, 아내의 간절한 눈빛과 스스로의 절박함에 치료를 받아 보기로 한다. 로그의 방식은 기존의 의학적 접근과 달리, 말더듬의 원인을 기술적으로 교정하기보다 몸과 마음과 긴장을 함께 풀어내는 것이었다. 책을 읽으면서 호흡을 맞추게 하고, 리듬을 타며 발음을 이어가게 했다. 때로는 음악을 크게 틀어놓고 소리를 내게 했고, 억눌린 감정을 풀라며 욕설을 외치게 하기도 했다.

알버트는 처음엔 그 낯선 시도를 불신한다. 그러나 로그는 실험하듯

한 걸음씩 다가간다. 어느 날, 로그는 알버트에게 헤드폰을 씌우고, 음악을 들으면서 책을 읽게 한다. 알버트는 어이없다는 듯 몇 문장을 읽다가 화를 내며 치료실을 나온다. 그러나 궁으로 돌아온 뒤 혼자 있는 시간에 녹음을 들어 보고는 놀라움을 감추지 못한다. 자기 목소리가 더듬거리지 않고 자연스럽게 흘러나왔기 때문이다. 그날의 경험은 그에게 자신도 더듬지 않고 말할 수 있다는 희망의 불씨를 남겼다.

이 장면은 영화의 흐름을 바꾸는 전환점이다. 이전까지는 끊임없이 실패하던 한 사람의 고통이 중심에 있었다면, 이 순간부터는 변화의 가능성이 열린다. 말더듬이라는 기술적 문제 뒤에 숨어 있던 불안과 두려움, 그리고 스스로에 대한 믿음이 처음으로 균형을 찾기 시작한다. 이때부터 로그와 알버트의 관계는 치료자와 환자를 넘어, 서로를 신뢰하는 동반자로 발전한다.

훈련은 계속되었다. 로그는 날마다 다른 방식을 시도했고, 알버트는 그때마다 낯선 과제와 마주했다. 호흡을 다듬고 발음을 조율하는 일은 기술이 아니라 인내의 영역이었다. 실패가 이어져도 로그는 물러서지 않았다. 그는 알버트가 스스로의 두려움을 인식하도록 이끌었다. 작은 성취가 생길 때마다 알버트의 표정은 조금씩 달라졌다. 고개를 숙이고 말끝을 삼키던 사람이, 점점 목소리를 내기 시작한 것이다. 엘리자베스는 그 변화의 곁을 지켰다.

1936년, 형 에드워드 8세가 사랑을 이유로 왕위를 포기하면서 알버트는 조지 6세로 즉위했다. 원하지 않았던 자리였다. 차남으로 살던 그에게 왕관은 명예가 아니라 부담이었다. 하지만 시대는 그를 기다려주지 않았다. 유럽의 하늘엔 전쟁의 그림자가 드리워지고, 국민은 새로운 왕의 결단을 요구했다. 알버트는 다시 로그를 찾았다. 이번엔 말더듬을 고치기 위해서가 아니라, 국민에게 말해야 할 용기를 배우기 위해서였다.

라디오를 통해 대국민 연설을 하는 조지6세

1939년 9월 3일, 영국이 독일에 선전포고를 한 날이었다. 버킹엄궁 안 작은 방, 커튼이 드리워진 창가에는 마이크 한 대가 놓여 있었다. 조지 6세는 원고를 손에 쥔 채 자리에 섰다. 얼굴이 하얗게 질릴 만큼 긴장했지만, 그 곁에는 로그가 있었다. 그는 시선을 맞추며 손짓으로 호흡을 유도했다. 조지 6세는 천천히 입을 열었다. 첫 단어가 삐걱거리자 로그가 고개를 끄덕였다. 왕은 다시 숨을 고르고, 단어를 하나씩 또렷이 내뱉었다. 목소리는 점점 안정됐고, 문장은 끊기지 않았다. 라디오를 통해 흘러나온 조지 6세의 목소리는 거실의 가족들과 병영의 병사들, 거리의 시민들에게 동시에 닿았다. 방 안과 거리에는 깊은 침묵이 내려앉았다. 모두가 국왕이 끝내 자신의 말로 국민에게 다가섰음을 느꼈다.

연설이 끝나자 조지 6세는 고개를 숙이고 길게 숨을 내쉬었다. 손끝의 떨림이 멎고, 얼굴에는 피로와 함께 안도와 평온이 스쳤다. 로그와 눈을 마주친 그는 천천히 자리에서 일어나 문을 향해 걸었다. 창문 너머로 비치는 햇살이 방 안을 물들이며, 방금 전까지 얼어붙었던 공기를 녹여냈다. 영화는 그 장면을 길게 끌지 않는다. 음악도 환호도 없이, 한 사람이 두려움을 넘어 자신의 목소리로 세상과 마주하는 그 고요한 순간만을 남긴다.

지속 성과를 위한 심리적 메커니즘

조지 6세가 로그와 함께한 과정을 전략의 관점으로 보면 두 가지 축이 뚜렷하게 드러난다. 하나는 센스메이킹(sensemaking), 그리고 다른 하나는 주인의식(psychological ownership)이다.

조직이 혼란스러운 상황을 이해하고 의미를 만들어내는 과정을 설명한 사람은 미시간대의 칼 웨이크(Karl Weick)다. 그는 센스메이킹을 "불완전한 단서들을 엮어 상황을 해석하고, 그 해석을 행동의 근거로 삼는 과정"으로 정의했다. 사람들은 단순히 정보를 수집하는 데 그치지 않는다. 각자가 경험한 사건과 감정을 엮어 '지금 무슨 일이 일어나고 있는가'를 해석하며, 그 의미 위에서 다음 행동을 결정한다. 웨이크는 이 과정을 설명하면서 세 가지 특징을 제시했다. 첫째, 회고성(retrospection) — 사람들은 이미 지나간 일을 돌아보며 그 안에서 단서를 찾는다. 둘째, 사회성(social process) — 의미는 개인의 머릿속에서가 아니라 관계와 대화 속에서 형성된다. 셋째, 단서 추출(cue extraction) — 무수한 정보 가운데 특정 신호를 포착하고, 그것을 중심으로 이야기를 구성한다는 것이다.

영화 속 알버트와 로그의 첫 만남을 살펴보자. 로그는 전문 자격이 없는 치료사였고, 왕실이 기대하던 전통적 방식과는 거리가 멀었다. 그는 알버트를 '폐하'가 아닌 '버티'라 부르며 위계를 내려놓자고 했다. 바닥을 두드리게 하고, 억눌린 긴장을 풀라며 거친 말을 내뱉게 하는 연습도 시켰다. 알버트에게 그런 접근은 낯설고 불쾌했다. 자신이 겪는 문제를 치료가 아닌 장난으로 다루는 듯 느껴졌기 때문이다. 처음 몇 차례의 만남에서 그는 로그의 제안을 대부분 거절했고, 훈련이 이어지는 동안 불신은 오히려 깊어졌다.

하지만 영화가 보여주는 장면의 의미는 단순한 실패가 아니다. 로그의 방식은 알버트가 스스로 현실을 새롭게 해석하도록 만드는 장치였다. 말더듬을 '질병'이 아닌 '의미 만들기'의 문제로 전환시킨 것이다. 불완전한 단서 속에서도 새로운 관점을 세우는 것이 센스메이킹의 시작이라면, 알버트가 로그의 방법을 통해 처음으로 자신의 목소리를 객관적으로 들었던 순간이 바로 그 전환의 첫 걸음이었다.

전환점은 헤드폰 훈련이었다. 로그는 음악이 흐르는 동안 책을 읽게 했고, 알버트는 몇 줄 읽다 화를 내며 헤드폰을 벗어던졌다. 치료가 아니라 모욕처럼 느껴졌기 때문이다. 그러나 그날 밤 궁으로 돌아와 혼자 녹음기를 틀었을 때, 그는 놀라움을 감추지 못했다. 자신의 목소리가 끊기지 않고 자연스럽게 이어지고 있었던 것이다. 그 경험은 단순한 실험이 아니었다. 알버트는 처음으로 로그의 방식이 기술적 교정이 아니라, 자신이 문제를 바라보는 시선을 바꾸려는 시도였음을 깨달았다. 실패로만 여겼던 경험이 새로운 의미로 엮이면서, 그는 '나는 말할 수 있다'는 가능성을 처음으로 체감했다. 이것이 센스메이킹의 본질이다. 흩어진 단서가 회고적 해석을 통해 하나의 의미로 묶이고, 현실이 새롭게 보이는 순간이다. 그날 이후 알버트는 다시 로그를 찾아가 훈련을 이어 갔다. 영화는 두 사람의 관계가 이 깨달음 이후 한층 깊어지는 과정을 통해, 센스메이킹이 개인의 깨달음을 넘어 관계 속에서 완성되는 사회적 과정임을 보여준다.

주인의식(psychological ownership)은 책임을 행동으로 바꾸는 내면의 힘이다. 이는 '어떤 일이나 대상을 내 것이라고 느끼는 감정'으로, 단순한 소유가 아니라 그 일의 결과가 나 자신과 맞닿아 있다고 느끼는 순간 생기는 감각이다. 사람은 '남의 일'일 때는 계산하지만, '내 일'일 때는 묻지도 따지지도 않는다. 그 감정이 생길 때, 행동은 설명보다 빠르다.

알버트에게 왕위는 영광이 아니라 짐이었다. 형의 퇴위로 갑작스레 자리가 주어졌을 때, 그는 말없이 숨을 고르며 그 무게를 견뎠다. 사람들 앞에 서야 했지만, 입을 여는 일이 두려웠다. 그 두려움 속에서 그는 여전히 '누군가가 시키는 일'을 하고 있었다. 그러나 로그와의 훈련이 이어지면서 그 감정이 서서히 변했다. 연설은 더 이상 의무가 아니었다. 국민 앞에서 말을 한다는 것은, 이제 자신이 짊어진 자리의 의미를 증명하는 일이 되었다. 그는 그 자리를 도망치지 않고 받아들였다. 이때 깨어난 것이 주인의식이다. 누군가의 지시나 의무감 때문에 '해야만 하는 일'이, '스스로 선택해서 하기로 한 일'로 바뀌는 순간, 그 일을 하고자 하는 의지가 생긴다. 주인의식은 개인의 결심에서 비롯되지만, 그 의지는 다른 이들의 마음을 움직인다. 조지 6세의 목소리가 국민에게 울림을 주었던 이유도, 그가 비로소 왕의 언어를 '자신의 말'로 바꾸었기 때문이다.

센스메이킹과 주인의식은 어느 하나만으로는 불완전하다. 센스메이킹이 없으면 주인의식은 방향을 잃는다. 책임을 지려 해도 무엇을 위해, 어떻게 해야 하는지 알 수 없기 때문이다. 반대로 주인의식이 없는 센스메이킹은 공허하다. 의미를 찾아내도, 그것을 실행으로 옮길 주체가 없기 때문이다. 영화 속 조지 6세는 이 두 힘이 맞물릴 때 일어나는 변화를 보여준다. 그는 로그의 낯선 훈련 방식을 새로운 의미로 받아들이며(센스메이킹), 상황을 다르게 보기 시작했다. 그리고 그 의미를 자신이 짊어질 책임으로 받아들여 전쟁을 선포하는 대국민 연설을 준비했다(주인의식). 이 두 가지가 동시에 작동했기에 그는 두려움을 이겨내고 국민 앞에서 자신의 의지로 연설할 수 있었다.

이러한 원리는 조직에도 그대로 적용된다. 센스메이킹은 불확실한 상황에서 단서를 읽고 판단의 근거를 세우며, 주인의식은 그 판단을 스스로의 책임으로 실행하게 만든다. 의미를 읽는 사람과 그 의미를 실현하는 사람이 하나일 때, 전략은 일회성이 아니라 지속적인 학습과 성과로 이어진다. 《킹스 스피치》에서 조지 6세가 두려움의 본질을 이해하고, 그것을 자신의 의지로 극복해 나가는 과정은 이 원리를 가장 명확히 보여준다. 이처럼 전략이 흔들리지 않기 위해 필요한 심리적 메커니즘의 출발점에는 언제나 센스메이킹과 주인의식이 함께 있다.

미래의 불확실성을 줄인 기업들의 선택

영화 속 조지 6세의 여정은 기업의 전략 현장에서도 되풀이된다. 조직이 마주한 수많은 단서를 어떻게 읽고, 그 해석을 누가 책임지고 실행하느냐에 따라 미래의 불확실성은 줄어들기도 하고 오히려 커지기도 한다. 전략은 한 번의 결정으로 완성되지 않는다. 의미를 찾아 행동으로 옮기고, 다시 그 결과를 해석하는 순환의 과정이다. 넷플릭스는 이 순환 고리를 가장 분명하게 보여준 기업이다.

넷플릭스는 '고객이 왜 기존 비디오 대여점에 만족하지 못하는가'라는 질문에서 출발했다. 당시 고객들은 연체료 부담과 잦은 품절, 매장을 직접 방문해야 하는 번거로움 때문에 불만이 높았다. 대부분의 업체는 이런 문제를 일시적인 서비스 불편으로 여겼지만, 넷플릭스는 그 속에서 다른 신호를 읽었다. 사람들이 진짜로 원하는 것은 더 많은 매장이 아니라 '언제든 예측 가능한 방식으로 영화를 볼 수 있는 경험'이었다. 이 통찰에 따라 넷플릭스는 DVD 월정액 구독제를 도입하고, 연체료를 없앴으며, 온라인 대기목록 제도를 운영했다. 고객 불편을 줄이는 데서 멈추지 않고 이용 데이터를 분석해 수요와 매출의 흐름을 예측 가능한 수준으로 끌어올렸다. 불완전한 단서를 엮어 불확실한 미래를 다잡은 전형적인 센스메이킹이었다.

2007년 넷플릭스는 또 다른 전환점을 맞았다. 스트리밍으로의 이동이었다. 당시 시장은 혼란스러웠다. 광대역 보급은 늘었지만 품질은 불안정했고, 기기별 호환성은 제각각이었으며, 판권 문제도 여전히 불투명했다. 누구도 '스트리밍이 머지않아 주류가 될 것'이라 확신하지 못했다. 그러나 넷플릭스는 이 혼란을 다르게 읽었다. '물리적 매체 없이 영화를 보는 시대가 온다'는 흐름을 포착한 것이다. 회사는 이 판단에 따라 버퍼링을 줄이는 기술을 개발하고, 다양한 기기에서 작동하는 시스템을 만들었다. 또 이용자 데이터를 분석해 취향을 세분화하고, 장르를 넓히며, 제작사와의 협력 구조를 새롭게 짰다. 불확실하던 시장은 점차 넷플릭스의 통제 아래 예측 가능한 방향으로 움직이기 시작했다.

2011년 '퀵스터(Qwikster) 사태'[1]는 반대로 잘못된 해석이 어떤 결과를 낳는지를 보여주었다. 넷플릭스는 DVD 대여와 스트리밍 서비스를 분리해 각각 요금을 받겠다고 발표했다. 회사 내부에서는 투자 우선순위를 명확히 하려는 결정이었지만, 고객이 받아들인 메시지는 달랐다. '앞으로 요금이 얼마나 오를까?', '두 서비스를 따로 관리해야 하나?' 하는 불안이 커졌고, 반발이 이어졌다. 서비스 해지율이 급격히 늘고 주가가 폭락했다. 한 달 뒤 회사는 결정을 철회하고 사과문을 발표했다. 이후 데이터를 다시 모아 잘못 해석했던 단서를 새롭게 읽어냈다. 그 철회는 단순한 후퇴가 아니라 끊어졌던 센스메이킹의 고리를 다시 잇는 계기가 되었다. 실패의 경험을 수정 가능한 학습으로 바꾼 셈이었다.

이 사건 이후 넷플릭스는 오리지널 제작으로 방향을 전환했다. 외부 스튜디오에 의존하는 한 회사의 미래가 불안하다는 징후가 곳곳에서 드러났다. 판권 회수, 제작비 상승, 일정 변동성이 모두 넷플릭스의 통제 밖에서 발생했다. 회사는 이 상황을 '핵심 콘텐츠를 스스로 확보하지 못하면 성장의 기반이 흔들린다'는 신호로 읽었다. 2013년 공개된 《하우스 오브 카드》는 그 해석을 실제 행동으로 옮긴 첫 결과였다. 넷플릭스는 이용자 데이터를 분석해 취향의 단서를 찾고 이를 작품 기획의 근거로 삼았다. 불확실한 신호는 전략 자원으로 바뀌었고, 오리지널 제작은 단순한 콘텐츠 사업이 아니라 미래의 불확실성을 줄이는 경영 장치가 되었다.

이 전략이 실행으로 이어질 수 있었던 이유는 조직에 자리 잡은 주인 의식 덕분이었다. 경영진은 의사결정의 배경을 투명하게 공유했고, 승인보다 질문을 장려했다. 현장은 맥락을 이해한 상태에서 스스로 판단하고, 결과에 책임을 졌다. 넷플릭스는 인재 밀도를 높이고 규정을 최소화해 성과와 평판이 조직을 스스로 움직이는 기준이 되도록 만들었다. 그 덕분에 센스메이킹이 만들어낸 의미는 공허한 구호로 남지 않았다. 직원들은 그 의미를 자신의 책임하에 행동에 옮겼다. 넷플릭스의 성과는 불완전한 단서를 새롭게 해석하고 그 해석을 실행으로 이어간 순환의 고리에서 비롯되었다.

GE는 1980년대 초 잭 웰치 시절, 방대한 사업 포트폴리오 속에서 핵심을 분명히 하기 위해, 시장에서 '1등이나 2등이 되지 못하는 사업은, 개선, 매각, 아니면 철수한다'는 원칙을 세웠다. 당시 GE는 조명, 가전, 금융, 플라스틱 등 수십 개 사업을 운영하며 덩치만 커져 있었고, 각 부문이 어디로 가야 할지 방향이 불분명했다. 웰치는 시장 점유율과 성장 가능성이라는 단서를 '존속할 가치가 있는 사업과 그렇지 않은 사업을 구분하는 기준'으로 재해석했다. 이 해석을 실행으로 옮긴 장치가 바로 워크아웃(Work-Out) 프로그램이었다. 그는 회의실의 위계 구조를 없애고, 임직원이 문제 해결 방안을 제안하면 현장에서 즉시 결정하도록 했다. 권한과 책임을 동시에 위임 받은 구성원들은 스스로 선택하고 실행하는 주체가 되었다. GE는 이 과정을 통해 복잡한 조직을 단순한 이야기—1등 혹은 2등이 아니면 철수—로 통합했고, 1980~90년대 전 세계에서 가장 효율적인 기업으로 자리매김했다.

토요타는 센스메이킹과 주인의식이 일상에 녹아 있는 기업이다. 토요타는 품질 결함이나 생산 지연 같은 문제를 '실패'로 보지 않았다. 작은 결함은 '시스템이 보내는 경고 신호'로 보고, 그것을 개선의 기회로 삼았다. 이를 가능하게 한 것이 안돈 코드(Andon Cord) 제도였다. 조립 라인의 어느 근로자든 이상을 발견하면 코드를 당겨 즉시 생산을 멈출 수 있었다. 문제를 해결할 책임은 관리자나 엔지니어가 아니라, 문제를 발견한 바로 그 사람이었다. 이러한 구조는 '문제를 숨기지 않는다'는 조직의 의미 체계를 현실의 행동으로 바꾸었다. 결과적으로 토요타는 작은 신호를 놓치지 않고 개선으로 이어가는 센스메이킹 능력을 확보했고, 전 세계 완성차 시장에서 수십 년간 1위를 지켜냈다.

룰루레몬은 1990년대 후반, 요가복을 단순한 운동복이 아니라 '건강한 삶의 상징'으로 해석했다. '요가'의 의미를 '건강한 생활양식'으로 확장함에 따라, 매장 직원에게 '교육자(Educator)'의 정체성을 부여했다. 직원들은 제품을 파는 대신 고객에게 운동법과 생활습관을 제안하고, 커뮤니티 수업을 열어 직접 브랜드 경험을 전달했다. 이 과정에서 고객과 직원 모두 '건강한 삶을 전하는 사람'이라는 의미를 공유했고, 그것이 곧 기업의 문화가 되었다. 룰루레몬은 이런 방식으로 단편적 상품을 '라이프스타일 브랜드'로 끌어올리며, 애슬레저 시장을 새롭게 정의했다.

세 기업 모두 불완전한 정보를 새롭게 해석해 자신만의 의미 체계를 만들었고, 그 의미를 구성원 각자가 책임지고 실천했다. GE는 복잡한 조직을 명료한 기준으로 정렬했고, 토요타는 결함을 학습의 단서로 바꾸었으며, 룰루레몬은 제품의 경계를 브랜드의 철학으로 확장했다. 이들은 모두 센스메이킹과 주인의식의 결합을 통해 불확실성을 줄이고, 의미를 성과로 전환한 기업들이다.

의미와 책임

영화 《킹스 스피치》는 내면에서 찾아낸 의미의 변화를 행동으로 옮기는 모습을 보여준다. 알버트는 두려움의 이유를 밖에서 찾지 않았다. 그는 자신이 겪은 경험 안에서 길을 찾았다. '나는 늘 막힌다'는 생각은 '조건이 달라지면 나는 말할 수 있다'는 가능성으로 바뀌었다. 그는 기술이 아니라 생각의 방향을 바꾸며 변화의 문을 열었다. 연설을 '해야만 하는 일'이 아니라 '내가 해야 할 일'로 받아들이자, 막막하던 연습은 목표를 향한 과정이 되었다. 조지 6세는 더 이상 타인의 시선에 휘둘리는 사람이 아니라, 스스로 의미를 찾고 그 결과를 책임지는 사람으로 성장했다.

기업의 세계도 크게 다르지 않다. 경영자는 언제나 불완전한 신호 속에서 결정을 내려야 한다. 시장의 흐름, 고객의 반응, 내부의 수치가 뒤섞일 때 중요한 것은 단서를 얼마나 많이 모으느냐가 아니다. 그 단서를 어떻게 묶어 하나의 방향을 만들고, 그 방향을 누가 책임질 것인가이다. 센스메이킹이 방향을 세운다면, 주인의식은 그 길을 현실로 바꾼다. 뜻을 세운 사람과 실행하는 사람이 갈라지면 전략은 힘을 잃는다. 그러나 의미와 책임이 한 사람 안에서 만날 때, 조직은 복잡한 상황에서도 중심을 잃지 않는다. 센스메이킹이 눈을 열면, 주인의식은 그 눈이 본 길을 끝까지 걷는 발이 된다.

넷플릭스의 전환, 토요타의 개선, 룰루레몬의 확장, GE의 선택과 집중은 모두 이런 구조를 보여준다. 이 기업들은 불완전한 신호를 새롭게 해석했고, 그 의미를 각자가 자기 책임으로 실천했다. 넷플릭스는 혼란스러운 시장에서도 고객의 경험이라는 기준을 놓치지 않았고, 토요타는 작은 결함에서 배움의 기회를 찾아냈다. 룰루레몬은 제품을 넘어 '삶의 방식'을 제시했고, GE는 시장 순위를 단서로 사업의 경계를 다시 그었다. 산업과 시대는 달랐지만, 공통점은 하나였다. 해석과 행동을 나누지 않았다는 것이다. 의미를 찾아낸 사람이 실행을 주도했고, 그 일관성이 불확실성을 줄였다.

이 두 축이 어긋나면 결과는 달라진다. 아무리 훌륭한 전략이라도 구성원이 그 뜻을 자기 일로 받아들이지 않으면 조직은 움직이지 않는다. 회의는 늘고 보고서는 쌓이지만, 현장은 변하지 않는다. 반대로 현장이 열심히 움직여도 의미가 정리되지 않으면 방향을 잃는다. 노력은 이어지지만 성과로 쌓이지 않는다. 전략은 계획이 아니라 행동의 흐름 속에서 완성된다. 뜻이 없으면 행동은 흩어지고, 책임이 없으면 의지는 쉽게 식는다. 그런 의미에서 센스메이킹과 주인의식은 전략을 함께 굴리는 두 개의 바퀴다.

결국 영화와 기업이 전하는 메시지는 같다. 불완전한 단서를 새로운 의미로 묶고, 그 의미를 자신의 책임으로 살려 낼 때 성과는 지속된다. 조지 6세가 국민 앞에서 목소리를 되찾던 순간, 넷플릭스가 시장의 혼란을 기회로 바꾸던 순간, 토요타가 결함을 개선으로 바꾸던 순간, 룰루레몬이 제품을 철학으로 바꾸던 순간은 모두 같은 원리로 움직였다. 의미를 찾은 사람과 그 뜻을 실천한 사람이 하나일 때 전략은 힘을 지난다. 계획이 아니라, 그 뜻을 행동으로 옮긴 사람들의 손에서 전략은 현실이 된다.

불확실성을 이기는 센스메이킹과 주인의식

센스메이킹과 주인의식을 함께 지닌 개인과 조직, 사회는 예상치 못한 상황에서도 스스로 길을 찾을 수 있다. 불완전한 정보를 유추하고 해석해 새로운 의미로 만들고, 그 의미를 자신의 책임으로 받아들여 변화를 시작하기 때문이다. 이 과정이 없으면 불확실성과 혼란이 커진다.

삶에는 언제나 예측하기 어려운 순간이 있다. 시험에서 떨어지거나, 면접에서 실패하거나, 동료나 가족에게 뜻밖의 평가를 받는 일들이 그렇다. 이때 '나는 결국 안 된다'는 생각에 사로잡혀 있으면 자신감은 무너지고 앞날은 더 불투명해진다. 자신감이 꺾이면 도전이 줄고, 행동도 위축되며 기회가 눈앞에 있어도 잡을 엄두를 내지 못한다. 반대로 같은 상황을 '조건이 달라지면 나는 할 수 있다'는 식으로 받아들이면 불확실성을 줄일 수 있다. 생각이 바뀌면 행동이 달라지고, 행동이 바뀌면 삶이 바뀐다. 어떤 사람은 좌절 속에 멈추지만, 어떤 다른 사람은 그 실패를 딛고 다시 일어난다. 결국 차이를 만드는 건 상황 자체가 아니라, 그것을 받아들이는 방식과 이겨내려는 의지다.

조직은 훨씬 복잡한 현실과 마주한다. 기술의 변화, 고객의 반응, 시장의 흐름, 제도와 규제가 한꺼번에 몰려온다. 넷플릭스는 연체료와 품절 같은 고객불편을 없애고 수요의 불확실성을 줄였다. 스트리밍 시대가 오자 '물리 매체가 사라지는 시대'라는 공감대를 토대로 실행의 속도를 더 한층 높였다. 토요타는 작은 결함을 '개선을 위한 신호'로 삼아 품질을 개선했다. 안돈 제도를 통해 누구나 라인을 멈추고 문제를 바로잡을 수 있게 하자, 자연스럽게 현장이 스스로 책임을 지는 분위기가 만들어졌다. GE와 룰루레몬도 시장의 변화를 읽고 이를 새로운 정체성 수립에 반영함으로써 매출 성장과 고객 충성도를 이끌어 냈다. 결국 전략의 성과 지속성은 불확실한 현실을 어떻게 해석하고 그러한 해석을 어떻게 행동으로 연결하는가인 센스메이킹과 주인의식의 문제임을 알 수 있다.

사회도 마찬가지다. 팬데믹, 기후 위기, 지정학적 갈등은 모두 불완전한 정보에서 시작된다. 바이러스의 전파 속도, 기후 변화의 수치, 국제 분쟁의 조짐 같은 정보는 언제나 엇갈리고 모순되기 마련이다. 이를 정부와 과학자, 시민이 제각기 다르게 해석하면 사회는 혼란에 빠진다. 정보의 의미에 대해 공감대를 이루고, 모두가 그 의미에 기반하여 자기가 감당해야 할 책임을 지려 할 때 문제 해결이 가능해진다. 팬데믹 시기에 정부가 수립한 방역 지침의 효과가, 모든 시민이 방역 지침을 자신이 책임지고 준수해야 할 의무로 받아들이는가에 달려있던 것이 그 예다. 기후 위기도 같다. 탄소 배출 감소 목표를 사회 전체가 공유하고, 개인과 기업, 국가가 함께 책임을 나눌 때 불확실성이 줄어든다. 지정학적 불안도 마찬가지다. 에너지 공급 차질이나 무역 분쟁 같은 현실을 '국가와 기업이 함께 대비해야 할 위험'으로 보고, 각 주체가 역할을 나눌 때 그 충격을 견딜 수 있다. 결국 센스메이킹과 주인의식이 하나가 될 때, 불확실성을 이기고 성과를 유지할 수 있다.

심화학습 – 센스메이킹과 주인의식: 이론의 흐름과 전략적 의미

센스메이킹(sensemaking)은 조직이 불확실한 상황 속에서 의미를 구성하고 행동의 질서를 만들어가는 과정을 설명하는 개념으로 경영학과 조직이론에서 중요한 전환점을 마련했다. 칼 웨이크(Karl E. Weick)는 『Sensemaking in Organizations』(1995)에서 사람들이 불완전한 단서를 엮어 현실을 해석하고, 그 해석이 다시 행동으로 이어지는 구조를 체계화했다.[2] 그는 이 과정을, 단순한 정보 처리나 인지 작용이 아니라, 조직이 살아 있는 현실을 구성하는 사회적 해석 메커니즘으로 보았다.

이 개념은 카네기 학파의 연구에서 뿌리를 찾을 수 있다. 허버트 사이먼(Herbert Simon)은 인간의 의사결정을 제한된 합리성(bounded rational-ity) 속에서 이해해야 한다고 주장했고,[3] 제임스 마치(James March)와 함께, 조직이 정보를 처리하는 방식을 규칙, 관행, 학습의 체계로 설명했다.[4] 웨이크는 이러한 흐름을 이어받아, 조직의 합리성을 정보의 정확성이 아니라 공유된 의미의 일관성에서 찾았다.

센스메이킹 연구는 이후 다양한 방향으로 확장됐다. 죠이아와 치티페디(Gioia & Chittipeddi, 1991)는 전략 변화의 초기 단계에서 리더가 해석의 틀을 제공하는 센스기빙(sensegiving) 역할을 수행한다고 보았고,[5] 메이틀리스(Maitlis, 2005)는 조직 구성원 간의 참여와 상호작용이 센스메이킹의 사회적 형태를 결정한다고 주장했다.[6] 한편, 보제(Boje, 2001)는 조직 내 서사와 이야기가 현실을 구성하는 담론적 힘으로 작용한다고 분석했다.[7] 또한 웨이크, 서틀리프, 옵스트펠드(Weick, Sutcliffe & Obstfeld, 2005)는 조직이 불확실한 상황에서 '무엇이 일어나고 있는가'를 해석하고, 그 해석을 행동으로 조직화하는 과정을 통해 센스메이킹이 조직의 핵심 역량으로 작동한다고 보았다.[8] 이러한 연구들은 센스메이킹을 단순한 인지적 행위가 아니라 의미를 둘러싼 사회적 상호작용의 과정으로 확장하는데 기여했다.

한편, 주인의식(psychological ownership)은 개인이 특정 대상이나 일, 조직을 자신의 일부로 느끼는 심리적 상태를 의미한다. 존 피어스(Jon L. Pierce), 타티아나 코스토바(Tatiana Kostova), 커트 더크스(Kurt T. Dirks)는 이를 "내 것이라는 감각(a feeling of mine)"으로 정의하며, 주인의식이 통제 경험, 친밀한 지식, 자기 투자라는 세 가지 경로를 통해 형성된다고 설명했다.[9] 이러한 접근은 자기결정이론(Self-Determination Theory), 조직동일시 이론(Organizational Identification), 심리적 계약(Psychological Con-tract)과 맞닿아 있다.

에드워드 데시(Edward L. Deci)와 리처드 라이언(Richard M. Ryan)의 자기결정이론은 자율성, 유능감, 관계성의 욕구가 충족될 때 내적 동기가 강화된다고 보았다.[10] 이는 피어스가 제시한 주인의식의 세 경로와 구조적으로 대응한다. 애슈포스(Ashforth)와 마엘(Mael)은 조직 동일시를 개인이 조직의 가치와 정체성을 내면화하는 과정으로 설명했고,[11] 루소(Rousseau)는 심리적 계약을 구성원이 조직과 맺는 비공식적 약속의 인식 구조로 정의했다.[12] 이런 이론들은 주인의식이 단순한 태도가 아니라, 개인이 조직 속에서 자율적 책임감을 형성하는 심리적 기반임을 보여준다.

그러나 주인의식이 항상 긍정적으로 작동하는 것은 아니다. 피어스와 동료들(Pierce, Kostova & Dirks, 2001)은 과도한 소유감이 영역성(ter-ritoriality), 변화 저항, 갈등으로 이어질 수 있다고 지적했다.[13] 브라운, 로렌스, 로빈슨(Brown, Lawrence & Robinson, 2005)은 이러한 영역성이 구성원이 자신이 소유한다고 느끼는 자원과 위치를 방어하려는 심리에서 비롯되며, 협력과 학습을 가로막는 조직적 장벽이 될 수 있다고 설명했다.[14] 따라서 주인의식은 공정한 절차와 공유된 규범 위에서 작동할 때에만 건강한 실행 동력으로 기능한다.

센스메이킹과 주인의식은 서로 다른 학문적 기원에서 출발했지만, 최근에는 전략 실행의 인지—정서 통합 모델(cognitive-affective dual model)로 연결되고 있다. 여기서 센스메이킹은 '무엇을 의미로 삼을 것인가'를 규정하는 인지적 구조를, 주인의식은 '그 의미를 누가 책임질 것인가'를 결정하는 정서적 구조를 담당한다. 이러한 관점은 헨더슨과 벤카트라만의 전략적 정렬 모델(SAM), 그리고 티스의 동적 역량 이론과 구조적으로 맞닿아 있다. 헨더슨과 벤카트라만은 기업의 전략, 기술, 조직 인프라, 기술 인프라가 서로 일관되게 정렬되어야 지속적 성과가 나온다고 보았다.[15] 이는 조직이 외부 환경을 해석해 전략의 의미를 공유하고(센스메이킹), 그 의미를 내부 구성원이 책임감 있게 실행할 때(주인의식) 완성된다는 점에서 심리적 차원의 정렬과 통한다. 티스의 동적 역량 이론 역시 환경 변화를 감지(sensing), 포착(seizing), 재구성(reconfiguring) 하는 과정을 통해 기업이 생존한다고 보았는데,[16] 의미를 찾아내는 감지 단계는 센스메이킹과, 행동으로 옮기고 구조를 바꾸는 포착과 재구성 단계는 주인의식에 해당한다. 결국 두 이론 모두 전략을 실행 가능한 구조로 전환하기 위해 해석(sensemaking)과 책임(ownership)의 정렬이 필요하다는 점에서 이 장의 논의와 일치한다.

최근 연구는 이러한 통합 틀을 인간—기계 협업 환경에도 확장하고 있다. 인공지능이 의사결정의 속도와 정밀성을 높여도, 최종 판단의 기준과 책임의 방향은 인간이 만든 의미 체계에 달려 있다. 따라서 센스메이킹은 인간의 해석 능력, 주인의식은 그 의미에 대한 책임감으로, 두 이론은 디지털 시대의 전략 실행에서도 여전히 유효한 축을 이룬다.

20장

전략, 끝없는 질문 《일본침몰》

불확실한 내일 앞에서 다시 던지는 질문

『비욘드 시네마』는 전략을 이해하기 위해 먼 길을 걸어왔다. 1부에서는 '전략이란 무엇인가'라는 질문에서 출발하여, 경쟁전략, 자원기반전략, 블루오션전략, 파괴적 혁신전략 등 대표적 전략 이론이 어떤 의미이고, 현실에서 어떻게 작동하는지를 살폈다. 2부에서는 전략이 실패하는 이유를 탐색했다. 아무리 잘 수립한 전략도 명확한 목표가 없거나, 비즈니스 모델이 뒷받침되지 않으면 실패할 수밖에 없음을 보았다. 또한 전략과 기술이 따로 움직이거나 사람들의 인지 오류와 숨은 의도가 작용할 때에도 전략은 방향을 잃었다. 이러한 실패 원인을 극복할 대응방안을 찾기 위해 3부에서는 전략의 성공 요인을 다루었다. 이를 통해 명확한 목표와 수익 구조, 전략과 기술의 정렬, 센스메이킹과 주인의식이 있을 때 비로소 전략은 성과로 이어질 수 있음 수 있음을 확인했다. 이어진 4부에서는 어렵사리 거둔 성과가 한 번의 결실로 그치지 않고 지속되기 위해 무엇이 더 필요한지를 점검했다. 그 과정에서 성과의 지속성을 위해서는 열정과 집념, 핵심역량, 유연성, 그리고 센스메이킹과 주인의식의 결합이 필수임을 다양한 사례를 통해 확인할 수 있었다.

그러나 이 모든 노력에도 한 가지 질문이 여전히 남는다. 모든 가능성에 대비했다고 믿는 순간에도 현실은 언제나 예측하지 못한 얼굴로 불현듯 찾아온다. 미래의 사건이, 수립한 전략의 기반이었던 전제 조건을 무너뜨리면 아무리 잘 수립한 전략도 무용지물이 될 수 있다. 그래서 이 책의 마지막 장은 바로 이 질문에서 출발한다. 예측할 수 없는 미래에, 전략은 어떻게 대응해야 하는가?

1973년 가을, 중동에서 벌어진 전쟁은 이 질문의 의미와 심각성을 선명하게 보여준다. '욤키푸르 전쟁(Yom Kippur War)'[1] 혹은 '제4차 중동전쟁'이라 불리는 이 전쟁은, 1967년에 있었던 6일 전쟁(Six-Day War) 이후, 이스라엘이 점령한 시나이 반도와 골란 고원을 둘러싼 갈등에서 비롯되었다. 패전의 상처와 점령지 회복에 대한 열망은 오랫동안 아랍 사회의 잠재된 분노로 남아 있었다. 이에 이집트의 사다트 대통령과 시리아의 아사드 대통령은 이스라엘의 우위를 깨뜨리고 협상력을 높이기 위해 기습공격을 감행했다.

전쟁은 1973년 10월 6일, 유대교의 최대 명절인 욤키푸르(속죄일) 오후에 시작되었다. 이집트군은 수에즈 운하를 건너 이스라엘의 방어선을 돌파했고, 시리아군은 골란 고원 전선에서 공격을 개시했다. 불과 이틀 만에 이집트는 운하 동쪽 둑에 교두보를 확보했고, 시리아군 역시 초반에는 일부 지역을 점령했으나, 며칠 뒤부터 전세는 서서히 이스라엘 쪽으로 기울었다. 미국은 '니켈 그래스 작전(Operation Nickel Grass)'[2]을 통해 병력과 군수품을 대규모로 공수했고, 소련은 아랍 진영에 군사 지원을 강화하면서 전쟁은 냉전 체제의 대리전으로 번졌다. 스무 날 가까운 격전 끝에 유엔의 중재로 10월 25일 휴전이 성립했지만, 짧았던 이 전쟁은 단순한 전투의 승패를 넘어 세계 질서 전체를 뒤흔드는 전환점이 되었다.

군사적으로는 이스라엘이 전장을 수습했지만, 전쟁 이후의 주도권은 아랍 산유국이 쥐었다. 1973년 10월 17일, OAPEC(아랍 석유수출국기구)[3]은 미국과 이스라엘 우방국을 상대로 원유 금수조치와 월 5% 감산을 선언했고, 같은 시기 OPEC(석유수출국기구)[4]은 공식가격의 대폭 인상과 추가 감산에 합의했다. 이 결정은 곧 '1차 오일쇼크'로 번졌고, 불과 몇 달 사이 국제 유가는 배럴당 3달러에서 12달러로 치솟았다. 석유 공급이 막히자 산업 국가들의 시스템은 순식간에 마비되었다. 미국과 유럽의 주유소에는 끝이 보이지 않는 차량 행렬이 이어졌고, 일부 국가는 요일별 급유 제한제를 시행했다. 정유업계는 중동산 경질유에 지나치게 의존한 탓에 대체 원유의 성분이 맞지 않아 설비 효율이 급격히 떨어졌고, 가동률도 낮아졌다. 항만에서는 유조선들이 며칠씩 접안을 기다렸고, 장기 계약은 급변한 가격 현실을 따라가지 못해 중단되거나 조건이 바뀌었다. '에너지 위기(Energy Crisis)'라는 말이 이때 처음으로 세계 경제의 언어가 되었다.

이 전쟁은 단순히 중동 지역의 분쟁으로 끝나지 않았다. 그것은 전략의 전제가 무너지는 순간, 세상이 얼마나 빠르게 흔들릴 수 있는지를 보여준 사건이었다. 당시 대부분의 정부와 기업은 저유가가 지속될 것이라는 전망에 기대어 전략을 수립했고, 경제 성장의 속도와 수익의 구조도 그 전제 위에서 설계했다. 그러나 단 한 번의 외부 충격으로 그 믿음이 무너지자, 잘 세운 전략조차 방향을 잃었다. 예측의 실패는 단순한 계산의 오류가 아니라, 하나의 세계관이 붕괴하는 경험이었다.

그러나 같은 파도 속에서도 로열더치셸(Royal Dutch Shell)은 다른 길을 택했다. 정유소별 유종 배합을 다시 짜 고유황(황 함량이 높은) 원유까지 소화하도록 공정을 조정했고, 조달은 중동 편중에서 벗어나 나이지리아와 북해로 넓혀 공급의 빈틈을 메웠다. 대규모 투자는 뒤로 미루되 병목이 되는 설비에는 즉시 자금을 투입해 현장 처리능력을 끌어올렸고, 항만에서는 접안·예인 일정을 통합 관리해 대기 시간을 줄였다. 장기 계약은 현실 가격과 운송 여건에 맞추어 재협상하고, 스팟(현물) 거래 비중을 확대해 조달 유연성을 높였으며, 소매망은 지역별 수요와 접근성을 따져 이동이 가능한 재고 풀을 운영해 충격을 완화했다. 이 일련의 선택 덕분에 셸(Shell)은 공급 차질을 최소화했고, 혼란기에 오히려 시장 점유율을 키울 수 있었다.

셸은 어떻게 위기 속에서 흔들리지 않고 길을 찾을 수 있었을까? 일본 열도가 바다에 잠긴다는 극단적 가정을 다룬 영화 《일본침몰》을 통해 셸의 성공원인을 찾아보자.

일본침몰(日本沈没 / Sinking of Japan, 2006)

영화 《일본침몰》(日本沈没 /Sinking of Japan, 2006, 감독 히구치 신지, 주연 쿠사나기 츠요시, 시바사키 코우)은 일본 열도가 바다에 가라앉는다는 파국적 상상을 실제 사건처럼 풀어낸 작품이다. 영화는 시즈오카현에서 시작된 거대한 지진과 화산 폭발 장면으로 문을 연다. 갑작스러운 충격으로 건물들이 무너지고 도로가 찢어지며, 산비탈에서는 흙과 불길이 동시에 쏟아져 내려 마을 전체를 덮친다. 붕괴된 마을에서 잠수정 조종사 오노데라(쿠사나기 츠요시 분)와 구조대원 레이코(시바사키 코우 분)는 어린 소녀 미사키를 구해낸다. 아이의 울음과 함께 멈춰 선 마을의 풍경은, 이 재난이 단순한 자연현상이 아니라 삶을 근본부터 무너뜨리는 사건임을 각인시켜준다.

장면은 곧 과학자 타도코로의 연구실로 옮겨 간다. 그는 해저 온도와 지각 활동 데이터를 수집해 반복적으로 시뮬레이션을 돌린 끝에 충격적인 결론에 도달한다. 일본 열도가 338일 안에 가라앉을 수 있다는 것이다. 그러나 정부 회의실에서 타도코로의 보고는 진지하게 받아들여지지 않는다. "발생 확률이 낮다"거나 "당장 다른 현안이 더 급하다"는 말이 이어지며, 예산과 자원 배분이 뒤로 미뤄진다. 전략의 첫 관문인 예방 단계가 사실상 무너진 순간이다.

경고가 묵살된 사이 상황은 악화일로를 걷는다. 전국 각지에서 지진과 화산이 연쇄적으로 일어나고, 해저 단층 붕괴로 거대한 해일이 밀려든다. 도쿄만에서는 해저에서 솟구친 연기와 화염이 도심을 덮치며 도시는 순식간에 폐허로 변해 버린다. 건물은 불길 속에서 무너지고, 거리는 화산재에 뒤덮인다. 교통망과 병원은 마비되고, 사람들은 공포에 휩싸인 채 갈 곳을 찾지 못한다. 카메라는 아수라장이 된 거리, 붕괴된 도로에 갇혀 움직이지 못하는 구급차, 무너져 내린 병원 응급실을 차례로 비춘다. 국가적 재난 앞에서 개인의 힘은 너무나 미약해 보인다.

혼란은 정치의 중심으로 번진다. 중국 순방길에 나섰던 총리의 전세기가 화산재 구름에 휘말려 공중에서 폭발하자 일본은 곧 리더십 공백 상태에 빠진다. 직무를 이어받은 총리대행이 책임을 회피하며 결정을 미루는 사이, 사태에 대한 대응은 점점 늦어진다. 국민의 불안은 커져만 가는데도, 정부의 발표는 단편적이고 그나마도 뒤늦게 흘러나온다.

총리는 전세기에 오르기 직전, 관저 집무실에서 타카모리 사오리를 위기관리장관으로 임명하고, 그녀에게 과학자, 자위대, 해운, 에너지, 지자체를 하나로 묶어 위기에 대응할 것을 지시한다. 이후 전세기 폭발로 총리가 사망하자, 타카모리는 지휘 공백을 최소화하기 위해 통합 상황실을 즉시 가동하고 연락망을 재정비한다. 임시본부 첫 회의에서 타카모리는 타도코로가 제시한 N2 작전을 검토한다. 이 작전은 해저에 구멍을 뚫은 후, 그 안에 폭약을 넣고 연쇄 폭발하도록 만들어 해저 지각 연속부(슬랩)의 움직임을 차단하는 구상이다. 타카모리는 깊은 바다에서도 작업할 수 있는 드릴선을 모아 치큐(Chikyū)[5]를 중심으로 대응책을 준비한다. 또한 장비가 고장 나거나 구멍 뚫기가 실패할 때, 혹은 폭약을 제때 못 터뜨릴 때를 대비해, 예비 작업선, 예비 폭약, 원격으로 폭파 장치를 동시에 마련하라고 지시한다. 지휘본부는 해상자위대의 강습수송함 '시모키타'[6]로 옮겨, 현장 지휘와 해상과 항공을 통한 대피, 대국민 알림을 하나로 묶어 운영한다. 바다의 흐름과 날씨, 땅속 상태 같은 현장 정보가 들어오면, 폭약을 터뜨릴 시간과 사람들이 빠져나갈 길을 곧바로 바꾸도록 절차를 미리 정한다. 핵심은 한 가지 해법에 기대지 않는 것이다. 타카모리는 여러 대안을 동시에 준비해 두고, 상황 변경에 따라 준비해 둔 계획을 변경하여 진행하는 방식으로 작전을 이어 간다.

무너지는 도쿄

작전은 수차례 중단과 실패를 겪는다. 드릴선 장비가 고장 나고, 폭풍우가 작업을 지연시키며, 현장에서는 긴급 보수가 반복된다. 그러나 타카모리와 타도코로, 현장의 기술자들은 미리 준비해 둔 다음 계획을 차례차례 꺼내어 실행한다. 그때마다 회의실에는 접어 두었던 도표가 다시 펼쳐지고, 심해로 내려가는 잠수정 불빛과, 통제실에 울려 퍼지는 긴장된 교신이 교차된다. 한 번의 성공을 기다리며, 실패의 가능성을 안고 다른 대안을 선택하는 과정이 길게 이어진다.

결정적 순간은 오노데라가 낡은 잠수정을 몰고 해저로 들어가는 장면이다. 시야는 수압과 열에 눌려 뿌옇게 흐리고, 계기 경보음이 간헐적으로 울린다. 그는 예정된 좌표를 따라 장치를 하나씩 고정하고 점화선을 연결한 뒤, 마지막 모듈까지 설치한다. 교신은 중간에 끊기고, 통제실의 카운트다운만 냉정하게 흘러간다. 결국 오노데라는 살아 돌아오지 못한다. 수면 위에는 연쇄 기폭과 함께 불기둥이 솟구치고, 계측값은 서서히 안정 구간으로 내려앉는다. 그의 희생으로 N2 작전은 성공한다.

영화의 마지막에서 레이코는 눈물을 흘리며 미사키를 끌어안고, 시민들은 잿더미 위에서 서로의 어깨를 붙잡고 일어난다. 학교 운동장은 임시 대피소로 바뀌고, 남은 사람들은 물과 식량을 나누며 이름을 확인한다. 타카모리는 일본 침몰이 멈췄음을 선언하고, 이를 위해 목숨을 바친 이들에게 애도와 감사를 전하는 장면으로 영화는 막을 내린다.

불확실성을 다루는 전략의 이름

《일본침몰》은 거대한 재난이 한 번의 사고가 아니라, 여러 가능성과 대응이 겹쳐 지나가는 과정임을 보여준다. 과학자의 경고를 흘려보낸 회의실, 실패를 거듭할 때마다 다시 펼쳐지는 도표, 오노데라의 죽음, 레이

코와 미사키가 서로를 끌어안는 장면들은 하나의 미래만 가정하는 전략의 취약성을 상징적으로 드러낸다.

시나리오 플래닝이란 불확실한 미래를 하나로 단정하지 않고, 몇 가지 가능성을 미리 가정해, 각 경우에 맞는 대응을 준비하는 방식이다. 기존의 예측(forecasting)이 특정한 수치와 추세를 맞히는 데 초점을 두었다면, 시나리오 플래닝은 애초에 정답 맞히기를 내려놓는다. 중요한 것은 무엇이 오느냐가 아니라, 무엇이 와도 대응할 수 있는 대비를 갖추는 일이기 때문이다.

이 개념은 원래 군사 전략에서 시작됐다. 냉전 시절, 전략가 헤르만 칸(Herman Kahn)은 『생각할 수 없는 것을 생각하기(Thinking the Unthinkable)』(1962)에서 핵전쟁 같은 극단적 상황을 구체적 시나리오로 상상해야 한다고 주장했다[7]. 한 가지 전망에만 의존하면 그 전망이 틀리는 순간 무력해지지만, 여러 시나리오를 동시에 준비하면 최악의 경우에도 대응할 수 있다는 것이 그의 논지의 핵심이었다. 이후 이 접근은 기업 전략으로 확장되었다. 1970년대 로열더치셸의 전략가 피에르 왁(Pierre Wack)은 하버드비즈니스리뷰에 기고한 「시나리오: 급류타기(Scenarios: Shooting the Rapids)」에서 이를 조직의 의사결정 제도로 정착시켰다.[8] 셸은 고유가, 저유가, 공급 차질, 수요 둔화 같은 복수의 시나리오를 만들어 두었고, 1973년 오일쇼크가 닥쳤을 때 미리 준비해둔 대응책을 곧바로 실행해 경쟁사보다 빠르게 방향을 전환할 수 있었다.

시나리오 플래닝은 보통 네 단계로 진행된다. 첫째, 조직에 큰 영향을 줄 수 있는 핵심 불확실성을 고른다. 둘째, 이 불확실성이 움직일 수 있는 양쪽 끝을 가정해 시나리오 축을 만든다. 셋째, 그 축을 조합해 대표 시나리오를 도출하고 각 경우에 맞는 대응책(조달, 운영, 재무, 커뮤니케이션 등)을 마련한다. 넷째, 현실에서 나타나는 작은 징후와 신호를 관찰해 가설을 확인, 수정하면서 정기적으로 시나리오를 갱신한다. 이렇게 하면 시나리오 플래닝은 한 번 쓰고 끝나는 보고서가 아니라, 환경의 변화에 따라 끊임없이 수정하는 학습 도구가 된다.[9]

시나리오 플래닝은 다른 도구와 비교해 차이가 뚜렷하다. 단순 예측(forecasting)은 한 경로를 맞히는 데 집중하기 때문에 예측이 빗나가는 순간 전략 전체가 흔들린다. 컨틴전시 플랜(contingency plan)은 특정 사건이 일어난 경우에만 효력이 있는 조건부 대안이므로, 예상했던 시나리오 밖에서 일이 발생하면 공백이 생긴다. 반면 시나리오 플래닝은 여러 가능성을 동시에 가정하여 대비를 하기 때문에 어떤 경우가 현실이 되더라도 바로 꺼내 적용할 대응책이 준비돼 있다는 점에서 다르다.

이 기법의 특징은 세 가지다. 첫째, 불확실성을 지우지 않고 전략의 전제로 삼는다. 예측의 오차를 없애려 애쓰기보다, 변수를 인정한 채 그 위에서 선택과 자원 배분을 설계한다. 둘째, 정답 맞히기에 집착하지 않는다. 여러 경로를 미리 준비해 어떤 상황이 와도 흔들리지 않게 하고, 실제 상황이 바뀌면 준비한 안으로 신속히 전환한다. 셋째, 조직의 학습을 촉진한다. 다양한 시나리오를 놓고 토론하고 준비하는 과정에서 위기를 구체적으로 상상하고 대응 절차를 반복 훈련하게 되며, 그 결과 실제 상황에서 의사결정이 빨라지고 리더십에 대한 신뢰도 높아진다.

현실에서도 이 접근은 효과를 보였다. 코로나19 팬데믹 초기에 많은 기업이 재택근무 장기화, 글로벌 공급망 붕괴, 소비 위축 같은 여러 시나리오를 동시에 준비했다. 이를 통해 물류망을 다변화하거나 IT 인프라와 원격 협업 체계를 강화했다. 덕분에 장기간 봉쇄 속에서도 조직이 멈추지 않았다. 영국 정부 역시 에너지 안보를 두고 원자력 확대와 재생에너지 확대라는 상반된 시나리오를 동시에 준비했다. 어느 한쪽의 전망에 걸지 않고 둘 다 가능한 미래로 가정해 인허가, 투자, 그리드 설계를 병행한 이 방식은, 불확실성을 전제로 한 대비 중심의 정책 설계로 평가된다.[10]

시나리오 플래닝의 메시지는 분명하다. 전략은 언제든 빗나갈 수 있다. 중요한 것은 불확실성을 인정하고, 여러 가능성에 맞춰 움직일 수 있는 체계를 미리 마련하는 일이다. 영화 속 두 회의실이 보여준 차이는 이 원리를 명확히 보여준다. 하나의 전망에 매달린 전략은 쉽게 무너졌고, 여러 경우를 준비한 전략이 불확실한 내일을 견뎌냈다.

불확실성을 제도화한 기업들의 선택

앞서 살펴본 바와 같이 시나리오 플래닝은 불확실성 도출, 시나리오 축 결정, 전략 옵션 설계, 시나리오 갱신의 네 단계로 이루어진다. 이제 이 구조가 실제 기업에서 어떻게 작동했는지를 살펴보자.

① 오일쇼크를 준비한 로열더치셸

1970년대 초 세계 석유 시장은 안정적이었다. 오랫동안 유가는 배럴당 3달러 선에서 크게 변하지 않았고, 누구도 급격한 변화를 예상하지 않았다. 그러나 로열더치셸의 전략기획팀은 달랐다. 석유수출국기구(OPEC)의 영향력이 커지고 중동 정세가 불안해지는 조짐을 핵심 불확실성 요인으로 도출하고, '저유가 지속'이라는 단일 전망에 기대지 않았다. 대신 '고유가 급등'과 '공급 차질'을 서로 독립된 시나리오로 만들었다.

셸은 각 시나리오에 맞는 실행 옵션을 미리 설계했다. 유가가 급등하면 어떤 정유소부터 감산할지, 어떤 계약을 우선적으로 갱신할지, 투자는 어떻게 늦추거나 앞당길지를 문서로 정리했다. 1973년 중동 전쟁 이후 유가가 네 배로 치솟자, 다른 기업은 대응책이 없어 혼란에 빠졌지만 셸은 미리 준비한 시나리오를 곧바로 실행했다. 조달선을 다변화하고, 정유소 배합은 고유황, 타 유종에 맞게 조정했으며, 필요 없는 투자는 보류했다. 그 결과 오일쇼크 이후 셸은 혼란을 최소화하며 오히려 시장 점유율을 높일 수 있었다.

셸 사례는 시나리오 플래닝의 1단계(불확실성 도출)와 2단계(양극단 가정, 시나리오 축 설정)가 어떻게 즉시 실행과 연결되는지 보여준다. 불확실성을 도출하고, 그 변수의 양극단을 가정해 시나리오 축을 만든 뒤, 상황이 바뀌자 준비한 선택지로 즉시 실행으로 옮긴 것이다.

② 기후와 소비 변화를 동시에 고려한 유니레버

2010년 유니레버는 "지속가능생활계획(Sustainable Living Plan)"을 발표했다. 기업이 장기 전략의 출발점으로 삼은 것은 단기 수익이 아니라, 기후 변화와 자원 불안정, 소비자 가치관의 이동이었다. 세 가지 모두 불확실성이었고, 어느 하나도 단일 전망으로 설명할 수 없었다. 유니레버는 이를 시나리오 축으로 삼아 '규제가 급격히 강화되는 경우'와 '완만하게 진행되는 경우', '소비자가 윤리적 소비를 중시하는 경우'와 '가격만 따지는 경우'를 대비했다.

각 시나리오에는 실행 가능한 옵션이 붙었다. 기후 위기가 가속화될 경우 원재료를 100% 지속가능한 방식으로 조달하지 않으면 생산이 불가능하다는 판단 아래, 팜오일과 같은 핵심 원재료의 인증 비율을 빠르게 끌어올렸다. 규제가 완만하다면 비용 관리와 점진적 전환 전략을 병행하기로 했다. 소비자 가치관의 변화에 대해서도 두 가지 대비책을 마련했다. 환경과 윤리를 중시하는 소비자가 늘어나면 ESG 브랜드 가치를 강화하고, 가격만 중시하는 소비자가 여전히 많다면 가격 경쟁력을 유지하면서도 환경 부담을 줄인 제품을 제공하기로 했다.

유니레버는 매년 중간 점검을 통해 현실이 어느 시나리오에 가까워지고 있는지를 살폈다. 기후 규제가 강화되고, 소비자 조사에서 친환경 브랜드 선호가 높아지는 신호가 포착되자, 회사는 장기 시나리오를 본격 실행했다. 그 결과 2010년 440억 유로였던 매출은 2020년 510억 유로 이상으로 늘었고, ESG 선도 기업이라는 평판을 얻었다.

유니레버는 시나리오 플래닝의 3단계(전략 옵션 설계)를 체계적으로 실행한 사례다. 각 시나리오에 맞는 대응책을 사전에 제도화했기 때문에, 현실의 변화가 어느 방향으로 흘러가더라도 미리 준비된 대로 움직일 수 있었다.

③ 상반된 미래를 동시에 준비한 아마존

팬데믹은 전자상거래 기업 아마존에게 기회이자 위기였다. 온라인 주문은 폭증했지만, 물류망이 마비될 위험이 있었다. 아마존은 이를 두 개의 불확실성 축으로 도출했다. 하나는 수요 폭증, 다른 하나는 물류망 붕괴였다. 이 두 축을 교차해 네 가지 시나리오를 만들었고, 그 가운데 가장 극단적인 두 경우를 동시에 대비했다.

수요 폭증 시나리오에 맞춰 아마존은 물류 센터 40곳을 증설하고, 17만 명을 신규 고용했다. 한편, 물류망 붕괴 시나리오에 맞춰서는 재고를 지역별로 분산하고, 대체 운송 경로를 확보하며, 배송 우선순위를 조정했다. 실제로 일부 지역에서 봉쇄가 장기화되자, 즉시 비필수품 배송을 늦추고 생활필수품 배송을 먼저 보냈다. 신호를 읽고 곧바로 전략을 갱신한 것이다.

성과는 압도적이었다. 2020년 2,800억 달러였던 매출은 2021년 4,690억 달러로 급증했다. 이는 단순히 온라인 쇼핑이 늘어난 덕분이 아니라, 서로 다른 시나리오를 동시에 준비했기 때문에 가능한 일이었다. 이 사례는 정답을 맞히려 하기보다 대비의 폭을 넓히는 시나리오 플래닝의 힘을 보여준다.

④ 신호로 미래를 앞당긴 마이크로소프트

팬데믹 초기, 많은 기업은 원격근무가 몇 달이면 끝날 것이라고 예상했다. 그러나 마이크로소프트는 이 불확실성을 장기 시나리오로 설정했다. 원격근무가 일시적일지, 장기적일지 두 갈래로 나누고 각각에 맞는 옵션을 준비했다.

단기 시나리오에서는 기존 오피스 제품군을 강화했다. 장기 시나리오에서는 협업 도구 팀즈(Teams)와 클라우드 서비스 애저(Azure)를 대폭 확장하고, 팬데믹 이후를 겨냥한 '하이브리드 워크' 모델을 선제적으로 설계했다. 마이크로소프트는 고객사의 사용 패턴을 면밀히 분석하며 신호를 읽었다. 이를 통해 회의 건수 증가 같은 표면 지표가 아니라, 직원들이 하루 종일 온라인에 머물며, 업무 전반이 디지털 공간으로 이동하는 변화를 포착하고 이를 근거로 장기 시나리오를 본격 실행했다.

결과는 명확했다. 팀즈 사용자는 2020년 3월 4,400만 명에서 2021년 1억 4,500만 명으로 늘었다. 클라우드 부문 매출은 두 자릿수 성장률을 이어갔고, 원격근무가 끝난 뒤에도 하이브리드 워크는 새로운 표준으로 자리 잡았다. 이는 시나리오 플래닝의 4단계인 신호를 읽고 시나리오를 갱신하는 과정이 성과와 연결된 사례다.

로열더치셸, 유니레버, 아마존, 마이크로소프트는 산업도 다르고 시기도 다르지만, 한 가지 공통점을 보여준다. 불확실성을 외면하지 않고, 전제로 삼아 제도화했다는 점이다. 셸은 유가 변동을, 유니레버는 기후와 소비 변화를, 아마존은 수요—공급 충돌을, 마이크로소프트는 근무 방식의 변화를 각각 핵심 불확실성으로 도출했다. 이어 시나리오 축을 결정하고, 전략 옵션을 설계했으며, 현실의 신호를 읽어 시나리오를 주기적으로 갱신했다.

이 네 기업의 경험은 시나리오 플래닝이 단순한 보고서 작성이 아니라, 불확실성을 조직 운영의 중심으로 끌어들이는 제도임을 증명한다.

예측은 빗나가면 무너진다. 그러나 시나리오 플래닝은 빗나감을 전제로 한다. 그래서 불확실성 속에서도 조직이 멈추지 않고, 때로는 위기를 기회로 바꿀 수 있는 힘을 얻는다.

시나리오 플래닝의 네 단계

영화 《일본침몰》과 현실의 기업은 서로 다른 상황을 배경으로 하지만, 같은 질문을 공유한다. 한쪽은 재난 속에서, 다른 한쪽은 시장 속에서 불확실성을 어떻게 다룰 것인가를 묻는다. 표현은 달라도 생각의 틀은 같다. 시나리오 플래닝의 네 단계—불확실성 도출, 시나리오 축 설정, 전략 옵션 설계, 신호 포착과 갱신—는 영화의 전개와 기업의 의사결정 안에서 나란히 이어진다.

불확실성 도출 관점에서, 지질학자 타도코로는 해저 데이터를 근거로 일본 열도가 침몰할 수 있다는 가능성을 제시한다. 그는 338일이라는 구체적 수치까지 제시하며 위험을 경고하지만, 정부는 그 말을 '가능성이 낮다'는 이유로 무시한다. 이처럼 불확실성을 인정하고 받아들이지 않는 조직은 제대로 된 전략을 수립할 수 없다. 반면 1970년대 초, 셸의 전략기획팀은 안정된 시장 분위기 속에서도 OPEC의 부상과 중동 정세의 불안을 눈여겨봤다. 그들은 저유가가 지속될 것이라는 낙관 대신 유가 급등, 공급 차질, 수요 둔화 같은 여러 가능성을 상상하며 계획을 세웠다. 일본 정부는 경고를 외면했지만, 셸은 경고를 전략 수립에 반영했다.

시나리오 축 설정 측면에서, 정부가 "일본은 안전하다"는 단일 전망을 고수하고 있을때, 타카모리 사오리는 다른 가능성이 발생할 경우를 표로 정리했다. 폭약이 작동하지 않거나 드릴선이 멈출 때를 미리 가정하고 다음 단계를 준비했다. 그녀는 하나의 가능성에 모든 것을 걸지 않았다. 유니레버도 비슷한 사고방식으로 움직였다. 기후 규제가 갑자기 강화되는 경우와 완만하게 진행되는 경우, 소비자가 윤리적 소비를 중시하는 경우와 가격만 따지는 경우를 동시에 대비했다. 아마존은 팬데믹 시기에 수요 폭증과 물류망 붕괴라는 상반된 조건을 함께 그려 보며 행동계획을 짰다. 타카모리의 대비표와 기업의 시나리오 축은 하나의 미래를 예측하는 것보다 다양한 가능성을 고려하는 것이 중요함을 알려준다.

전략 옵션 설계 차원에서, 타카모리와 타도코로는 'N2 작전'을 실행하면서 한 가지 방법이 막히면 바로 다음 대안을 적용할 수 있도록 여러 선택지를 병렬로 준비했다. 장비가 고장 나면 예비선을 투입하고, 폭발이 지연되면 원격으로 점화하고, 폭풍우가 오면 대체 항로로 옮기는 방식이었다. 셸은 고유가 시나리오에 맞춰 조달선을 다변화했고, 유니레버는 소비자 가치 변화에 맞춰 ESG 강화와 가격 전략을 동시에 수립했다. 아마존은 수요 폭증에 대비한 물류센터확충과 물류망 붕괴 시 대체 운송경로 확보라는 상반된 옵션을 동시에 설계했고, 마이크로소프트는 단기적 협업 수요와 장기적 근무 전환을 각각 다른 해법으로 맞춰 놓았다. 이러한 대응은 전략이 하나의 정답을 맞히는 기술이 아니라, 여러 답안을 동시에 준비하는 구조임을 보여준다.

신호 포착과 갱신의 틀에서 보면, 오노데라는 잠수정을 몰고 해저로 들어가 마지막 순간까지 변수를 감수하며 임무를 완수한다. 그는 교신이 끊겨 상황파악이 힘든 상태에서도 수압, 온도, 진동 같은 미세한 변화를 감각적으로 인식하며 희생을 무릅쓰고 끝까지 작업을 수행한다. 현실에서 유니레버는 규제 강화와 친환경 소비 확산이라는 신호를 읽고 ESG 투자를 확대했다. 아마존은 지역별 배송 지연을 신호로 받아들여 배송 우선순위를 재조정했다. 마이크로소프트는 사용자 체류 시간과 협업 패턴의 변화를 근거로 원격근무 장기화를 본격화했다. 이처럼 신호를 읽는 조직은 변화를 기다리지 않고, 스스로 다음 전략을 준비한다.

이처럼 영화와 기업 사례는 형식의 차이만 있을 뿐, 작동 원리는 같다. 영화는 불확실성을 외면했을 때 무너지는 모습을, 기업 사례는 그것을 받아들이고 대응했을 때 지속되는 구조를 보여준다. 타도코로의 경고는 묵살되었지만 셸은 불확실성을 변수로 삼았고, 타카모리의 대비표는 유니레버와 아마존의 시나리오로 이어졌다. 오노데라가 불확실한 해저 환경 속에서도 미세한 변화를 감지해 임무를 완수하는 장면은, 마이크로소프트가 약한 신호를 읽고 즉시 전략을 전환한 과정과 닮아 있다. 두 경우 모두 불확실성을 통제하려 하지 않고, 작은 징후를 근거로 행동을 갱신하며 위기를 돌파했다. 이처럼 전략은 예측을 완성하는 기술이 아니라, 불확실성을 다루는 능력이다. 하나의 전망에 의존하면 흔들리지만, 여러 가능성에 대비한 전략은 변화 속에서도 방향을 잃지 않고 이겨낼 수 있다.

전략은 끝나지 않는 질문

시나리오 플래닝을 따라가다 보면 전략이란 하나의 완성된 보고서가 아니라 끊임없이 수정되고 실행되는 과정임을 알 수 있다. 영화《일본침몰》은 단일한 예측에만 의존한 전략이 실패하는 모습과 다양한 불확실성을 전제로 여러 가능성을 준비한 전략이 실제로 작동하는 과정을 함께 보여준다. 현실의 기업들은 그 차이를 이해하고, 불확실성에 대응하는 방식을 조직의 일상 운영 속에 녹여, 매일의 의사결정 과정에서 스스로 판단하고 대응할 수 있는 체계를 만들었다. 그 결과 전략은 특정 시점의 비상계획이 아니라, 변화에 맞춰 조정되는 일상의 시스템이 되었다.

전략은 본래 미완이다. 아무리 정교한 계획이라도 내일의 변수를 모두 담을 수는 없다. 불확실성을 지우려는 시도는 언제나 실패했다. 일본 정부가 타도코로의 경고를 무시했을 때, 그들의 예측은 현실과 단절된 계산으로 남았다. 반대로 타카모리가 여러 가능성을 정리하고 상황별 대응책을 마련했을 때, 전략은 실제 행동으로 이어졌다.

셸은 저유가가 지속될 것이라는 전제를 고집하지 않고, 고유가와 공급 차질을 함께 대비해 오일쇼크 속에서도 손실을 최소화했다. 유니레버는 기후 변화와 소비자 의식을 위험 요인이 아니라 관리해야 할 변수로 보고, 이를 장기 성장 전략에 반영했다. 아마존은 수요 폭증과 물류 붕괴라는 상반된 시나리오를 동시에 운영하며 팬데믹 속에서도 성장을 이어갔고, 마이크로소프트는 원격근무가 일시적 현상에 그치지 않을 수 있다는 낌새를 일찍 파악하고 장기 전환 계획을 앞당겨 실행했다. 산업은 달랐지만, 이들은 모두 불확실성을 전략의 전제로 삼았다.

이 사례들이 보여주는 결론은 명확하다. 전략은 불확실성을 없애는 도구가 아니라, 그 안에서 판단하고 움직이게 하는 체계다. 또한 정답을 맞히려 하기보다, 어떤 상황에서도 대응할 수 있도록 선택지를 미리 준비하는 자세다. 그렇기에 전략은, 완벽을 추구할수록 경직되고 무력해지며, 변화의 여지를 남길수록 유연하고 강해진다.

시나리오 플래닝의 핵심은 바로 이런 태도에 있다. 그것은 위기를 넘기기 위한 예비책이 아니라, 불확실성을 관리 가능한 변수로 바꾸는 방법이다. 미래는 한 방향으로 흐르지 않는다. 전략은 그 여러 방향을 가정하고, 각 방향에 맞는 대응 방식을 설계하는 과정이다.

『비욘드 시네마』의 여정은 전략의 개념에서 출발해 실패의 구조를 살피고, 성공의 조건을 확인하며, 지속의 원리를 탐구하는 흐름으로 이어졌다. 그럼에도 마지막 장을 따로 둔 이유는 단순하다. 전략은 끝나지 않는 여정이기 때문이다. 미래는 여전히 불확실하며, 전략은 그 불확실성을 전제로 할 때 비로소 의미를 가진다. 그래서 이 책의 마지막은 해답이 아니라 질문으로 남는다.

영화와 기업의 사례를 살펴보며 우리는 전략이 정답의 목록이 아니라는 사실을 배웠다. 전략은 오히려 질문의 집합이다. 내일이 어떤 모습으로 다가올지 알 수 없지만, 어떤 상황이 오더라도 대응할 수 있도록 질문과 대비를 여러 갈래로 준비하는 일. 그것이 전략이다. 이제 책장을 덮는 독자에게 남는 것은 하나의 완벽한 결론이 아니다. 오히려 각자의 맥락에서 스스로에게 던져야 할 질문이다.

내가 마주한 불확실성은 무엇인가?

나는 지금 어떤 시나리오를 준비하고 있는가?

전략은 완성된 해답이 아니라, 끝없이 이어지는 질문임을 기억하는 순간, 불확실한 내일 앞에서도 방향을 잃지 않을 것이다.

심화학습 - 시나리오 플래닝의 이론과 도구들

앞에서 시나리오 플래닝을 실무 차원에서 살펴보았다. 불확실성을 찾아내고, 시나리오를 그리고, 대응책을 세우고, 신호를 읽으며 갱신하는 네 단계. 이 과정을 통해 셸, 유니레버, 아마존, 마이크로소프트는 각자의 무대에서 위기를 기회로 바꾸었다. 그러나 시나리오 플래닝은 단순한 실무 기법을 넘어, 반세기 넘게 이어진 사고방식의 전환과 학문적 실험의 결과물이다. 이번 심화학습에서는 그 역사와 원리를 짚고, 다른 전략 도구들과의 관계, 그리고 『비욘드 시네마』 전체 맥락 속에서의 의미를 살펴본다.

① 상상할 수 없는 것을 상상하라

시나리오 사고의 뿌리는 전략가 헤르만 칸(Herman Kahn)에게서 찾을 수 있다. 그는 『생각할 수 없는 것을 생각하기(Thinking the Unthinkable)』(1962)에서 핵전쟁 같은 극단적 상황을 단순한 공포가 아니라 구체적으로 대비해야 할 가능성으로 다뤘다.[11] 칸의 메시지는 명확했다. '말도 안 된다'는 상황일수록 상상하고, 그 안에서 무엇을 할지 정해야 한다는 것이다. 시나리오 플래닝은 이 생각에서 출발했다.

이 개념을 기업 전략으로 옮긴 사람은 피에르 왁(Pierre Wack)이다.[12] 1970년대 셸의 전략가였던 그는 '내일은 오늘의 연장'이라는 경영자의 습관적 사고를 깨기 위해, 여러 미래의 가능성을 보여주는 보고서를 만들었다. 그의 시나리오는 유가가 네 배로 오를 수 있다는 가정을 포함했고, 1973년 오일쇼크가 터졌을 때 셸은 이미 준비해 둔 대응책으로 움직일 수 있었다.

이후 피터 슈워츠(Peter Schwartz)는 『미래를 읽는 기술(The Art of the Long View)』(1991)에서 시나리오를 "장기적 안목을 훈련하는 대화의 장치"라고 설명했다.[13] 그에게 시나리오는 미래를 맞히는 도구가 아니라, 조직이 함께 다양한 가능성을 이야기하며 시야를 넓히는 과정이었다.

② 전략적 대화와 센스메이킹의 순환

1990년대 이후 연구자들은 시나리오 플래닝을 단순한 예측 도구가 아니라 조직적 학습의 과정으로 보기 시작했다. 키스 헤이덴(Kees van der Heijden)은 시나리오를 "전략적 대화(Strategic Conversation)"라고 불렀다.[14] 미래를 정확히 그리기보다, 서로 다른 시각을 가진 구성원이 공통의 언어를 만들고 같은 화면을 공유하는 과정이라는 뜻이다. 이런 대화는 조직 내부의 시야를 맞추고, 다양한 가능성에 대비할 공감대를 형성한다.

한편 라미레스(Rafael Ramirez)와 윌킨슨(Angela Wilkinson)은 시나리오 플래닝을 센스메이킹(sensemaking)의 순환 과정으로 해석했다.[15] 불완전한 단서를 해석하고, 새로운 신호가 들어오면 다시 해석을 반복하는 순환 구조라는 것이다. 미래는 고정된 그림이 아니라 계속 변하는 퍼즐, 시나리오는 그 퍼즐 조각을 함께 맞춰보는 훈련에 가깝다. 이 시각은 14장에서 다룬 센스메이킹 개념과 자연스럽게 이어진다.

③ 다른 전략 도구들과의 구분

시나리오 플래닝은 종종 예측, 비상계획, 리스크 관리, 실물옵션과 혼동되기 쉽다. 헷갈리지 않으려면 각각의 도구가 던지는 질문을 구분해야 한다.

- 예측(Forecasting)은 '얼마가 될 것인가'를 묻는다. 매출, 수요, 환율처럼 하나의 수치로 미래를 계산한다. 반면 시나리오는 '어떻게 달라

질 수 있나'를 묻는다. 서로 다른 여러 가능성을 나란히 세운다. 실무에서는 시나리오로 가능성을 나눈 뒤, 각 경우 안에서 예측 모델을 적용하는 것이 자연스럽다.

- 비상계획(Contingency Plan)은 '그날, 그 사건'에 대비하는 매뉴얼이다. 정전·화재·시스템 셧다운처럼 특정 사고를 전제로 한다. 반면 시나리오는 환경 전체가 어떻게 변할 수 있는가를 다룬다. 따라서 큰 무대를 시나리오로 그려 두고, 그 안의 개별 사건에 비상계획을 붙이는 것이 이상적이다.
- 리스크 관리(ERM)는 위험 요소를 나열하고 점수화해 우선순위를 매긴다. 시나리오는 위험 간의 연결을 본다. 즉, 여러 위험이 맞물려 전체 판도가 바뀌는 상황을 상상한다.
- 실물옵션(Real Options)은 투자를 쪼개 위험을 분산하는 재무 기법이다. 시나리오가 '세계의 여러 길'을 보여준다면, 실물옵션은 각 길에서 얼마를, 언제 투입할지를 계산하는 도구다.

이 비교에서 얻는 교훈은 단순하다. 도구들은 질문이 다르다. 시나리오 플래닝은 '미래가 어떻게 달라질 수 있는가'라는 질문에 답하기 위한 구조이며, 다른 도구들과 함께 사용할 때 더 큰 힘을 발휘한다.

④ 장점과 한계

시나리오 플래닝의 강점은 명확하다. 조직 구성원이 같은 미래의 그림을 공유하고, 불확실성을 외면하지 않게 하며, 위기 상황에서도 의사결정을 빠르게 할 수 있게 한다. 하지만 한계도 있다. 문서로만 남으면 형식적인 절차로 변하고, 스토리텔링에 치우치면 현실과 동떨어질 수 있다. 따라서 운영의 원칙은 단순하다. 시나리오는 살아 있는 문서여야 한다. 정기적으로 징후를 점검하고, 필요할 때마다 내용을 수정해야 한다.

이 습관이 없다면 시나리오는 그 자체로 새로운 불확실성이 된다.

⑤ 『비욘드 시네마』 속에서의 의미

19장에서 다룬 센스메이킹과 주인의식은 조직이 같은 목표를 공유하고, 스스로 책임을 지는 과정이었다. 시나리오 플래닝은 이 과정을 제도적 장치로 확장한다. 불확실성을 인정하고, 여러 갈래 미래에 대비하는 습관을 조직의 시스템 속에 정착시키는 일이다. 마지막 20장은 그 과정을 통해 전략이 완결이 아니라 질문임을 다시 확인한다. 미래는 하나의 길이 아니다. 전략은 정답의 목록이 아니라 질문의 모음이다. 시나리오 플래닝은 그 질문을 눈에 보이는 형태로 정리해 주는 장치이며, 덕분에 조직은 불확실성을 두려움이 아닌 학습과 준비의 기회로 바꿀 수 있다. 그렇게 전략은 위기 속에서도 멈추지 않고 다음 발걸음을 내딛을 수 있다.

부록

『비욘드 시네마』 영화 인용 및 저작권 일람

본 저서에 인용된 모든 영화 스틸컷 및 포스터 이미지는 연구와 비평 목적의 인용이며, 각 영화의 저작권은 명시된 권리자에게 있다.

장	제목	인용 영화	감독	개봉	주요 배우	저작권자 표기
1	전략이란 무엇인가?	머니볼 (Moneyball)	베넷 밀러	2011	브래드 피트, 조나 힐	© 2011 Columbia Pictures Industries, Inc.
2	이길 수 있는 구조	포드 V 페라리 (Ford v Ferrari)	제임스 맨골드	2019	맷 데이먼, 크리스천 베일	© 2019 Twentieth Century Fox Film Corporation.
3	자원이 전략이 되는 순간	히든 피겨스 (Hidden Figures)	시어도어 멜피	2016	타라지 P. 헨슨, 옥타비아 스펜서, 자넬 모네	© 2016 Twentieth Century Fox Film Corporation.
4	경쟁 없는 시장	파운더 (The Founder)	존 리 핸콕	2016	마이클 키튼, 닉 오퍼맨, 존 캐럴 린치	© 2016 The Weinstein Company LLC.
5	낡은 질서를 무너뜨리는 힘	소셜 네트워크 (The Social Network)	데이비드 핀처	2010	제시 아이젠버그, 앤드루 가필드	© 2010 Columbia Pictures Industries, Inc.

6	누구도 목표를 말하지 않았다	돈 룩 업 (Don't Look Up)	애덤 매케이	2021	레오나르도 디카프리오, 제니퍼 로렌스	© 2021 Netflix Studios, LLC.
7	비즈니스 모델, 전략과 성과를 잇는 다리	엔론: 세상에서 제일 잘난 놈들 (Enron: The Smartest Guys in the Room)	알렉스 기브니	2005	다큐멘터리	© 2005 Magnolia Pictures.
8	전략과 기술의 정렬	아메리칸 팩토리 (American Factory)	스티븐 보그너, 줄리아 레이케르트	2019	다큐멘터리	© 2019 Netflix Studios, LLC.
9	생각의 함정	트루먼 쇼 (The Truman Show)	피터 위어	1998	짐 캐리, 에드 해리스	© 1998 Paramount Pictures.
10	숨은 의도	킹메이커 (The Ides of March)	조지 클루니	2011	라이언 고슬링, 조지 클루니	© 2011 Columbia Pictures Industries, Inc.
11	명확한 목표, 전략의 시작	에어(Air)	벤 애플렉	2023	맷 데이먼, 벤 애플렉, 비올라 데이비스	© 2023 Warner Bros. Entertainment Inc.
12	전략이 수익으로 이어지는 구조	조이(Joy)	데이비드 O. 러셀	2015	제니퍼 로렌스, 로버트 드 니로, 브래들리 쿠퍼	© 2015 Twentieth Century Fox Film Corporation.
13	같은 목표를 향한 두 바퀴	아폴로 13 (Apollo 13)	론 하워드	1995	톰 행크스, 에드 해리스, 케빈 베이컨	© 1995 Universal Pictures.
14	센스메이킹, 불완전한 현실을 읽는 기술	스파이 브릿지 (Bridge of Spies)	스티븐 스필버그	2015	톰 행크스, 마크 라일런스	© 2015 DreamWorks II Distribution Co., LLC.

15	주인의식, 숨은 의도를 하나로 모으는 힘	리멤버 타이탄 (Remember the Titans)	보아즈 야킨	2000	덴젤 워싱턴, 윌 패튼	ⓒ 2000 Walt Disney Pictures.
16	성과 지속의 조건	더 마린 (The Marine)	존 보니토	2006	존 시나, 로버트 패트릭	ⓒ 2006 Twentieth Century Fox Film Corporation.
17	핵심역량, 수익 구조를 확장하는 힘	캐치 미 이프 유 캔 (Catch Me If You Can)	스티븐 스필버그	2002	레오나르도 디카프리오, 톰 행크스	ⓒ 2002 DreamWorks Pictures LLC.
18	전략과 기술 정렬의 유연성	미드웨이 (Midway)	롤랜드 에머리히	2019	에드 스크레인, 패트릭 윌슨, 우디 해럴슨	ⓒ 2019 Summit Entertainment, LLC.
19	센스메이킹과 주인의식의 결합	킹스 스피치 (The King's Speech)	톰 후퍼	2010	콜린 퍼스, 제프리 러시	ⓒ 2010 The Weinstein Company LLC.
20	전략, 끝없는 질문	일본침몰 (Sinking of Japan / 日本沈没)	히구치 신지	2006	구사나기 츠요시, 시바사키 코우	ⓒ 2006「日本沈没」製作委員会 / TOHO CO., LTD.

미주

1부 · 전략의 이해

1장 · 전략이란 무엇인가?

1 Kenneth R. Andrews, *The Concept of Corporate Strategy* (Homewood, IL: Irwin, 1971).

2 H. Igor Ansoff, *Corporate Strategy* (New York: McGraw-Hill, 1965).

3 Michael E. Porter, *Competitive Strategy* (New York: Free Press, 1980).

4 Jay Barney, "Firm Resources and Sustained Competitive Advantage," *Journal of Management* 17, no. 1 (1991): 99-120.

5 W. Chan Kim and Renée Mauborgne, *Blue Ocean Strategy* (Boston: Harvard Business School Press, 2005).

6 Clayton M. Christensen, *The Innovator's Dilemma* (Boston: Harvard Business School Press, 1997).

7 Henry Mintzberg, Bruce Ahlstrand, and Joseph Lampel, *Strategy Safari* (New York: Free Press, 1998).

2장 · 이길 수 있는 구조

1 블록버스터는 매장에서 영화를 빌리면 항상 파란색 브랜드 봉투에 담아 주었다. 그래서 당시 가정집 탁자 위나 거실 서랍에 놓여 있던 '파란 봉투'는 단순한 포장지가 아니라, 온 가족이 함께 영화를 보고 시간을 보내는 여가 문화의 상징처럼 여겨졌다.

2 항공산업에서 주요 거점 공항을 허브로 삼아 환승객과 화물을 집결시킨 뒤 목적지로 연결하는 방식.

3 Michael E. Porter, Competitive Strategy: *Techniques for Analyzing*

Industries and Competitors, 1980.

4 Michael E. Porter, *Competitive Advantage*, 1985.

5 Henry Mintzberg, Bruce Ahlstrand, Joseph Lampel, *Strategy Safari*, 1998.

3장 · 자원이 전략이 되는 순간

1 Edith Penrose, *The Theory of the Growth of the Firm*, 1959.

2 Birger Wernerfelt, "A Resource-Based View of the Firm", *Strategic Management Journal*, 1984.

3 Jay Barney, "Firm Resources and Sustained Competitive Advantage", Journal of Management, 1991.

4 Jay B. Barney, "Looking Inside for Competitive Advantage," *Academy of Management Executive* 9, no. 4 (1995): 49-61

5 Jay B. Barney, *Gaining and Sustaining Competitive Advantage* (Reading, MA: Addison-Wesley, 1997).

6 Margaret A. Peteraf, "The Cornerstones of Competitive Advantage: A Resource-Based View," *Strategic Management Journal* 14, no. 3 (1993): 179-191.

7 Steven A. Lippman and Richard P. Rumelt, "Uncertain Imitability: An Analysis of Interfirm Differences in Efficiency under Competition," *The Bell Journal of Economics* 13, no. 2 (1982): 418-438.

8 Ingemar Dierickx and Karel Cool, "Asset Stock Accumulation and Sustainability of Competitive Advantage," *Management Science* 35, no. 12 (1989): 1504-1511.

9 C. K. Prahalad and Gary Hamel, "The Core Competence of the Corporation," *Harvard Business Review* 68, no. 3 (1990): 79-91.

10 David J. Teece, Gary Pisano, and Amy Shuen, "Dynamic Capabilities and Strategic Management," *Strategic Management Journal* 18, no. 7 (1997): 509-533.

11 David J. Collis and Cynthia A. Montgomery, "Competing on Resources:

Strategy in the 1990s," *Harvard Business Review* 73, no. 4 (1995): 118-128.

4장 · 경쟁 없는 시장

1 W. Chan Kim and Renée Mauborgne, Blue Ocean Strategy: *How to Create Uncontested Market Space and Make the Competition Irrelevant* (Boston, MA: Harvard Business School Press, 2005).

2 Michael E. Porter, *Competitive Strategy* (Free Press, 1980).

3 W. Chan Kim and Renée Mauborgne, *Blue Ocean Strategy: How to Create Uncontested Market Space and Make the Competition Irrelevant* (Boston: Harvard Business School Press, 2005).

4 David J. Teece, "Explicating Dynamic Capabilities: The Nature and Microfoundations of (Sustainable) Enterprise Performance," *Strategic Management Journal* 28, no. 13 (2007): 1319-1350.

5장 · 낡은 질서를 무너뜨리는 힘

1 American Iron and Steel Institute, *Annual Statistical Report* (Washington, DC: American Iron and Steel Institute, 1965).

2 Donald F. Barnett and Robert W. Crandall, *Up from the Ashes: The Rise of the Steel Minimill in the United States* (Washington, DC: Brookings Institution, 1986).

3 Clayton M. Christensen, *The Innovator's Dilemma: When New Technologies Cause Great Firms to Fail* (Boston: Harvard Business School Press, 1997), 71-74.

4 철근은 저가 대량재이고, 형강은 건축과 조선에 쓰이는 구조재로 한 단계 고급 제품이며, 봉강은 자동차나 기계용 고정밀 소재로 쓰이는 가장 고급 제품이다.

5 W. T. Hogan, *The Steel Industry of the United States: Restructuring and Recovery* (Lanham, MD: Lexington Books, 1994).

6 하버드의 전통적인 조정(노 젓기) 팀으로, 엘리트 스포츠와 상류층 문화의

상징적 공간.

7 윙클보스 형제가 주도한 회원제 소셜 네트워크 구상으로, 이후 '커넥트U(ConnectU)'라는 이름으로 발전한다.

8 2004년 2월, 하버드에서 시작된 초기 서비스명으로 이후 'the'를 빼고 '페이스북(Facebook)'으로 명칭을 단순화한다.

9 Clayton M. Christensen, *The Innovator's Dilemma: When New Technologies Cause Great Firms to Fail* (Boston: Harvard Business School Press, 1997).

10 Clayton M. Christensen and Michael E. Raynor, *The Innovator's Solution: Creating and Sustaining Successful* Growth (Boston: Harvard Business School Press, 2003).

11 Erwin Danneels, "Disruptive Technology Reconsidered: A Critique and Research Agenda," *Journal of Product Innovation Management* 21, no. 4 (2004): 246-258.

12 Vijay Govindarajan and Chris Trimble, *The Other Side of Innovation: Solving the Execution Challenge* (Boston: Harvard Business Review Press, 2010).

13 Constantinos Markides, "Disruptive Innovation: In Need of Better Theory," *Journal of Product Innovation Management* 23, no. 1 (2006): 19-25.

14 David S. Evans and Richard Schmalensee, *Matchmakers: The New Economics of Multisided Platforms* (Boston: Harvard Business Review Press, 2016).

15 Ron Adner, *The Wide Lens: What Successful Innovators See That Others Miss* (New York: Portfolio/Peng uin, 2012).

16 Rebecca M. Henderson and Kim B. Clark, "Architectural Innovation: The Reconfiguration of Existing Product Technologies and the Failure of Established Firms," *Administrative Science Quarterly* 35, no. 1 (1990): 9-30.

17 Mark W. Johnson, Clayton M. Christensen, and Henning Kagermann, "Reinventing Your Business Model," *Harvard* Business *Review* 86, no. 12

(2008): 57-68.

18 플랫폼 모빌리티 서비스에서 신규 기사를 모집·등록·교육·승인해 운행 가능 상태로 전환하는 절차.

19 Clayton M. Christensen, *The Innovator's Dilemma* (Boston: Harvard Business School Press, 1997).

20 Clayton M. Christensen, "The Ongoing Process of Building a Theory of Disruption," *Journal of Product Innovation Management* 23, no. 1 (2006): 39-55.

21 Clayton M. Christensen and Michael E. Raynor, *The Innovator's Solution* (Boston: Harvard Business School Press, 2003).

22 Mark W. Johnson, Clayton M. Christensen, and Henning Kagermann, "Reinventing Your Business Model," *Harvard Business Review* 86, no. 12 (2008): 50-59.

23 Erwin Danneels, "Disruptive Technology Reconsidered: A Critique and Research Agenda," *Journal of Product Innovation Management* 21, no. 4 (2004): 246-258.

24 Constantinos Markides, "Disruptive Innovation: In Need of Better Theory," *Journal of Product Innovation Management* 23, no. 1 (2006): 19-25.

25 Gerard J. Tellis, "Disruptive Technology or Visionary Leadership?" *Journal of Product Innovation Management* 23, no. 1 (2006): 34-38.

26 David S. Evans and Richard Schmalensee, *Matchmakers: The New Economics of Multisided Platforms* (Boston: Harvard Business Review Press, 2016).

27 Geoffrey G. Parker, Marshall W. Van Alstyne, and Sangeet Paul Choudary, *Platform Revolution* (New York: W. W. Norton & Company, 2016).

28 Ron Adner, *The* Wide *Lens: What Successful Innovators See That Others Miss* (New York: Portfolio/Penguin, 2012).

29 Ron Adner and Daniel Snow, "Old Technology Responses to New Technology Threats: Demand Heterogeneity and Technology Retreats," *Industrial and Corporate Change* 19, no. 5 (2010): 1655-1675.

30 Vijay Govindarajan and Chris Trimble, *The Other Side of Innovation: Solving the Execution Challenge* (Boston: Harvard Business Review Press, 2010).

31 Mary J. Benner and Michael L. Tushman, "Exploitation, Exploration, and Process Management: The Productivity Dilemma Revisited," *Academy of Management Review* 28, no. 2 (2003): 238-256.

2부 • 전략이 실패하는 이유

6장 · 누구도 목표를 말하지 않았다

1 특정 시기에만 할인하는 대신, 언제 방문해도 낮은 가격을 유지하는 전략. 소비자에게 가격 신뢰를 주고, 기업은 빈번한 할인·광고 비용을 줄일 수 있다.

2 물류센터에 상품을 오래 보관하지 않고, 입고 즉시 분류해 곧바로 매장으로 보내는 방식으로 재고 비용을 최소화하고 공급망 속도를 높이는 데 효과적이다.

3 Alfred D. Chandler, *Strategy and Structure: Chapters in the History of the Industrial Enterprise* (Cambridge, MA: MIT Press, 1962).

4 Peter F. Drucker, *The Practice of Management* (New York: Harper & Row, 1954).

5 Robert S. Kaplan and David P. Norton, "The Balanced Scorecard: Measures That Drive Performance," *Harvard Business Review* 70, no. 1 (1992): 71-79.

6 Michael E. Porter, "What Is Strategy?" *Harvard Business Review* 74, no. 6 (1996): 61-78.

7 Alfred D. Chandler, *Strategy and Structure*.

8 Peter F. Drucker, *The Practice of Management*.

9 Kaplan & Norton, "The Balanced Scorecard," *Harvard Business Review* (1992).

10 Michael E. Porter, "What Is Strategy?" *Harvard Business Review* (1996).

11 David J. Teece, Gary Pisano, and Amy Shuen, "Dynamic Capabilities and Strategic Management," *Strategic Management Journal* 18, no. 7 (1997): 509-533.

12 Edwin A. Locke and Gary P. Latham, *A Theory of Goal Setting and Task Performance* (Englewood Cliffs, NJ: Prentice Hall, 1990).

13 John Doerr, *Measure What Matters* (New York: Portfolio, 2018).

14 Robert Simons, *Levers of Control: How Managers Use Innovative Control Systems to Drive Strategic Renewal* (Boston: Harvard Business School Press, 1995).

15 Charles A. O'Reilly III and Michael L. Tushman, "The Ambidextrous Organization," *Harvard Business Review* 82, no. 4 (2004): 74-81.

7장 · 비즈니스 모델 – 전략과 성과를 잇는 다리

1 Alfred D. Chandler, *Strategy and Structure*, 1962.

2 David J. Teece, "Business Models, Business Strategy, and Innovation," *Long Range Planning* 43, no. 2-3 (2010): 172-194.

3 Clayton M. Christensen, Mark W. Johnson, and Henning Kagermann, "Reinventing Your Business Model," *Harvard Business Review* 86, no. 12 (2008): 50-59.

4 Alexander Osterwalder and Yves Pigneur, *Business Model Generation: A Handbook for Visionaries, Game Changers, and Challengers* (Hoboken, NJ: Wiley, 2010).

5 David J. Teece, *Dynamic Capabilities and Strategic Management*, 1997.

6 Alexander *Osterwalder, The Business Model Ontology: A Proposition in a Design Science Approach* (PhD diss., University of Lausanne, 2004).

7 Clayton Christensen, Mark W. Johnson, Henning Kagermann, "Reinventing Your Business Model," *Harvard Business* Review, 2008.

8 David J. Teece, *Dynamic Capabilities and Strategic Management:*

Organizing for Innovation and Growth (Oxford: Oxford University Press, 2009).

9 Michael E. Porter, "Strategy and the Internet," *Harvard Business Review* 79, no. 3 (2001): 62-78.

10 프리미엄(Freemium) 모델은 무료(Free)와 유료(Premium)를 결합한 구조다. 기본 기능은 누구나 자유롭게 쓸 수 있도록 열어 두되, 고급 기능이나 추가 혜택은 유료로 전환해야 사용할 수 있다. 드롭박스(Dropbox), 스포티파이(Spotify), 줌(Zoom) 그리고 모바일 게임의 부분 유료화 방식이 대표적인 예다. 초기 진입 장벽을 낮춰 빠르게 사용자를 모을 수 있고, 네트워크 효과를 통해 입소문이 퍼지면 영향력도 커진다. 충성도 높은 일부 유료 사용자가 전체 수익의 상당 부분을 만들어낸다. 그러나 무료 이용자 비중이 지나치게 높으면 수익성이 악화되고, 무료 서비스를 유지하는 데 필요한 비용이 커질 수 있다. 또한 어디까지를 무료로 제공하고 어디서부터 유료로 전환할지를 정하는 경계 설정이 쉽지 않다.

8장 · 전략과 기술의 정렬(Alignment)

1 Alfred D. Chandler, *Strategy and Structure*, 1962.

2 Michael E. Porter, "What Is Strategy?" *Harvard Business Review* (1996).

3 David J. Teece, Gary Pisano, and Amy Shuen, "Dynamic Capabilities and Strategic Management," *Strategic Management Journal* 18, no. 7 (1997): 509-533.

4 David J. Teece, "Explicating Dynamic Capabilities: The Nature and Microfoundations of (Sensing, Seizing, and Reconfiguring)," *Strategic Management Journal* 28, no. 13 (2007): 1319-1350.

5 Rebecca M. Henderson and Kim B. Clark, "Architectural Innovation: The Reconfiguration of Existing Product Technologies and the Failure of Established Firms," *Administrative Science Quarterly* 35, no. 1 (1990): 9-30.

6 John C. Henderson and N. Venkatraman, "Strategic Alignment: Leveraging

Information Technology for Transforming Organizations," *IBM Systems Journal* 32, no. 1 (1993): 4-16.

9장 · 생각의 함정

1 The Coca-Cola Company, "New Coke: The Most Memorable Marketing Blunder Ever?" accessed May 27, 2025, https://www.coca-colacompany.com/about-us/history/new-coke-the-most-memorable-marketing-blunder-ever.

2 John S. Demott, "Fiddling with the Real Thing—Coke Changes Its Flavor for the First Time and Creates a New Pepsi Challenge," *Time* 125, no. 18 (May 6, 1985).

3 John S. Demott, "All Afizz over the New Coke—Some Hate the Taste, but Sales Have Never Been Better," *Time* (June 24, 1985).

4 Timothy B. Lee, "New Coke Debuted 30 Years Ago. Here's Why It Flopped," *Vox*, April 23, 2015, https://www.vox.com/2015/4/23/8472539/new-coke-cola-wars.

5 Christopher Klein, "Why Coca-Cola's 'New Coke' Flopped," History, April 23, 2015, last modified May 27, 2025, https://www.history.com/articles/why-coca-cola-new-coke-flopped.

6 Encyclopaedia Britannica, "*New Coke | History, Response, & Facts,*" accessed May 27, 2025, https://www.britannica.com/topic/New-Coke.

7 Peter Khiss, "Coca-Cola Brings Back Old Formula," *The New York Times*, July 12, 1985.

8 Herbert A. Simon, *Administrative Behavior*, 2nd ed. (New York: Free Press, 1947).

9 Daniel Kahneman and Amos Tversky, "Judgment under Uncertainty: Heuristics and Biases," *Science* 185, no. 4157 (1974): 1124-1131.

10 Dan Lovallo and Daniel Kahneman, "Delusions of Success: How Optimism Undermines Executives' Decisions," *Harvard Business Review*

81, no. 7 (2003): 56-63.

11 Michael Powell, Dan Lovallo, and Olivier Sibony, "Behavioral Strategy," *Strategic Management Journal* 32, no. 13 (2011): 1369-1386.

12 Herbert A. Simon, *Administrative Behavior: A Study of Decision-Making Processes in Administrative Organization* (New York: Macmillan, 1947).

13 Amos Tversky and Daniel Kahneman, "Judgment under Uncertainty: Heuristics and Biases," *Science* 185, no. 4157 (1974): 1124-1131.

14 Daniel Kahneman and Amos Tversky, "Prospect Theory: An Analysis of Decision under Risk," *Econometrica* 47, no. 2 (1979): 263-291.

15 Irving L. Janis, *Groupthink: Psychological Studies of Policy Decisions and Fiascoes* (Boston: Houghton Mifflin, 1982).

16 Pierre Wack, "Scenarios: Shooting the Rapids," *Harvard Business Review* 63, no. 6 (1985): 139-150.

17 Gary Klein, *Sources of Power: How People Make Decisions* (Cambridge, MA: MIT Press, 1998).

18 Chris Argyris *and* Donald A. Schön, *Organizational Learning II: Theory, Method, and Practice* (Reading, MA: Addison-Wesley, 1996).

19 Kees van der Heijden, *Scenarios: The Art of Strategic Conversation* (Chichester: Wiley, 1996).

10장 · 숨은 의도

1 Chris Argyris and Donald A. Schön, *Organizational Learning II: Theory, Method, and Practice* (Reading, MA: *Addison*-Wesley, 1996).

2 Henry Mintzberg and James A. Waters, "Of Strategies, Deliberate and Emergent," *Strategic Management Journal* 6, no. 3 (1985): 257-272.

3 Alfred D. Chandler, *Strategy and Structure*, 1962.

4 Michael E. Porter, "What Is Strategy?" *Harvard Business Review*, (1996).

5 Teece, Pisano, and Shuen, "Dynamic Capabilities and Strategic Management," (1997).

11장 • 명확한 목표 – 전략의 시작

1 George T. Doran, "There's a S.M.A.R.T. Way to Write Management's Goals and Objectives," *Management Review* 70, no. 11 (1981): 35-36.

2 Henry Mintzberg and James A. Waters, "Of Strategies, Deliberate and Emergent," (1985).

3 Edwin A. Locke and Gary P. Latham, *A Theory of Goal Setting and Task Performance* (Englewood Cliffs, NJ: Prentice Hall, 1990).

4 Robert S. Kaplan and David P. Norton, "The Balanced Scorecard-Measures That Drive Performance," *Harvard Business Review* 70, no. 1 (1992): 71-79.

12장 • 전략이 수익으로 이어지는 구조

1 Peter F. Drucker, The Practice of Management, (1954).

2 Mark W. Johnson, Clayton M. Christensen, and Henning Kagermann, "Reinventing Your Business Model," *Harvard Business Review* 86, no. 12 (2008): 50-59.

3 Alexander Osterwalder, *The Business Model Ontology: A Proposition in a Design Science Approach* (PhD diss., University of Lausanne, 2004).

4 Henry Chesbrough, "Business Model Innovation: It's Not Just about Technology Anymore," *Strategy & Leadership* 35, no. 6 (2007): 12-17.

5 Michael C. Makadok and Michael Makidès, "Strategic Innovation: Redefining the Business Model," *Long Range Planning* 46, no. 4 (2013): 453-467.

6 David J. Teece, "Business Models, Business Strategy, and Innovation," *Long Range Planning* 43, no. 2-3 (2010): 172-194.

7 John Mullins, *The Customer-Funded Business: Start, Finance, or Grow Your Company with Your Customers' Cash* (Hoboken, NJ: Wiley, 2014).

8 Henry Chesbrough and Richard S. Rosenbloom, "The Role of the Business Model in Capturing Value from Innovation," *Industrial and Corporate Change* 11, no. 3 (2002): 529-555.

9 Christoph Zott, Raphael Amit, and Lorenzo Massa, "The Business Model: Recent Developments and Future Research," *Journal of Management* 37, no. 4 (2011): 1019-1042.

13장 · 같은 목표를 향한 두 바퀴

1 단백질이나 물질의 원자 배열(3차원 구조)을 알아내기 위해 사용하는 대표적인 구조 분석 기법이다. 단백질이 규칙적으로 배열된 고체 상태(결정체)에서 X선을 통과시키면, 물질 내부의 전자 구름에 의해 X선이 여러 방향으로 회절(回折, diffraction)된다. 이 회절 무늬를 수학적으로 해석하여 얻는 전자 밀도 지도(electron density map)을 기반으로 원자의 위치를 계산하면, 분자의 3차원 구조를 원자 수준에서 복원할 수 있다. 하지만 단백질을 안정적으로 결정화(crystallization)하기가 어려워 실험 기간이 오래 걸리고 비용이 매우 크다는 한계가 있다.

2 Zero Trust 모델: 사용자나 기기·네트워크를 기본적으로 신뢰하지 않고, 모든 접근을 검증하는 보안 방식.

3 병원체(바이러스나 세균)를 화학적, 물리적으로 사멸시켜 체내에서 증식하지 않도록 만든 백신.

4 메신저 리보핵산. 세포에 항원 단백질 설계도를 전달해 면역 반응을 유도하는 백신 기술.

5 2008년 독일 마인츠(Mainz)에서 설립된 생명공학 기업으로, mRNA기술에 기반한 면역치료와 백신 개발을 전문으로 한다. 창립자는 우구르 사힌(Uğur Şahin)과 외즐렘 튀레지(Özlem Türeci) 부부로, 2020년 화이자와 협력해 세계 최초의 mRNA 기반 코로나19 백신 코미나티(Comirnaty)를 공동 개발했다.

6 제약사로부터 의약품 또는 백신의 생산을 위탁 받아 대량 제조, 품질 관리, 규제 대응 등을 수행하는 전문 생산 기업.

7 그래픽 처리용으로 개발되었으나, 대규모 병렬 연산에 강해 AI 학습과 추론에 널리 활용됨.

8 엔비디아가 개발한 GPU 병렬 컴퓨팅 아키텍처와 소프트웨어 생태계.

9 컴퓨팅, 스토리지, 네트워킹, 소프트웨어 계층으로 구성된 데이터센터 전체의 기술 구조를 말하며, 엔비디아의 경우 GPU, 인터커넥트, 서버, 네트워킹, 소프트웨어를 통합한 AI 인프라 플랫폼을 지칭한다.

10 David C. Henderson and N. Venkatraman, "Strategic Alignment: Leveraging Information Technology for Transforming Organizations," *IBM Systems Journal* 32, no. 1 (1993): 4-16.

11 Alfred D. Chandler, Strategy *and Structure*, (1962).

12 David J. Teece, *Dynamic Capabilities and Strategic Management*, (2009).

13 Henry Mintzberg, *The Rise and Fall of Strategic Planning: Reconceiving Roles for Planning, Plans, Planners* (New *York*: Free Press, 1994).

14장 · 센스메이킹 – 불완전한 현실을 읽는 기술

1 U.S. National Highway Traffic Safety Administration (NHTSA) and NASA, *Toyota Unintended Acceleration Investigation Final Report* (Washington, DC: U.S. Department of Transportation, February 2011); Toyota Motor Corporation, *Annual Report* (Tokyo: Toyota Motor Corporation, 2012).

2 삼성전자, 1999년 사업보고서; 한국은행, 1997~1999 외환위기 통계.

3 Karl E. Weick, *Sensemaking in Organizations* (Thousand Oaks, CA: Sage Publications, 1995).

4 Julia Balogun and Gerry Johnson, "Organizational Restructuring and Middle Manager Sensemaking," *Academy of Management Journal* 47, no. 4 (2004): 523-549.

5 Sally Maitlis and Scott Sonenshein, "Sensemaking in Crisis and Change: Inspiration and Insights from Weick," *Journal of Management Studies* 47, no. 3 (2010): 551-580.

6 David Boje, *Narrative Methods for Organizational and Communication*

Research (Thousand Oaks, CA: Sage Publications, 2001).

7 Sonja Sackmann, "Culture and Subcultures: An Analysis of Organizational Knowledge," *Administrative Science Quarterly* 37, no. 1 (1992): 140-161.

15장 · 주인의식 – 숨은 의도를 하나로 모으는 힘

1 Chris Argyris, *Personality and Organization: The Conflict Between System and the Individual* (New York: Harper & Row, 1957).

2 Douglas McGregor, *The Human Side of Enterprise* (New York: McGraw-Hill, 1960).

3 Henry Mintzberg, *The Rise and Fall of Strategic Planning: Reconceiving Roles for Planning, Plans, Planners* (New York: Free Press, 1994).

4 Oliver E. Williamson, *The Economic Institutions of Capitalism: Firms, Markets, Relational Contracting* (New York: Free Press, 1985).

5 Elinor Ostrom, *Governing the Commons: The Evolution of Institutions for Collective Action* (Cambridge: Cambridge University Press, 1990).

4부 · 성과를 지속시키는 힘

16장 · 성과 지속의 조건

1 칩 윌슨은 2013년 11월 미국 CNBC 프로그램 「Street Signs」 인터뷰에서 "일부 여성의 신체가 우리 제품과 잘 맞지 않는다(Some women's bodies just actually don't work for it)"라는 발언을 해 비판을 받았다. 해당 발언은 제품 불량의 책임을 고객에게 돌린 것으로 해석되었고, 여론의 반발이 확산되면서 그는 이듬해 이사회 의장직에서 사임했다. — *CNBC*, "Lululemon founder: 'Some women's bodies just don't work' for our pants," Nov. 6, 2013.

2 Edward L. Deci and Richard M. Ryan, *Intrinsic Motivation and Self-Determination in Human Behavior* (New York: Springer, 1985); idem,

"The 'What' and 'Why' of Goal Pursuits: Human Needs and the Self-Determination of Behavior," *Psychological Inquiry* 11, no. 4 (2000): 227-268.

3 Fred Luthans and Bruce J. Avolio, "Authentic Leadership: A Positive Developmental Approach," in *Positive Organizational Scholarship: Foundations of a New Discipline*, ed. Kim S. Cameron, Jane E. Dutton, and Robert E. Quinn (San Francisco: Berrett-Koehler, 2003), 243.

4 Teresa M. Amabile and Steven J. Kramer, *The Progress Principle: Using Small Wins to Ignite Joy, Engagement, and Creativity at Work* (Boston: Harvard Business Review Press, 2011).

5 Edward L. Deci and Richard M. Ryan, *Intrinsic Motivation and Self-Determination in Human Behavior* (1985).

6 Teresa M. Amabile and Steven J. Kramer, *The Progress Principle*, (2011).

7 Erik Hollnagel, David D. Woods, and Nancy Leveson, eds., *Resilience Engineering: Concepts and Precepts* (Aldershot: Ashgate, 2006).

8 Nassim Nicholas Taleb, *Antifragile: Things That Gain from Disorder* (New York: Random House, 2012).

9 '안티프래질(Antifragile)'은 나심 니콜라스 탈레브가 제시한 개념으로, 충격이나 불확실성에 부서지지 않고 오히려 강해지는 성질을 뜻한다. '취약함(fragile)'의 반대 개념이지만 단순한 회복탄력성(resilience)보다 한 단계 높은 개념이다. 우리말로는 '충격 강화성' 또는 '초(超)회복성'으로 풀이할 수 있으나, 의미가 완전히 대응되지 않아 일반적으로 원어를 병기한다.

10 Angela Duckworth, *Grit: The Power of Passion and Perseverance* (New York: Scribner, 2016).

11 Robert J. Vallerand et al., "Les passions de l'âme: On Obsessive and Harmonious Passion," *Journal of Personality and Social Psychology* 85, no. 4 (2003): 756-767.

17장 · 핵심역량이 만드는 지속 성과

1 세일즈포스(Salesforce)는 1999년 창립 당시 "The End of Software"라는 슬로건을 내세워 기존 패키지형 소프트웨어의 시대가 끝났음을 선언했다. 이후 로고와 광고 문구에서 "No Software"라는 표현을 반복 사용했다. 이는 "소프트웨어는 더 이상 CD로 사는 제품이 아니라, 인터넷을 통해 사용하는 서비스다"라는 메시지를 함축적으로 표현한 것이다. 즉, 박스 형태로 판매되던 소프트웨어가 SaaS(Software as a Service)라는 형태로 전환되는 패러다임의 변화를 상징했다.

2 각국 리워드 회원의 매출 기여도는 2023년 기준으로 미국 약 55%, 한국 약 48%, 중국 약 40% 내외이다. (출처: *Starbucks FY2023 Annual Report, Earnings Call Q4 2023*)

3 C. K. Prahalad and Gary Hamel, "The Core Competence of the Corporation," *Harvard Business Review* 68, no. 3 (1990): 79-91.

4 Mark W. Johnson, Clayton M. Christensen, and Henning Kagermann, "Reinventing Your Business Model," (2008).

5 Dorothy Leonard-Barton, *"Core Capabilities and Core Rigidities: A Paradox in Managing New Product Development," Strategic Management Journal* 13, no. S1 (1992): 111-125.

6 David J. Teece, Gary Pisano, and Amy Shuen, "Dynamic Capabilities and Strategic Management," *Strategic Management Journal* 18, no. 7 (1997): 509-533.

18장 · 전략과 기술 정렬의 유연성

1 노광 장비(Lithography Equipment): 반도체 회로를 웨이퍼(기판) 위에 새기는 장비. 미세한 빛을 이용해 회로 패턴을 전사하는 공정으로, 반도체 제조의 정밀도를 결정한다.

2 EUV(Extreme Ultraviolet) 장비: 극자외선 파장(13.5nm)을 이용해 미세 회로를 그리는 차세대 노광 기술. 기존보다 훨씬 정밀한 공정을 구현할 수 있어, 최신 반도체 생산에 필수적으로 쓰인다.

3 David J. Teece, Gary Pisano, and Amy Shuen, "Dynamic Capabilities and Strategic Management," *Strategic Management Journal* 18, no. 7 (1997): 509-533.

4 Chris Argyris and Donald A. Schön, *Organizational Learning: A Theory of Action Perspective* (Reading, MA: Addison-Wesley, 1978).

5 Daniel Kahneman, *Thinking, Fast and Slow* (New York: Farrar, Straus and Giroux, 2011).

6 C. K. Prahalad and Gary Hamel, "The Core Competence of the Corporation," *Harvard Business Review* 68, no. 3 (1990): 79-91.

19장 · 센스메이킹과 주인의식의 결합

1 2011년 9월 넷플릭스는 DVD 대여 서비스와 스트리밍 서비스를 분리해 DVD 부문을 '퀵스터(Qwikster)'라는 별도 브랜드로 운영하겠다고 발표했으나, 고객 반발로 한 달 만에 계획을 철회했다. (Netflix Official Blog, "DVDs and Qwikster", 2011.9.18.)

2 Karl E. Weick, *Sensemaking in Organizations* (Thousand Oaks, CA: Sage Publications, 1995).

3 Herbert A. Simon, *Administrative Behavior: A Study of Decision-Making Processes in Administrative* Organization (New York: Free Press, 1947).

4 James G. March and Herbert A. Simon, *Organizations* (New York: Wiley, 1958).

5 Dennis A. Gioia and Kumar Chittipeddi, "Sensemaking and Sensegiving in Strategic Change Initiation," *Strategic Management Journal* 12, no. 6 (1991): 433-448.

6 Sally Maitlis, "The Social Processes of Organizational Sensemaking," *Academy of Management Journal* 48, no. 1 (2005): 21-49.

7 David M. Boje, Narrative *Methods for Organizational and Communication Research* (London: SAGE Publications, 2001).

8 Karl E. Weick, Kathleen M. Sutcliffe, and David Obstfeld, "Organizing

and the Process of Sensemaking," Organization *Science* 16, no. 4 (2005): 409-421.

9 Jon L. Pierce, Tatiana Kostova, and Kurt T. Dirks, "Toward a Theory of Psychological Ownership in Organizations," *Academy of Management Review* 26, no. 2 (2001): 298-310.

10 Edward L. Deci and Richard M. Ryan, "The 'What' and 'Why' of Goal Pursuits: Human Needs and the Self-Determination of Behavior," *Psychological Inquiry* 11, no. 4 (2000): 227-268.

11 Blake E. Ashforth and Fred Mael, "Social Identity Theory and the Organization," *Academy of* Management *Review* 14, no. 1 (1989): 20-39.

12 Denise M. Rousseau, *Psychological Contracts in Organizations: Understanding Written and Unwritten Agreements* (Thousand Oaks, CA: Sage Publications, 1995).

13 Jon L. Pierce, Tatiana Kostova, and Kurt T. Dirks, "Toward a Theory of Psychological Ownership in Organizations," (2001).

14 Graham Brown, Thomas B. Lawrence, and Sandra L. Robinson, "Territoriality in Organizations," *Academy* of Management *Review* 30, no. 3 (2005): 577-594.

15 John C. Henderson and N. Venkatraman, "Strategic Alignment: Leveraging Information Technology for Transforming Organizations," *IBM Systems Journal* 32, no. 1 (1993): 4-16.

16 David J. Teece, Gary Pisano, and Amy Shuen, "Dynamic Capabilities and Strategic Management," *Strategic Management Journal* 18, no. 7 (1997): 509-533.

20장 · 전략, 끝없는 질문

1 '욤키푸르(Yom Kippur)'는 히브리어로 '속죄의 날(The Day of Atonement)'을 뜻하며, 유대교에서 가장 신성한 명절이다. 이날은 모든 상업 활동과 방송이 멈추고, 유대인들은 금식하며 회개와 기도를 드린다. 1973년 전쟁이 바로 이

속죄일 오후에 시작되어, 준비가 미처 되지 않은 이스라엘이 기습을 당했기 때문에 이후 역사적으로 '욤키푸르 전쟁'이라 불리게 되었다. 아랍권에서는 같은 전쟁을 '라마단 전쟁(War of Ramadan)'이라 부른다.

2 미국이 1973년 10월 13일부터 11월 중순까지 실시한 긴급 공수 작전으로, 약 2만 2000톤의 군수품을 이스라엘에 지원했다.

3 OAPEC(Organization of Arab Petroleum Exporting Countries, 아랍 석유수출국기구): 1968년 쿠웨이트·사우디아라비아·리비아가 주도해 설립된 아랍권 산유국 협의체로, 1973년 전쟁 직후 미국 등 이스라엘 우방국을 대상으로 정치적 금수조치(embargo)와 월 5% 감산을 결의·주도했다.

4 OPEC(Organization of the Petroleum Exporting Countries, 석유수출국기구): 1960년 이라크 바그다드에서 결성된 글로벌 산유국 경제기구로, 같은 시기 쿠웨이트 회의(1973.10.16)에서 공식가격의 단계적 대폭 인상과 감산 조치를 결정하여 시장 가격 급등을 가속했다.

5 일본 해양연구개발기구(JAMSTEC)가 운용하는 심해 시추선. 바다 깊은 곳까지 드릴로 구멍을 뚫는 작업이 가능하다.

6 해상자위대의 대형 수송함. 지휘·의료·수송 기능을 한 척으로 묶어 임시 지휘본부로 쓰기 쉽다.

7 Herman Kahn, *Thinking the Unthinkable* (New York: Horizon Press, 1962).

8 Pierre Wack, "Scenarios: Shooting the Rapids," *Harvard Business Review* 63, no. 6 (November 1985): 139-150.

9 Peter Schwartz, *The Art of the Long View: Planning for the Future in an Uncertain World* (New York: Doubleday, 1991).

10 United Kingdom Department of Trade and Industry, *Our Energy Future: Creating a Low Carbon Economy (Energy White Paper)* (London: The Stationery Office, 2003).

11 Herman Kahn, *Thinking the Unthinkable*, (1962).

12 Pierre Wack, "Scenarios: Shooting the Rapids," (1985).

13 Peter Schwartz, *The Art of the Long View*, (1991).

14 Kees van der Heijden, *Scenarios: The Art of Strategic Conversation* (Chichester: Wiley, 1996).

15 Rafael Ramirez and Angus Wilkinson, *Strategic Reframing: The Oxford Scenario Planning Approach* (Oxford: Oxford University Press, 2016).

참고문헌

Adner, Ron. *The Wide Lens: What Successful Innovators See That Others Miss.* New York: Portfolio/Penguin, 2012.

Adner, Ron, and Daniel Snow. "Old Technology Responses to New Technology Threats: Demand Heterogeneity and Technology Retreats." *Industrial and Corporate Change* 19, no. 5 (2010): 1655-1675.

American Iron and Steel Institute. *Annual Statistical Report.* Washington, DC: American Iron and Steel Institute, 1965.

Amabile, Teresa M., and Steven J. Kramer. *The Progress Principle: Using Small Wins to Ignite Joy, Engagement, and Creativity at Work.* Boston: Harvard Business Review Press, 2011.

Ansoff, H. Igor. *Corporate Strategy.* New York: McGraw-Hill, 1965.

Argyris, Chris. *Personality and Organization: The Conflict Between System and the Individual.* New York: Harper & Row, 1957.

Argyris, Chris, and Donald A. Schön. *Organizational Learning: A Theory of Action Perspective.* Reading, MA: Addison-Wesley, 1978.

________________________________. *Organizational Learning II: Theory, Method, and Practice.* Reading, MA: Addison-Wesley, 1996.

Ashforth, Blake E., and Fred Mael. "Social Identity Theory and the Organization." *Academy of Management Review* 14, no. 1 (1989): 20-39.

Balogun, Julia, and Gerry Johnson. "Organizational Restructuring and Middle Manager Sensemaking." *Academy of Management Journal* 47, no. 4 (2004): 523-549.

Barnett, Donald F., and Robert W. Crandall. *Up from the Ashes: The Rise of the Steel Minimill in the United States.* Washington, DC: Brookings

Institution, 1986.

Barney, Jay. "Firm Resources and Sustained Competitive Advantage." *Journal of Management* 17, no. 1 (1991): 99-120.

Barney, Jay B. "Looking Inside for Competitive Advantage." *Academy of Management Executive* 9, no. 4 (1995): 49-61.

____________. *Gaining and Sustaining Competitive Advantage.* Reading, MA: Addison-Wesley, 1997.

Benner, Mary J., and Michael L. Tushman. "Exploitation, Exploration, and Process Management: The Productivity Dilemma Revisited." *Academy of Management Review* 28, no. 2 (2003): 238-256.

Boje, David M. *Narrative Methods for Organizational and Communication Re–search.* Thousand Oaks, CA: Sage Publications, 2001.

Brown, Graham, Thomas B. Lawrence, and Sandra L. Robinson. "Territoriality in Organizations." *Academy of Management Review* 30, no. 3 (2005): 577-594.

Chandler, Alfred D. *Strategy and Structure: Chapters in the History of the In–dustrial Enterprise.* Cambridge, MA: MIT Press, 1962.

Chesbrough, Henry. "Business Model Innovation: It's Not Just about Tech–nology Anymore." *Strategy & Leadership* 35, no. 6 (2007): 12-17.

Chesbrough, Henry, and Richard S. Rosenbloom. "The Role of the Business Model in Capturing Value from Innovation." *Industrial and Corporate Change* 11, no. 3 (2002): 529-555.

Christensen, Clayton M. *The Innovator's Dilemma: When New Technologies Cause Great Firms to Fail.* Boston: Harvard Business School Press, 1997.

Christensen, Clayton M., and Michael E. Raynor. *The Innovator's Solution: Creating and Sustaining Successful Growth.* Boston: Harvard Business School Press, 2003.

Christensen, Clayton M., Michael W. Johnson, and Henning Kagermann. "Re–inventing Your Business Model." *Harvard Business Review* 86, no. 12

(2008): 50-59.

The Coca-Cola Company. "New Coke: The Most Memorable Marketing Blunder Ever?" Accessed May 27, 2025. https://www.coca-colacompany.com/about-us/history/new-coke-the-most-memorable-marketing-blunder-ever.

Collis, David J., and Cynthia A. Montgomery. "Competing on Resources: Strategy in the 1990s." *Harvard Business Review* 73, no. 4 (1995): 118-128.

Daniels, Erwin. "Disruptive Technology Reconsidered: A Critique and Research Agenda." *Journal of Product Innovation Management* 21, no. 4 (2004): 246-258.

Deci, Edward L., and Richard M. Ryan. *Intrinsic Motivation and Self-Determination in Human Behavior.* New York: Springer, 1985.

____________. "The 'What' and 'Why' of Goal Pursuits: Human Needs and the Self-Determination of Behavior." *Psychological Inquiry* 11, no. 4 (2000): 227-268.

Dierickx, Ingemar, and Karel Cool. "Asset Stock Accumulation and Sustainability of Competitive Advantage." *Management Science* 35, no. 12 (1989): 1504-1511.

Doerr, John. *Measure What Matters.* New York: Portfolio, 2018.

Doran, George T. "There's a S.M.A.R.T. Way to Write Management's Goals and Objectives." *Management Review* 70, no. 11 (1981): 35-36.

Duckworth, Angela. *Grit: The Power of Passion and Perseverance.* New York: Scribner, 2016.

Evans, David S., and Richard Schmalensee. *Matchmakers: The New Economics of Multisided Platforms.* Boston: Harvard Business Review Press, 2016.

Gioia, Dennis A., and Kumar Chittipeddi. "Sensemaking and Sensegiving in Strategic Change Initiation." *Strategic Management Journal* 12, no. 6 (1991): 433-448.

Govindarajan, Vijay, and Chris Trimble. *The Other Side of Innovation: Solving the*

Execution Challenge. Boston: Harvard Business Review Press, 2010.

Heijden, Kees van der. Scenarios: *The Art of Strategic Conversation.* Chichester: Wiley, 1996.

Henderson, John C., and N. Venkatraman. "Strategic Alignment: Leveraging Information Technology for Transforming Organizations." *IBM Systems Journal* 32, no. 1 (1993): 4-16.

Henderson, Rebecca M., and Kim B. Clark. "Architectural Innovation: The Reconfiguration of Existing Product Technologies and the Failure of Established Firms." *Administrative Science Quarterly* 35, no. 1 (1990): 9-30.

Hogan, W. T. *The Steel Industry of the United States: Restructuring and Re-covery.* Lanham, MD: Lexington Books, 1994.

Hollnagel, Erik, David D. Woods, and Nancy Leveson, eds. *Resilience Engi-neering: Concepts and Precepts.* Aldershot: Ashgate, 2006.

Janis, Irving L. Groupthink: *Psychological Studies of Policy Decisions and Fi-ascoes.* Boston: Houghton Mifflin, 1982.

Johnson, Mark W., Clayton M. Christensen, and Henning Kagermann. "Reinventing Your Business Model." *Harvard Business Review* 86, no. 12 (2008): 50-59.

Kahn, Herman. *Thinking the Unthinkable.* New York: Horizon Press, 1962.

Kahneman, Daniel. *Thinking, Fast and Slow.* New York: Farrar, Straus and Giroux, 2011.

Kahneman, Daniel, and Amos Tversky. "Prospect Theory: An Analysis of Decision under Risk." *Econometrica* 47, no. 2 (1979): 263-291.

Kaplan, Robert S., and David P. Norton. "The Balanced Scorecard: Measures That Drive Performance." *Harvard Business Review* 70, no. 1 (1992): 71-79.

Kim, W. Chan, and Renée Mauborgne. *Blue Ocean Strategy: How to Create Uncontested Market Space and Make the Competition Irrelevant.* Boston: Harvard Business School Press, 2005.

Klein, Gary. *Sources of Power: How People Make Decisions.* Cambridge, MA: MIT Press, 1998.

Klein, Christopher. "Why Coca-Cola's 'New Coke' Flopped." *History*, April 23, 2015. Last modified May 27, 2025. https://www.history.com/articles/why-coca-cola-new-coke-flopped.

Leonard-Barton, Dorothy. "Core Capabilities and Core Rigidities: A Paradox in Managing New Product Development." *Strategic Management Journal* 13, no. S1 (1992): 111-125.

Lippman, Steven A., and Richard P. Rumelt. "Uncertain Imitability: An Analysis of Interfirm Differences in Efficiency under Competition." *The Bell Journal of Economics* 13, no. 2 (1982): 418-438.

Locke, Edwin A., and Gary P. Latham. *A Theory of Goal Setting and Task Performance*. Englewood Cliffs, NJ: Prentice Hall, 1990.

Lovallo, Dan, and Daniel Kahneman. "Delusions of Success: How Optimism Undermines Executives' Decisions." *Harvard Business Review* 81, no. 7 (2003): 56-63.

Makadok, Michael C., and Michael Makidès. "Strategic Innovation: Redefining the Business Model." *Long Range Planning* 46, no. 4 (2013): 453-467.

Maitlis, Sally, and Scott Sonenshein. "Sensemaking in Crisis and Change: Inspiration and Insights from Weick." *Journal of Management Studies* 47, no. 3 (2010): 551-580.

March, James G., and Herbert A. Simon. *Organizations.* New York: Wiley, 1958.

Markides, Constantinos. "Disruptive Innovation: In Need of Better Theory." *Journal of Product Innovation Management* 23, no. 1 (2006): 19-25.

Mullins, John. *The Customer-Funded Business: Start, Finance, or Grow Your Company with Your Customers' Cash.* Hoboken, NJ: Wiley, 2014.

Mintzberg, Henry. *The Rise and Fall of Strategic Planning: Reconceiving Roles for Planning, Plans, Planners.* New York: Free Press, 1994.

Mintzberg, Henry, Bruce Ahlstrand, and Joseph Lampel. *Strategy Safari.* New

York: Free Press, 1998.

Mintzberg, Henry, and James A. Waters. "Of Strategies, Deliberate and Emergent." *Strategic Management Journal* 6, no. 3 (1985): 257-272.

Osterwalder, Alexander. *The Business Model Ontology: A Proposition in a Design Science Approach.* PhD diss., University of Lausanne, 2004.

Osterwalder, Alexander, and Yves Pigneur. *Business Model Generation: A Handbook for Visionaries, Game Changers, and Challengers.* Hoboken, NJ: Wiley, 2010.

Ostrom, Elinor. Governing the Commons: *The Evolution of Institutions for Collective Action.* Cambridge: Cambridge University Press, 1990.

Parker, Geoffrey G., Marshall W. Van Alstyne, and Sangeet Paul Choudary. *Platform Revolution.* New York: W. W. Norton & Company, 2016.

Penrose, Edith. *The Theory of the Growth of the Firm.* Oxford: Oxford University Press, 1959.

Peteraf, Margaret A. "The Cornerstones of Competitive Advantage: A Resource-Based View." *Strategic Management Journal* 14, no. 3 (1993): 179-191.

Pierce, James L., Anca Kostova, and Kurt T. Dirks. "Toward a Theory of Psychological Ownership in Organizations." *Academy of Management Review* 26, no. 2 (2001): 298-310.

Porter, Michael E. *Competitive Advantage.* New York: Free Press, 1985.

______________. *Competitive Strategy: Techniques for Analyzing Industries and Competitors.* New York: Free Press, 1980.

______________. "Strategy and the Internet." *Harvard Business Review* 79, no. 3 (2001): 62-78.

_________________. "What Is Strategy?" *Harvard Business Review* 74, no. 6 (1996): 61-78.

Powell, Michael, Dan Lovallo, and Olivier Sibony. "Behavioral Strategy." *Strategic Management Journal* 32, no. 13 (2011): 1369-1386.

Prahalad, C. K., and Gary Hamel. "The Core Competence of the Corporation."

Harvard Business Review 68, no. 3 (1990): 79-91.

Ramirez, Rafael, and Angus Wilkinson. *Strategic Reframing: The Oxford Scenario Planning Approach.* Oxford: Oxford University Press, 2016.

Rousseau, Denise M. *Psychological Contracts in Organizations: Understanding Written and Unwritten Agreements.* Thousand Oaks, CA: Sage Publi-cations, 1995.

Sackmann, Sonja. "Culture and Subcultures: An Analysis of Organizational Knowledge." *Administrative Science Quarterly* 37, no. 1 (1992): 140-161.

Schwartz, Peter. The Art of the Long View: Planning for the Future in an Uncertain World. New York: Doubleday, 1991.

Simon, Herbert A. *Administrative Behavior: A Study of Decision-Making Processes in Administrative Organization.* New York: Macmillan, 1947.

Simons, Robert. *Levers of Control: How Managers Use Innovative Control Systems to Drive Strategic Renewal.* Boston: Harvard Business School Press, 1995.

Taleb, Nassim Nicholas. *Antifragile: Things That Gain from Disorder.* New York: Random House, 2012.

Teece, David J. *Dynamic Capabilities and Strategic Management: Organizing for Innovation and Growth.* Oxford: Oxford University Press, 2009.

Teece, David J. "Business Models, Business Strategy, and Innovation." *Long Range Planning* 43, no. 2-3 (2010): 172-194.

Teece, David J. "Explicating Dynamic Capabilities: The Nature and Micro-foundations of (Sustainable) Enterprise Performance." *Strategic Man-agement Journal* 28, no. 13 (2007): 1319-1350.

Teece, David J., Gary Pisano, and Amy Shuen. "Dynamic Capabilities and Strategic Management." *Strategic Management Journal* 18, no. 7 (1997): 509-533.

Tellis, Gerard J. "Disruptive Technology or Visionary Leadership?" *Journal of Product Innovation Management* 23, no. 1 (2006): 34-38.

Tversky, Amos, and Daniel Kahneman. "Judgment under Uncertainty: Heuristics and Biases." *Science* 185, no. 4157 (1974): 1124-1131.

U.K. Department of Trade and Industry. *Our Energy Future: Creating a Low Carbon Economy (Energy White Paper).* London: The Stationery Office, 2003.

U.S. National Highway Traffic Safety Administration (NHTSA) and NASA. *Toyota Unintended Acceleration Investigation: Final Report.* Washington, DC: U.S. Department of Transportation, February 2011.

Vallerand, Robert J., et al. "Les passions de l'âme: On Obsessive and Harmonious Passion." *Journal of Personality and Social Psychology* 85, no. 4 (2003): 756-767.

Weick, Karl E. *Sensemaking in Organizations.* Thousand Oaks, CA: Sage Publications, 1995.

Weick, Karl E., Kathleen M. Sutcliffe, and David Obstfeld. "Organizing and the Process of Sensemaking." *Organization Science* 16, no. 4 (2005): 409-421.

Wernerfelt, Birger. "A Resource-Based View of the Firm." *Strategic Management Journal* 5, no. 2 (1984): 171-180.

Williamson, Oliver E. *The Economic Institutions of Capitalism: Firms, Markets, Relational Contracting.* New York: Free Press, 1985.

Zott, Christoph, Raphael Amit, and Lorenzo Massa. "The Business Model: Recent Developments and Future Research." *Journal of Management* 37, no. 4 (2011): 1019-1042.

웹자료 및 언론

Britannica, Encyclopaedia. "New Coke | History, Response, & Facts." Accessed May 27, 2025. https://www.britannica.com/topic/New-Coke.

CNBC. "Lululemon founder: 'Some women's bodies just don't work' for our pants." November 6, 2013.

Lee, Timothy B. "New Coke Debuted 30 Years Ago. Here's Why It Flopped." *Vox,* April 23, 2015. https://www.vox.com/2015/4/23/8472539/

new-coke-cola-wars.

Netflix. "DVDs and Qwikster." Official Blog, September 18, 2011.

Khiss, Peter. "Coca-Cola Brings Back Old Formula." *The New York Times*, July 12, 1985.

저자 신재훈

2026년 1월 현재 자산운용사 대표로 일하고 있다. Accenture, SK네트웍스, 삼성SDS, 글로벌세아에서 근무했다. 서울대학교 경영학과를 우등으로 졸업하고 같은 대학원에서 경영학 석사 학위를 취득했으며 미국 The University of Chicago에서 MBA 학위를, 서강대학교에서 경영학 박사 학위(경영전략 전공)를 취득했다. Accenture(舊 Andersen Consulting)에서 다수의 제조기업을 대상으로 IT기반의 경영컨설팅을 수행하였고 SK네트웍스(舊 ㈜선경) 근무시절에는 종합상사 전체의 정보전략 마스터플랜 수립 및 실행에 주도적으로 참여하였다. 삼성SDS 재직 시절, 공공/제조/금융 분야에서 다수의 컨설팅을 수행하였고 삼성그룹의 전략인재로 선발되어 미국 시카고 대학에서 MBA를 취득하였다.

귀국 후 전략기획팀장, 마케팅팀장을 거치며 비전 및 중장기 전략과 전사 마케팅 업무를 총괄하였고 6시그마 기반의 영업혁신과 사업관리를 추진하였다. 이후 삼성전자사업팀장, 신규사업추진팀장을 거쳐 Smart Manufacturing사업팀장, Smart Town사업팀장, Smart Hospitality & Building사업팀장, 마케팅분석사업팀장을 역임하며 Staff와 Line부서를 두루 경험하였다. 경영학 전공자로는 드물게 정보관리기술사 자격증을 취득하고 삼성SDS기술사회 회장을 역임하였다. 지식경제부의 서비스 산업 선진화 자문위원, 통합기술청사진 기획위원, 산업원천기술 로드맵 기획위원과 산업자원부의 전략기술개발사업 지식서비스 분야 기술위원을 역임하였고 한국산업기술진흥원 제품—서비스 융합포럼 자문위원, 한국정보산업연합회 정보산업 민간백서 집필위원으로 활동하면서 우리나라 IT 서비스 산업의 발전에 기여하였다. 글로벌세아에서는 그룹미래전략담당으로서 전략기획, 재무, 인사, 홍보 업무를 총괄하며 그룹 전체 계열사의 경영성과와 투자를 관리하였다. 또한 그룹의 중장기 성장전략을 수립하고 이를 실행하기 위해 여러 기업의 인수합병(M&A)과 다양한 신규사업개발을 추진하였으며 세아STX엔테크의 대표이사를 역임하였다.

서울대학교에서 미래융합기술 최고위과정(FIP 10기), 창의적 리더를 위한 예술문화과정(ACP 13기), 패션산업 최고경영자과정(AFB 20기), 경영대학 최고경영자과정(AMP 100기)을 마쳤으며, 연세대학교에서 자산관리 최고위과정(5기)을, 숙명여자대학교에서 미식문화 최고위과정(3기) 및 경영과 인문학 최고위과정(1기)을 수료하였다. 투자자산운용사 자격증을 보유하고 있으며, 주요 관심사는 경영전략과 비즈니스 모델 및 디지털 기술의 융합을 통한 성과 창출이다. 주요 논문으로 「성과창출형 전략을 위한 통합모델에 관한 연구」, 「패션산업의 디지털 트랜스포메이션 전략에 관한 연구」,「서비스 사이언스와 IT서비스 산업의 미래」, 「국내 IT서비스 산업 고도화 방안」, 「Global Information Technology Planning for Globalization Strategy Implementation」이 있다. 저서로는 『비욘드 스트래티지』(2023), 『야구보는 CEO』(2009, 공저), 『핵심정보기술총서』(2007, 공저), 『서비스 사이언스』(2006, 공저)와 번역서인 『서비스 이노베이션』(2015)이 있으며, 2025년 2월부터 주간지 『이코노미 조선』에 〈시네마 경영〉을 주제로 영화로 배우는 경영전략 칼럼을 연재하고 있다.

비욘드 시네마 영화로 배우는 전략경영

초판발행 2025년 12월 25일

지은이 신재훈
펴낸이 안종만 · 안상준

편 집 소다인
기획/마케팅 최동인
표지디자인 권아린
제 작 고철민 · 김원표

펴낸곳 (주) 박영사
서울특별시 금천구 가산디지털2로 53, 210호(가산동, 한라시그마밸리)
등록 1959. 3. 11. 제300-1959-1호(倫)
전 화 02)733-6771
f a x 02)736-4818
e-mail pys@pybook.co.kr
homepage www.pybook.co.kr
ISBN 979-11-303-9723-8 93320

정 가 21,000원